개 정 판

국제수지론

신 세 돈 저

세창출판사

사랑하는 준용이와 유미를 생각하며

개정판 머리말

이 책의 초판과 개정판 사이의 4년이라는 기간 동안 우리는 IMF 위기라는 엄청난 충격을 경험하였다. 1500억 달러가 넘는 외채부담을 견디지 못하여 지급불능 상태에 빠짐에 따라 겪어야만 했던 1998년의 마이너스성장과 200만 명의 실업자와 수없는 금융기관 혹은 기업의 도산은 분명히 위기라는 단어가 표현할 수 있는 정도 이상의 위기임이 분명하였다. 그러나 그런 전대미문의 위기에 대해 한국경제가 내린 구조조정이라는 처방은 너무나 애매하고 추상적이며 또한 부작용이 심한 처방이었다.

IMF위기의 진정한 발단은 국제수지의 위기였다. 2년에 걸친 기록적인 경상수지적자(1995년 86억 달러와 1996년의 230억 달러)를 메우기 위해 해외차입이나 해외증권발행이 급격히 늘어났고, 이런 와중에 국내 경제주체들의 해외투자는 급격히 증가한 것이 외환위기의 핵심이었던 것이다. 과도한 외자도입으로 인한 원화가치 상승과 성급한 OECD 가입에 따른 자본 및 외환시장 자유화조치가 여기에 일조를 한 것은 두말할 나위도 없다. 당연히 IMF위기의 극복처방은 경상수지의 흑자기조정착과 그를 위한 기업의 장기적인 경쟁력 강화방안에 두어야 했다. 그래야만 한편으로는 외채의 조기상환을 도모할 수 있고, 다른 한편으로는 경제성장과 고용문제를 동시에 해결할 수 있기 때문이다.

그러나 조금의 의심도 없이 선택한 처방은 구조조정이라는 처방이었다. 경쟁력 없는 기업이나 금융기관은 가차 없이 도산시키고 빚을 떨어버려야만 '외자유치'가 가능하다는 논리이다. 구조조정은 그 자체가 목적이 아니라 오로지 성공적인 외자유치의 수단일 뿐이었다. 이런 구조조정이라는 처방이 근본적으로 잘못된 이유는 크게 세 가지 때문이다. 하나는 자본의 해외유출이 심한 상황하에서는 외자를 아무리 잘 유치한다 하더라도 외환위기의 재발방지에 큰 효과를 기대하기 어렵다는 남미의 경험이 그것이다. 밑이 빠진 독에는 아무리 물을 부어도 소용이 없다. 두 번째로는 구조조정을 아무리 성공적으로 잘했다고 하더라도 외자가 유치된다는 보장은 어디에도 없다. 세 번째로는 구조조정해법이 지니고 있는 논리적 함정이다. 구조조정은 필연적으로 부작용을 낳게 되는데 그 부작용으로 인해 구조조정 자체를 포기하거나 아니면 구조조정 자체를 수정하지 않으면 안 되는 모순이 바로 그것이다. 금융기관 구조조정에 대한 우려가 금융불안을 낳고, 그것이 다시 자금난과 기업도산의 위험을 낳고, 그래서 다시 금융기관의 부실위험이 커지는 악순환이 바로 우리가 지금 경험하고 있는 바이다. 구조조정이 성공할는지의 여부는 아무도 모른다. 아마 몇 년 뒤에도 모를 것이다. 왜냐하면 무엇이 성공적인 구조조정이며 무엇이 그렇지 않은 구조조정인지 기준이 명확하게 설정되어 있지 않기 때문이다. 그런데 문제는 그것이 설혹 성공한다 하더라도 외환위기는 얼마든지 다시 찾아올 수 있다는 점이다. 외자가 유치되는 이상으로 외자가 유출하게 되면 외환위기는 피할 수가 없기 때문이다.

이번 개정판은 국제수지의 실무측면과 이론측면, 그리고 실증분석측면이라는 세 가지 측면을 모두 균형 있게 다루고자 했다는 점에서는 초판과 같다. 그러나 초판의 난해하고 애매한 표현을 최대한 줄이고자 하였으며, 국제수지의 현황이나 동향의 분석은 최근 자료를 최대한 반영하도록 하였다. 그리고 외환위기에 있어 가장 중요한 원인인 경상수지 적자의 누적문제와 이를 해결하기 위한 환율정책의 역할을 강조하고자 환율과 경상수지간의 최근의 실증분석자료를 보강함과 아울러 외환위기의 사례들과 IMF구제금융과 관련한 자료를 보충하고자 하였다. 그러나 가필하면 할수록 게으름과 능력의 부족함을 더 절실하게 느끼게 되며, 따라서 독자 제위의 끊임없는 지도와 편달을 부탁드린다.

국제수지론의 강의를 듣고 많은 조언을 해 준 숙명여자대학교 학부 및 대학원 학생들은 물론이려니와 이 책을 교재로 사용하면서 질문과

제안과 대안을 제시해 주신 여러분들께 진심으로 감사드린다. 특히 대구가톨릭대학교의 최창규 교수와 많은 자료지원을 해 주신 한국은행의 여러분들께도 감사를 드린다. 개정판을 준비함에 있어 격려와 수고를 아끼지 않은 세창출판사 이방원 사장님과 임길남 상무님과 여러 직원께도 감사의 말씀을 드리며, 기록적인 추위와 눈 속에서도 겨울방학 내내 연구실에 붙박혀 지낼 수밖에 없었던 필자를 따뜻이 이해하고 독려해 준 가족 모두에게 고마움을 전하고자 한다.

辛巳년 1월 눈덮인 연구실에서

신 세 돈

머 리 말

길고도 추운 겨울이 더더욱 그렇게 느껴지는 것은 10여 년 만에 겪는 가장 심한 불경기와 기록적인 경상수지의 적자 때문만은 아니다. 한보 부도사태와 그를 통해 들려오는 구조적 비리와 부패의 소문들로 앞날에 대한 가느다란 희망마저도 이젠 상실하고 말았기 때문이다.

국제화니 세계화니 개혁이니 선진국이니 OECD 가입이니 하는 숱한 선전구호들의 메아리가 귀에 아직도 선하게 울리고 있는데 나라 한복판에서 그것도 사회의 중추적이고 지도적 입장에 있는 집단으로부터 들려오는 외면하고 싶은 현실은 가뜩이나 어둡고 냉혹한 겨울에 우리로 하여금 더욱 절망적이고 움츠리게 하는 것이다.

이런 경제위기는 거의 모든 경우에 있어서 대외무역의 활성화, 특히 수출의 신장세로 극복되었다. 그리고 그 뒤에는 항상 국민과 기업의 헌신적인 노력과 희생의 밑거름이 있었다. 그래서 우리에겐 무엇보다도 더 무역이 중요하고 국제수지가 중요한 것이고 또 우리가 각별한 관심을 기울이는 이유이다.

이 책은 그런 중요한 국제수지를 다루고 있는데, 여기서는 실무적인 측면과 이론적인 측면, 그리고 실증분석적인 측면을 고루 갖추고자 하여 각각을 한 편으로 다루고 있다.

실무적인 면이라 함은 국제수지의 편제방법이나 작성방법, 그리고 분류방법에 관한 실무적인 사항들을 말하는데, 이런 부분들에 대한 정확한 이해 없이 국제수지를 이해한다는 것은 불가능하지는 않다 하더라도 불완전한 것이라는 판단에서 한 편을 할애하였는데 과거와는 편제방법이 많이 달라진 IMF 국제수지 매뉴얼 제 5 판의 내용을 정리하였다.

이론적인 측면을 다룬 제 2 편에서는 국제수지에 관한 여러 이론들의 주장과 결정요인들을 다루고 있는데, 많은 국제금융이나 관련 교과

서에서 가장 흔하게 언급되고 있는 보편적인 이론들을 중심으로 소개하였다.

제 3 편에서는 국제수지의 현상과 실증분석을 다루고 있는데, 이 편에서는 국제수지의 이론에 대한 검증결과는 물론 국제수지의 여러 항목들 사이에 나타나는 구조적인 관계와 국제수지에 나타나는 시차구조에 초점을 맞추고 있다. 특히 시차구조에 대한 이해가 국제수지의 이론이나 또는 현상의 올바른 이해에 필수적이라는 생각에서 이 부분에 많은 관심을 기울였다.

이 책이 실무적인 측면과 이론적인 측면, 그리고 실증분석적인 측면을 모두 다룸으로써 보다 포괄적인 이해에 도움이 된다는 장점을 얻게 되는 반면, 그 어느 한 부분에 있어서의 깊이를 상실하는 단점이 있기는 하겠지만, 적어도 경제학부 학생의 교재로서는 어느 한 면에만 치우치는 것이 불완전하다는 판단에서 균형을 유지하고 분량을 안배하고자 하였다.

더욱이 대학교재가 너무 이론들에만 치우치면 학생들의 현상이해를 저해하게 되고 또 너무 실증분석적 방법론에만 치우쳐도 숲이라는 실체적 현상을 보지 못하게 될 우려가 있으므로 학부학생들의 국제수지에 대한 현상의 이해를 높임과 동시에 이론에 대한 이해와 분석능력을 높이고자 하였다.

긴 방학을 이 국제수지론으로 보내게 된 것이 한편으로 다행스럽기도 하고 또 보람스럽기도 하지만, 부족한 것이 많고 또 잘못 이해하고 있는 부분도 많을 것이라 생각되어 다른 한편으로는 부끄럽기도 하다. 독자 여러분의 고마운 질책을 기다리기로 하고 그 동안 독려하고 또 지원을 아끼지 않은 세창출판사 이방원 사장께 감사드리며, 특히 번거로운 일들을 마다 않고 수고를 아끼지 않은 세창출판사의 임길남 상무와 여러 편집부 직원께 감사를 드린다.

그리고 이 책을 쓰는 데 많은 조언을 해 주신 한국은행 조사제2부의 이종열 씨와 필요한 자료정리와 검색 및 입력에 도움을 준 숙명여자대학교 무역학과 강은정 조교, 한보경제연구원의 김민정 양, 그리고 보이지 않는 곳에서 마음으로 뒷바라지를 아끼지 않은 많은 분들께 이 작은 자리를 빌려 고마움을 표하고자 한다.

1997년 2월 청파동 연구실에서

신 세 돈

차　　례

제 1 편　국제수지의 체계와 작성

제 2 편 국제수지의 분석과 이론

제 3 편 국제수지의 현상과 이론검증

제 1 편 국제수지의 체계와 작성

제 1 장

국제수지의 기본개념

제 1 절 국제수지의 정의(定義)

국제수지(國際收支: the balance of payments)란 일정기간 동안에 한 나라와 그 나라 이외의 경제주체 사이에 일어난 국제거래를 체계적으로 기록한 경제통계이다.

여기서 '일정기간'이란 국제수지 통계가 기록되는 시간단위로써 월단위, 분기단위 또는 연단위 등 여러 단위로 국제수지가 작성될 수 있으며 그런 점에서 '일정시점'의 대외자산상태를 나타내는 '대외투자포지션' 통계와는 구별된다.

'한 나라와 그 나라 이외의 경제주체 사이'라는 말은 '거주자와 비거주자 사이'라는 말로도 표현될 수 있는데 어떻게 표현하든지 간에 국제수지에서는 국제거래만을 기록하지 국내거래는 기록하지 않는다.

무엇이 국제거래이고 무엇이 국내거래인지의 구분이 항상 명료한 것은 아니나 일반적으로 거래쌍방 중의 일방이 거주자이고 다른 상대방이 비거주자이면 국제거래로 볼 수 있다.

그러나 국제수지에서는 원칙적으로는 거주자와 비거주자 사이의 모든 거래를 기록하지만 예외적으로 거주자와 거주자 사이의 양도성 대외 금융자산 거래나 비거주자 사이의 양도성 대외금융부채의 거래도 국제수지에 포함될 수 있다.

국제수지에서 말하는 '거래'의 개념은 통상적으로 사용되고 있는 거래의 개념보다 넓다. 대가를 치르지 않고 일어나는 무상거래(예컨대 증여, 기증 등)도 국제수지에는 포함될 수 있으며 예외적이긴 하지만 실제로 일어나지 않았음에도 불구하고 국제수지 통계에 기록되는 경우가 있기 때문이다.

따라서 보다 엄밀하게 정의한다면 '국제수지'라는 용어에서의 '수지(收支)', 즉 수입과 지급이라는 표현은 정확한 표현은 아니며 오히려 '국제거래' 통계라고 하는 편이 더 타당할지도 모른다.

국제수지에 기록되는 거래의 대상은 재화나 서비스 또는 금융자산과 같은 전형적인 유형자산에만 국한되지는 않는다. 송금행위와 특수한 대외자산의 평가변동, 무형자산(예컨대 특허권, 저작권 등)으로부터 파생되는 소득 등도 원칙적으로는 국제수지에 기록하고 있다.

또 회계상의 복식부기의 원칙을 준수하기 위해 장부상으로만 만들어낸 거래(조정거래)도 기록되고 있다.

제2절 거주성의 정의

Ⅰ. 기초개념

1. 정 의

한 경제단위가 특정한 경제영역 내에 경제적 이익의 중심을 두는 경우에 그 경제단위는 해당 경제영역 내에 거주한다고 보고 그 경제영역의 거주자로 규정한다.

국제수지에서 거주성의 개념은 다른 부문, 예컨대 외국환관리법이나 관세법 등에서 정의하고 있는 거주성의 개념과 매우 유사하지만 반드시 일치하는 것은 아니다. 또 국제수지에서 거주성의 기초개념이 되는 경제영역이 국가와 같은 법적 영역과 동일한 것도 아니다.

따라서 국제수지의 거주성은 국적과도 다른 개념이며 한 경제내의 다른 부문에서 정하는 거주성의 개념과도 다를 수 있는 매우 특이한 개념이다.

2. 경제영역(Economic Territory)

한 나라의 '경제영역'이란 정부에 의해서 관할되고 그 지역 내에서 자연인과 재화와 서비스 등이 자유롭게 이동할 수 있는 지리적 공간이다. 자유롭게 이동한다는 것은 관세라든지 입국절차를 밟아야 하는 등의 제한이 없음을 뜻한다.

한 나라의 경제영역은 영공과 영해는 물론 해저자원의 개발권 또는 어업권과 관련한 관할권 혹은 배타적 권리를 지니고 있는 공해상의 대륙붕을 포함한다.

또 국내소재의 외국 대사관, 영사관, 또는 군사기지와 같이 경계가 뚜렷하게 구분되는 지역과 법적인 근거에 의해 외국기관이 소유하거나 임차한 건물 또는 지역(이를 '위요지'라 함)도 비록 자국에 소재하고 있더라도 타국의 경제영역으로 간주한다.

자유무역지역과 소재지국의 관세 관할하에 있는 역외기업이 운영하는 공장이나 보세창고는 소재지국의 경제영역하에 있다.

국제기구의 경우에는 소재지가 어디에 있든지 간에 국제기구의 목적을 수행하기 위해 합법적으로 소유하거나 임차한 모든 토지와 건물까지를 그 국제기구의 경제영역으로 보고 있다.

따라서 우리 나라 내의 어느 지역에 소재하고 있든지에 상관없이 외국의 공관, 외국의 군사기지, 국제기구의 사무실 혹은 국제기구가 그 목적에 따라 임차하고 있는 토지나 건물은 모두 우리 나라의 경제영역이 아니라 해당되는 외국의 경제영역하에 있는 것으로 간주한다.

3. 경제단위

경제행위를 수행하는 경제주체는 크게 세 종류로 나누어 볼 수 있는데 그것은 (i) 가계와 가계를 구성하는 개인, (ii) 법인 및 준법인, 그리고 (iii) 정부나 공공기관과 같은 법적·사회적 주체가 그것이다.[1]

4. 경제적 이익의 중심(Center of Interests)

어떤 경제단위가 영구적으로 또는 오랜 기간 동안 상당한 규모의 생산과 소비 등의 경제활동을 하거나 거래에 종사하면서 이를 계속할 의지가 있는 경우에 그 경제단위의 이익의 중심이 있다고 한다. 경제단위가 거주하거나 생산지를 두거나 기타 토지를 보유하고서 그 장소에 이익의 중심을 두면 그 곳이 그 경제단위의 경제적 이익의 중심지가 된다.

통상적으로 1년 또는 그 이상 한 경제영역 내에 이익의 중심을 두면 그 경제영역이 이익의 중심지가 된다.

한 경제단위가 한 경제영역의 토지나 건물을 소유하게 되면 해당 토지나 건물의 소재지 경제영역에 이익의 중심이 두어졌다는 충분조건이 갖추어진 것으로 본다.

그러나 소유자가 해당 건물이나 토지의 소재지 경제영역에 거주하지 않으면 이익의 중심이 그 토지 또는 건물의 소재지 경제영역에 있다고 보지 않는다.

이러한 경우 국제수지에서는 그 토지·건물의 소재지 경제영역 내의 거주자에게 소유권이 실질적으로 있다고 보고 그 실질적 소유자와 법적인 소유자 사이에 소유권이 이전된 것처럼 취급한다(제1편 제3장 제2절 참조).

---

1) IMF 국제수지 편제요람(제5판)은 (i) 가계와 가계를 구성하는 개인과 (ii) 법인 및 준법인, 비영리단체, 정부 등의 법적·사회적 주체의 두 가지로 구분하고 있다.

Ⅱ. 가계와 개인의 거주성

가계의 구성원인 개인의 이익의 중심지는 그 개인이 주된 주거지로 간주하는 국가에서 실제로 거주하고 또 거주를 계속할 때의 그 주된 주거지의 국가이다. 현재의 주거지를 주된 주거지로 간주하고, 실제로 주거하고 있으며 또 계속 거주해야 한다는 뜻이다.

동일한 가계의 구성원은 모두 동일한 국가의 거주자가 되어야 한다. 여행이나 출장 등으로 주거지국을 떠났다 돌아오는 경우에도 주된 주거지에 실제로 거주하고 있다고 본다.

1. 여행자와 방문자

1년 미만의 기간 동안 업무나 개인목적 등을 위해 현재의 거주지국가를 떠나는 여행자나 방문자는 원래의 거주지국가의 거주자이다.

1년 이상 개인적인 업무 등으로 여행하는 자는 여행자 또는 방문자로 간주하지 않고, 따라서 비거주자가 된다.

2. 일시근로자 · 피용자 등

계절적인 수요에 따라 특정한 계절에만 다른 나라에서 일하고 돌아오는 자, 매일 또는 정기적으로 인접국의 국경을 넘어가서 일하는 국경근로자, 외국 대사관 등 국내에 소재하고 있는 외국의 경제영역(위요지)에 근무하고 있는 현지 채용직원, 외항선박 · 항공기 등의 승무원 등은 모두 거주자로 본다.

3. 유학생과 치료환자

유학의 목적으로 해외에 체류하는 유학생은 체류기관과 상관없이 본국의 거주자로 취급하고 치료를 위해 1년 이상 해외에 체류하고 있는 환자도 본국의 거주자로 간주된다.

4. 파견근무자

해외에 있는 본국 정부의 위요지나 국제기구에 파견되어 나가 있는 직원은 모두 본국의 거주자로 취급된다. 그러나 민간기업에 소속된 직원이 해외에 파견되어 외국에서 1년 이상 거주하며 계속 일하는 경우에는 파견지 국가의 거주자로 본다. 기술원조에 수반되어 본국에서 파견나가는 자도 그 임금의 지급국에 상관없이 파견되어 나가 있는 국가의 거주자로 보며 이 때 기술원조국이 지급하는 임금 등은 원조국이 원조받는 국가나 국제기구로 이전한 것으로 간주한다.

Ⅲ. 기업의 거주성

1. 기업의 정의와 형태

국제수지에서의 기업은 법인과 비법인을 포함하는 개념이다. 법인은 소유주의 성격에 따라 민간기업일 수도 있고 공기업일 수도 있으며 영위하는 업무에 따라서는 금융기관과 비금융기관일 수도 있다.

민간기업은 법인형태를 갖춘 주식회사나 협동조합뿐만 아니라 비법인 기업과 비영리단체도 포함한다.

공기업에는 비법인 정부기업과 법령 등에 근거하여 성립된 공공법인이 포함된다. 중앙은행도 공기업으로 간주된다.

2. 기업의 거주성

기업의 거주성도 그 기업의 이익의 중심지에 두어진다. 기업의 이익의 중심지는

(i) 재화나 서비스가 생산되거나

(ii) 토지나 건물을 소유하고 있는 경제영역으로서

영구히 혹은 상당한 기간 동안 운영할 의도를 가지고 있는 경제영역의 국가이다.

(1) 계열기업

거주자인 기업이 그 경제영역 밖에 있는 지역에 직원을 보내거나 공장 및 생산설비를 시설하여 생산활동을 하는 계열기업의 경우에 그 계열기업은 다음의 조건이 갖추어지는 경우에는 생산활동을 하는 경제영역의 거주자로 간주된다. 즉, 계열기업이

(i) 독립적인 회계처리를 하고

(ii) 생활활동지 국가에 소득세를 납부하며

(iii) 물리적인 실체를 가지며

(iv) 필요한 자금을 자기 계정으로 기록하고 있으면 그 계열기업은 모기업의 소재지국이 아니라 생산활동을 하는 경제영역의 거주자이다.

위의 네 조건을 모두 갖추지 않은 계열기업의 생산활동은 거주자인 모기업이 생산활동이 일어난 국가에 대하여 서비스를 수출한 것으로 본다. 단, 그 생산활동이 모기업의 거주지 국가의 국내생산이라고 간주할 수 있는 경우에는 서비스 수출이 아닌 상품 등의 수출로 본다.

(2) 비영리단체

비영리단체의 거주성도 경제적 이익의 중심지에 의해 결정되는데, 비영리단체의 이익의 중심지는 그 단체가 법적으로 설립되고 사회적인 실체로서 인정되어 등록된 국가에 있다고 본다.

국제적인 활동을 하는 단체가 다른 국가에 지부나 단위를 설치하여 실질적인 자금지원에 의해 1년 이상 운영하는 경우에도 그 지부는 소재지국의 거주자로 간주된다.

(3) 역외기업

역외기업이란 비거주자에 의해 소유되어 비거주자에게 판매할 목적으로 거주지 국가에 소재하는 기업으로 정의할 수 있다. 멕시코에 소재하는 자국기업의 현지법인이 TV를 조립 또는 생산하여 미국에 수출하는 경우 그 현지법인이 역외기업의 대표적인 예이다.

역외기업은 그 기업의 소재지국의 거주자이다. 관세나 기타 규제상의 특혜를 받고 있는지의 여부에 관계 없으며 무역업이나 금융업과 같은 비제조업을 영위하는 역외기업도 마찬가지이다.

Ⅳ. 특수한 경우의 거주성

1. 이동장비

항공기, 선박, 광산물 채굴장비 혹은 철도차량과 같이 이동할 수 있는 생산장비는 그 장비 자체의 거주지가 아니라 동 장비를 운영하는 주체의 거주성에 의거하여 결정된다.

이동장비의 소유주가 아닌 운영자가 독립적으로 회계처리를 하거나 세금을 납부하거나 또는 허가당국에 의해 독립적인 기업으로 간주된다면 당연하고 명백하게 운영자의 거주지를 결정할 수 있다. 그렇지 못한 경우에는 실질적인 운영자의 거주국에 거주성이 있다.

철도망과 같이 이동장비가 2개국 이상의 국가에서 정규적이고 지속적으로 운영되고 있는 경우에는 그 장비가 운영되는 복수국가에 이익의 중심지가 있다고 간주하고 각각이 독립적인 거주자 단위가 된다.

장비가 장기간 또는 영구히 리스되는 경우에는 임차인이 그 장비의 운영자이므로 장비를 이용한 경제활동은 임차인인 운영자의 거주국에 귀속된다.

2. 대 리 인

본인이 대리인을 통하여 거래를 하는 경우에 그 거래는 의뢰를 한 본인의 거주지에 귀속되며 대리인과의 계약에 의한 대리서비스만 따로 대리인의 거주지국에 귀속된다.

Ⅴ. 정부와 공공기관(일반정부)

한 나라의 거주자로서의 정부 및 공공기관의 포괄범위는 매우 넓다. 중앙 및 지방정부와 그 산하기관은 물론 세계 각처에 위치하는 대사관, 영사관, 군사시설이 포함될 뿐만 아니라 상당한 정도의 정부의 재정지원과 통제를 받으면서 개인이나 기업에 봉사하는 비영리단체, 사회보장기구도 이에 포함되고 있다.

기업으로 분류하기 곤란한 국제기구는 비거주자인 외국의 정부 및 공공기관으로 분류된다.

국제기구는 그것의 위치(소재지)나 업무수행지역에 관계 없이 어느 경제의 거주자로도 취급되지 않지만 그 국제기구의 피용자들은 업무상 1년 이상 거주하는 국가의 거주자로 본다.

또, 2개 이상의 정부가 공동으로 소유하는 기업은 국제기구로 취급되지 않고 기업으로 분류되며 따라서 그 기업의 실제 활동의 중심지에 따라 거주지가 결정된다.

Ⅵ. 우리 나라의 거주성

1. 거주성의 판단기준

국제거래인가 국내거래인가를 판정함에 있어서 판단기준이 되는 거주성은 원칙적으로는 경제적 이익의 중심이 어디에 있는가에 달려 있으나 우리 나라의 외환거래를 규제하고 있는 기본법인 외국환거래법(과거의 외국환관리법)에서는 경제적 이익의 중심이라는 개념보다는 주소 혹은 거소라는 개념에 기초하여 거주성을 정의내린다.

경제적 이익의 중심이라는 개념과 주소 혹은 거소라는 개념이 일치하는가의 여부는 논란의 여지가 없지 않다. 경제적 이익의 중심이라는 개념은 추상적인 데 비해 주소나 거소의 개념은 구체적이다. 그리고 경제적 이익의 중심이라는 개념은 본질적으로 경제기능에 초점을 맞추고 있는 데 비해 주소나 혹은 거소라는 개념은 '살고 있다'라는 피상적 개별행위에만 중점을 두고 있다. 그리고 경제적 이익의 중심은 한 곳일 수밖에 없으나 주소 혹은 거소는 여러 곳에 있을 수 있으며, 국경근로자와 같이 주소나 거소가 경제활동의 중심, 즉 이익의 중심과 일치하지 않는 경우도 있을 수 있다.

또한 외국환거래법의 포괄범위에는 국제수지거래가 아닌 거주자간의 거래(국내에서의 외화거래나 혹은 외국에서의 원화 또는 외화표시 거래 등)도 포함하므로 이런 경제행위의 준거법인 외국환거래법을 국제수지거래에도 적용할 수 있는가의 의문이 없지 않다.

이러한 개념적인 차이점에도 불구하고 주소나 혹은 거소를 기준으로 하는 외국환거래법상의 거주성판단기준을 적용하는 이유는 첫째로는 외국환거래법에서 의미하는 주소나 거소가 '주된' 주소 혹은 '주된' 거소라는 뜻을 내포하고 있으며, 둘째로는 거주장소에 생산이나 소비와 같은 경제적 이익의 중심이 있다는 것을 상정한다고 인식해야 하고, 셋째로는 국경근로자나 해외여행자와 같은 특별한 경우에 대해서는 별도의 명시된 규정을 통해 거주성을 명백히 하고 있기 때문이다.[2]

2. 거 주 자

외국환거래법(제3조 1항 12호)에 의하면 거주자는 대한민국 안에 주소 또는 거소를 둔 개인과 대한민국 안에 주된 사무소를 둔 법인이라고 정의하고 있다. 국적이 어디이든지 불문하고 우리 나라 안에 주소를 둔 모든 자연인은 거주자이다. 자연인이 아닌 경우에는 국내에 주된 사무소가 있는 법인은 물론 국내에 소재하는 비거주자의 지점, 출장소, 기타 사무소도 법률적인 대리권이 있는지 여부에 상관없이 거주자로 본다.

---

2) 외국환거래법상에서 해외여행자는 일반해외여행자, 해외체재자 및 해외유학생으로 구분되며, 해외체재자는 다시 상용 또는 공무 등의 업무상 해외체재자, 단기국외연수자, 특수목적의 외국인거주자 및 외국영주권자 등으로 구분되는데, 이 중 외국영주권자와 상용목적의 해외체재자는 국제수지상으로는 비거주자로 보는 것이 일반적이다.

특별한 경우로써 거주자로 인정되는 경우는(외국환거래법시행령 제10조 1항)

(i) 재외공관 및 근무목적으로 재외공관에 파견되어 체재하는 자,

(ii) 외국소재 영업소 혹은 사무소에 근무하는 국민으로써 일시귀국하여 3월 이상 국내체재하는 자,

(iii) 외국인으로써 국내영업소에 근무하거나 국내에서 영업하는 자,

(iv) 외국인으로써 6월 이상 국내에 체재하는 자,

(v) 거주자였던 외국인으로써 출국 후 6개월 이내에 국내에 6개월 이상 체재할 목적으로 귀국한 자

위 (iii) (iv) (v)에 해당하는 외국인이라도 국내에 있는 외국공관이나 국제기구에 파견되어 체재하는 외교관 또는 그 수행원이나 사용인 등은 비거주자이며 미군이나 국제연합군, 혹은 그 구성원, 초청계약자, 동거가족 등도 아래의 비거주자 규정에 의해 비거주자로 간주된다.

3. 비거주자

거주자가 아닌 모든 개인이나 법인은 비거주자이다(외국환거래법 제3조 1항 13호). 외국에 있는 영업소나 기타 사무소와 그곳에 근무하는 대한민국 국민도 비거주자이다. 2년 이상 해외에 체재하는 국민과 외국에 주된 사무소가 있는 단체, 기관 또는 이에 준하는 조직체도 비거주자이다. 국내에 있는 외국공관이나 국제기구나 그곳에 근무할 목적으로 파견된 외교관, 그 수행원 및 사용인은 비거주자이다. 또한 미군과 국제연합군, 그 구성원, 초청계약자 및 동거가족도 비거주자이다(동법시행령 제10조 2항).

4. 가족의 거주성

거주자나 비거주자에 의하여 생계가 유지되는 동거가족의 거주성은 그 거주자나 비거주자의 거주성에 의해 거주성이 판정된다.

5. 거주성의 판정권한

거주자나 비거주자의 판정기준이 명확하지 않거나 애매한 경우에 신청에 의해 한국은행이 거주성을 판정할 수 있다.

제 3 절 국제거래(國際去來)의 정의

국제수지는 국제거래만 계상할 뿐 국내거래는 원칙적으로 기록하지 않는다. 여기서 국제거래라 함은 거주자와 비거주자 사이의 거래란 말이다. 국제수지에 포함되는 국제거래는 대가가 치러지는 유상거래뿐만 아니라 대가가 없는 무상거래나 대가가 시장가격보다 훨씬 유리한 조건으로 치러지는 특혜성 거래까지 포함한다.

그 외에도 관례상 거래라고 볼 수 없는 특수한 형태의 거래도 국제수지에는 포함되고 있으며 복식부기의 회계상의 원칙에 따라 장부상에만 나타나는 대응거래도 기록된다. 이런 점에서 국제수지에서의 거래는 통상적으로 사용되는 거래의 개념과는 상당히 다른 매우 특수한 개념이다.

Ⅰ. 상업적 유상거래와 비상업적 무상거래

1. 상업적 유상거래

국제수지에 기록되는 거래 중에서 가장 일반적이고 보편적인 거래는 상업적 유상거래이다. 상업적 유상거래는 한 거래자가 거래 상대방으로부터 경제적 가치를 받을 목적으로 경제적 가치를 제공하는 거래이다. 여기서 거래 당사자 모두가 동일한 국가의 거주자가 되어서는 국제거래라 할 수 없으므로 거래 당사자는 서로 다른 국가의 거주자이어야 한다.

거래대상물은 경제적 가치를 지니고 있는 재화, 서비스, 소득과 같은 실물자산은 물론 금융자산도 거래의 대상이 된다. 상업적 거래에 있어서 필수조건인 대가의 지급은 시장가격에 의해 지급되어야 하며 시장가격이 형성되어 있지 않은 경우에는 시장가격을 대신할 수 있는 대용가격이나 대체측정가격을 계산하여 사용한다.

그러나 대가로서 지급되는 경제가치가 거래와 동시에 이루어질 필요는 없다. 현실적으로 거래와 동시에 결제되는 경우보다는 그렇지 않은 경우가 훨씬 빈번히 발생한다.

2. 비상업적 무상거래

비상업적(이전) 거래란 거래의 일방이 아무런 경제적 가치를 대가로 받지 않고 실물자산이나 금융자산을 제공하는 일방적인 거래이다. 시장가격보다는 훨씬 유리한 조건으로 거래를 하는 경우도 넓은 의미에서는 비상업적(이전) 거래라 볼 수 있는데 예컨대 원조국이 양허성(특혜성) 원조차관을 공여하는 경우가 좋은 예이다.

반대급부, 즉 대가가 실물자산이나 금융자산이 아닌 무형의 경제가치(예컨대 국방 서비스, 관계개선 등)로 치러지는 경우도 비상업적(이전) 거래로 보는 것이 통상적인 관례이다. 다만 복식부기의 원칙상, 비상업적(이전) 거래의 대응거래를 기재할 때 그 서비스의 가치를 어떻게 수량화하여 기재할 것인가 하는 것이 어려운 문제이다.

IMF 국제수지 편제요람 제 5 판이 발간(1993년)되기 이전까지는 비상업적(이전) 거래를 따로 분류하지 않았으나 제 5 판에서는 이를 경상이전거래와 자본이전거래로 구분하고 있다.

경상이전거래는 자본이전거래 이외의 모든 이전거래인데 현물이전 중에서 고정자산의 소유권이 옮겨지거나 혹은 채무를 면제시켜 주는 경우와 고정자산의 취득(또는 처분)을 조건으로 하는 현금이전의 두 경우를 자본이전거래로 분류한다. 투자를 지원해 주기 위해 지급되는 투자보조금이 좋은 예이다.

3. 귀속거래(Imputed Transaction)

현재의 경제가치(즉 대가)가 현재의 거래가 아니라 과거의 거래에 기초하여 일어나는 경우를 귀속거래라 하는데 직접투자 후에 발생되는 수익배당이 귀속거래의 예에 속한다. 귀속거래도 거래로 간주하여 국제수지에 계상한다.

Ⅱ. 국제수지에 기록되는 특수한 형태의 거래

1. 특별인출권(Special Drawing Rights: SDR)

국제통화기금(IMF)이 창출하는 특별인출권을 배분받거나 그의 인출(또는 말소)은 그 반대거래가 되는 경제적 가치의 주고받음이 없이 이루어진다는 점에서 이전거래와 유사한 성격을 지닌다. 그렇지만 특별인출권의 배분과 말소의 경우 다른 어떤 나라도 자산의 변동이 일어나지 않는 데 반해 이전거래에서는 제공하는 국가의 자산감소와 함께 제공받는 국가의 자산이 증가한다는 차이가 있다.

특별인출권의 배분이나 말소는 IMF 국제수지 편제요람 제5판(1993) 이전에는 국제수지 거래로 간주되었으나 그 이후에는 국제수지 거래로 보지 않으며, 다만 그 이외의 특별인출권의 변동은 국제수지 거래로 기록한다.

2. 화폐용 금 및 비화폐용 금

한 나라의 통화당국이 보유하고 있는 금은 대외 결제용으로 즉시 사용할 수 있는 외화자산이다. 따라서 그 통화당국이 대외외화자산으로서의 금 보유량을 변동시키는 경우 그 나라의 대외금융자산이 변화되는 것이기 때문에 통상 국제수지에 기록하고 있다. 통화당국이 금 보유량을 증가시키는 것을 '금의 화폐화'라고 하고 반대로 감소시키는 것을 '금의 비화폐화'라고 한다. 금의 화폐화는 대외금융자산의 증가를 초래하고 금의 비화폐화는 반대로 대외금융자산의 감소를 초래한다.

금의 화폐화나 비화폐화는 반대거래 없이 대외금융자산의 변동을 가져온다는 점에서 특별인출권의 배분이나 인출(말소)과 유사하지만 특별인출권의 말소의 경우 그 나라의 금융자산이 실제로 그만큼 감소하지만 금의 비화폐화의 경우 비화폐화된 금의 가치만큼의 국부(國富)는 소멸된 것이 아니라 다른 주체에 의해 보유되는 것이어서 전체 국부에는 변동이 발생하지 않는 것이 다른 점이다.

국제수지에서는 통화당국과 다른 나라 통화당국간의 금의 거래는 금의 화폐화로 간주하여 투자거래로 기록하며 통화당국과 다른 나라 민간부문과의 금의 거래는 상품거래로 기록한다.

3. 이민거래

이민자가 휴대하여 들어오는 유형동산은 이주국의 입장에서는 재화의 수입과 동일한 효과를 가져온다. 그리고 이민자가 이주 전의 거주국에 보유하고 있는 부동산이나 기타 자산은 이주로 말미암아 새로운 거주국의 이전 거주국에 대한 채권이 되는 셈이다.

따라서 이민자가 휴대반입하는 동산은 경상거래계정의 수입으로, 그리고 이민으로 인한 순대외채권(혹은 채무)의 변동은 자본 및 투자계정의 해당 항목에 계상하되 대응계정으로 이민이전거래 항목에 동시에 계상한다.

4. 자본이득 또는 손실

자산의 가격은 항상 변동하게 되는데 이러한 자산가격의 변동에 따라 발생한 자본이득 또는 손실은 원칙적으로 국제수지에 계상된다. 예컨대 10만 달러에 매입한 자산을 국제수지 편제기간 중에 15만 달러에 매각했다고 하면 5만 달러의 차익, 즉 자본이득이 발생하게 되는데 이 5만 달러의 차익은 자본 및 투자계정 거래 항목 중의 자본이득으로 계상된다. 발생하지 않은 평가상의 자본이득 혹은 손실은 기록하지 않는다.

Ⅲ. 국제수지에 기록되지 않는 대외거래

1. 영토변경

독일통일이나 구소련의 붕괴 등과 같이 국가의 영토와 국민의 국적이 변경되는 경우에도 국제적인 재화나 자산의 이동이 일어나게 된다. 예컨대 동독주민이 보유하고 있던 재화나 금융자산이 통일 이후에는 독일의 재화나 금융자산으로 편입될 것이고 이런 과정에서 재화나 금융자산의 국가간 이동(동독에서 통일독일로)이 일어난 것처럼 보일 수 있다. 그러나 국제수지의 편제 관례상 영토의 변경에 따른 재화나 자산의 이동은 국제수지의 거래로 기록하지 않는다.

2. 대손(貸損)처리

채무자의 상환능력이 부족하거나 또는 다른 예기치 못한 사정으로 말미암아 채권자가 보유하고 있는 채권의 시장가치가 현저히 감소하거나 소멸되는 경우가 있는데 이 때 채권자가 그 채권의 일부나 전부를 포기하는 경우를 대손처리라고 한다. 대손으로 처리한 대외자산은 실제로 자본손실을 가져오지만 국제수지에는 기록하지 않는다.

3. 자산 및 부채의 재분류

새로운 국제거래가 발생하지는 않았지만 시간이나 여건의 변화로 인하여 과거의 거래행위의 성격이 변동함에 따라 계정항목의 재분류가 불가피해지는 경우가 발생할 수 있다. 예컨대 특정 외국기업의 주식에 대해 독립적으로 투자한 투자가들이 경영에 참여할 목적으로 연합체를 구성하는 경우, 비록 투자 당시에는 포트폴리오 투자였으나 연합체구성 이후에는 직접투자로 성격이 변하게 되어 계정항목의 재분류가 불가피해진다. 이와 같이 여건이나 투자 성격의 변화로 자산이나 부채의 재분류가 이루어지는 경우는 국제수지에 기록하지 않는다.

이와 유사하게 한 나라의 대외채권은 그 나라의 통화당국의 효율적이고 직접적인 통제 아래에 있는 경우에는 준비자산으로 간주되는데, 그 대외채권의 여건이나 성격의 변화로 인하여 준비자산으로 간주하기 어려운 상황이 일어날 수도 있다. 이렇듯 금융자산의 성격변화 등으로 인하여 발생하는 준비자산의 변동도 국제수지에 기록하지 않는다.

4. 평가변동

실물자산이나 금융자산 혹은 금융부채의 시장가치는 항상 변화한다. 경제상황이 변화해서 그러한 자산의 시장가치가 변하기도 하지만 단순한 환율의 변동도 시장가치의 변화를 가져오기도 한다. 예를 들어, 외국인이 국내기업의 주식 100주를 주당 8만 원에 매입한 경우 1달러당 환율이 800원이라면 그 외국인은 주당 100달러로 총 1만 달러의 국내 주식투자를 한 셈이다.

그러나 그 후 환율이 1달러당 400원으로 떨어지면 주가가 8만 원으로 유지되고 있다고 해도 주당 시장가치는 200달러로 상승하게 되는데 이 때 시장가치(200달러)와 매입가격(100달러)의 차이를 '평가변동'이라고 한다.

아직 처분되지 않은 자산의 평가상의 변동은 국제수지에 기록하지 않는다. 다만, 준비자산(리저브)에 속하는 항목의 평가변동은 보충자료로 대외투자포지션에 계상된다.

제 4 절 시장가격(市場價格: Market Value)의 정의

국제수지의 통계를 집계하는 데에는 거래대상이 재화이든 실물자산이든 금융자산이든지 간에 시장가격으로 평가하는 것이 일반적인 원칙인데, 이를 '시장가격의 원칙'이라고 한다.

Ⅰ. 시장가격

시장가격이란 상호 독립적이면서 순전히 상업적인 목적을 추구하는 거래당사자 간에 자발적으로 사고자 하는 사람이 사고자 하는 재화를 취득하는 대가로 자발적으로 판매하고자 하는 자에게 지급한 화폐금액으로 정의된다.[3)]

따라서 똑같은 재화나 동일한 당사자간에서 다른 시기에 거래되면 다른 시장가격으로 거래될 수도 있으므로 여기서의 시장가격이란 그 상품의 세계시장 가격이나 실세가격 또는 평균가격이 아니라 개별적이고 특정적인 실제 거래가격이라는 뜻을 갖고 있다.

그 상품이 거래되는 시장의 형태가 반드시 완전경쟁시장이어야 할 필요는 없으며 독점시장이든 과점시장이든 두 경제주체간에 형성된 거래의 실제가격이면 시장가격이라고 볼 수 있다.

Ⅱ. 시장가격이 결여된 거래

위의 Ⅰ.에서 정의된 시장가격의 개념조건이 충족되지 않는 경우로는

(i) 상호 독립적인 경제주체로 볼 수 없는, 예컨대 동일계열기업간의 거래와 본지점간의 거래나

(ii) 화폐가 수반되지 않는 물물교환거래

(iii) 소유권의 법적 이전이 발생하지 않는 리스계약거래

(iv) 증여나 원조와 같은 비상업적 거래, 그리고

(v) 세금납부와 같은 비자발적 거래를 들 수 있다.

이러한 시장가격 개념이 결여된 거래에는 다른 방법을 이용하여 시장가격을 책정해야 하는데 통상적으로는 시장가격 성립조건과 유사한 조건하에서 형성되는 기존가격을 유추하여 시장가격에 상당하는 가격, 즉 '시장가격 상당액'을 산출해야 한다.

---

3) UN의 규정에 의한 시장가격.

특히, 동일 계열기업간의 거래에서는 회계처리에 사용되는 가격(통상 '내부이전가격'이라 함)을 사용하는 것이 관례이며 시장가격과 내부이전가격의 괴리가 큰 경우에는 장부가격을 활용할 수도 있다.

증여나 상속 혹은 양도와 같은 거래나 특혜성 차관과 같은 거래는 시장가격에 의해 거래되는 것이 아니라 시장가격보다 낮은 가격으로 이루어진다.

예컨대 개도국에 대한 선진국의 개발원조차관은 시장금리보다 낮은 저리로 제공되는 것이 일반적이다.

이런 비상업적이고 특혜성이 있는 거래를 비상업적 이전거래라고 하는데, 비상업적 이전거래에 의해 이전되는 실물자산은 그 자산이 판매되었을 경우에 받을 수 있는 시장가격으로 평가하는 것이 원칙이다(이를 '의제평가방법'이라고 함).

제 2 장

국제수지의 작성원칙

제 1 절 복식부기의 원칙

Ⅰ. 복식부기의 원칙

국제수지를 작성하는 회계상의 기본규칙은 개개 거래에 대하여 대변과 차변에 동일한 금액을 두 번 기재하는 복식부기의 원칙을 채택한다는 점이다. 모든 거래를 급부와 반대급부라는 두 개의 흐름으로 파악한다는 것이다.

국제수지는 대변으로서의 수입(收入: credit)과 차변으로서의 지급(支給: debit)의 두 개의 난을 갖고 산술적으로는 수입란의 숫자는 양의 부호를, 그리고 지급란의 숫자는 음의 부호를 가지는 것으로 취급한다.

경상거래의 대변, 즉 수입란에는 외국으로부터 지급받을 기회를 창출해내는 거래를 기입하고, 반대로 경상거래의 차변, 즉 지급란에는 외국에 대해 지급해야 할 기회를 발생시키는 거래를 기입하게 된다.

자본거래의 대변(수입란)에는 자산의 감소나 부채의 증가를 초래하는 거래를 기재하고 반대로 자본거래의 차변(지급란)에는 자산의 증가나 부채의 감소가 초래되는 거래를 기재한다.

Ⅱ. 복식부기의 예

(1) 거 래 1

상품을 300단위 수출하여 같은 금액을 현금으로 즉시 수취하는 경우에 경상거래 계정의 수출항목의 대변(수입란)에는 수출 300이 기재됨과 동시에 외화가 300단위 증가했으므로(외화자산의 증가) 자본 및 투자계정의 외화자산항목의 차변(지급란)에 같은 금액이 계상된다.

(2) 거 래 2

상품 100단위를 수입하고 동시에 현금으로 수입대금을 지급하는 경우에 경상거래 계정의 수입항목의 차변(지급란)에 수입 100단위가 기재됨과 동시에 외화가 100단위 감소했으므로(외화자산의 감소) 자본 및 투자계정에는 외화자산의 대변(수입란)에 같은 금액이 계상된다.

(3) 거 래 3

국내기업이 현금차관을 500단위 도입하는 경우에는 대외부채가 500단위 증가했으므로 자본 및 투자계정의 차관항목 대변(수입란)에

〈그림 1-1〉 복식부기의 작성예

		차변(지급)	대변(수입)
경상계정			
	수 출		300(①)
	수 입	100(②)	
자본 및 투자계정			
	외화자산	300(①), 500(③)	100(②)
	차 관		500(③)
	계	900(①+②+③)	900(①+②+③)

500단위를 계상함과 동시에 대외자산인 현금이 500단위 증가했으므로 자본 및 투자계정의 외화자산항목의 차변(지급란)에 500이 기재되어야 한다.

Ⅲ. 대응거래의 신설과 조정항목

한 거래에 대한 대가가 명백하게 지급되는 유상거래에 있어서는 복식부기의 원칙을 적용하는 데 아무런 어려움이 없지만 무상거래나 무형의 가치로 대가가 지급되는 경우에는 대응거래를 따로 설정해서 기록해야만 복식부기의 원칙을 적용할 수 있는데 이런 목적으로 설정되는 항목을 조정항목이라고 한다.

예컨대 100단위어치의 쌀을 무상으로 원조하는 나라는 경상거래계정에 쌀을 수출로 간주하여 상품수출항목의 대변(수입란)에 100단위를 기재함과 동시에 대응거래로서 경상이전거래(unrequited transfer)라는 조정항목의 차변(지급란)에 100을 계상한다.

그리고 원조받는 국가는 자기의 경상이전거래 항목의 대변(수입란)에 100을 계상함과 동시에 상품수입항목의 차변(지급란)에 100을 기재하여 복식부기 원칙을 적용하면 된다. 거래의 성질이 있는 교환이라고 보기 어려운 경우나 평가조정과 같은 일방적인 거래의 경우에도 복식부기의 원칙에 따르기 위해 별도의 조정항목을 신설하여야 할 때가 있는데 준비자산(리저브)에서와 같이 재평가에 따른 대외자산의 변동을 기록하는 평가조정이라는 항목도 조정항목이다.

Ⅳ. 오차 및 누락(Errors and Omissions) 또는 통계상의 불일치

복식부기의 원칙에 따라 국제수지를 작성하는 경우에 대변(수입란)과 차변(지급란)의 총합은 반드시 일치하여야 하지만 실제의 계산에서는 일치하지 않는 경우가 빈번히 발생하게 된다. 이 때 그 불일치를 없애기 위해서 '오차 및 누락' 또는 '통계상의 불일치'라는 항목에 기재하는데, 대변(수입란)의 합이 차변(지급란)의 합보다 크면 '오차 및 누락'의 항목의 차변(지급란)에 그 큰 금액만큼을 기재하고, 반대로 차변(지급란)의 합이 대변(수입란)보다 크면 '오차 및 누락' 항목의 대변(수입란)에 그 차이를 계상하여 대변과 차변을 사후적으로 일치시킨다.

제 2 절 계상시점(計上時點)의 원칙

국제수지는 일정기간의 국제거래를 기록하므로 국제수지표상의 수입 혹은 지급란에 계상함에 있어서는 계상시점을 정하는 일정한 기준이 있어야 한다. 계상시점의 문제가 발생하는 이유는 통상적으로 거래계약이 체결되더라도 이행절차가 수반됨에 따라 계약과 계약의 이행시점 사이에 상당한 시간이 경과하는 경우가 많기 때문이다.

예컨대 재화의 수출만 하더라도 수출계약의 체결로 모든 절차가 종결되는 것이 아니라 해당 재화를 선적하여 운송하여야 하고, 그 수출의 대가인 채권을 취득해야 하며 최종적으로 채권의 결제가 끝나야 수출거래가 종료되는 것이다.

Ⅰ. 소유권 변동시점의 원칙

국제수지의 계상시점의 문제에 관해 적용되는 원칙은 '소유권 변동시점의 원칙'이다.

소유권 변동시점이란 통상적으로 거래당사자가 거래내용을 자기의 회계장부에 기록하는 시점이다.

모든 거래는 두 주체간에 재화(또는 서비스)와 금융자산과의 교환형태로 나타나는데 예컨대 매입하는 거래주체는 재화(또는 서비스)의 획득과 금융자산의 양도를 동일한 날짜에, 그리고 매각하는 주체는 재화(또는 서비스)의 매각과 금융자산의 인수를 동일한 날짜에 기록하는데 바로 이 시점이 여기서 말하는 소유권 변동시점이다.

Ⅱ. 복합거래의 계상시점

재화를 수출할 때 후불조건으로 수출하거나 수입업자가 상품을 인도받기 전에 선수금을 지급하는 경우와 같이 둘 또는 그 이상의 거래가 한 거래계약에 수반되어 일어나는 경우를 복합거래라 하는데 복합거래는 발생한 시점에 각각 따로 계상된다.

예컨대 후불조건으로 수출하는 경우 수출업자는 상품이 인도되는 시점에서 수입업자에 대한 채권이 발생한 것이므로 상품수출과 함께 대외채권의 증가가 따로 국제수지에 계상되며 수출대금이 지급되는 시점에는 현금수입과 함께 대외채권이 소멸되는 것으로 계상한다.

수입업자가 상품의 인도 전에 선수금을 지급하는 경우에는 수출업자에 대한 수입업자의 채권이 발생한 것으로 계상되며 수입상품이 인도됨과 동시에 그 채권이 소멸된 것으로 계상된다.

Ⅲ. 기타거래의 계상시점

직접투자기업 수익의 일부를 재투자하는 경우에는 동 수익이 발생한 시점을 계상시점으로 하며 기타 투자수익은 지급되는 시점을 계상시점으로 한다. 세금이나 과태료는 납입기일에 계상되며 기타 이전거래는 재화의 소유권이 변동된 시점을 계상시점으로 한다.

대응거래의 계상시점은 상대계정의 계상시점과 일치시킨다. 기존채무에 대한 원금 또는 이자의 상환이 만기시까지 완전히 변제되지 않은 경우에는 일단 계약시의 만기시에 상환된 것으로 하되 변제되지 않은 부분에 대해 새로운 채무가 발생한 것으로 계상한다.

Ⅳ. 소유권 변동시점의 예외

소유권 변동이 일어나지 않고 행해지는 경우라도 국제수지에 계상되는 대외거래가 있는데 금융리스계약, 모회사와 자회사 간의 국제거래 그리고 소유권의 변동 없이 가공만을 위해 해외로 재화를 운반하는 경우가 대표적인 예이다.

1. 금융리스계약

금융리스계약은 리스계약의 개시일을 리스된 재화의 사실상의 통제와 보유권의 변화에 가장 근접한 시점으로 보아 리스계약의 개시일에 계상한다.

2. 계열기업간 거래

동일 계열기업간에 일어난 국제거래는 관련장부에 기록되는 시점을 계상시점으로 본다.

3. 가공거래

가공만을 위해 재화가 해외로 운반되는 재화는 일단 수출되었다가 재수입되는 두 개의 거래로 구성된다. 신국민계정체계(SNA체계)에서는 가공의 정도에 따라 '근본적인 물리적 변화'를 수반한 가공과 기타 가공으로 분류하고, 전자는 재화거래로 보고 후자는 서비스 거래로 보지만 국제수지체계에서는 양자를 구분하는 것이 실질적으로 어렵기 때문에 가공은 모두 재화거래로 보고 있다.

따라서 소유권의 변동이 일어나지 않더라도 가공거래는 재화의 거래에 적용되는 계상시점의 원칙이 그대로 준용된다.

V. 계상시점의 조정(調整)

무역통계를 작성하는 데 걸리는 시간이나 수출입상품의 운송기간이 길면 길수록 그 기간 중에 해당 상품가격이나 양이 변동할 가능성이 커지고 따라서 동일한 수출에 대해서도 수출업자의 수출가치와 수입업자의 수입가치가 크게 차이가 날 가능성이 큰데 이렇게 동일한 수출입거래에 대해서 수출금액과 수입금액의 차이가 발생한다면 국제수지 통계의 정확성과 신뢰성은 크게 떨어지게 된다.

또 통상적으로 수출입거래와 수반하여 지급되는 운임 혹은 보험료도 상품의 수출입 계상시점과 동일시점에서 계상되지만 실제 그 운임과 보험료는 상품의 수출입에 앞서 지불되거나 또는 후에 지급되는 것이 일반적이므로 실제의 자산변동과 국제수지 통계 사이에 불일치가 일어날 가능성이 커진다.

이와 같이 국제수지 통계의 수집기간과 운송기간이 길거나 또는 운임·보험료 지급관행 등으로 인해서 동일한 거래에 대한 국제수지의 통계가 지급하는 나라와 지급받는 나라 사이에 괴리가 발생하는 것을 방지하기 위해 각국은 계상시점을 조화적으로 조정시킬 필요가 있다.

제3절 계산단위와 환산의 원칙

국제거래는 대개 거래 당사국의 통화나 혹은 그 거래 당사자의 이익에 가장 부합되는 통화로 표시되고 또 때에 따라서는 금이나 SDR과 같은 보다 특수한 단위로 표시된다. 따라서 여러 개의 단위로 표시되는 한 나라의 국제거래를 일관성 있게 기록하고 또 국가별로 비교가 용이하게 하기 위해서는 하나의 통화단위로 통일하여야 할 필요가 있다. 여러 나라의 통화로 표시된 국제수지를 비교와 종합이 쉽도록 하기 위해 채택되는 표시 통화를 '계산단위 통화'라고 한다.

Ⅰ. 계산단위 통화의 선택기준

1. 안 정 성

계산단위 통화는 무엇보다도 안정성이 있어야 한다. 여기서 말하는 안정성은 통상적으로 사용되는 통화가치, 즉 환율의 안정성과는 다른 다소 특수한 개념이다. 여기서의 안정성이란 계산단위 통화로 표시한 가격이 실제거래에 사용된 통화의 가치변동에 크게 영향을 받지 않는 성질을 의미한다.

개별거래의 입장에서 보면 당연히 그 거래가 표시된 통화단위가 가장 안정적인 계산단위 통화이고, 만약 모든 국제거래가 한 개의 통화단위로 표시되고 있으면 그 통화단위가 가장 안정적인 계산단위가 되는 것이다.

따라서 여기서 말하는 안정성이 있는 단위통화란 한 나라의 국제거래에 가장 보편적으로 활용되는 표시통화, 즉 가장 범용성 있는 통화라는 의미와 매우 가깝다.

그리고 한 나라에게 가장 안정적인 통화가 모든 나라에게 안정적이라는 보장도 없다. 따라서 IMF는 각국이 자국의 입장에서 가장 부합되는 단위통화를 선택하여 국제수지를 작성해 보고하면 이를 세계공통의 계산단위로 환산한다.

2. 친 숙 성

계산단위 통화가 지녀야 할 두 번째 특성은 국제수지 통계를 이용하는 자에게 친숙한(또는 익숙한) 통화이어야 한다는 점이다. 통화가치의 안정성만을 고려하여 인위적인 단위를 창출해 내더라도 그것이 경제와 경제통계를 다루는 많은 사람들에게 친숙하지 못한 단위라면 바람직하지 못하다.

Ⅱ. 환산절차

1. 환산원칙

국제거래가 표시하고자 하는 통화가 아닌 다른 통화로 표시되어 있는 경우에 표시통화로 환산할 때 적용되는 기본원칙은 계약 당시의 거래통화로 표시된 거래금액에 계약체결 당시의 거래통화와 표시통화간의 환율을 적용한다는 것이다. 여기서 적용되는 환율은 통상적으로 계약 당일의 외환시장의 현물환율이 적용된다.

따라서 계약 이후에 발생한 환율의 변동으로 거래금액이나 거래가격이 변동하더라도 국제수지에는 변동을 초래하지 않는다. 예컨대 달러로 표시된 금융자산을 100달러어치 매입한 경우에 이를 원화로 표시하기 위해서는 매입계약 당시의 달러당 원화환율(800원이라 하자)을 곱해 8만 원으로 환산하며 이후 그 환율이 아무리 변동하더라도 매입금액은 달러로는 100달러, 그리고 원화로는 8만 원임에는 변함이 없다.

단, 이 매입한 달러표시 금융자산을 국제수지 작성기간 내에 100달러에 되팔았다고 하고, 매각시점의 달러당 원화환율이 600원이었다고 하면 달러로 표시한 국제수지의 변동은 없으나(100달러에 사서 기간내에 100달러에 되팔았으므로), 원화로 표시할 때에는 2만 원의 자본손실(8만 원에 사서 6만 원에 되팔았으므로)이 발생하게 된다.

2. 평균환율의 적용

(1) 계약시점의 확인 곤란

거래통화로 표시된 자료를 표시하고자 하는 통화로 환산함에 있어서 계약당시의 현물환율을 적용한다는 위의 원칙에도 불구하고 다음과 같은 현실적인 어려움에 당면하게 되는 경우가 있다.

즉, 대외거래에 관한 자료들이 여러 단계(관세청이나 금융기관 혹은 무역협회 등)를 거쳐 국제수지 통계 담당자에게 전달되는 과정에서 계약일이 누락되거나 자료가 새로이 가공되거나 또는 이미 다른 통화로 환산되어 계약일 당시의 현물환율을 적용하기 어려운 경우가 그렇다.

이런 경우에는 국제수지가 편제되는 단위기간 중에 적용되었던 시장환율의 평균치인 평균환율을 이용하여 환산하는 것이 가장 바람직하다.

(2) 선물계약

선물계약과 같은 금융거래는 본질적으로 한 통화와 다른 통화 간의 교환거래이므로 이를 제 3 의 표시통화로 표시하고자 할 때에는 문제가 발생할 수 있다. 예컨대 100단위의 A통화로 240단위의 B통화를 매입하는 선물계약을 체결했다고 하자. 이 선물계약을 제3의 통화인 C통화로 표시하고자 하는 경우 현재의 환율이 1단위의 C통화는 2 단위의 A 통화와 4 단위의 B통화와 같다면 C통화로 환산된 계약금액은 서로 다른 두 가지가 된다.

즉, 선물거래의 계약금액을 A통화 단위로 볼 때에는 100이므로 C 통화로는 50이 되나 B통화단위로는 25이므로 이를 C통화로 환산하면 60이 된다. 이런 경우에는 통상 그 평균치인 55를 표시통화로 환산된 거래금액으로 간주하고 있다.

이러한 편법은 결국 A통화와 B통화 간의 현물환율(1A=2B)과 선물환율(1A=2.4B) 사이의 평균환율을 적용하는 것이다.

제 3 장

국제수지의 분류체계

제 1 절 표준항목(標準項目) 분류체계

Ⅰ. 표준항목 선정기준

국제수지의 통계를 작성하는 근본적인 목적은 그 통계를 통하여 국제거래의 규모와 내용을 알고자 하는 것 이외에도 정책을 수립한다든지 또는 어떤 정책의 효과를 검증하거나 분석하는 데 이용하고자 하는 것에도 있다. 뿐만 아니라 어떤 특정한 거래를 비교한다든지 또는 예측하는 목적으로 사용할 수도 있다.

따라서 국제수지 통계를 이러한 여러 가지의 목적에 보다 효율적으로 이용하기 위해서는 국제거래에 관한 매우 다양한 거래를 보다 간편한 일정한 체계 안에 일관성 있게 분류할 필요가 있게 된다.

국제통화기금은 여러 나라가 각기 고유한 방식으로 다양한 분류기준으로 작성해 오던 국제거래에 관한 통계를 표준화시켜 국별 비교를 용이하게 할 뿐만 아니라 분석에도 편리하도록 하기 위해 표준항목 체계를 마련하여 각 회원국에게 이에 의거하여 국제수지 통계를 작성하도록 권고하고 있다.

국제수지에 기록되는 모든 국제거래를 표준적인 항목으로 분류하는 데에 있어서 국제통화기금은 다음의 5 가지 사항을 중점적으로 강조하였다.

(i) 모든 항목은 타항목과는 구별되는 특징적인 행태를 나타내는 것이어야 한다. 한 항목에 영향을 주는 경제적 요인이 타항목에 영향을 주는 요인과는 다르다든지 또는 동일한 경제적 요인이더라도 타항목과는 달리 반응한다든지 하는 것이 여기서 말하는 특징적인 행태를 나타낸다는 의미이다.

(ii) 항목은 여러 나라에서 의미가 있고 중요한 것이어야 한다. 중요하지 않은 거래를 표준항목으로 삼는다는 것은 국제수지의 기능이나 국제수지를 작성하는 목적에 배치되는 것이므로 경제현상의 분석이나 정책에의 활용에 중요한 거래를 표준항목으로 설정하고 있다. 무엇이 중요한 항목인가 하는 문제는 나라마다 다르고 또 보는 시각에 따라 다소 논란이 있을 수 있지만 현재의 거래규모가 크거나 비록 현재의 거래규모는 작다 하더라도 장차 규모가 커질 것이 예상되면 현상분석 또는 정책활용의 중요성이 있다고 할 수 있을 것이다.

(iii) 통계자료의 입수가 용이해야 한다.

(iv) 표준항목의 수가 너무 많으면 안 된다.

(v) 신국민 계정체계(SNA)나 중앙산출분류체계(CPC: Central Product Classification) 등 세계적으로 광범위하게 이용되고 있는 다른 통계분류체계와 조화되도록 한다.

Ⅱ. 분류체계의 변경

1. 변경이유

국제통화기금이 각국의 국제수지 통계작성에 규범으로 사용하게 하기 위해 채택하고 있는 국제수지의 표준항목 분류체계는 국제거래의 형태나 관행 또는 성격이 바뀜에 따라 여러 번 수정보완되어 왔는데 가장 최근에 채택된 분류체계(IMF국제수지 매뉴얼 제5판 체계)는 그 이전체계(제4판 체계)가 채택된 1977년 이후에 일어난 국제거래의 변화와 혁신, 특히 국제금융 거래시장에서 일어나고 있는 금융상품 및 거래기법의 변화와 혁신을 수용하기 위해 종래의 체계에 대폭적인 수정을 가하였다.

즉, 금융시장의 국제화와 통합화가 빠르게 진전되고 있는데다 새로운 금융상품이 개발되고 있을 뿐 아니라 국제교역규범이 과거의 재화교역 중심에서 서비스와 금융거래 등을 모두 포함하는 광범위한 규범체계로 확대됨에 따라 이에 부응하는 국제수지체계로 개편해야 할 필요성이 높아졌기 때문이다.

이와 함께 제5판에서 제시되고 있는 표준항목 및 그 분류체계는 다른 통계체계, 즉 개정된 신국민계정(SNA)체계나 통화금융통계 혹은 IMF통계체계 등과 상호 조화 일치시키기 위한 항목의 수정도 같이 이루어졌다.

2. 분류체계의 변경내용

새로이 편제된 제5판의 표준항목체계가 그 이전 체계인 제4판 체계와 다른 점은 대체로 다음의 6개 계정에 있어서인데 그를 간략히 설명하면 다음과 같다.

(i) 이전(移轉)거래를 경상거래적 이전(경상이전)과 자본거래적 이전(자본이전)으로 구분하여, 소유권의 변동이나 채무면제를 조건으로 하는 실물형태의 이전거래와 실물자산의 취득(또는 처분)을 조건으로 행해지는 현금이전(現金移轉)을 신국민계정에서와 같이 자본이전(資本移轉: capital transfer)으로 정의하였다.

(ii) 종전에는 서비스거래로 간주되었던 가공수출용 재화, 수선 및 항만에 보관 중인 재화 등의 거래를 상품거래로 변경하였다.

(iii) 서비스와 소득의 개념을 조정하였다. 종전체계에서는 근로자의

보수와 비거주자에 대한 지급을 모두 소득계정의 피용자보수 항목에 포함시켰으나 새로이 편제된 체계에서는 근로자에 대한 모든 보수는 소득거래로 간주하는 한편 비거주자의 지급은 서비스계정에 포함시켰다. 또 외국 정부나 국제기구에 종사하는 비거주자에 대한 보수지급을 정부서비스로 간주하던 것을 소득계정으로 옮기는 한편 특허권 등의 비금융 무형자산의 사용료 등을 종전에는 재산소득으로 분류했으나 이를 서비스소득으로 수정하였다.

(iv) 종전에 자본계정으로 불리던 부문을 자본계정과 투자계정으로 분리시키고 새로이 설치된 자본이전거래를 자본계정에 포함시켰다.

(v) 직접투자로 간주되었던 몇몇 거래를 다른 거래로 분류하였다. 계열기업과 같은 특수관계에 있는 은행간의 거래나 은행업무와 관련된 금융거래를 하는 계열 금융기관끼리의 거래를 종전에는 직접투자로 분류했으나 제 5 판에서는 거래의 성격에 따라 포트폴리오 투자 또는 기타 투자로 분류하고 있다.

〈표 1-1〉 국제수지 표준항목의 주요 변경내용

종전분류	내 용	변 경 사 항
재화거래	• 가공수출용 재화 • 수선재화 • 항만보관 재화	서비스거래 → 재화거래
서비스거래	• 비거주자에 대한 지급 • 외국정부 · 국제기구 직원보수	소득거래 → 서비스거래 정부서비스거래 → 소득거래
소득거래	• 특허권사용료 등 무형 비금융 재산소득 • 계정 분리	소득거래 → 서비스거래 독자계정으로 분리
이전거래	• 세분화	경상이전과 자본이전으로 분리
자본계정	• 세분화	자본계정과 투자계정
직접투자	• 계열기업 금융기관 거래	직접투자 → 포트폴리오투자 또는 기타투자
기타투자	• 통화시장수단 파생상품	기타자본거래 → 포트폴리오투자

(vi) 끝으로 신종금융상품의 거래를 국제수지에 명확히 반영시키기 위해 포트폴리오 투자항목의 포괄범위를 확대하였다.

Ⅲ. 표준항목의 분류체계

국제수지의 표준항목의 분류체계는 경상계정과 자본 및 투자계정이 서로 다른데 중요한 차이점을 요약하면 다음과 같다.

첫째, 자본 및 투자계정의 하부 분류체계가 경상계정보다 일반적으로 훨씬 세분화되어 있다. 예컨대 경상계정의 재화 및 서비스계정의 경우 그 하부체계는 두 단계뿐이지만 자본 및 투자계정은 그 아래에 포트폴리오투자, 자산 또는 부채, 지분과 부채성증권, 그의 만기구조 및 거래주체의 5단계의 하부분류체계를 갖고 있다. 물론 경상계정의 소득항목은 다른 경상계정의 항목과는 달리 4개의 하부체계를 갖고 있기는 하지만 그 외의 경상계정 항목들은 대개 3개 이내의 하부체계만 가지고 있을 뿐이다.

둘째, 자본 및 투자계정에서는 일반적으로 거래주체가 중요한 하부분류체계의 기준이 되는 데 반하여 경상계정에서는 경상이전 항목 이외에는 거래주체를 기준으로 하여 하부의 항목을 세분화하고 있지 않다.

셋째, 자본 및 투자계정에서는 거래의 방향이 중요한 항목분류의 기준이 되고 있음에 반하여 경상계정에서는 거래의 방향이 기재하는 난(수입란 또는 지급란)에서 파악될 뿐 항목분류체계에서의 분류기준이 되지는 않는다. 이것은 자본 및 투자계정이 경상계정과는 달리 총액이 아닌 순액으로 계상하기 때문이기도 하지만 자본 및 투자거래의 방향 자체가 특별히 중요한 경제적 의미를 갖고 있어 따로 분류하여 통계를 작성할 필요가 있기 때문이기도 하다.

넷째, 자본 및 투자계정에서는 대상거래의 만기구조가 중요시되어 세부항목분류의 기준이 되고 있으나 경상계정의 항목에는 만기구조의 기준에 따라 분류되는 항목이 없다.

〈표 1-2〉 국제수지의 표준항목 분류체계

대계정	소계정		대항목
I. 경상계정	A. 재화 및 서비스	a. 재화	1. 일반상품 2. 가공용 재화 3. 재화수리 4. 운수조달재화 5. 비화폐용 금
		b. 서비스	1. 운 수 2. 여 행 3. 통신서비스 4. 건설서비스 5. 보험서비스 6. 금융서비스 7. 컴퓨터·정보서비스 8. 특허권 사용료 9. 기타 사업 서비스 10. 개인·문화·오락서비스 11. 기타 정부서비스
	B. 소 득		1. 피용자 보수 2. 투자소득
	C. 경상이전		1. 일반정부 2. 기타부문
II. 자본 및 투자계정	A. 자본계정		1. 자본이전 2. 비생산·비금융자산의 취득, 처분
	B. 투자계정		1. 직접투자 2. 포트폴리오투자 3. 기타투자 4. 준비자산

제2절 경상계정(Current Account)의 체계

경상계정에는 비거주자와 거주자 사이에 경제적 가치를 상호 교환하면서 이루어지는 재화 및 서비스의 유상(또는 교환)거래와 소득거래는 물론 대가를 치르지 않고 일어나는 무상거래 중에서 자본거래의 성격을 지니지 않는 이전거래, 즉 경상이전거래가 기록된다.

과거의 편제체계에서는 소득계정을 따로 구분하지 않았기 때문에 A.재화, 서비스 및 소득 계정과 B.이전거래계정의 두 계정으로만 되어 있었다.

경상거래에 포함되는 유상거래는 그 거래의 성격에 따라 재화 및 서비스항목과 소득항목으로 나누어지므로 경상계정은 A.재화 및 서비스, B.소득, C.경상이전의 세 작은 소계정으로 구성되어 있는 셈이다.

Ⅰ. 총액계상(總額計上)의 원칙

원칙적으로 경상계정에 속하는 모든 항목의 거래는 수입란 혹은 지급란에 그 총액을 기록하고 있는데 이를 '총액계상의 원칙'이라고 한다. 이와는 달리 자본 및 투자계정에 속하는 항목의 거래는 순액을 계상하고 있는데, 경상계정의 항목별로 수입란과 지급란에 각각 거래 총액을 기재하는 이유는 그 각각의 통계 자체가 경제적으로 중요성이 높은데다가 수입란에 기록되는 거래(예: 수출)와 지급란에 기록되는 거래(예: 수입)가 서로 인과관계가 없을 뿐 아니라 전혀 다른 원인에 의해 독자적인 움직임을 보이고 있기 때문이다.

물론 경상계정에 속하는 항목 중에는 운수서비스의 몇몇 예에서 그렇듯이 총액에 관한 기초자료를 수집하기가 실무상으로 어려운 경우가 있는데 이런 경우에는 불가피하게 순액을 계상할 수밖에 없다. 그러나 다른 모든 경우에 있어서는 총액계상의 원칙에 따라 경상계정의 거래를 기록한다.

Ⅱ. 재 화(財貨)

재화항목에는 거주자와 비거주자 사이에 경제적 시장가치를 상호 교환하면서 이루어지는 모든 동산(動産)거래가 기재되는데, 이 항목안에는 5개의 소항목이 포함되어 있다.

즉, (i) 일반상품

(ii) 가공용 재화

(iii) 재화수리

〈그림 1-2〉 경상계정의 분류체계

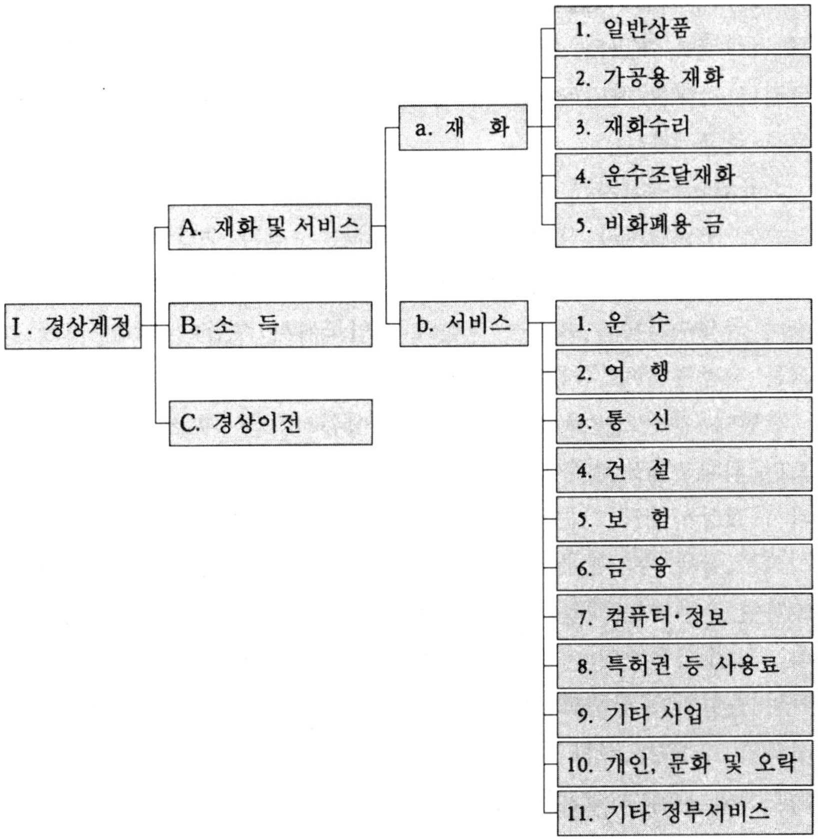

(iv) 운수조달재화

(v) 비화폐용 금 들이 그것이다.

과거의 편제체계에서는 서비스로 간주되던 가공용 재화나 재화수리 혹은 항만에 보관 중인 재화 등이 재화항목으로 편입되었으며 비화폐용 금의 거래도 이전에는 금융자산거래의 한 형태로 분류되었으나 신체계에서는 재화항목 안에 포함되었다.

1. 계상시점(計上時點)과 계상범위

(1) 소유권 변동시점의 원칙

재화의 대외거래를 국제수지 통계에 기록하는 계상시점은 원칙적으로 거래되는 재화의 소유권이 이전되는 시점이며, 통상 거래당사자가 해당되는 거래를 자기의 장부에 기재하는 시점을 소유권이 이전되는 시점으로 보고 있다.

소유권이 이전되는 시점은 거래 쌍방에게 모두 같아야 하지만 현실적으로는 수출업자가 자기 장부에 기록하는 시점과 수입업자가 자기 장부에 기록하는 시점이 반드시 동일한 것은 아니다. 따라서 수출국에서 수출이 국제수지에 기록되는 시점과 수입국에서 수입이 국제수지에 기록되는 시점은 서로 다를 수 있다.

반면에 통관기준통계는 물리적인 이동시점을 계상시점으로 보고 있으며 외환수급통계에서는 결제시점을 기준으로 하여 계상하고 있다. 따라서 계상시점의 기준이 서로 다른 이러한 여러 통계를 기초로 하여 작성되는 국제수지 통계에 있어서 소유권 변동시점을 이들 다른 기준을 참고하여 추론하는 작업은 매우 힘들며, 또 통관기준통계나 외환수급통계와 국제수지통계의 계상시점이 일치하지 않음에 따라, 국가간의 재화항목의 불일치가 발생하고 또 한 국가 내에서도 국제수지통계의 오차가 발생하기도 한다. 특히 무역수지에 관한 통관기준통계와 국제수지상의 재화수지의 통계가 일치하지 않는 가장 큰 이유 중의 하나가 이러한 계상시점의 차이에서 발생하고 있다.

(2) 계열기업(系列企業)간 거래

해외에 설립된 지사나 지점과 국내의 본사와의 거래는 기업간의 내부거래이므로 법적인 소유권의 변동이 일어나지 않는다.

그러나 국제수지에서의 소유권 변동개념은 법적인 개념이라기보다는 거주지 또는 활동의 근거지에 기초한 사실적(事實的)인 개념이므로 비록 법률적으로는 소유권의 변동이 일어나지는 않더라도 국내의 본사와 해외의 영업단위(지사나 지점) 사이의 거래에서도 소유권 변동이 일어난 것으로 간주하여 국제수지에 기록한다.

(3) 금융리스계약

금융리스계약은 법적인 소유권의 변동을 수반하지는 않지만 금융리스계약금액이 운송비를 포함한 재화가치의 대부분 혹은 전체의 구입비 및 부대비용을 초과할 경우에는 소유권 변동의 의도가 있는 것으로 간주하여 국제수지통계에 계상되어야 한다.

이 때 기재하는 방법은 리스계약금액이 아니라 동 재화의 시장가격을 재화항목에 기재해야 하며 그 대응거래는 투자계정의 신용공여항목에 계상하도록 한다.

(4) 전매(轉賣)거래

거주자가 해외에서 취득한 상품을 수입하지 않은 상태에서 비거주자에게 되파는 경우를 전매(轉賣: merchandising)라고 하는데, 이 때 위의 두 거래가 같은 국제수지 편제기간 내에 일어나면 국제수지에 계상하지 않는 것이 원칙이다.

그러나 이 두 거래가 만약 다른 편제기간에 걸쳐 일어나면 그 상품을 취득한 시점에 상품 수입(輸入)으로 계상한 뒤 매각시점에 같은 금액으로 수출(輸出)된 것으로 기록하는데 매입가격이 매각가격과 다를 때에는 그 차액을 기타사업 서비스 항목(중개무역)으로 계상한다.

(5) 관세선을 통과하지 않은 수출입거래

관세선을 통과하지 않더라도 재화의 소유권이 거주자와 비거주자 사이에 이전되면 수출 또는 수입에 계상하여야 한다.

선박, 항공기 또는 철도차량과 같은 운송수단이나 석유시추선과 채굴플랫폼과 같은 장비는 한 곳에 영구히 고정되어 있는 것이 아니라 이동이 가능하므로 현재 당장 관세선을 통과하지 않았다는 사실은 그리 중요한 것이 아니다.

따라서 이러한 이동장비에 대해 비거주자와 거주자 사이에 소유권이 이전되는 시점에 해당 재화의 수출 또는 수입이 일어난 것으로 기록된다.

(6) 관세선을 통과하더라도 계상하지 않는 거래

단순히 국경선이나 관세선을 통과하기만 하는 통과무역이나 반송된 수출입재화 또는 소유권의 변동 없이 국경을 넘어 이동하는 어선 등의 수송장비는 수출입으로 간주하지 않는다.

또 한 경제영역 밖에 소재하지만 동일한 경제영역으로 간주되는 곳에 있는 군사시설 또는 외교시설물에 재화를 공급해도 그것은 국제수지에 포함되지 않는 거래이다.

2. 평 가(評價): 본선인도가격(F.O.B)의 원칙

재화항목에 기재되는 재화거래금액은 그 재화의 시장가격(市場價格: market value)이어야 한다. 여기서 시장가격이란 재화의 거래가격에 수출국의 관세선까지 운송하는 데 소요된 유통서비스의 비용을 포함한 것이다.

따라서, 재화의 수출입은 재화의 거래가격에다 관세선상에 있는 본선에 재화를 선적하는 데까지 들어간 모든 운송비용이 포함된 가격, 즉 본선인도가격으로 되어야 한다.

보세창고, 보세공장 혹은 자유무역지역은 이를 관할하는 경제영역의 관세선 이내에 위치한 것으로 간주한다.

3. 재화 이외의 항목으로 분류되는 재화거래

거주자와 비거주자 사이에 일어나는 재화거래는 원칙적으로 경상계정의 재화항목에 기록하지만 다음과 같은 특수한 경우에는 관련된 재화의 거래를 재화가 아닌 다른 항목에 기재한다.

(1) 서비스항목에 계상되는 재화거래

서비스항목에 포함되는 서비스 거래로부터 재화를 분리해 내는 것이 어려운 경우에는 비록 그 거래에 재화거래가 수반되더라도 서비스항목으로 분류한다.

여행자가 자신이 사용할 목적으로 여행 중에 구입한 재화는 여행서비스거래로 간주하고 외교·군사기관 혹은 정부직원이 스스로 사용할 목적으로 비거주지국에서 구입한 재화는 정부서비스거래로 간주하며 비거주자인 국내 근로자가 자신이 사용할 목적으로 국내에서 구입한 재화도 여행서비스거래로 분류한다.

직접 신청하여 구독하는 외국의 신문이나 정기간행물은 컴퓨터 및 정보서비스의 구입으로 분류되는 한편 동일 계상기간 안에 비거주지국에서 취득과 양도가 동시에 일어난 재화는 중개서비스로 보아 기타 사업서비스 항목에 계상한다.

거주자가 타경제권에서 수행되는 건설공사에 사용하기 위해 거주자의 국가나 다른 제3의 국가로부터 재화를 수입해 오더라도 그 재화수입은 공사가 진행되고 있는 수입국에서는 재화의 수입이 아닌 건설서비스의 수입으로 계상한다. 건설공사에 조달하기 위해 현지에서 재화를 구입하는 경우에 공사를 주관하는 거주자의 입장에서는 기타 사업서비스가 수입된 것으로 간주한다.

(2) 투자계정으로 계상되는 재화거래

유통되고 있는 주화나 지폐 혹은 발행된 유가증권과 같은 금융적 성격을 갖는 채권의 거래는 재화항목에서 제외한다. 비록 물리적인 형체나 이동성을 가지고 있더라도 그 물체가 경제적 가치를 가지고 있는 것이 아니라 그 물체의 구매력이 가치를 지니고 있다고 간주하여 이러한 물체의 대외거래는 투자계정에 포함시키고 있다.

화폐용 금(金)도 금융자산이라고 간주하여 거주자와 비거주자의 통화당국간의 화폐용 금의 거래는 투자계정의 준비자산항목에 계상하는데, 화폐용 금이란 통화당국이 보유하는 금을 말하는 것이다.

비화폐용 금, 즉 통화당국이 아닌 다른 경제주체가 보유하는 금의 거래는 투자계정에 계상되지 않고 재화계정에 기재된다.

비거주자가 소유하는 기업이 보유하는 토지, 건물, 설비 혹은 재고는 비록 그것이 재화적 성격을 지니고 있더라도 재화가 아닌 투자자산으로 간주한다. 따라서 소유주가 비거주자인 기업이 기존공장의 생산설비를 증설하면, 그 기업의 투자자산이 늘어난 것이며 따라서 그 기업이 소재하는(생산설비가 증설된 기업이 위치하는) 국가로서는 외국인 투자가 증가되는 동시에 그 기업의 소유주가 거주하는 거주지 국가로는 해외직접투자가 늘어난 것이 된다.

단, 이러한 경우에 재화의 국경간 이동이 수반되어 발생하면 그 재화거래도 투자계정거래에 대한 대응거래로서 재화계정에 계상되어야 한다. 예컨대 어느 비거주자가 자기의 거주국에서 생산설비를 수입해 들여와 그 국가에 공장을 설치한 경우에는 외국인 직접투자가 일어나 그 비거주자의 투자자산이 증가함과 동시에 상품수입도 증가하게 된다.

(3) 특수형태의 재화

액면가치보다 상품으로서의 가치가 더 높은 골동품으로서의 비유통 지폐나 고주화 등은 금융자산이 아니라 재화로 간주되며 전기·가스·수도나 우편소포 혹은 밀수품 등도 국제수지상으로는 재화로 간주된다.

4. 주요 세부항목

국제수지 경상계정의 재화계정은 (i) 일반상품, (ii) 가공용 재화, (iii) 재화수리, (iv) 운수조달재화 및 (v) 비화폐용 금의 5개의 분류항목들로 구성되어 있는데, 이들 각각을 간략히 설명하면 다음과 같다.

(1) 일반상품

따로 정하거나 예외가 인정되는 경우를 제외한 모든 재화의 대외거래는 일반상품항목에 기재된다.

(2) 가공용 재화

가공계약에 기초하여 가공수수료를 받고 가공하기 위해 수출되거나 또는 수입되는 재화는 가공용 재화항목에 기재한다.[4] 가공 도중에 가공의 과정에서는 소유권변동이 일어나지 않는 것이 일반적이므로 가공거래가 국제수지에 기록되는 것은 소유권변동의 원칙이 적용되지 않는 하나의 예라고 할 수 있다.

국제수지에서 가공용 재화의 항목으로 계상되기 위해서는 가공과 재수입(가공하는 나라로서는 재수출)이라는 한 쌍의 거래, 즉 두 개의 거래가 결합되어야 한다. 즉, 가공거래는 가공을 의뢰하는 국가에서 보면 가공을 위해 먼저 수출하고 그 뒤 가공된 재화를 재수입하게 된다. 반대로 가공을 하는 국가에서는 가공할 재화를 수입하여 가공을 종료한 뒤 재수출해야만 가공용 재화항목에 계상할 수 있다. 가공을 위해 수출된 뒤 가공을 의뢰한 국가로 재수입되지 않는 경우는 가공용 재화항목이 아닌 일반상품항목에 기재한다.

가공거래를 기재하는 방법은 가공의뢰시와 가공종료시에 각각의

4) 가공(processing)이란 부가가치를 창출할 목적으로 재화를 변형시키거나 재화의 원형을 근본적으로 바꾸는 행위인데 중앙산출물 분류체계에서 단위수 분류번호가 바뀌는 것을 가공이라 한다. 신SNA 체계에서는 가공을 물리적 변화가 수반된 가공과 기타 가공으로 분류하고 있으나 국제수지체계에서는 그런 구분을 하고 있지 않다.

시장가격을 계상하여야 하며 가공의뢰가 있는 편제기간 이후에 가공이 종료되는 경우에는 가공의뢰시에 대응거래로 투자항목에 기록해야 한다.

또, 가공된 재화가 가공하는 나라에서 판매되는 경우에는 이를 가공을 의뢰한 국가가 가공한 국가에 일반상품항목으로 수출한 것으로 보며 수출가액은 가공을 의뢰한 재화의 가격에 가공서비스에 대한 대가를 더한 금액으로 계상한다. 가공서비스에 대한 대가는 가공을 의뢰한 국가가 해당 서비스, 즉 무역관련서비스 항목에 지급한 것으로 계상한다.

가공된 재화가 제 3 국에 수출되는 경우도 본질적으로 같다. 다만 가공된 재화의 수입국만이 다를 뿐이다.

(3) 재화수리

재화에 대한 수리행위는 비록 그것이 서비스의 성질을 지니고 있기

〈그림 1-3〉 가공거래의 3형태

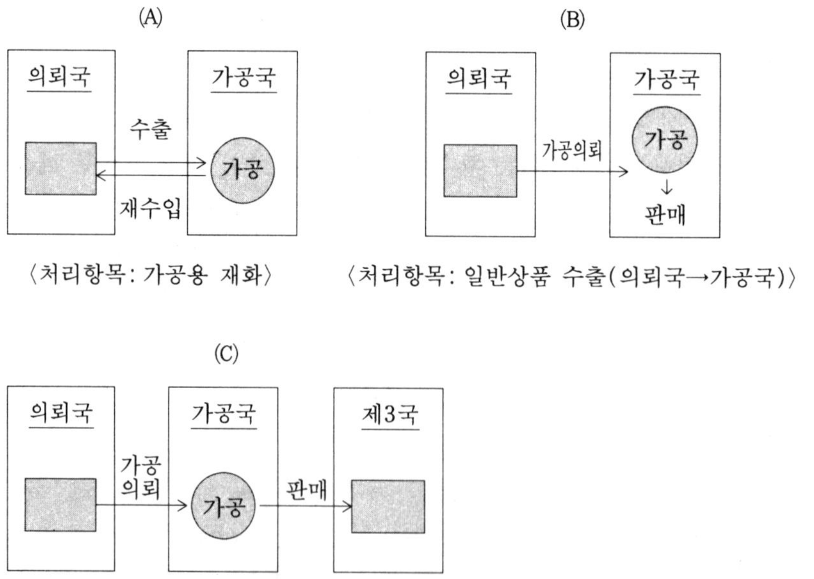

〈처리항목: 가공용 재화〉 〈처리항목: 일반상품 수출(의뢰국→가공국)〉

〈처리항목: 일반상품 수출(의뢰국 → 제3국)〉

는 하지만 국제수지 체계에서는 재화거래로 간주한다.

신국민계정 체계에서는 수리를 자본재수리와 기타재화 수리로 구분하여 자본재에 대한 수리는 재화거래로 분류하고 기타재화에 대한 수리는 서비스로 분류하고 있지만, 국제수지 체계에서는 자본재와 기타재화를 구분하는 것이 어렵고 또 사실상 중요한 수리는 대부분 자본재에 대한 수리라는 인식에서 모든 수리를 재화거래로 간주하고 재화수리 항목을 재화계정 안에 포함시키고 있다.

재화수리 항목에 기재할 때에는 가공용 재화 항목과는 달리 재화의 총가액(계약가격과 가공료 등의 합)이 아닌 수리비만을 계상한다.

다만 건설수리, 컴퓨터수리, 항만 및 공항에서의 운송장비 수리는 재화수리 항목에 계상하지 않고 해당되는 서비스항목에 계상한다.

(4) 운수조달재화

거주자가 소유하는 운송수단이 소유주의 거주지국이 아닌 경제영역에서 조달한 연료, 급식품, 선박용품 또는 보급품과 같은 재화는 운수조달재화 항목에 계상한다. 그러나 그 운송수단이 조달한 서비스는 서비스항목 안의 기타 운수서비스 항목에 계상한다.

(5) 비화폐용 금

통화당국이 준비자산용으로 보유하고 있는 금(이를 화폐용 금이라 함)이 아닌 금, 즉 비화폐용 금의 대외거래는 재화항목 안의 비화폐용 금 항목에 계상한다.

Ⅲ. 서 비 스

1. 기본분류

국제수지의 서비스항목에는 거주자와 비거주자 사이에 일어난 서비스의 교역거래가 기록된다. 서비스는 생산이나 거래에 있어서 재화와는 다른 여러 가지 특징을 가지고 있다.

첫째는 재화가 형체를 가지고 있음에 반해 서비스는 형체가 없는 무형의 재화이고, 둘째는 재화의 생산과 소비가 시간 및 공간적으로 분리됨에 반하여 서비스의 생산은 소비와 시간 및 공간적으로 결합되는 경우가 많으며, 셋째는 재화는 그의 생산요소와 엄격히 분리되는 데 반해 서비스는 그를 생산하는 생산요소인 재화와 분리하기가 어려운 경우가 많다.

서비스의 이러한 특징들 때문에 서비스를 재화와 명확하게 구분시켜 정의하는 것은 매우 어렵고 또 그렇게 명확하게 규정한다 하더라도 서비스를 생산하는 재화나 서비스가 결합되는 소비재화와 분리시키는 것이 어려운 경우가 많다.

따라서 일반적으로는 경제적 가치를 목적으로 생산되는 무형의 경제가치를 모두 서비스로 정의하는데 국제수지 체계에서 서비스 거래로 간주하는 서비스에는 11가지가 있다. 과거의 체계에서는 운임 및 보험, 기타운수, 여행, 투자수익 및 기타 서비스의 5항목으로 분류하였으나 서비스 산업이 매우 다양하게 분화 발전되고 또 WTO하에서 국제적인 규범체계가 수립됨에 따라 더욱 분화된 분류체계가 필요하였기 때문에 IMF 국제수지 매뉴얼 제5판에는 이를 반영하여 11개 항목으로 확대하였다.

제5판에 채택된 11개의 세부 서비스항목은

(i) 운수서비스

(ii) 여행서비스

(iii) 통신서비스

(iv) 건설서비스

(v) 보험서비스

(vi) 금융서비스

(vii) 컴퓨터 및 정보서비스

(viii) 특허권 사용료

(ix) 기타 사업서비스
(x) 개인, 문화 및 오락서비스
(xi) 기타 정부서비스
등이다.

2. 주요 세부항목

(1) 운수서비스

서비스항목의 운수항목에는 재화의 운송 및 여객수송과 이를 지원하는 부수적인 보조서비스가 기록된다. 재화의 저장이나 보관 등이 그러한 부수적 지원 서비스의 좋은 예이다.

운수항목은 과거의 운임 및 보험항목과 기타 운수항목을 포함하되 화물보험만은 따로 보험서비스 항목에 기록한다.

따라서 운수와 관련된 보험의 경우에 화물보험을 제외한 여타 관련 부수보험은 운수항목에 기록하지만 화물보험만은 보험서비스 항목에 기록한다.

철도나 항구 또는 공항의 고정시설물에 대한 수리는 비록 수리의 대상물이 운송 또는 수송과 관련이 있더라도 운수항목에 포함시키지 않고 건설서비스 항목에 포함시키고 있다.

선원을 포함하지 않고 운송수단만 임대하는 용선(庸船)의 경우 그

〈그림 1-4〉 운수항목에 포함되는 여객운수

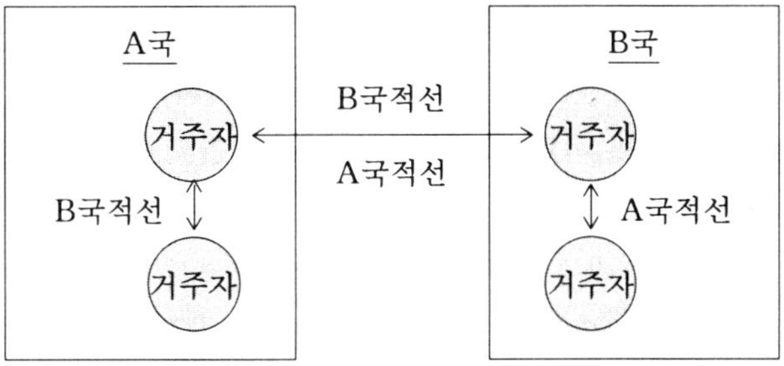

용선에 대한 용선료 지급은 기타사업 서비스항목에 계상된다.

운수항목은 두 가지 기준에 따라 더욱 세분화되고 있는데, 운송수단의 종류에 따라 해상운수, 항공운수 및 기타운수의 세 가지로 세분화한 다음, 그 각각에 대해 운송대상의 성질에 따라 여객운수, 화물운수 및 기타운수로 구분하고 있다.

1) 여객운수

운수항목의 세부항목으로서의 여객운수는 국가와 다른 국가 사이에 일어나는 국적선에 의한 비거주자 수송과 비국적선에 의한 거주자 수송이다(〈그림 1-4〉 참조). 따라서 대한항공이나 아시아나 항공이 국제노선에서 실어나른 여객으로부터의 수입은 여객운수항목의 수입란에 계상하며 외국항공기에 의한 거주자 수송은 여객운수항목의 지급란에 기록한다. 단, 한 나라 내에서 국적선이 수송하는 비거주자에 대한 여객수송 서비스는 운수항목이 아니라 여행서비스로 분류된다.

2) 화물운수

운수항목의 화물운수항목에는 재화의 운송대가뿐만 아니라 운수업자가 자기의 책임 또는 계산으로 제공하는 선적 또는 하역관련비용도 포함된다.

재화의 선적시에 드는 선적비용은 선적의 책임이 운수업자에게 있지 않고 수출업자에게 있는 경우에는 재화항목에 포함시킨다. 다음의 〈그림 1-5〉로 설명한다면 화물서비스로 취급될 수 있는 서비스는 모든 서비스(a, b, c, d 및 e)이다.

여기서 수출선적과 관련된 비용(a와 b)은 비거주자인 운수업자에게 그 책임이 있는 경우에만 운수항목으로 계상하고, 그렇지 않으면 재화항목으로 취급한다. 이렇게 하는 것이 본선인도가격(FOB)의 원칙과 부합되기 때문이다.

〈그림 1-5〉에서 비용 c와 d 및 e를 수입국의 거주자가 아닌 비거주자에게 지급하는 경우에 그 수입국의 운수항목의 화물서비스 지급란에 기재해야 하며 특히 비용 e를 수출국의 운수업자가 수취하는 경우

〈그림 1-5〉 운수항목의 포괄범위

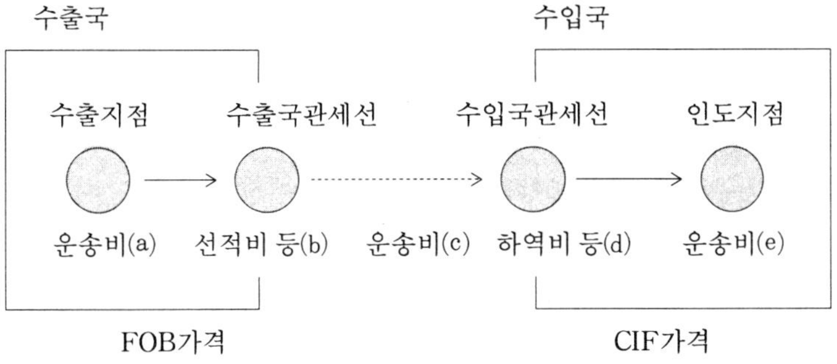

에 수출국의 운수항목의 수입란에 기재하여야 한다. 비용 a가 수출국의 거주자가 아닌 비거주자에게 지급되는 경우에 수출국은 재화항목에 본선인도가격으로 수출을 기재하였을 것이므로 운수항목의 지급란에 a만큼 따로 기재해야 하며 비용 a를 수취한 나라도 자국의 운수항목의 수입란에 별도로 기재해야 한다.

(2) 여행서비스

국제수지의 서비스항목 중의 여행서비스 항목에는 여행자가 여행 중인 경제영역 내에서 취득한 모든 재화와 서비스의 거래를 계상한다. 여행자가 구입한 선물도 재화이지만 여행항목에 기록한다. 여행은 다른 서비스와는 달리, 어떤 특정한 성질을 가지고 있다기보다는 복합적인 형태의 재화 및 서비스거래가 결합된 것이다. 따라서 중앙산출물 분류(CPC)체계에서는 서비스로 취급하지 않기도 한다.

국제수지에서는 체류목적에 상관없이 1년 이내의 기간으로 거주지를 떠나 비거주지로 이동 또는 체재하는 행위를 여행으로 정의하고 그러한 개인을 여행자라고 한다.

여행자로 간주하지 않는 경우는,

(i) 외교관이나 대사관 직원

(ii) 군사기지에 주둔하는 자

(iii) 위 (i)과 (ii)의 동반 부양가족

(iv) 경제영역에서 그 거주자를 위해 직접적인 생산활동을 수행하는 개인이다.

유학생이나 치료를 받고 있는 환자는 체류기간에 상관없이 본국의 거주자로 간주하기 때문에 체류기간이 1년 이상이더라도 여행자로 분류한다.

여행항목은 업무여행과 업무외 여행으로 세분된다. 정박 또는 기항 중인 운송수단의 승무원은 업무여행자로 간주된다. 계절근로자, 국경근로자 또는 기타 비거주 노동자 등은 여행자로 분류되지는 않지만 그들이 고용지에서 개인적으로 소비·지출한 금액은 여행항목에 포함된다.

(3) 기타 서비스항목들

운수항목이나 여행항목으로 분류되지 않는 서비스는 그 서비스의 특성과 거래규모 혹은 장래의 중요성 등에 따라 9개로 분류되어 있다. 즉, 통신, 건설, 보험, 금융, 컴퓨터 및 정보, 특허권 사용료, 기타사업서비스, 개인·문화 및 오락서비스, 기타 정부서비스의 9개 항목이 그것인데 이러한 분류체계는 중앙산출물 분류체계(CPC)나 세계무역기구(WTO) 등의 규범체계와 상호 일치시키기 위해 구축되었다.

1) 건설서비스

한 기업이 그 기업의 거주지국 밖에서 수행하는 건설 또는 설비공사는 건설서비스로 계상된다. 이 공사와 관련하여 재화를 현지나 혹은 제3국으로부터 수입하는 경우라도 시공하는 나라로써는 재화의 수입(輸入)이 아닌 건설서비스 항목의 차변(지급란)에 계상한다. 다만, 건설에 수반되는 다른 재화를 공사현지에서 조달하는 경우 이는 공사현지국의 기타사업서비스 수입란에 기록한다. 그러나 해외의 현지 법인이나 지사 혹은 지점이 수행하고 있는 현지의 건설서비스는 현지국내거래로 간주하여 국제수지에 기록하지 않는다.

〈그림 1-6〉 건설서비스 관련 재화구입

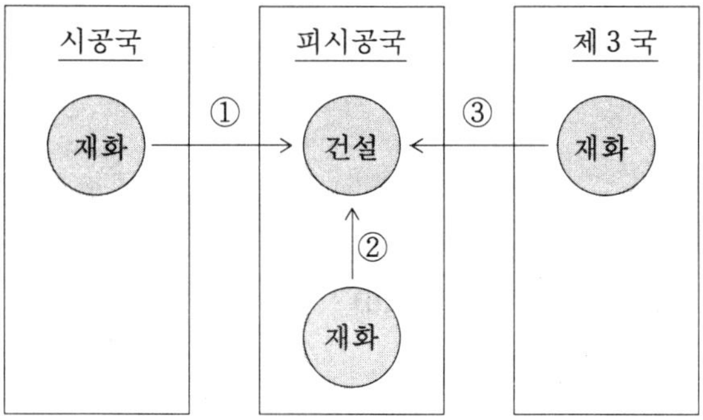

〈처리〉 ①, ②, ③: 시공국의 건설서비스 지급
② : 피시공국의 기타사업서비스 수입

2) 보험서비스

보험서비스 항목에는 거주자와 비거주자 사이에 제공되는 모든 형태의 보험 지급 또는 영수가 기록되며 보험서비스를 중개하는 중개수수료도 보험서비스의 일부로 간주한다. 보험서비스의 계상방법은 보험료 총액이 아닌 보험서비스 가액으로 계상하며 상품보험의 경우에는 재화의 평가에 관한 '본선인도가격(FOB)' 원칙과 일치시킨다. 즉, 수출국 관세선까지의 보험비용은 수출가격에 포함시키므로 따로 보험서비스가 제공된 것으로 간주하지 않으며 만약 그 보험비용을 비거주자인 수입업자가 지급했다면 수출업자가 그 보험료를 회수한 것으로 의제하여 보험서비스 항목의 수입란에 기록한다.

즉, 〈그림 1-7〉에서 보험료 (a)인 20은 통상 FOB가격에 포함되는데 이를 수입자와 같은 비거주자가 부담하는 경우에 수출국은 그 보험료를 수출기업이 부담한 것으로 의제하여 재화수출에 포함시켜 재화수출항목에 계상하고 따로 20만큼의 보험서비스 지급이 있은 것으로 기록한다. 보험료 (b)와 보험료 (c)에 해당하는 30의 서비스를 수입국 경제영역 밖에 있는 비거주자가 부담하는 경우에도 그 수입국은

〈그림 1-7〉 보험서비스

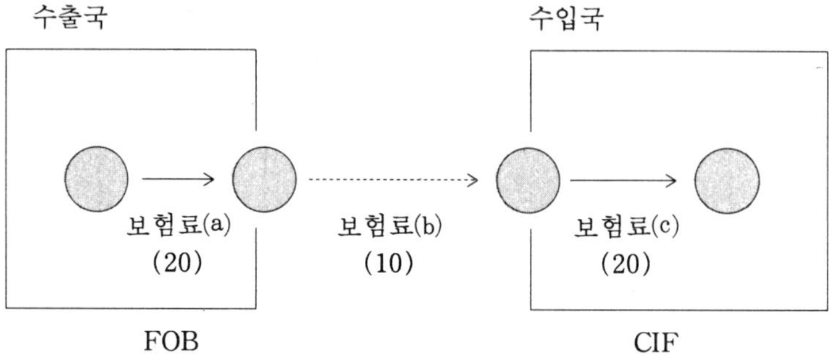

자국의 보험서비스 항목에 계상해야 한다. 즉, 보험서비스 30을 재화수입에 포함시킨 다음 보험서비스 수입이 30만큼 지급된 것으로 기록한다.

상품보험의 경우에는 보험서비스를 제공받는 자가 지급하는 보험서비스료의 일부는 보험금으로 보험계약자에게 되돌려 지급된다. 따라서 보험서비스료에서 보험금으로 지급되는 부분을 차감하여 순보험료 수입액(또는 지급액)을 계상하여야 한다.

그러나 실제로 보험금이 보험계약자에게 지급될지는 사전에 알 수 없으므로 과거 수년간의 실적에 근거하여 그 비율을 산출하여 적용하고 있다. 즉, 지난 수 년간의 총보험료 수입이 500이고 그 기간 중에 200의 보험금이 지급되었다면 순보험료 수입률은 60%(300/500)가 되고 따라서 그 비율을 편제기간 중에 실제로 수취한 보험서비스료 총액에 곱한 금액을 국제수지의 보험서비스 수입란에 계상해야 한다.

그러나 비생명보험거래에서 보험계약자에게 지급되는 지급보험금이나 추정된 지급보험금, 즉 과거 수 년의 경험에 비추어 보험료 수입 중에서 지급될 것으로 예상되어 추정한 금액은 보험서비스 항목이 아닌 경상이전(經常移轉) 항목에 계상하여야 하고, 생명보험에서는 그것을 투자계정의 기타투자 항목에 계상하여야 한다.

〈그림 1-8〉 수입보험료의 계상방법

실제보험료수입 (R)	=	추정지급보험금 (R*)	생 명 보 험: 기타투자(투자계정) 항목 비생명보험: 경상이전항목
		차 액	보험서비스항목

단, $R^{*}=R\times\left(\frac{\text{수 년간 지급보험금}}{\text{수 년간 총보험료수입}}\right)$

3) 금융서비스

거주자와 비거주자 사이에 일어나는 금융중개업무나 금융부수서비스 거래가 이 항목에 계상되는데 이에 속하는 거래로는 환수수료나 은행인수어음 혹은 수출신용장과 관련된 수수료 등 모든 금융중개 수수료의 지급 또는 영수, 유가증권의 발행이나 인수 등 유가증권과 관련하여 일어나는 수수료의 지급이나 영수, 자산 또는 부채의 관리 및 자문에 따른 대가 등의 지급 혹은 영수 등이 있다.

IMF자금을 인출할 때 지급하는 수수료와 IMF와의 대기신용(stand-by)협정 또는 확대신용공여 협정에서 약정된 금액 중 미인출분에 대한 수수료도 금융서비스 항목에 기록한다.

4) 특허권 등의 사용료

거주자와 비거주자 사이에 일어난 무형의 비생산·비금융자산이나 재산권의 사용에 따른 대가의 지급은 소득항목이 아니라 서비스항목 안에 있는 특허권 등 사용료 항목에 계상하여야 한다.

제 4 편 체계에서는 이를 기타 재산소득으로 분류하였으나 제 5 편 체계에서는 소득계정항목이 따로 분리되어 있음에도 불구하고 서비스계정 안에 포함시키고 있다.

〈그림 1-9〉 기타 정부서비스의 예

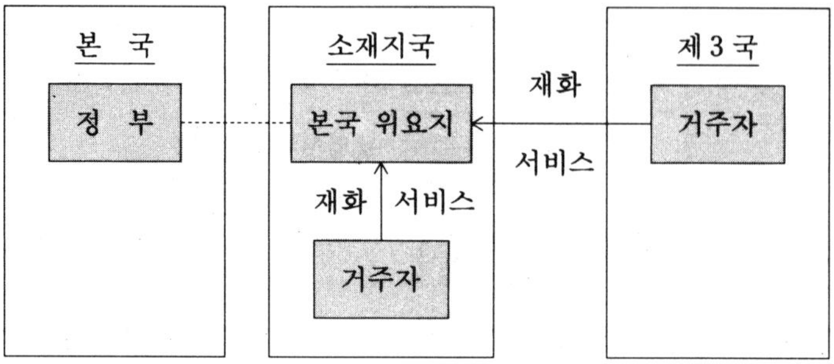

5) 컴퓨터 및 정보서비스

거주자와 비거주자 사이에 발생하는 컴퓨터 자료와 관련된 여러 서비스의 거래가 이 항목에 계상된다. 데이터베이스 사용료, 정보처리 가공서비스, 시스템의 관리, 자문, 설계, 개발, 컴퓨터기기의 보수・유지, 뉴스기사의 사용료 등이 포함되며 정기간행물의 직접구독도 이 항목으로 기록된다.

6) 기타 사업서비스

위에 포함되지 않은 모든 서비스는 기타 사업서비스로 계상된다. 법률자문, 경영자문 혹은 광고시장조사 등과 같은 서비스는 기타 사업서비스 항목에 계상한다. 연구개발, 전시회서비스, 품질보증 또는 인증서비스 등도 이 항목에 기록하며 번역 또는 통역, 경비용역, 청소용역도 기타 사업서비스로 간주한다.

7) 통신서비스

통신서비스는 크게 두 가지로 구분되는데 전자통신방법을 사용하는 원격통신과 우편・배달 서비스가 그것이다.

전화, 전보, 방송, 위성 등의 통신은 전자에 속하며, 편지 등의 수송이나 배달은 후자에 속한다. 거주자와 비거주자 사이에 국제통신거래에 따른 지급 또는 영수가 이 항목에 기록된다.

8) 기타 정부서비스

정부서비스로서 다른 서비스계정의 항목들에 포함되지 않는 것은 본 항목에 계상한다. 대사관 직원과 그 동반가족이 주재지에서 지출하는 지출이 이 항목에 포함되며 대사관과 같은 위요지가 그 위요지 소재지 거주자나 제 3 국 거주자와 행한 모든 거래는 비록 재화거래일지라도 기타 정부서비스에 계상한다.

Ⅳ. 소득계정(所得計定)

소득계정은 IMF 국제수지 매뉴얼 제 5 편에 새로이 설치된 계정으로서 그 이전에는 주로 재화 및 서비스 계정에 속해 있던 항목들을 분리 독립시켰다.

국제수지의 소득계정에는 비거주자와 거주자 사이에서 일어난 두 가지 형태의 지급, 즉 근로소득과 투자소득을 계상하고 있는데 먼저 계절노동자나 국경노동자 혹은 기타 단기 비거주자 노동자에게 지급되는 근로소득은 피용자보수 항목에 계상하고, 대외금융자산이나 부채와 관련한 소득의 수입과 지급은 투자소득 항목에 기록한다.

1. 정 의

국제수지의 경상계정에 하부구조로 포함되고 있는 소득계정은 두 항목으로 구성된다.

즉, (i) 비거주자인 노동자(국경근로자, 계절근로자 및 기타 단기노동자)와 위요지에서 현지 채용한 직원에 대해 지급된 현금 또는 현물형태의 모든 임금, 급료 또는 기타 보수를 기재하는 피용자보수 항목과,

(ii) 거주자가 보유하는 대외자산에 대한 소득의 수입과 비거주자가 보유하고 있는 거주자의 부채에 대한 그 거주자의 지급을 기재하는 투자소득 항목의 두 항목으로 구성되어 있다.

(1) 피용자 보수

피용자보수 항목에 계상되는 피용자보수는 비거주자에 대한 지급이어야 한다. 따라서 1년 이상 체류하면서 생산 또는 기타 업무에 종사하는 자는 원칙적으로 거주자로 간주되기 때문에 그에게 지급되는 임금 등의 보수는 피용자보수 항목에 기재할 수 없다. 여기서 말하는 보수란 임금뿐만 아니라 현물지급은 물론 고용기업이 지급하는 사회보장혜택, 보험혜택이나 연금혜택도 포함한다.

또, 피용자도 계절노동자와 기타 1년 미만의 단기체류 노동자 및 국경근로자를 포함하는 개념이다.

이들 피용자가 고용되어 있는 경제영역 내에서 지출한 개인적 지출은 여행항목으로 간주하며 세금납부나 개인적 연금부담은 경상이전 항목으로 계상된다.

다만 본국의 위요지에서 채용한 현지직원은 본국 입장에서는 모두 비거주자이므로 이들에 대한 보수지급은 본 항목에 계상한다.

(2) 투자소득

투자소득 항목에 계상되는 투자소득이란 직접투자나 포트폴리오 투자와 같은 금융자산으로부터 발생한 것이어야 한다. 금융자산이 아닌 유형실물자산으로부터 발생한 소득은 기타사업서비스 항목이나 운수서비스 등의 다른 항목에 계상하여야 한다.

투자소득의 가장 일반적인 형태는 배당금과 같은 지분소득과 이자와 같은 채무소득이다. 지점이나 지사와 같이 법인형태가 아닌 해외직접투자기업으로부터의 수입과 법인직접투자기업의 분배되지 않은 재투자 수익도 지분소득으로 간주하여 투자소득항목에 계상된다.

금융리스계약에 의한 리스료는, 리스계약이 소유권의 변동을 수반하지는 않지만 소유권이 실제로 이전한 것과 같이 보되, 리스재화에 대한 금융자산의 소유권이 리스재 제공자에게 있는 것으로 의제하여 본 항목에 부분적으로 계상한다.

2. 투자소득의 정의 및 계상시점

(1) 직접투자소득[5)]

직접투자소득항목은 직접투자에 따르는 투자소득을 계상하는데 이 항목에 계상하는 투자소득은 기업이 정상적인 영업활동으로부터 실제로 발생한 소득이어야 하며, 단순한 평가변동이나 제반 상각금(償却金)은 계상하지 않는다. 단, 평가변동을 일으킨 사유로 인하여 실제로 자산가치의 변동이 현실화되는 경우에는 그것을 계상하지만 이 때에도 투자소득항목이 아닌 자본 및 투자계정에 계상하여야 한다.

직접투자기업이 영업국에서 납기 내에 과태료 없이 납부한 소득세와 법인세는 투자소득에서 제외하며 직접투자기업의 주주(株主) 또는 소유주에게 지급할 배당 또는 이자에 대한 원천징수세는 투자소득에 포함한다. 다만 이 원천징수세만큼을 별도로 이전항목의 지급으로 계상한다.

〈그림 1-10〉 소득계정의 체계

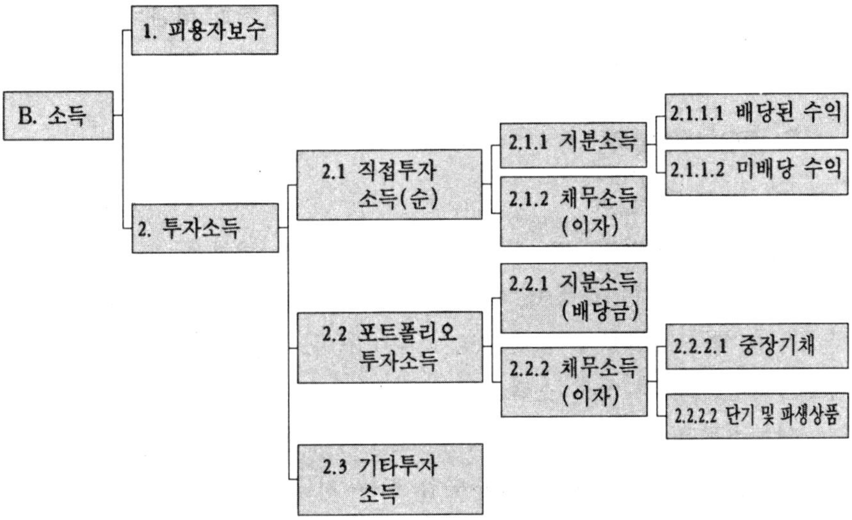

5) 직접투자에 관해서는 제 3 절 Ⅳ. 1. 직접투자(81쪽 이하) 참조.

직접투자소득은 지분소득과 채무소득으로 나뉘며 지분소득은 다시 배당된 소득과 미배당소득으로 세분화된다.

배당되지 않은 수익은 현금이 송금된 것이 아니라 직접투자가의 직접투자기업에 대한 지분을 증가시키는 것이므로 투자소득항목의 수입란에 기재함과 동시에 그 대응거래로서 투자계정의 해외직접투자 항목의 지급란에 기재해야 한다. 그러나 포트폴리오 투자가가 지분을 갖고 있는 기업의 배당되지 않은 수익은 국제수지에 계상하지 않는다.

해외직접투자기업의 손실은 직접투자소득항목의 대변(수입란)에 음(−)으로 그 손실액을 계상하고, 그 기업이 소재한 국가에서는 같은 금액을 자기의 직접투자소득항목의 차변(지급란)에 음(−)으로 계상한다.

(2) 계상시점

법인기업의 배당소득은 배당의무가 확정된 시점에 계상하되 모든 이자소득은 그 소득이 발생된 날에 계상한다. 단, 비법인 기업의 배당은 송금시점에 계상한다. 재투자된 수익도 이자소득과 마찬가지로 발생된 시점에 계상한다.

3. 주요 세부항목

(1) 직접투자소득

해외직접투자가가 그 직접투자기업에 대한 자본을 소유함으로써 발생하여 얻게 되는 소득이 이 항목에 기재되는데, 이 항목은 다시 지분소득과 채무소득의 두 항목으로 나누어지며, 지분소득항목은 다시 배분소득과 배분되지 않은 소득으로 나누어진다.

채무소득은 직접투자가와 해외직접투자기업 간에 존재하는 채권채무관계에 따라 발생하는 이자의 수입 또는 지급을 계상한다.

직접투자소득항목은 총액이 아닌 순액기준으로 계상하기 때문에 지분소득과 채무소득의 수입액의 합에서 그 지급액의 합을 뺀 금액을

계상한다.[6]

(2) 포트폴리오 투자소득

주식, 중장기채권 및 단기금융상품의 보유로부터 발생하는 소득과 파생금융상품의 거래로부터 나오는 소득을 기재하는 항목이다.[7]

(3) 기타 투자소득

기타의 모든 채권 또는 채무관계로부터 초래되는 거주자와 비거주자 사이의 이자의 수입 또는 지급이 본 항목에 계상된다.

장단기 대출금이자, 예금이자 등이 대표적인 구성요소이다. 이 외에도 IMF자산포지션이나 IMF대출금에 대한 이자, SDR보유에 대한 이자도 이 항목에 포함한다.

이자소득인지 수수료인지가 명확하지 않은 경우에는 이를 수수료로 간주하여 본 항목이 아닌 서비스계정의 금융서비스항목에 계상한다.

V. 경상이전(經常移轉) 계정

비거주자와 거주자 사이에 아무런 경제적 가치를 대가로 받지 않음에도 불구하고 한쪽이 다른 쪽에게 실물자산이나 금융자산과 같은 경제적 가치를 제공하는 거래를 통상적으로 이전(移轉)거래라 한다.

세금납부, 증여, 해외 친지로부터의 송금 등이 대표적인 이전거래에 속한다. 국제수지에서 이전거래라는 항목을 설정해야 하는 근본적인 이유는 복식부기의 원칙 때문이다. 거래 한쪽이 실물자산을 제공한 데 대한 반대급부가 사실상 일어나지 않았기 때문에 복식부기의 원칙에 좇아 기록하려면 가상적인 항목을 설정하지 않으면 안 되는데 바로 이 목적, 즉 대응거래를 기록하기 위해 이전거래라는 조정항목이 필요하게 된다.

6) 순액계상의 원칙에 관해서는 제 3 절 Ⅰ. 정의 (66쪽) 참조.
7) 포트폴리오 투자에 관해서는 제 3 절 Ⅳ. 투자계정 (81쪽) 참조.

종전에는 이전거래를 따로 구분하지 않았으나 IMF 매뉴얼 제5판 체제에서 이전거래를 경상이전(經常移轉)과 자본이전(資本移轉)으로 구분하여 각각을 경상계정과 자본 및 투자계정에 나누어 설정해 놓고 있다.

1. 정 의

경상이전거래란 이전거래 중에서 그 거래로 인하여 거래당사자 아무에게도 고정자산이나 금융자산의 변동을 초래하지 않는 모든 이전거래를 말한다. 고정자산을 매입한다는 조건이나 특정 채무를 변제한다는 조건하에 현금을 반대급부 없이 받는 경우에는 그 이전거래로 인하여 수취인의 자산에 변동을 가져오게 되므로 경상이전이 아니라 자본이전이다.

거래 한쪽에게만 고정자산이나 금융자산 변동을 초래하는 이전거래의 경우 자산변동이 일어난 국가에서는 자본이전으로 간주하는 데 반해 반대편에서는 이를 경상이전으로 간주한다면 모순이므로 두 국가 모두 이를 자본이전으로 기록한다.

2. 계상방법

이전항목에는 이전거래의 대상이 되는 실물인 경제가치의 시장가격을 계상해야 한다.

실제 시장가격이 명확하지 않은 경우에는 판매가격이나 또는 생산

〈그림 1-11〉 경상이전계정

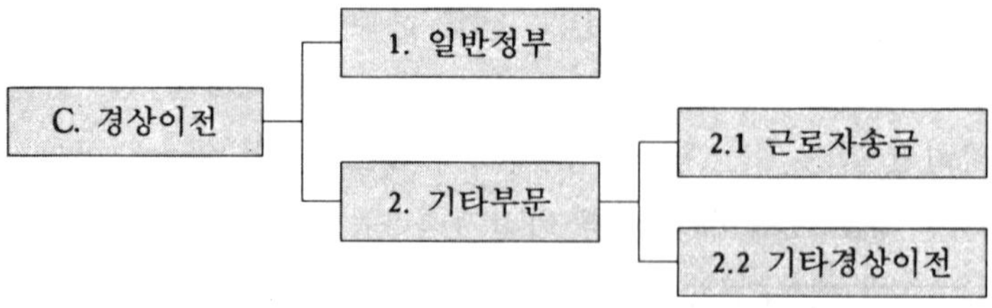

비용 등을 기초로 산정한 가격으로 평가하며 이전거래의 대상물에 대한 평가가 주는 쪽과 받는 쪽이 서로 다를 경우에는 주는 쪽이 산정한 가격을 기준으로 삼는다.

3. 주요 세부항목

경상이전계정은 경제주체에 따라 일반정부와 기타부문으로 나누어지고, 기타부문은 다시 근로자송금과 기타경상이전으로 세분화된다.

(1) 일반정부

국제수지를 작성하는 국가의 일반정부가 거래의 당사자가 되는 경상이전거래는 모두 이 항목에 기록되는데 거래 상대방은 국제기구일 수도 있고 외국의 일반정부일 수도 있으며 또 민간 비거주자일 수도 있다.

예컨대 비거주자가 국제수지 작성국 정부에 납부한 소득세 또는 재산세, 벌금, 연체이자 등은 물론 국제수지 작성국의 일반정부가 비거주자에게 지급한 세금환급금, 사회보장 수혜금 또는 배상금 등이 이 항목에 계상된다.

국제수지 작성국은 비거주자가 납부한 제반 세금 등을 경상이전계정의 일반정부항목 대변(수입란)에 기재하고 반대로 비거주자 등에게 지급한 금액은 경상이전계정의 일반정부항목 차변(지급란)에 계상한다.

(2) 기타부문

경상이전 계정의 기타부문 항목에는 국제수지 작성국의 일반정부가 개입되지 않은 모든 거주자와 비거주자 간의 경상이전거래가 계상된다.

따라서 거주자의 경상이전거래 상대방이 외국정부기관이더라도 기타부문 항목에 기록되는데 이렇게 되면 똑같은 거래가 한 나라에서는 일반정부항목에 기록되고 상대방국가에서는 기타부문항목으로 분류되게 되는 문제점이 있다. 예컨대 〈그림 1-12〉에서 거래 ①과 ③ 모두 A국에서는 일반정부항목에 계상되는 거래지만 B국에서는 거래 ①은

〈그림 1-12〉 경상이전거래의 유형

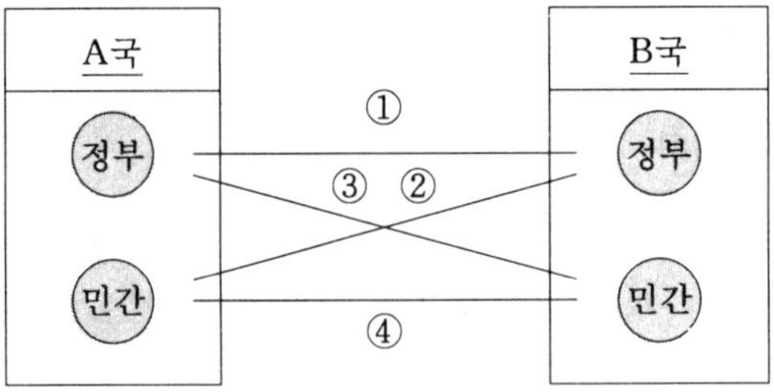

〈표 1-3〉 해외체류자의 거주성과 주요거래 분류

		체제기간	거주성 (본국기준)	거래의 국제수지 분류		
				소 득	현지지출	국내송금
여행자·방문자		1년 미만	거 주 자	*	여행서비스	*
유학·치료		제한 없음	거 주 자	*	여행서비스	*
외항선박 등의 승무원		–	거 주 자	*	여행서비스	*
외국주재 파견공무원		제한 없음	거 주 자	*	기타 정부서비스	*
	위요지 현지채용	제한 없음	비거주자	소득계정 (피용자보수)	*	경상이전계정 (기타경상이전)
장기 취업자		1년 이상	비거주자	*	*	경상이전계정 (근로자송금)
단기	국경근로자	1년 미만	거 주 자	소득계정 (피용자보수)	여행서비스	*(1)
	계절근로자	1년 미만	거 주 자	소득계정 (피용자보수)	여행서비스	*(1)
	기타 단기	1년 미만	거 주 자	소득계정 (피용자보수)	여행서비스	*(1)

*(1) 단기간 해외에 근무하는 자의 국내송금은 거주자의 거주자에 대한 송금이므로 국제수지에 계상해서는 안 된다. 그러나 현실적으로 그러한 단기 해외근무자의 소득통계를 입수하기 힘든 경우에 그 국내송금을 소득(피용자보수)으로 가정할 수도 있다.

자국의 일반정부항목에, 그리고 거래 ③는 자국의 기타부문에 계상해야 한다.

기타부문은 다시 근로자송금과 기타경상이전의 소항목으로 세분되는데 경상이전계정의 근로자송금은 거주자로 취급되는 이주자, 즉 1년 이상 취업 또는 거주하거나 그렇게 예상되는 자의 대외송금을 계상하는 항목인데, 비거주자의 대외송금은 소득항목의 피용자보수 항목에 계상한다.

기타경상이전 소항목은 근로자송금으로 분류될 수 없는 경상이전 거래 중에서 국제수지 작성국의 일반정부가 거래당사자가 아닌 것이 모두 포함되는데, 구호물품, 선물, 상속, 부양비, 복권당첨금 등이 이 항목으로 분류된다.

제 3 절 자본 및 투자계정 (Capital and Investment Account)

국제수지의 자본 및 투자계정은 거주자와 비거주자 사이에 발생한 채권·채무관계의 변화와 금융자산의 거래를 기록하는 계정이다.

따라서 비록 반대급부가 없는 이전거래적 성격의 거래라도 채권·채무관계의 변화를 초래하거나 금융자산의 변동이 발생되면 자본 및 투자계정(자본계정의 자본이전항목)에 계상한다. 종전 체계에서는 이러한 이전적 성격의 거래를 경상계정의 이전거래항목에 포함하였으나 IMF 매뉴얼 제 5 판 체계에서는 자본 및 투자계정의 자본이전항목에서 다루고 있다.

자본 및 투자와 관련된 거래는 경상계정에 포함되는 거래와는 많은 점에서 매우 다른 성질을 지니고 있다. 예컨대 주식의 매매와 같이 한 거래대상이 국제수지 편제 기간 동안 여러 번 거래될 수도 있고, 동일한 금융자산이 분류기준에 따라서는 다른 항목으로 분류될 수도 있다.

또, 재화나 서비스의 거래에서와는 달리 자본 혹은 투자거래의 거래대상물은 가격이 수시로 변동하기 때문에 가격의 차이를 어떻게 처리해야 하는가의 문제도 빈번히 발생하고 있다.

자본 및 투자계정에 포함되는 거래들이 성격이나 기능, 만기구조 혹은 거래주체별로 상당히 다르기 때문에 본 계정의 분류체계는 경상계정보다는 복잡하며 위에서 언급한 이유들로 해서 경상계정의 계상방법이나 기본적 원칙들을 수정하여 적용하는 경우가 많다.

Ⅰ. 정 의

1. 대외금융자산

대외금융자산이란 거주자가 비거주자에 대해 가지고 있는 받을 권리, 즉 채권 또는 청구권이고 반대로 대외금융부채란 거주자가 비거주자에 대해 지고 있는 지급의무, 즉 채무이다.

화폐용 금이나 SDR과 같은 국제적으로 자산가치가 있는 것도 비록 그것에 대한 채권자가 명확하지는 않지만 대외금융자산으로 간주된다. 그러나 대외금융자산이 반드시 금융자산의 형태를 지녀야 하는 것은 아니다.

거주자가 다른 나라에 토지나 건물과 같은 실물자산을 소유하고 있더라도 국제수지 체계에서는 일단, 그 토지와 건물이 소재한 나라의 거주자가 소유하는 것으로 보되 법적인 소유자는 그 토지나 건물에 대한 금융자산을 보유하고 있는 것으로 간주하고 있다. 선박이나 항공기와 같은 동산의 경우에도 동일하게 간주한다.

금융리스계약의 경우에도 마찬가지로 국제수지 체계에서는 리스계약의 대상물을 사용하는 자가 소유주인 것으로 간주하되 법적인 소유주가 사용자에게 대해 금융자산을 보유하고 있는 것으로 취급한다.

대외금융자산은 실질적으로 실체화되어 있어야 하므로 신용한도내에서 사용하지 않은 부분이나 채무보증 등은 금융자산이나 부채로 보지 않는다.

2. 거래당사자

자본 및 투자계정도 다른 계정에서와 마찬가지로 거주자와 비거주자 사이의 금융자산 거래가 기록된다. 그러나 금융자산거래는 그 특성상 신속하고 빈번히 일어나며 그 과정에서 거래의 상대방이 비거주자인지 아닌지를 확인할 수 없는 경우가 많다. 또 거래 당시에는 비거주자임이 확인되었으나 그 이후에 소유권이 변동하여 소유자가 누구인지 불분명해질 수도 있다.

따라서 국제수지의 자본 및 투자계정의 거래에서는 거주자 간이나 비거주자 간의 거래임에도 불구하고 계상이 되는 경우가 있는가 하면 비거주자와 거주자 사이의 거래임에도 불구하고 국제수지 통계에서 누락되는 경우도 발생할 수 있다(아래 '투자계정' 설명 참조). 물론, 자본 및 투자계정의 항목들은 아래에서 설명할 순액계상의 원칙에 따라 계상되므로 거주자 간이나 비거주자 간의 거래 중 상당부분이 상계가 되기는 하겠지만, 순액계상을 하더라도 이런 문제를 근본적으로 해결할 수는 없다(아래 '순액계상의 원칙' 참조).

3. 포괄범위

자본 및 투자계정에는 거주자와 비거주자 사이에 실제로 일어난 모든 금융자산거래를 기록하기 때문에 특별히 정하는 경우를 제외하고는 실제 거래의 결과로 발생하지 않은 대외금융자산 또는 부채의 변동은 기록하지 않는다. 예컨대 단순한 평가상의 가치변동이나 분류기준의 변동(직접투자에서 포트폴리오투자로 등의)에 따른 변동, 대손상각, 그리고 영토변경에 따른 자산・부채의 변동은 본 계정에 계상하지 아니한다.

SDR의 배분이나 말소, 금의 화폐화 또는 비화폐화 등은 과거 체제하에서는 대외금융자산의 변동이라고 간주하였으나 지금은 계상대상에서 제외하였다. 또, 이민의 경우에 이민자가 이주 전의 거주국에 보유한 금융 또는 실물자산이 있는 경우에 새로운 이주국의 대외자산이 그 이민으로 늘어나게 되는데, 이를 종전에는 자본거래로 간주하였으나 지금의 체계에서는 자본이전거래로 편제하고 있다.

4. 계상방법

하나하나의 개별금융거래는 반드시 자산의 증가, 부채의 감소, 자산의 감소 및 부채의 증가 등 네 유형 중에서 하나의 형태를 지니게 된다.

국제수지의 자본 및 투자계정에서는 자산을 증가시키는 거래와 부채를 감소시키는 거래는 차변(지급란)에 기록하고 자산을 감소시키는 거래와 부채를 증가시키는 거래는 대변(수입란)에 기록한다.

따라서 예컨대 국내기업이 해외에 직접투자기업을 설립하게 되면 해당항목, 즉 해외직접투자 항목의 차변(지급란)에 투자금액을 계상하고, 반대로 외국기업이 국내에 직접투자기업을 설립하면 외국인 직접투자 항목의 대변(수입란)에 그 투자금액을 기재한다.

대응거래는 대응거래의 내용과 분류에 따라 계상하되 계상되는 난은 원거래의 반대쪽이 될 것이다.

(1) 순액계상의 원칙

자본 및 투자계정의 대부분 항목은 경상계정과는 달리 각 항목의 순액만을 계상한다.

순액으로 계상한다는 의미는 계상기간 중에 일어난 해당 항목의 순증액 또는 순감액을 기재한다는 말로서, 예컨대 국제수지 계상기간 중에 국내기업이 발행한 증권의 비거주자 총매입액이 100이고 같은 기간 중 거주자가 비거주자가 발행한 증권을 40만큼 매입했다면 투자계정의 해당항목의 해당란에는 60만을 순증액으로 기록한다. 이 경우는 부채의 순증이 60만큼 발생했으므로 해당항목의 대변(수입란)에 순증 60이 기록되어야 한다.

자본 및 투자계정의 거래를 총액이 아닌 순액으로 계상하는 근본적

〈표 1-4〉 자본 및 투자계정의 체계변경

	구 체 계 (IMF매뉴얼 제4판)	신 체 계 (IMF매뉴얼 제5판)
SDR배분/말소	자본계정	계상하지 않음
화폐용 금 및 비화폐용 금	자본계정	분리계상(화폐용 금: 투자계정 비화폐용 금: 재화계정)
IMF신용 등의 변동	자본계정	부분계상
이민에 따른 대외자산·부채변동	자본계정	자본이전계정

인 이유는 거래의 동질성 때문이다. 자본유입이나 자본유출이 성격상 동질적이므로 일일이 들어온 금액과 나간 금액을 기록하기보다는 그 차액, 즉 순액만을 기록하더라도 무방할 것이라는 전제에 근거하고 있다.

순액계상을 하는 또다른 이유는 총액자료를 얻기 어렵다는 점과 함께 총액통계에는 거주자 간 혹은 비거주자 간의 거래까지도 포함되어 있을 가능성이 높고 또한 정책적 혹은 분석적 목적을 위해서는 순액통계가 더 적절한 경우가 많기 때문이다.

그러나 때로는 총액계상의 통계가 중요할 경우도 있다. 채무에 있어서 순액도 중요하지만 총액도 간과하지 못할 의미를 지니고 있는 것과 같이, 한 나라의 대외적인 채권·채무관계에서 순자산 또는 순부채 규모 못지않게 총자산 또는 총부채의 규모도 정확히 파악할 필요가 있다.

이러한 문제점을 보완하기 위하여 현재의 국제수지 편제체계는 하부의 항목분류기준을 통하여 총액을 파악할 수 있도록 되어 있는 경우가 많다. 즉, 투자계정의 항목들이 1차적으로 투자방향에 의해 분류되어 있고 그 이하의 세부 분류체계에서도 투자주체별로 따로 구분해 두는 경우가 있으므로 순액계상을 하더라도 하부항목들을 통해 거래총액에 관한 자료를 손쉽게 추출해 낼 수가 있도록 되어 있다. 예컨대 직접투자계정의 하부구조는 대외부채가 증가하는 거래를 기록하는 외국인

직접투자 항목과 대외자산이 증가하는 거래를 기록하는 해외직접투자 항목으로 나눔으로써 그 각각의 정보를 기록하고 있다.

(2) 계상시점

국제수지의 자본 및 투자계정에 계상되는 모든 대외금융자산 거래는 경상계정거래와 마찬가지로 원칙적으로 소유권 변동시점을 기준으로 하여 계상한다. 소유권 변동시점이 명확하지 않을 경우에는 장부에 기록된 시점을 금융거래가 발생한 시점, 즉 소유권 변동시점으로 간주한다.

일반적으로 금융거래에 있어서는 거래당사자간에 거래가 발생한 시점이 일치하는 것이 보통이지만 만약 그렇지 않다면 채권자가 지급을 받거나 또는 청구권을 취득하는 날짜를 기준으로 삼는다.

(3) 평 가

자본 및 투자계정에 계상되는 모든 대외금융자산거래는 시장가격의 원칙에 따라 평가하고 기재하여야 한다. 같은 편제기간 중에 서로 다른 방향의 거래가 동시에 일어나는 경우에 시장가격의 차이가 발생하면 이 차이는 소득이 아니라 자본이득(또는 손실)이므로 경상계정에 계상하지 않고 투자계정의 해당 항목에 계상하여야 한다.

이전적 성격을 지니고 있는 자본이전거래는 그것이 매매되었을 때의 가격을 시장가격으로 간주하는데 그 가격이 불명확하면 그 해당물을 제공하는 자에 의해 부여된 가치로 대신한다.

Ⅱ. 분류기준과 체계

1. 분류기준

자본 및 투자계정 안에는 새로 분류된 자본계정과 투자계정의 두 계정이 있는데, 투자계정은 종전체제에서 자본계정이라고 부르던 것과 본질적으로 거의 동일하다.

현 체계하에서의 자본계정은 두 개의 세부항목으로 나누어진다. 자본이전거래를 계상하는 자본이전항목과 함께 생산되지는 않으면서 또 금융자산이 아닌(토지 등과 같은) 자산의 대외거래를 계상하는 비생산·비금융자산 거래항목으로 나뉘는데 이러한 거래들은 과거에는 이전거래나 서비스계정에 포함되었던 거래들이다.

자본계정의 자본이전 항목은 국제수지 작성국의 기준으로 볼 때의 거래주체로 분류된 후 다시 자본이전의 형태에 따라 세부 분류된다.

일반적으로 금융자산의 대외적 거래를 계상하는 투자계정의 분류기준과 분류체계는 국제수지의 다른 어떤 계정보다도 복잡하고 다양하다. 투자계정은 가장 먼저 기능적 형태에 따라 직접투자, 포트폴리오투자, 기타투자 및 준비자산의 네 범주로 구분하고 그 각각의 소계정을 다시 3~4단계로 세분화시키고 있다.

결국 투자계정은 다음의 기준에 의해 4 또는 5단계로 분류되어 있다고 할 수 있다. 즉,

(i) 투자의 기능적 형태

(ii) 투자의 방향(또는 자산거래인가 부채거래인가)

(iii) 투자되는 수단의 형태(투자의 성격)

(iv) 투자기간의 길이(즉, 장기와 단기)

(v) 투자주체

등이 투자계정의 하부 분류기준이라 할 수 있다.

예컨대 직접투자 항목의 경우, 일단 투자방향에 따라 거주자기업의 해외직접투자인가 비거주자 기업의 국내 직접투자(외국인 직접투자)인가를 구분한 뒤, 다시 지분증권 투자인지 재투자인지를 구별하고 있다.

포트폴리오 투자항목과 기타투자항목에서는 투자의 방향, 투자상품의 종류, 투자의 기간 및 투자주체 등 4단계로 세분화되어 있다.

〈표 1-5〉 자본 및 투자계정의 하부항목 분류기준

계정 \ 대항목 \ 하부항목		1차	2차	3차	4차
A. 자본계정	1. 자본이전 거래	주체	채무면제 이민이전 기　타	−	−
	2. 비생산 비금융자산 취득거래	−	−	−	−
B. 투자계정	1. 직접투자	투자방향	지분증권 재투자 기　타	채　권 채　무	−
	2. 포트폴리오 투자	자　산 부　채	지분증권 부채성증권 기　타	중장기 단　기 파생상품	통화당국 일반정부 금융기관 기타부문
	3. 기타투자	자　산 부　채	무역신용 차　관 현금・예금 기타자산	통화당국 일반정부 금융기관 기타부문	장　기 단　기
	4. 준비자산	화폐용 금 SDR IMF리저브 외　환 기타청구권	현금・예금 증　권	통화당국 금융기관 지분증권 중장기채 단기・파생	−

(1) 투자의 기능적 형태에 의한 분류

국제수치 체계에서는 기능적인 형태에 따라 투자계정을 직접투자, 포트폴리오투자, 기타투자 및 준비자산의 네 항목으로 분류한다.

(2) 투자의 방향

투자의 방향으로 구분하면 직접투자 항목은 해외직접투자와 외국인 직접투자로 구분하며 포트폴리오 투자항목과 기타 투자항목에서는 자산거래와 부채거래로 구분한다.

(3) 투자상품 또는 수단의 형태

투자되는 상품 또는 수단의 형태로 분류하면 지분증권, 부채성 증권, 무역신용, 차관, 예금 등으로 구분된다.

(4) 투자기간의 길이

장기투자는 원칙적으로 원계약을 기준으로 만기가 1년 이상이거나 만기가 정해져 있지 않은 투자이고 단기투자는 원계약의 만기가 1년 미만의 투자로서 현금통화를 포함한다.

직접투자나 포트폴리오투자 그리고 준비자산항목에서는 투자기간을 공식적으로 구분하지는 않는다. 만기의 개념을 적용하기도 어려운데다가 투자가의 의사에 따라 장기투자가 될 수도 있고 단기투자로 될 수도 있기 때문이다.

포트폴리오투자의 경우에는, 형식상으로는 만기에 따라 구분할 수 없지는 않지만 금융혁신으로 인하여 명목상으로는 단기금융상품임에도 불구하고 중장기적 상품인 경우나 또 그 반대의 경우도 발생할 수 있으며 또 원계약상의 만기와 사실상의 투자기간과는 관계가 없는 경우도 있으므로, 장단기구분을 중요한 것으로 여기지 않는다.

포트폴리오투자의 세부항목 분류기준 중에 중·장기 상품과 단기 상품 등으로 구분하기는 하지만 이것도 상품의 종류차원이지 만기를 기준으로 삼기 때문은 아니다.

(5) 투자주체

투자계정의 하부 분류기준의 하나로 채택되고 있는 국내부문의 투자주체별 구분은 다음의 4범주로 구성되어 있다.

(i) 통화당국

〈그림 1-13〉 국내부문 분류

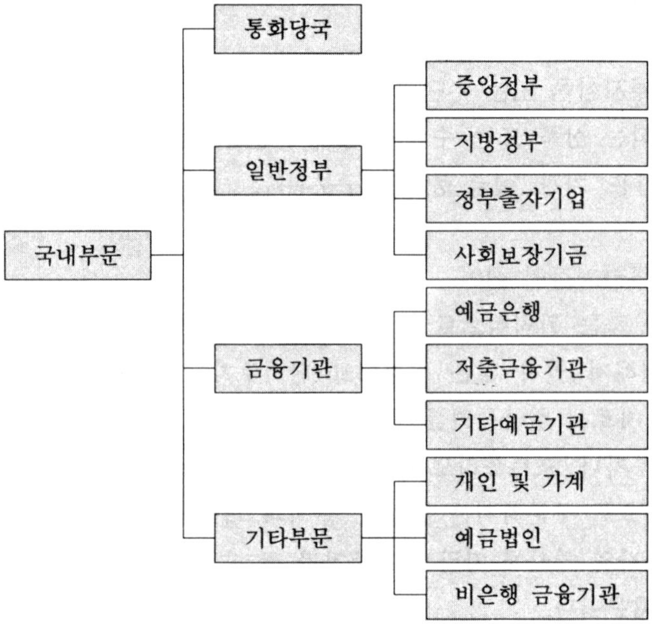

(ii) 일반정부

(iii) 금융기관

(iv) 기타부문

각 주체의 기능 및 성격의 차이와 제도적 차이에 따라 국내부문을 이와 같이 구분하는 이유는 여타 통계기준들과 조화시키기 위한 목적도 있지만 한 국가의 대외준비자산의 변동과 결제능력의 관리, 그리고 통화금융 정책과 국제수지의 변동을 조화하여 운용하는 통화당국의 행태를 다른 경제주체와 분리하여 분석하고자 하는 목적 때문이기도 하다.

여기서 통화당국은 중앙은행의 기능을 수행하는 모든, 예컨대 통화금융위원회와 같은 기능적 기관으로서 반드시 한 나라의 중앙은행에만 국한되는 것은 아니다. 화폐발행과 대외준비자산을 관리・운용하는 임무, 그리고 환율안정기금을 운용하는 기능을 수행하는 모든 기관 등이 여기서 말하는 중앙은행의 기능을 수행하는 통화당국이 된다.

일반정부는 앞의 제 1 장에서 서술한 바와 같이 모든 중앙 및 지방 정부와 정부에 의해 출자된 비영리법인과 정부에 의해 소유·경영되는 모든 형태의 법인, 그리고 정부에 의해 운영되고 관리되는 사회보장기금 등으로 구성된다.

금융기관은 중앙은행을 제외한 모든 예금을 취급하는 예금금융기관으로서 상업적 은행과 저축금융기관, 신용협동조합, 공제조합, 우편예금 또는 저축대부조합을 포함한다.

기타부문에는 가계와 기업은 물론 예금업무를 취급하지 않는 모든 금융기관이 포함된다.

2. 자본 및 투자계정의 체계

앞에서 설명한 정의와 분류기준 및 계정상의 원칙에 입각하여 작성되는 자본 및 투자계정은 자본계정과 투자계정으로 구분되어 있다.

자본계정은 다시 자본이전항목과 비생산·비금융자산의 취득처분항목으로 나누어지며 투자계정은 투자행위의 기능별 형태에 따라 직접투자, 포트폴리오투자, 기타투자 및 준비자산의 4항목으로 분류된다.

투자계정에 속해 있는 직접투자항목, 포트폴리오투자 및 기타투자는 다시 투자방향에 따라 해외직접투자와 외국인직접투자나 자산과 부채의 소항목으로 나누어진다.

자본이전은 고정자산의 소유권을 변동시키거나 또는 그것을 조건으로 해서 일어나는 이전거래와 대가 없이 채무를 면제해 주는 경우를 계상하는 항목이며 비생산·비금융자산의 취득처분항목은 토지, 천연자원, 특허권, 저작권 또는 영업권과 같이 생산되어지지 않는 비금융자산의 거래를 기록하는 항목인데 다른 경제영역에 있는 토지나 천연자원은 일반적으로 비생산·비금융자산으로 간주하지 않고 금융자산으로 간주한다. 다만 경제영역의 변경(대사관 부지매입 등)으로 인한 토지의 매입은 이 항목에 계상한다.

〈그림 1-14〉 자본 및 투자 계정의 구조

Ⅱ. 자본 및 투자계정	A. 자본계정	1. 자본이전	1.1 일반정부
			1.2 기타부문
		2. 비생산·비금융자산	
	B. 투자계정	1. 직접투자	1.1 해외직접투자
			1.2 외국인직접투자
		2. 포트폴리오투자	2.1 자산
			2.2 부채
		3. 기타투자	3.1 자산
			3.2 부채
		4. 준비자산	4.1 화폐용 금
			4.2 SDR
			4.3 IMF리저브포지션
			4.4 외환
			4.5 기타 청구권

직접투자는 직접투자가가 소재해 있는 경제영역 밖에 있는 기업에 대해서 영속적인 이해관계를 위해 경영에 참여할 동기가 있는 투자이다. 경영에 참여할 동기가 있다는 점에서 직접투자는 다른 투자와는 성격이 뚜렷하게 구별되지만 경영참여의 동기가 있는지 없는지를 구별하는 문제나 동기가 있다고 하더라도 어느 정도 이상을 있다고 보아야 하는가 하는 문제는 애매하고 또 대단히 어려운 문제이다.

포트폴리오 투자란 직접투자로 볼 수 없는 지분에 대한 투자와 부채성 증권에 대한 투자이다. 부채성 증권이라 함은 회사채와 같은 장기채권이나 단기금융상품 그리고 파생상품 등과 같이 증권을 발행하는 경제단위의 채무를 나타내는 실체화된 증서이다. 옵션(option)과 같은 파생상품과 새로이 개발된 금융상품 거래도 포트폴리오 투자거래로 분류하고 있다.

기타투자 항목은 직접투자나 포트폴리오투자가 아니면서 대외준비자산 거래도 아닌 모든 다른 형태의 대외 금융자산 거래를 계상하는 항목으로서, 차관, 무역신용, 현금 또는 예금, IMF리저브포지션 이외의 IMF신용인출이나 IMF차입 등의 거래가 이 항목에 기록된다. 즉 스탠바이협약에 따른 신용인출이나 확대신용, 구조조정, 확대구조조정협약 등에 따른 차입은 준비자산계정이 아니라 기타투자항목에 기록된다.

준비자산 항목에 계상되는 금융거래는 화폐용 금의 변동, SDR보유액 변동, IMF 리저브포지션의 변동 및 통화당국의 비거주자에 대한 현금 또는 예금, ECU, 단기 및 파생금융상품 등의 대외금융자산을 변동시키는 거래 등이 계상된다.

Ⅲ. 자본계정(資本計定: The Capital Account)

IMF가 새로이 편제한 국제수지 매뉴얼 제 5 판 체제에서의 자본계정은 제4판 체제나 그 이전의 자본계정과는 명칭은 같아도 전혀 다른 계정으로서 자본이전 항목과 비생산·비금융자산의 취득·처분항목으로만 구성된다.

1. 자본이전(Capital Transfer)

자본이전이란 이전거래 중에서 거래당사자의 최소한 일방에게 반드시 대외자산에 변동을 초래하는 이전거래로서 현물형태나 현금형태로 나타나게 된다.

먼저 현물형태로는 고정자산의 소유권을 무상으로 이전하는 경우

〈그림 1-15〉 자본계정 항목체계

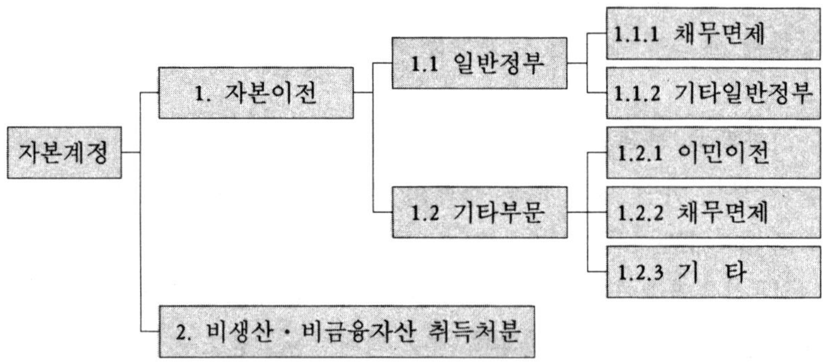

와 대가 없는 채권자의 일방적인 채무면제가 있다. 현금형태의 자본이전은 반드시 고정자산의 취득 또는 처분과 관련되거나 그 조건하에 이루어져야 한다. 현금으로 자본이전이 일어나는 경우 거래일방은 단순한 현금이전 거래인 데 반해 다른 상대방은 자본이전 거래인 경우 그 거래를 각자가 경상이전 거래와 자본이전 거래로 따로 계상하는 것은 동일한 거래를 다른 계정에서 처리하는 것이 되어 불합리하다. 따라서 이전거래 당사자 중 한편이라도 자본이전 거래라고 분류하면 거래 상대방도 자국의 국제수지에 자본이전거래 항목으로 계상해야 한다.

자본이전이라고 분류하기 애매한 현금이전거래는 경상이전거래로 본다. 자본이전항목은 주체별로 다시 일반정부와 기타부문의 소항목으로 나뉘는데 이들 소항목 안에는 채무면제, 보조금 및 이민이전의 세부항목들이 포함되어 있다.

(1) 채무면제

한 경제영역의 거주자가 타경제영역의 거주자에 대한 채무를 아무런 대가 없이 면제해 주는 경우 양 당사국의 국제수지 체계에서 모두 이를 자본이전거래로 계상해야 한다.

채무면제를 하는 국가 쪽에서는 자본계정의 자본이전 항목의 차변에 면제되는 채무의 시장가격을 계상함과 동시에 대응거래로서 그 채무가 속해 있는 투자계정의 해당항목의 대변(수입란)에 같은 금액을 계상한다. 이 때 대응거래는 그 나라의 대외자산이 그만큼 감소했기 때문에 투자계정 해당항목의 수입란에 기록하는 것이다.

채무면제를 받는 국가도 똑같은 방법으로 기재하되 기록되는 난만 바꾸면 된다. 자국 일반정부가 채무면제의 당사자 중의 일방이면 이 채무면제를 자국 국제수지의 일반정부 항목에 계상하고 자국의 다른 경제주체가 채무면제의 당사자이면 이를 기타부문 항목에 계상한다. 따라서 동일한 채무면제가 한 나라에서는 일반정부 항목에 기록되고 상대방 국가에서는 기타부문 항목에 기재될 수가 있다.

(2) 투자보조금 등

정부가 비거주자에게 고정자산의 취득비용의 전부 또는 일부를 지원하는 것을 투자보조금이라 한다. 특정한 고정자산의 취득을 조건으로 지원하는 보조금과 같은 이전거래는 현물로 지원될 수도 있고 현금으로도 지원될 수 있다.

현금보조금일 경우에 지원을 받는 수취인은 반드시 조건에 맞게 지출하여야 한다. 분할되어 지원되는 경우에는 국제수지 편제기간 중에 지급 또는 수취된 부분만 계상한다. 현금보조금일 경우 계상방법은, 먼저 지원국은 자본이전 항목의 차변(지급란)에 이전금액을 계상하고 대응거래를 자국의 투자계정의 해당 항목(기타 투자항목의 현금 또는 예금)의 대변(수입란)에 같은 금액을 계상한다. 지원받는 국가에서는 정반대 기재란에 동일한 금액을 기록한다. 다만, 지원당사자 중의 일방이 자국의 일반정부이면 일반정부항목에 기록하고 일반정부가 개입되어 있지 않으면 기타부문의 항목 안에 기재한다.

현물보조금의 경우에도 원거래를 자본이전 항목에 계상하는 것은 현금이전과 동일하지만 대응거래가 현물이므로 대응거래는 경상계정에 기재될 수도 있고(예: 기계 등 이동가능한 자본재) 투자계정(예: 토지 등 부동자산의 경우)에 기재될 수도 있다.[8)]

(3) 이민이전(移民移轉)

엄밀한 의미에서 이민은 계약이 아니고 거래도 아닌 일방적인 행위일 뿐이다.

그러나 이민으로 말미암아 재화가 이동하고 또 이주자의 순자산이나 순부채가 한 나라에서 다른 나라로 귀속국이 변하는 결과를 초래하기 때문에 국제수지 편제대상 거래에 포함시키고 있다. 자본계정의 이민이전 항목은 이민에 따라 경제가치가 귀속국으로 변화하는 것 중에서 이동이 불가능한 부동산 등과 이동이 가능하지만 이동되지 않은 자본재 등 자본재성격을 지닌 것만을 계상한다. 실제로 이동된 재화는 경상이전 항목에 계상된다.

〈그림 1-16〉 이민자의 자산처리

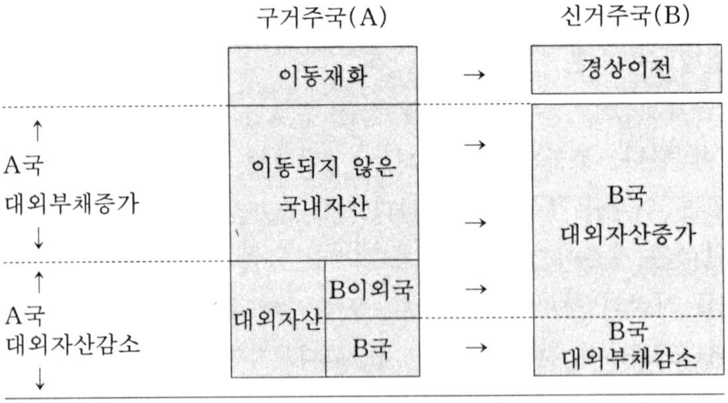

8) 이 때 투자계정의 어느 항목에 계상해야 하는지가 모호한 경우가 많다. 예컨대, A국이 토지를 B국에게 현물이전하는 경우, A국의 B국에 대한 금융자산이 소멸하는 것으로 보는데 이 때 금융자산을 직접투자로 보아야 하는지 포트폴리오투자로 보아야 하는지 아니면 기타투자로 보아야 하는지 분명하지 않다.

2. 비생산 · 비금융자산의 취득 · 처분

이 항목은 특허권, 저작권, 상표권 등과 같은 특수한 무형자산의 대외거래가 계상되는 항목이며, 예외적으로 한 경제영역에서 다른 경제영역으로 변경됨(대사관저용 토지구입 등)에 따른 유형실물자산(토지, 천연자원 등)의 대외거래가 계상되기도 한다.

원래 한 경제영역이 다른 경제영역으로 재편되어 일어나는 재화 또는 자산에 있어서의 대외거래는 국제수지의 포괄범위 안에 들어가지 않지만 토지만은 자본계정의 본 항목에 계상한다.

이 외의 모든 거주자와 비거주자 사이의 토지소유권 이전거래는 자본계정이 아닌 투자계정에 포함되어야 한다.

Ⅳ. 투자계정(The Investment Account)

자본 및 투자계정의 두 번째 계정인 투자계정은 과거 체계에서 자본계정으로 불리던 것과 내용상 거의 동일하다. 다만 주요 항목의 포괄범위가 세분화되었다는 점과 소계정으로 독립시켰던 준비자산을 투자계정 내의 한 항목으로 처리하였다는 점이 다소 다를 뿐이다.

1. 직접투자(The Foreign Direct Investment)[9]

(1) 정 의

직접투자는 한 경제영역의 경제주체가 영속적인 이해관계를 유지하면서 경영에 참여할 동기를 가지고 타경제영역에 있는 기업단위에 대해 하는 대외투자 행위이다. 영속적인 이해관계라고 하는 것은 직접투자를 하는 주체가 타경제영역의 기업단위에 대해 이익을 추구하는 영

9) IMF의 직접투자개념은 OECD의 대외직접투자에 관한 세부항목 정의기준(제2판)과 일치함. 이는 지배여부를 기준으로 하여 SNA(신국민계정)에서 정하는 외국인통제 거주자기업(foreign-controlled domestic entity)보다는 넓은 개념이다.

〈그림 1-17〉 구체계의 자본계정과 신체계의 투자계정

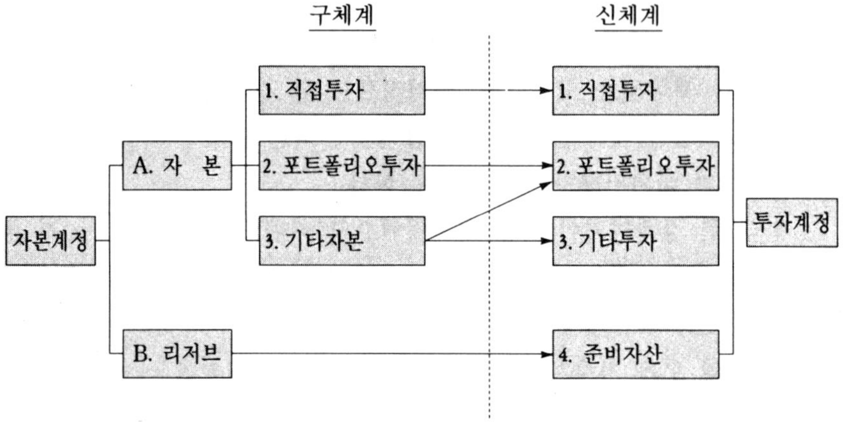

업적인 동기가 있다는 것을 의미하며 또 그 관계가 일회적 또는 일시적인 것이 아닌 영구적인 것이어야 한다는 것을 뜻한다.

경영에 참여할 동기가 있어야 한다는 것은 단순한 배당이나 수익에만 관심이 있는 것이 아니라 경영인의 일부를 선임한다든지 하여 경영에 직접 참여하거나 일정비율 이상의 지분을 유지함으로써 상당한 발언권을 보유·행사해야 한다는 의미이다.

IMF는 원칙적으로는 보통주나 의결권의 10% 이상의 지분확보를 기준으로 하여 직접투자인지의 여부를 판단하고 있다. 그러나 10% 미만의 의결권을 갖고 있다고 하더라도 경영상으로 상당히 유효한 발언권이 있으면 직접투자기업으로 간주할 수 있으며 또 반대로 10% 이상의 의결권을 갖고 있더라도 경영상의 유효한 발언권이나 상당한 영향력이 없으면 직접투자로 분류하지 않을 수도 있다.

(2) 직접투자기업의 종류

직접투자기업은 3종류의 형태로 구분되는데 50%를 초과하는 지분을 보유하는 경우에는 자회사(subsidiary)라 하고, 지분의 50% 이하를

〈그림 1-18〉 직접투자 기업의 3형태

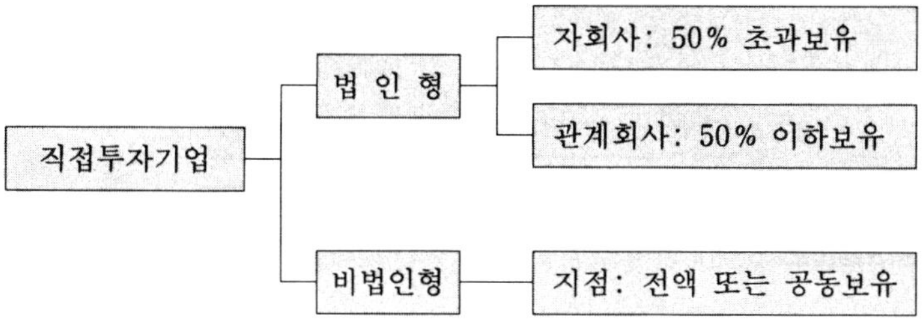

보유하는 경우에는 관계회사(associate), 그리고 전액이거나 공동으로 보유하지만 법인이 아닌 지점(branch)이 그것이다.

(3) 직접투자가

직접투자가란 직접투자를 하는 개인, 법인 또는 비법인 기업, 정부 또는 정부기관, 신탁기관, 재산관리기관 등을 말한다. 복수의 연합적 그룹이 10%의 지분을 지니고 경영에 유효한 영향력을 행사하면 그 연합그룹도 직접투자가로 간주한다.

(4) 직접투자자본

직접투자자본은 직접투자가가 공급한 자본과 직접투자가가 받은 자본으로 재투자한 자본으로 구분할 수 있다. 또 성격에 따라 지분자본, 수익재투자(收益再投資) 및 기타자본으로 구분할 수도 있다.

지분자본은 출자지분과 자회사나 관계회사의 주식 그리고 다른 형태의 출자자본으로 구성된다.

수익재투자는 자회사나 관계회사의 배당되지 않은 수익 중에서 직접투자가의 몫이다. 직접투자기업이 법인이 아닌 지점인 경우라도 그 지점의 송금되지 않은 수익은 수익재투자로 분류한다.

직접투자계정에서의 기타자본거래란 직접투자가와 자회사 등 직접

〈그림 1-19〉 직접투자항목 체계

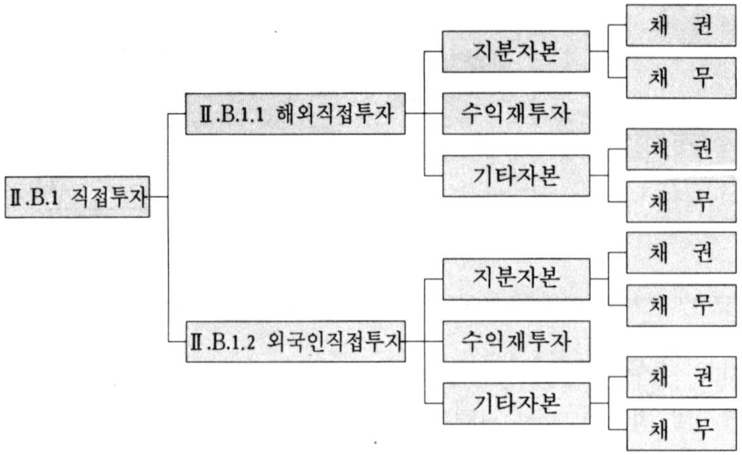

투자기업 사이에 발생한 자금의 대출 또는 차입거래를 의미한다.

(5) 계상방법

직접투자 거래는 시장가격을 기준으로 국제수지에 계상하는데 실제로는 대차대조표상에 기록된 장부가격이 이용된다. 자산의 재평가가 이루어지게 되면 재평가된 가격이 시장가격이 된다.

직접투자항목은 투자방향에 따라 세부항목이 분류되기 때문에 계상하는 방법이 비교적 명료하다고 할 수 있다. 예컨대 국제수지 작성국의 거주자가 직접투자기업을 설립하는 경우에는 해외직접투자항목의 해당 소항목 지급란(차변)에 기재하고, 반대로 비거주자가 국내에 자기의 직접투자기업을 설립하면 외국인 직접투자 항목의 해당 소항목 수입란(대변)에 기재한다. 반대로 해외직접투자기업이 철수하게 되면 해외직접투자 항목의 수입란(대변)에 그 금액을 기록한다.

직접투자계정에서는 직접투자기업 설립 이후에 발생하는 지분자본의 변동, 재투자 및 기타 채권채무관계의 변동을 그 방향에 따라 기재하도록 하고 있다. 이렇게 직접투자의 항목이 투자의 방향을 기준으로 분류가 되어 있기 때문에 순액계상의 원칙을 따르더라도 총액계상의 원칙을 좇는 것과 사실상 다를 바 없다.

직접투자의 거래 중에서 계상하는 데 주의를 해야 하는 경우는 배분되지 않은 수익의 재투자와 계열기업 간의 역투자, 그리고 포트폴리오 투자에서 직접투자로 전환되는 세 경우라고 할 수 있다.

1) 미배분 재투자수익의 계상방법

직접투자기업의 수익 중 배분되지 않은 부분, 즉 수익재투자는 지분비율에 따라 직접투자로 간주하여 계상하는데 그 대응거래는 경상계정의 소득계정내 투자소득항목에 계상하여야 한다. 더 정확히는 경상계정의 투자소득항목 내에 있는 지분소득 소항목에 계상하여 한다.

예컨대 거주자의 해외직접투자 기업의 미배당 수익이 100이고 거주자의 지분이 60%라면 그 거주자의 국제수지는 직접투자계정의 해외직접투자항목(수익재투자 소항목) 지급란(차변)에 60을 계상하고, 대응거래는 경상계정내 소득계정의 투자소득항목(지분소득 소항목의 재투자수익 및 미배분수익 세항목) 수입란(대변)에 60을 계상하면 된다.

〈그림 1-20〉 직접투자기업의 미배분 재투자수익의 계상(미배분수익=60)

〈직접투자국〉

계정 및 항목	차변(지급)	대변(수입)
직접투자/해외직접투자/수익재투자	60	
소득/투자소득/직접투자/지분소득		60

〈직접투자기업 소재국〉

계정 및 항목	차변(지급)	대변(수입)
직접투자/외국인직접투자/수익재투자		60
소득/투자소득/직접투자/지분소득	60	

반대로, 직접투자기업의 소재지국은 직접투자계정의 외국인 직접투자 항목(수입재투자 소항목) 수입란(대변)에 60을 계상하고 대응거래는 경상계정내 투자소득항목(지분소득 소항목의 재투자수익 및 미배분수익 세항목) 지급란에 60을 계상한다.

2) 역투자의 계상방법

거주자기업의 직접투자기업이 역으로 모회사격인 거주자기업의 지분을 갖고 있을 수도 있는데 이러한 역투자를 독립된 비거주자 기업의 거주자국에 대한 직접투자로 해석하면 그것은 거주자국의 '외국인 직접투자항목'에 계상하여야 하고, 역투자를 기존 직접투자에 대한 회수의 성격으로 보면 거주자국의 '해외직접투자항목'에 계상해야 한다. 직접투자기업이 소재한 국가도 어떻게 해석하느냐에 따라 계상항목이 달라진다.

국제수지 체계에서는 역투자를 기존 직접투자에 대한 회수의 성격으로 해석하므로 거주자기업의 해외직접투자기업이 그 거주자기업에 대해 지분참여 등의 자본거래를 하면 그 거주자기업의 소재지국은 해외직접투자 항목의 수입란(대변)에 계상하고 그 해외직접투자기업의

〈그림 1-21〉 직접투자기업의 역투자의 계상(역투자=50)

〈직접투자국〉

	차변(지급)	대변(수입)
해외직접투자/지분자본/계열기업 채무		50
기타투자/현금 및 예금/기타부문	50	

〈직접투자기업 소재국〉

	차변(지급)	대변(수입)
외국인직접투자/지분자본/계열기업 채권	50	
기타투자/현금 및 예금/기타부문		50

소재지국은 외국인직접투자 항목의 지급란(차변)에 계상한다.

대응거래는 역투자의 반대거래 성격에 따라 상응하게 계상하면 될 것이다.

3) 지분변동에 따른 투자성격의 변화

해외기업의 지분을 10% 이하로 보유하고 있던 포트폴리오투자가가 지분보유를 확대하여 직접투자가가 될 조건을 갖추게 되는 경우가 있을 수 있다. 예컨대 A국의 거주자가 B국의 기업에 대한 지분을 8% 보유하고 있다가 다시 5%의 지분을 취득하면 총보유지분은 13%가 되어 직접투자가로 분류될 조건을 갖추게 되는 경우가 그러하다.

이런 경우 국제수지 체계에서는 추가적인 지분, 즉 5%에 상당하는 투자액을 직접투자로 계상하고, 종전 투자분은 국제수지에 직접투자로 계상하지 않는다.

따라서 추가지분을 취득하는 국가의 국제수지 통계에는 해외직접투자항목 차변에, 그리고 해당기업의 소재국 국제수지통계에는 외국인직접투자항목의 대변에 그 추가지분에 상당하는 시장가격을 계상하면 된다.

이 때 그 추가로 취득된 지분은 취득하는 국가의 다른 거주자가 보유하고 있던 것이거나(경우 I), 제 3 국 거주자가 보유하고 있던 것이거나(경우 II), 해당기업의 소재지 거주자가 보유하고 있던 것 중의 하나일 것이다(경우 III).

그러나 그 대응거래의 계상방법은 취득된 지분을 누구로부터 취득하였는가에 따라 달라질 것이다.

먼저 〈경우 I〉이면 지분취득국으로서는 해외직접투자 증가의 대응거래는 매각한 다른 거주자의 포트폴리오투자가 감소했으므로 포트폴리오 투자항목(자산항목 지분증권항목) 수입란(대변)에 계상하게 된다. 해당기업 소재지국에서는 부채성 포트폴리오가 감소했으므로 대응거래는 포트폴리오항목(부채항목/지분증권항목)의 지급란에 계상한다.

〈경우 II〉라면 지분취득국으로서는 지분취득대금이 제 3 국에게 외

〈그림 1-22〉 지분변동에 의한 직접투자: 3가지 경우의 계상(계상액: 10)

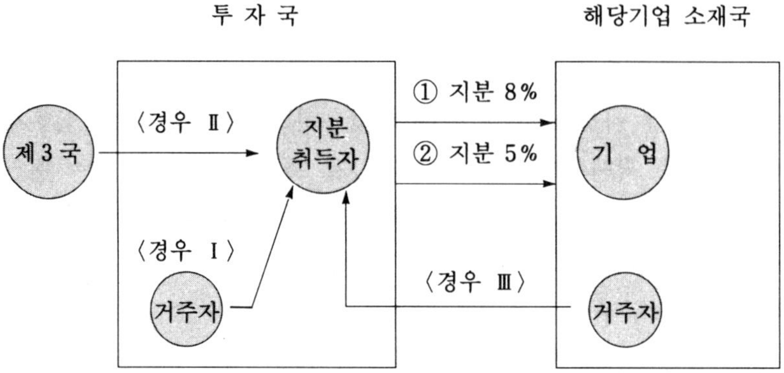

〈직접투자국〉		차변	대변
〈경우 Ⅰ〉	해외직접투자/지분자본/채권	10	
	포트폴리오투자/자산/지분		10
〈경우 Ⅱ, Ⅲ〉	해외직접투자/지분자본/채권	10	
	기타투자/자산/현금·예금		10

〈해당기업 소재국〉		차변	대변
〈경우 Ⅰ, Ⅱ〉	외국인직접투자/지분자본/채무		10
	포트폴리오투자/부채/지분	10	
〈경우 Ⅲ〉	외국인직접투자/지분자본/채무		10
	기타투자/자산/현금·예금	10	

화로 지급되었을 것이므로 대응거래는 투자계정의 기타투자항목(자산항목/기타부문)의 대외자산 감소, 즉 수입란에 계상되며 해당기업 소재지국의 계상은 〈경우 I〉과 동일하다.

〈경우 III〉 역시 지분취득국이 지분취득자금을 비거주자에게 외화로 지급하였을 것이므로 앞의 〈경우 I〉과 같으나 해당기업 소재지국에서는 외화가 수취되었을 것이므로 투자계정의 기타투자항목(자산항목/기타부문)의 지급란(차변)에 계상해야 한다.

(6) 계열기업간 채권·채무관계

직접투자가와 해외직접투자기업 사이의 자본거래(상호출자와 같은)는 직접투자항목 내의 해외직접투자 소항목(직접투자가 소재지국가)이나 외국인 직접투자 소항목(해당기업 소재지국가) 내에 있는 지분자본 소항목에서 다루지만 자본거래가 아닌 단순한 상호간의 채권·채무관계는 직접투자항목 아래에 있는 기타자본의 항목에서 다루어야 한다.

단, 직접투자 관계가 있는 계열은행(예금기관)간의 거래나 계열관계에 있는 금융중개기관간의 거래에서는 영구채무나 지분변동을 초래하는 거래만을 직접투자 항목의 지분자본 소항목에서 계상하고 나머지 일상업무와 관련된 상호간의 채권·채무거래는 모두 포트폴리오 투자항목이나 기타투자 항목에 계상한다.

2. 포트폴리오 투자(Portfolio Investment)

투자계정의 포트폴리오 투자항목에는 거주자와 비거주자 사이에 발생하는 지분증권이나 부채성 증권의 거래가 계상된다.

부채성 증권은 전통적 형태의 부채성 증권인 채권(債券: bond)뿐만 아니라 금융혁신을 통해 개발된 많은 신종금융상품들과 파생금융상품들을 포함한다. 따라서 현체계(IMF매뉴얼 제 5 판)에서의 포트폴리오 투자항목의 포괄범위는 이런 신종금융상품이나 파생금융상품들에 대한 계상여부가 불명확했던 과거체계의 포트폴리오 투자항목보다는 훨씬

〈그림 1-23〉 포트폴리오 투자항목의 체계

넓다.

과거체계에서는 국제투자거래를 만기에 따라 구분한 뒤 장기성 거래는 포트폴리오 항목에 분류하고 단기성 거래는 기타자본 항목으로 분류하였으나 현체계에서는 기본적으로 투자의 만기구분을 중요시하지 않는다. 만기구분이 곤란한 경우가 많은 때문이다.

따라서 종전 체계에서 기타자본 항목으로 분류되던 국제금융거래들이 현체계에서는 대부분 포트폴리오 항목으로 분류되고 있으며 또 과거에는 존재하지 않았거나 존재하더라도 국제수지에 계상되지 않았던 많은 거래들이 포트폴리오 항목에 계상되고 있다.

그러나 이러한 신종금융상품이나 파생상품들은 거래의 성격과 가격의 특성, 거래 상대방의 확인, 그리고 본 계약과의 관계 등에 있어서 전통적인 금융상품과는 전혀 다른 특징을 많이 가지고 있기 때문에 평가나 대응거래 등 국제수지상에 계상하는 방법에 있어서 다른 항목보다 매우 애매하거나 까다롭기도 하다.

(1) 포트폴리오투자항목의 체계

포트폴리오투자항목은 1차적으로 투자의 방향에 따라 자산성격의 거래, 즉 비거주자가 발행한 증권에 대한 거주자의 투자거래와 부채성격의 거래, 즉 비거주자의 국내발행증권에 대한 투자로 구분되고 그 각각에 대하여 투자대상이 되는 증권의 성격에 따라 2차적으로 지분증권과 부채성 증권의 세부항목으로 분류된다.

지분증권항목은 다시 거래주체별로 통화당국, 일반정부, 금융기관 및 기타부문으로 나누어지는데, 부채항목의 지분증권항목에서는 금융기관과 기타부문으로만 나누고 있다. 이것은 국제수지 작성국으로 보아 부채성 증권의 발행주체로는 금융기관이나 기타 민간부문만 있을 뿐 통화당국이나 일반정부는 통상 부채성 지분증권을 발행할 수 없기 때문이다.

부채성증권항목은 만기적 성격에 따라 중장기채, 단기금융상품 및 파생금융상품의 소항목으로 분류되고, 각 소항목은 다시 국내부문의 거래주체별로 구분하고 있다.

그러나 부채항목내 파생금융상품 항목에서는 국내부문을 금융기관과 기타부문으로만 나누고 있는데 이 역시 통화당국이나 일반정부가 부채성 파생금융상품을 발행하지 않기 때문이다.

(2) 정 의

지분증권은 법인인 기업이 그에 대한 모든 청구권 등의 채무를 변제한 후 남는 잔여자산에 대한 청구권을 나타내는 주식이나 지분과 같은 증서이다. 법인기업의 해체시 잔여가치에 대해 분배권이 있는 우선주나 상호기금(mutual fund) 또는 투자신탁의 거래도 지분증권의 거래로 분류된다.

부채성 증권(debt securities)은 크게 3가지 형태로 분류되는데, 그 3가지란

(i) 전통적인 의미의 중장기채와 회사채 등의 채권

(ii) 단기금융상품과 양도성이 있는 부채성 상품

(iii) 파생금융상품 들이다.

전통적 부채상품인 중장기채와 회사채는 명시된 만기일에 명시된 원금과 이자를 상환받을 권리를 표시한 증서들인데 국제수지의 포트폴리오 투자항목에는 1년 이상의 만기를 가진 양도성 예금증서, 제로쿠폰채 등의 고할인채, 변동금리부채, 지수연동채, 부동산대출증서 담보부 채무증서 등도 여기에 포함시키고 있다.

단기금융상품으로는 기업어음(CP), 단기금융어음, 만기가 1년 이하인 양도성 예금증서, NIF(Note Issuance Facility), 단기재무성 증권(Treasury Bill) 등을 들 수 있다. 파생금융상품이란 일차적인 금융상품을 근거로 하여 파생되는 금융상품을 뜻하는데 금융선물이나 옵션 혹은 스왑과 같은 것들이 이에 속한다.

(3) 계상방법

포트폴리오 투자항목이 다른 항목에 비해 복잡하고 다양한 거래를 포함하고 있다고 해서 국제수지에 계상하는 기본원칙이 다른 것은 아니다. 시장가격의 원칙이나, 소유권 이전시점의 원칙 또는 자본 및 투자계정에서 일반적으로 지켜지는 순액계상의 원칙들이 그대로 포트폴리오 투자항목에서도 지켜져야 한다.

다만 포트폴리오 투자항목에 계상되는 금융거래 중에는 시장가격의 변화를 이자 등의 소득으로 간주해야 하는지 아니면 자본이득으로 간주해야 하는지가 분명하지 않은 경우가 많아 일정한 원칙을 세워둘 필요가 있다.

1) 고할인채(제로쿠폰채를 포함)

일반적으로 채권(債券)은 만기시의 원리금 상환은 물론 만기 이전에도 일정한 이자지급이 수반되는데, 이러한 이자는 발생된 시점에 경상계정의 투자소득항목에 계상하면 된다. 그러나 만기시까지 이자의 흐름이 없는 경우나 매입시 할인하여 구입하는 고할인 채권의 경우에는 만기가격이 이자를 포함하고 있다고 간주하여 만기가격과 발행가격의 차이를 이자소득으로 간주한다.

국제수지 계상시점에 만기가 도래하지 않은 경우에는 일단 이자소득을 발생한 것으로 가정하되 재투자된 것으로 간주하는 것이 옳을 것이다. 따라서 국제수지 계상시점에서는 그 이자소득을 경상계정의 투자소득항목의 대변(수입란)에 기재함과 동시에 그 대응거래로서 투자계정의 포트폴리오 투자항목(자산/부채성 증권 세항목) 차변(지급란)에 계상한다.

예컨대 다음 〈그림 1-24〉에서 초기(T_0)투자액이 a이고 만기시(T_2) 지급액이 c라고 하면 국제수지 계상최종일(T_1)에는 $(b-a)$만큼의 이자소득이 발생한 것으로 보되 재투자된 것으로 간주한다. 그 다음 기간에는 $(c-b)$만큼 이자소득이 발생한 것으로 보면 된다.

이러한 채권을 만기 이전에 처분하는 경우에는 처분가격과 취득가

〈그림 1-24〉 채권이자와 재투자

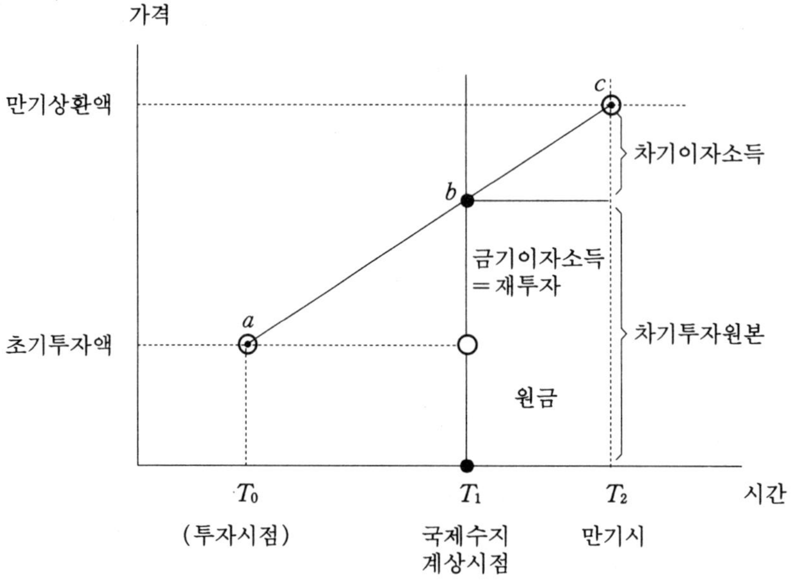

격의 차이가 이자를 포함하고 있을 것이므로 그 가격차이를 전부 자본이득(또는 손실)으로 볼 수는 없을 것이다.

2) 지수연동채(Index Linked Securities)

지수연동채란 원금 혹은 이자 지급이 특정 경제지표(물가상승률 또는 임금상승률)에 연동되어 있는 채권(債券)이다. 이자지급이 연동되어 있다면 변동하는 이자를 경상계정의 소득항목에 계상한다.

원금이 지수에 연동되어 있는 경우에는 발행가액을 투자원본으로 계상하고 지수변동에 의한 가격변동은 이자소득으로 간주하여 경상계정에 계상한다.

3) 옵 션(Options)

옵션거래시에 계약자 쌍방이 주고받는 프리미엄(즉 옵션의 가격)은 옵션 서비스의 대가라는 성격과 옵션이라는 금융자산의 가격적인 성격을 동시에 갖고 있으나 이를 구분하는 것이 어렵다.

따라서 IMF는 이런 경우, 프리미엄을 옵션이라는 금융자산의 가격으로 간주하여 경상계정이 아닌 투자계정(파생금융상품 항목)에 계상할 것을 권고하고 있다.

옵션을 매입한 자가 옵션권을 실행에 옮김으로써 실제 금융거래가 발생하는 경우에는 그 실제의 금융거래를 국제수지의 해당 항목에 계상하고 그에 따른 대응거래로서의 대금의 지급을 계상하면 된다.

이 때 그 금융거래는 시장가격에 기초하여 계상되어야 하므로 옵션계약에서 정해진 실행가격과 괴리가 발생할 수 있는데, 이 차이는 옵션이라는 금융거래가 소멸되는 것으로 간주하여 계상한다.

〈그림 1-25〉 매입옵션의 계상

〈A국〉 계약시(실행가격: 100, 옵션 프리미엄: 10)

	차변(지급)	대변(수입)
포트폴리오 투자항목(자산/파생금융상품)	10	
기타투자(자산/현금 및 예금)		10

옵션권 실행시(만기시 시장가격: 120)

	차변(지급)	대변(수입)
포트폴리오투자(자산/부채성증권)	120	
기타투자(자산/현금 및 예금)		120
포트폴리오투자(자산/파생금융상품)	−20	
기타투자(자산/현금 및 예금)		−20

4) 금융선물(Financial Futures)

선물거래는 통상적으로 금리, 통화, 주가지수 또는 상품 등의 인도일 이전에 일정한 가격으로 매매할 것을 약정하는 거래인데 인도일에는 실제 계약대상물을 인도하지 않고 계약당시의 선물가격과 만기시 시장가격의 차액만을 주고받는다.

계약당시에는 그 시점의 계약가격의 일정률만을 증거금으로 예치할 뿐이므로 그 증거금이 금융선물거래의 가액에 해당되며 따라서 그 예치증거금을 국제수지의 투자계정 해당 항목에 계상한다.

만기시에 금융선물의 대상인 금융상품의 시장가격과 계약시의 가격에 차이가 발생하는 경우에는 옵션권의 실행 때와 같은 방법으로 처

〈그림 1-26〉 기타투자항목 분류체계

* 차관의 경우, IMF 신용인출 및 IMF 차입, 기타장기, 단기로 세분화된다.

리한다.

3. 기타투자(Other Investments)

투자계정의 기타투자항목에는 준비자산의 거래가 아닌 것 중에서 직접투자나 포트폴리오투자로 계상되지 않는 모든 금융거래를 기록하는데 무역신용, 차관, 현금 또는 예금 등의 거래가 이 항목에 포함되어 있다.

(1) 체 계

기타투자항목은 1차적으로 투자방향에 따라 자산항목과 부채항목으로 분류된 다음 그 각각에 대해 무역신용, 차관, 현금 및 예금과 기타자산(또는 기타부채)의 네 개의 소항목으로 다시 분류된다.

이들 소항목은 다시 경제주체별로 분류된 다음 그 각각에 대해 장기와 단기로 구분이 되어지는데 차관의 부채항목, 즉 국제수지 작성국이 안고 있는 차관채무에서는 통화당국의 IMF에 대한 신용인출 또는 차입을 다른 장기항목과 분리시켜 계상하도록 하고 있다.

(2) 정 의

무역신용(trade credit)이란 재화나 서비스의 교역과 관련하여 그것의 공급자와 구매자 간에 발생하는 신용공여에 따른 채권·채무나 그 교역거래를 조건으로 한 선지급금에 따라 발생하는 채권채무를 말한다.

일반적인 용법에서는 무역거래와 관련된 자금조달이나 제 3 자에 의한 자금지원도 무역신용으로 정의하지만 국제수지에서는 재화나 서비스의 공급자와 구매자 간에 직접적인 신용공여만을 무역신용으로 분류하며 무역거래를 위한 제3자로부터의 자금차입 등은 차관으로 간주한다. 따라서 국제수지에서의 무역신용은 통상적인 무역신용의 개념보다 훨씬 좁은 의미의 개념이라고 할 수 있다.

차관(loan)은 기타 형태의 차입으로서 무역거래를 위한 차입뿐만 아니라 기타 모든 형태의 차입이나 무역거래와 직접적인 관련이 없는 선급금도 포함된다. 여기에는 IMF로부터의 신용인출이나 IMF로부터의 차입도 포함되는데, IMF로부터의 신용인출이나 차입은 한 나라의 대외결제능력을 측정하는 데 매우 중요하므로 기타 자산항목 아래에 별도의 세부항목으로 분류되어 다른 거래와 분리 계상되고 있다.

또 통상적으로 차관이라고 할 수 없는 금융리스나 환매조건부채권의 거래도 국제수지에서는 차관항목 아래에 포함시키고 있다. 금융리스는 리스된 상품의 소유권이 이전되는 것이 아니지만 국제수지에서는 소유권이 이전된 것으로 간주하고 대신 리스받는 자가 리스하는 자에 대해 일종의 금융채무를 지는 것으로 처리한다.

거주자와 비거주자 사이에 금융리스계약이 체결되면 재화인 리스대상물의 이동이 일어나는데, 이 때 계약당사국은 그 재화의 시장가격으로 경상계정에 계상해야 하며 대응거래로는 투자계정내 기타투자항목에 상응하게 계상해야 한다.

리스계약에 따른 지급의 상환이 발생하면 이를 원금과 이자로 분리하여, 원금은 투자계정에 계상하고 이자는 경상계정내 소득계정에 계상한다. 이 때, 리스하는 계약당사자로서는 원금상환분만큼의 대외자산이 감소하고, 또 리스받는 계약당사자는 원금상환분만큼 대외부채가 감소하게 된다.

4. 준비자산계정

준비자산(reserves)은 국제수지의 불균형을 메우거나 환율정책을 수행하기 위해 통화당국이 직접 관리하고 필요시 즉각 이용할 수 있는 대외자산이다. 물론 국제수지 체계에서 준비자산으로 규정하고 있는 대외자산으로는 화폐용 금, SDR, IMF리저브포지션, 현금·예금 등의 외환, 그리고 기타 채권이 있다. 그러나 이러한 대외자산 이외에도 통화당국은 다양한 형태의 자산을 통해서 국제수지의 불균형을 시정하거나 또 환율정책을 수행할 수 있는데 이런 준비자산적인 성격을 가진 자산으로서 준비자산으로 분류되지 않는 자산을 보조적 준비자산이라고 한다.

(1) 준비자산의 개념

준비자산이 되기 위해서는 첫째로 실존하는 자산형태를 가진 것이라야 한다. 신용한도의 실정이나 스왑협정 등과 같이 장래에 채권 또는 채무관계가 발생할 수 있기는 하지만 아직 발생하지 않은 계약은 실존하는 자산이 아니다.

둘째로는 통화당국의 직접적이고 유효한 통제 아래 있는 대외자산이어야 한다. 그러나 직접적이고 유효한 통제하에 있어야 한다는 것이 반드시 통화당국이 소유해야 한다는 것을 의미하지는 않는다. 예금금융기관이 소유하고 있더라도 법이나 통화당국의 규정에 의해 매매나 거래가 통제될 수 있는 대외자산이면 통화당국의 직접적이고 유효한 통제하에 있는 대외자산이라고 할 수 있다.

통화당국이 자기의 경제영역 내에 어느 부문까지 직접적이고 유효한 통제를 가할 수 있는가에 대해서는 예금금융기관으로 국한시키는 것이 일반적이다. 따라서 한 예금은행이 보유하던 준비자산을 거주자인 민간인에게 매각했다면 더 이상 준비자산으로 볼 수 없게 된다.

셋째로는, 해당자산이 통화당국의 정책목적상 필요할 때에 즉각 이용할 수 있는 자산이어야 한다. 즉 유동성과 시장성을 갖추는 대외자산이어야 한다. 장기대출형태의 자산이 준비자산으로 분류되지 못하는 까닭도 유동성이 결여되어 있기 때문이다.

그러나 준비자산을 보유하는 목적이 반드시 국제수지 불균형의 시정이나 환율정책수행을 위한 것일 필요는 없다. 물론 대부분의 경우에 통화당국이 준비자산을 보유하는 목적이 대외불균형이나 환율정책과 관련되어 있기는 하지만 그것이 유일한 목적이 되는 것은 아니다.

(2) 주요 준비자산

1) 화폐용 금[10)]

화폐용 금이란 통화당국이 금융자산으로 보유하거나 타기관이 보유하고는 있지만 제도적으로 통화당국이 실질적으로 통제하고 있는 금을 말한다. 통화당국이 보유하더라도 금융자산으로 보유하고 있지 않은 금과 통화당국 이외의 경제주체가 보유하는 비화폐용 금은 여타 상품으로 취급한다.

새로이 생산된 금이나 민간시장에 유통되고 있는 금을 통화당국이 화폐용 금으로 취득하는 것을 '금의 화폐화'라고 하고 반대로 통화당국이 보유하고 있던 화폐용 금을 민간에 비화폐용으로 매각처분하는 것을 '금의 비화폐화'라고 부른다.

과거에는 금의 화폐화나 비화폐화에 따른 통화당국의 금 보유량의 변동을 거래상대방에 관계 없이 준비자산의 변동으로 보아 국제수지에 계상했으나 지금은 통화당국 간의 거래만 준비자산거래로 계상하며 거주자 간의 금의 화폐화나 비화폐화 거래는 국제수지에 계상하지 않고 다만 대외투자포지션에만 기재하고 있다.

거주자와 비거주자 간의 금의 화폐화 또는 비화폐화는 상품거래로 간주하여 경상계정에 계상된다.

2) 특별인출권(Special Drawing Rights: SDR)

특별인출권(SDR)은 1969년 IMF 총회에서 창출하기로 의결되어 1970년부터 회원국의 IMF쿼터에 비례하여 배분되기 시작했다. 각 회원국이 보유하는 SDR은 국제수지의 불균형을 시정하기 위한 SDR의 지급이나 수취, 또는 IMF로부터 차입한 신용에 대한 원리금상환, 그리고 SDR의 누적배분액과 현재의 SDR 잔액의 차액에 대한 수수료 지급 등으로 인하여 변동하게 된다.

또 IMF가 SDR의 배분을 증액하거나 감소시키는 경우에도 IMF 회원국의 SDR 보유액이 변동하게 되는데, 이를 SDR의 배분 및 말소

10) 화폐용 금은 순도 99.5% 이상이어야 한다.

라고 한다.

그리고 SDR 환율이 변동함에 따라 보유하고 있는 SDR의 평가가치가 변동하기도 한다. 과거의 국제수지 편제체계에서는 이 모든 변동을 모두 국제수지의 준비자산계정에 계상했었으나 지금은 SDR의 배분 및 말소에 의한 변동과 SDR환율의 변동에 따른 SDR 보유액의 평가변동은 국제수지에 계상하지 않는다.

따라서, 국제수지에 계상되는 SDR의 변동은, 국제수지 적자를 보전하기 위해 IMF에 SDR의 인출을 요청하여 일어나는 지정거래에 따른 SDR변동, IMF차입에 대한 원리금 상환, SDR 누적배분액과 실제 보유액의 차이(이를 SDR 순사용액이라고 함)에 대한 수수료, 그리고 회원국과 회원국 또는 국제기구 사이의 합의에 의해 변동되는 SDR 보유액 변동(합의거래라고 함)뿐이다.

3) IMF 리저브 포지션(Reserve Position)

IMF 회원국의 리저브 포지션은 인출이 가능한 리저브 트랜쉬(reserve tranche)와 차입협정에 의해 즉시 인출이 가능한 IMF신용(즉 IMF의 부채)의 합계액이다. 각 회원국은 IMF로부터 자국통화를 대가로 타국통화를 매입할 수 있는데, 이 때 IMF가 보유하게 되는 자국통화가 자국 쿼터를 초과해서는 안 된다. 이것을 리저브트랜쉬 인출이라고 하며 리저브트랜쉬 인출은 IMF의 신용인출이라고 간주되지 않으므로 수수료나 혹은 자국통화의 재매입의무가 없다.

회원국은 이 외에도 보상 및 긴급금융(compensatory and contingency financing), 확대신용계정(extended fund facilities), 또는 신용트랜쉬(credit tranche) 등을 통해 IMF로부터 차입할 수 있는데 이러한 신용인출이 많을수록 IMF리저브포지션은 줄어들게 된다.

IMF로부터 차입할 수 있는 여유를 나타내는 IMF리저브포지션은 인출가능한 신용한도일 뿐 실체가 있는 자산은 아니지만 한 국가의 대외적 국제수지 불균형을 결제하고 보전하는 기능적 측면에서 준비자산으로 간주되고 있다는 점에서 여타 금융자산과 구별된다.

〈그림 1-27〉 준비자산(Reserve) 계정

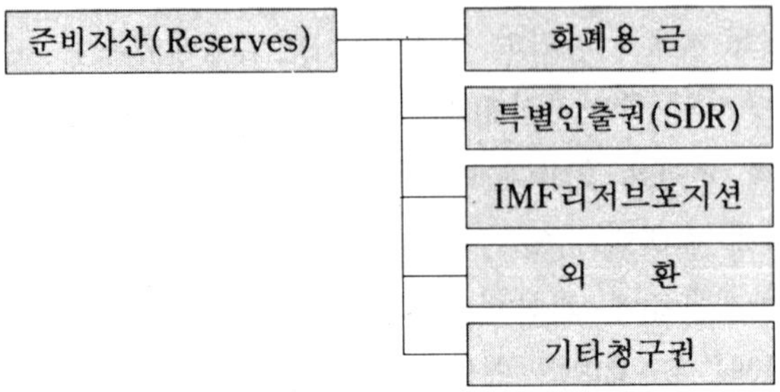

4) 외환과 기타청구권

자국의 통화당국이 비거주자에 대해 갖고 있는 현금, ECU, 예금, 정부채 또는 여타 채권, 단기 및 파생상품 등이 준비자산계정 내의 외환항목에 포함되며 그 외의 것들은 기타청구권 항목으로 분류된다.

(3) 분류체계와 계상방법

준비자산항목은 5개의 준비자산 종류별로 분류되어 있다. 국제수지에 계상하는 방법은 먼저 화폐용 금의 경우에는 통화당국 사이에 일어난 것만 이 항목에 계상한다.

통화당국과 다른 비거주자와의 금의 거래는 상품거래로 간주하여 경상계정에 계상하며 통화당국과 거주자 사이의 금의 매매는 국제수지에 계상하지 않는다. 특별인출권의 계상은 특별할 것이 없으며, 다만 화폐용 금과 마찬가지로 금융자산이되 부채를 지는 자가 없는, 즉 금융상의 부채를 수반하지 않는 준비자산이다.

한 국가의 IMF 신용인출 또는 리저브트랜쉬 인출로 IMF리저브포지션이 감소하게 되면 준비자산항목 내의 IMF리저브포지션 소항목의 차변에 감소액을 계상하고 대응거래는 준비자산항목 내 외환소항목의 대변에 계상하면 된다.

5. 투자계정의 보충정보

각 나라들이 국제수지를 작성하는 가장 중요한 이유 중의 하나는 국제수지의 적자 혹은 흑자에 대한 대책을 강구하는 것이다. 이런 목적을 위해 특별히 설치한 계정이 바로 준비자산계정임은 이미 앞에서 설명한 바와 같다. 즉, 준비자산이라는 계정의 변동을 통해 국제수지의 대외적인 불균형에 대한 한 나라의 지불여력의 변동을 기록하는 것이다. 그러나 준비자산계정의 모든 변동이 대외지불능력의 변동을 의미하는 것은 아니며, 또한 비록 준비자산계정에는 포함되지 않더라도 한 나라의 대외지불능력과 밀접한 연관성을 가진 거래들도 있을 수가 있다.

준비자산계정이 지니는 이런 한계성을 다소나마 극복하기 위해 국제통화기금은 몇 가지의 보충정보를 따로 기록하고 있는데, 그 중 대표적인 것이 '외국당국 준비자산 구성부채'와 예외적 보전거래이다.

(1) 외국당국 준비자산 구성부채(Liabilities Constituting Foreign Authorities Reserves: LCFAR)

한 나라의 준비자산계정 이외의 투자계정에 있어서의 부채는 다른 나라 경제주체의 자산일 것인데, 그 경제주체가 그 나라의 통화당국인 부채를 '외국당국 준비자산 구성부채'라고 한다. 예를 들어 외국의 중앙은행이 우리 나라의 민간은행에 10만큼을 예금하고 있다면 그 10은 그 외국당국의 준비자산을 구성할 것이므로 우리 나라의 입장에서는 외국당국 준비자산 구성부채가 되는 것이다.

과거의 국제수지편제체제에서는 모든 투자계정의 부채거래에 대해 그 채권의 소유자에 따라 민간 또는 외국통화당국으로 분류했었기 때문에 별도로 보충정보를 기록할 필요는 없었다. 그러나 채무국의 입장에서 자기의 부채를 소유하는 주체가 외국통화당국인지 아닌지의 여부를 확인하는 것이 쉽지 않을 뿐만 아니라 준비자산과 LCFAR을 구별하는 기준도 명확하지 않으며, 또 이를 국제수지의 표준체제 안에 포함시키는 경우 불필요하게 체제가 복잡해지기 때문에 현 체제에서는 국제수지의 표준항목이 아닌 별도의 보충정보에서 이를 기록하고 있다.

LCFAR은 채권 및 기타증권 항목, 예금, 그리고 기타부채라는 3개의 하부항목들로 구성되며, 그 각각의 항목은 다시 그 채무를 보유하고 있는 기관에 따라 통화당국, 일반정부, 금융기관 및 기타부문으로 나누어지고 있다.

⑵ 예외적 보전거래(Exceptional Financing)

예외적 보전거래란 실질적으로는 국제수지의 불균형을 보전하는 성격을 강하게 가지면서도 민간거래의 형식을 띠는 거래로써 통상적인 국제수지편제방법에 따를 경우 '선위'(above the line) 거래로 분류되기 쉬운 거래를 말한다. 채무면제나 IMF보조금 계정으로부터의 원조와 같은 이전거래는 물론 연체채무의 누적이나 이의 상환, 채무감면과 관련

〈그림 1-28〉 외국당국의 준비자산 구성부채 분류

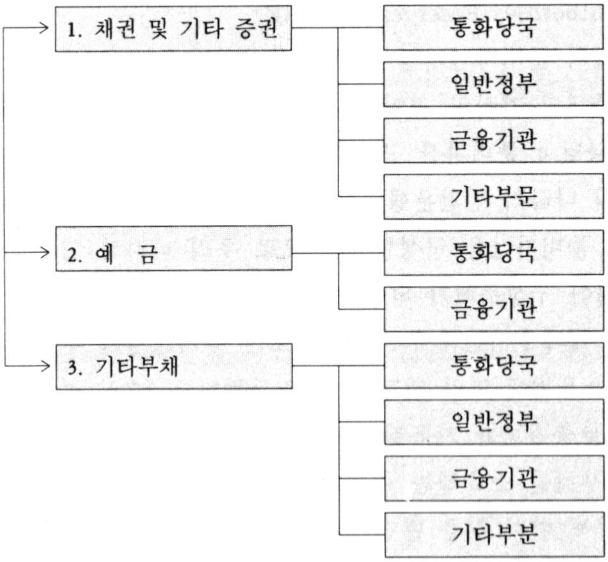

된 채무와 지분의 스왑 혹은 중앙은행의 외국의 상업은행으로부터의 차입, 기존채무의 재조정이나 채무재구성 등의 거래가 이에 속한다.

그러나 만기가 도래하지 않은 채무의 지분 혹은 채권과의 스왑이나 만기가 도래하지 않은 채무의 재조정 혹은 차환은 원칙적으로 예외적 보전거래로 간주하지 않는다. 이들 예외적 보전거래를 계상하는 방법을 표준국제수지 분류체계와 비교하여 아래의 〈표 1-6〉에 요약하였다.

〈표 1-6〉 주요 국제수지와 예외적 보전거래의 비교표

거래형태	표준국제수지		분석적 국제수지	
	차 변	대 변	차 변	대 변
연체금				
연체이자	투자소득	기타투자	투자소득	예외적보전거래
연체금상환	기타투자	준비자산	예외적보전거래	준비자산
정부간원조	준비자산	경상이전	준비자산	예외적보전거래
채무/채권스왑				
만기도래채무				
할부상환	기타투자	포트폴리오투자	기타투자	예외적보전거래
연체이자	기타투자	포트폴리오투자	예외적보전거래	예외적보전거래
만기전채무				
할부상환	기타투자	포트폴리오투자	기타투자	포트폴리오투자
채무/지분스왑				
만기도래채무				
할부상환	기타투자	직접투자	기타투자	예외적보전거래
연체이자	기타투자	직접투자	예외적보전거래	예외적보전거래
만기전채무				
할부상환	기타투자	직접투자	기타투자	직접투자
국제수지방어용 차입				
신규차관	준비자산	기타투자	준비자산	예외적보전거래
채권발행	준비자산	포트폴리오투자	준비자산	예외적보전거래
채무조정/차환				
만기도래채무				
할부상환	기타투자	기타투자	투자투자	예외적보전거래
연체이자	기타투자	기타투자	예외적보전거래	예외적보전거래
만기전채무				
할부상환	기타투자	기타투자	기타투자	기타투자

(*)보다 상세한 내용은 한국은행, 국제수지매뉴얼(1996), 295~297 참조.

제4절 오차 및 누락

국제수지에 계상되는 모든 거래는 복식부기의 원칙에 의해 대변과 차변에 두 번 기재되기 때문에 모든 거래에 대한 대변의 합과 차변의 합은 같아야 하고, 그 차액은 0이 되어야 한다. 그러나 실제적으로는 대변의 총계와 차변의 총계가 항상 같은 것은 아니며 따라서 이를 시정하기 위해 사후에 임의로 만들어낸 항목이 오차 및 누락 항목 또는 통계상의 불일치항목이라고 한다.

Ⅰ. 오차 및 누락(The Errors and Omissions)의 계산

국제수지에서 오차 및 누락이 실제로 어떻게 산출되는가를 1999년의 국제수지 통계를 기초로 설명하자. 아래의 〈표 1-7〉에는 1999년도의 주요 항목별 국제수지 통계가 기록되어 있다. 국제수지는 복식부기의 원칙을 적용하여 모든 거래는 대변(수입란)과 차변(지급란)에 동일한 금액이 두 번 기록되므로 당연히 대변합이나 차변합은 같아야 한다. 그런데 실제로는 대변합은 1833.9억 달러이고, 차변합은 1798.6억 달러이어서 대변합이 차변합보다 35.3억 달러가 많다. 이런 불일치는 오차 및 누락이라는 항목의 차변(지급란)에 35.3억 달러를 '가상적'으로 기재함으로써 대변합과 차변합이 일치하게 된다.

여기서 오차 및 누락 항목의 차변에 35.3억 달러를 계상한다는 것은 오차 및 누락이 음(−)의 35.3억 달러라는 것을 의미하며 이는 35.3억 달러가 모자란다는 것을 의미한다. 반대로 1996년도와 같이 오차 및 누락 항목이 대변(또는 +)에 10.7억 달러라는 것은 10.7억 달러가 남는다는 것을 의미한다.

〈표 1-7〉 오차 및 누락의 실례: 1999년도 국제수지

(단위: 억 달러)

거 래 내 용		차변(지급)	대변(수입)
상 품	수 출		1451.6
	수 입	1167.9	
서비스	수 입		265.3
	지 급	271.8	
소득/경상이전	수 입		96.6
	지 급	129.1	
자본/투자수지			20.4
준비자산(수지)		229.8	
합계(a)		1798.6	1833.9
오차 및 누락(b)		35.3	
합계(a+b)		1833.9	1833.9

Ⅱ. 오차 및 누락의 발생원인

오차 및 누락의 발생원인을 정확하게 파악할 수는 없다. 원인이 정확하게 파악되었다면 오차 및 누락이 발생하지부터 않았을 것이다. 오차 및 누락이 발생하는 원인으로 추측되는 것은 대략 다음의 여섯 가지 이유 때문이다.

첫째는 국제수지에 계상되는 자료의 통계출처가 다르기 때문에 발생할 수 있다는 것이다. 재화의 대외거래의 자료는 무역통계나 통관통계로부터 입수하고 자본 및 투자계정의 거래는 해당 금융기관의 대차대조표 등의 금융계정 자료로부터 입수되는데 이러한 자료원의 차이로부터 동일한 거래에 대한 자료가 서로 다르게 나타날 수 있다.

두 번째로는 계상시점의 차이로부터 오차 및 누락이 발생할 수 있다는 것이다. 국제수지 계상상의 기본원칙인 소유권 변동시점의 원칙을 엄밀하게 적용할 수 있는 경우라도 한 거래와 그에 대한 대응거래 사이

에 시간적인 거리가 있으므로 계상되는 수치의 차이가 발생할 수 있으며, 또 소유권 변동의 시점이 명확하지 않은 경우에 적용하는 장부기재시점 원칙을 따르더라도 한 경제주체의 계상시점과 그 대응거래주체의 계상시점이 일치하지 않음으로 해서 오차 및 누락이 발생할 수 있다.

세 번째로는 거래의 포괄범위의 차이로부터 오차 및 누락이 발생할 수 있다. 재화의 수출입에 따른 운임이나 보험료나 수수료의 경우 관세선까지의 운임 및 보험료는 수출업자의 수출금액에 포함시켜야 하는데 이러한 운임 등이 관련 서비스 계정에 중복기재되거나 혹은 반대로 누락될 경우에는 오차 및 누락의 원인이 되는 것이다.

네 번째로는 시장가격의 원칙에 의거해 거래를 평가하는 방법에 의해서도 오차 및 누락이 발생할 수도 있다. 또 채권의 만기시 매각금액과 매입금액의 차액 중에 일부를 소득으로 간주하여 소득계정에 계상하고 나머지는 투자계정에 계상하는 경우라든지 국제수지 편제기간 중에 매입과 매각 거래가 동시에 일어나는 경우에 발생하는 차액의 처리 등에서도 오차 및 누락이 발생할 여지가 많다.

다섯 번째로는 환산과정에서 발생하는 오차 및 누락이다. 한 통화로 표시된 거래를 다른 통화단위로 표시하는 과정에서 적용하는 환율의 차이로부터도 오차 및 누락이 발생할 수 있다.

끝으로는 그야말로 부주의나 과오로 인한 누락이나 과실(過失) 계상에 의한 오차 및 누락이다.

Ⅲ. 오차 및 누락의 해석

국제수지의 계상에서 발생하는 개별적인 오차 및 누락원인은 서로 상쇄되는 경우가 많다. 물론 오차 및 누락 중에는 평가상의 관행이나 계상시점의 관행 혹은 포괄범위에 있어서의 관행 등으로 말미암아 일관성 있게 발생하는 오차나 누락이 있을 수 없는 것은 아니지만 대외거래가 양 방향을 갖고 있어서 여러 항목을 포괄한 계정상의 오차 및 누락에서는 그러한 개별적 오차나 누락이 서로 상쇄될 가능성이 높다.

따라서 오차 및 누락의 규모가 작지 않다고 하더라도 그것이 국제수지의 통계가 부정확함을 뜻하는 것으로 해석할 수는 없는데 통상적으로 오차 및 누락의 규모가 재화항목의 수출액과 수입액의 합계액의 5%를 초과하는 경우에는 문제가 있다고 본다.

제 2 편 국제수지의 분석과 이론

제 1 장

국제수지와 국민계정

제 1 절　국제수지의 분석적 분류

국제수지는 복식부기의 원칙에 입각하여 작성하기 때문에 모든 항목의 대변의 합과 차변의 합은 항상 같다. 물론 오차 및 누락이 존재하므로 기술적으로는 다소 차이가 있게 마련이지만 그것은 일반적으로는 큰 문제가 되지 않는다.

그런데 국제수지의 모든 항목의 대변의 합과 모든 항목의 차변의 합이 항상 같다고 하더라도 일부항목이나 계정에 있어서의 대변의 합과 차변의 합은 반드시 같아야 할 필요는 없는데, 우리는 이 차이를 그 항목의 수지(收支: the balance)라고 하고, 또 한 계정에 속해 있는 모든 항목의 대변합과 차변합의 차액은 그 계정의 수지라고 한다.

국제수지는 분석하고자 하는 목적에 따라 전체 항목들을 두 개 혹은 그 이상의 몇개의 그룹으로 분류할 수 있는데 이 때의 분류기준은 분석목적에 따라서는 국제수지 표준항목 분류체계와 일치할 수도 있지만 반드시 그래야만 하는것은 아니다.

물론 국제수지의 표준항목 분류가 분석적으로 유용하게 활용될 수 있도록 미리 체계화되어 있기 때문에 국제수지의 분석은 대체로 IMF의 국제수지 표준항목 분류체계를 토대로 하여 구축되고 있기는 하다. 그러나 분석의 목적을 위해 그와는 전혀 다른 기준에 의해 대외거래를 분류할 수도 있으며 실제로 독자적인 분류를 하고 있는 분석가들도 많다.

한 국가의 대외거래를 분석하거나 정책적인 목적을 위해서 또는 국별비교를 위해서 가장 보편적으로 활용하고 있는 분석분류방법은 대외거래를 거래대상의 특성에 따라 분류하는 방법이다.

즉, 재화거래, 서비스거래, 투자거래 혹은 대외자산거래 등으로 분류하여 그 각각에 포함되는 모든 항목들의 대변합과 차변합의 차이, 즉 수지를 분석하는데 이러한 보편적인 분석분류방법에 따라 국제수지는 무역수지, 무역외수지, 경상수지, 종합수지 혹은 자본 및 투자수지 등으로 불리고 있다.

Ⅰ. 경상수지(經常收支: The Current Account Balance)

경상계정수지 혹은 경상수지는 재화계정, 서비스계정, 소득계정 및 경상이전계정에 포함되어 있는 모든 항목들의 대외거래에 있어서의 대변합에서 차변합을 뺀 차액이다.

재화나 서비스의 대외거래는 물론 직접투자로부터의 배당과 같은

〈표 2-1〉 경상수지

<table>
<tr><th colspan="2">계 정</th><th>차 변(A)</th><th>대 변(B)</th><th>차(B−A)</th></tr>
<tr><td rowspan="2">재화 및 서비스</td><td>재 화</td><td>수입(輸入)</td><td>수출(輸出)</td><td>무역수지</td></tr>
<tr><td>서비스</td><td>수입(輸入)</td><td>수출(輸出)</td><td rowspan="2">무역외수지</td></tr>
<tr><td colspan="2">소 득</td><td>소득지급(支給)</td><td>소득수입(收入)</td></tr>
<tr><td colspan="2">경상이전</td><td>경상이전지급</td><td>경상이전수입</td><td>경상이전수지</td></tr>
<tr><td colspan="2">합 계</td><td>차변합</td><td>대변합</td><td>경상수지</td></tr>
</table>

소득이나 포트폴리오 투자로부터의 이자 또는 배당금 등이 경상수지에는 포함되어 있다.

과거에 이전거래(移轉去來)가 경상이전거래와 자본이전거래로 구분되기 이전에는 모든 이전거래의 수지가 모두 경상수지에 포함되었으나 국제수지의 편제를 관장하는 국제통화기금(IMF)의 국제수지 매뉴얼 제5판 체계부터 이를 구분하기 때문에 자본이전거래의 수지는 경상수지 안에 포함되지 않는다.

경상수지는 국제수지의 여러 분석적인 지수들 중에서도 가장 중요한 지수의 하나인데, 그 이유는 첫째, 경상수지를 구성하는 여러 대외거래 항목들이 그 나라의 실물적인 경제상황을 잘 반영하고 있기 때문이다. 즉, 재화나 서비스 생산에 있어서의 가격 또는 기술상의 경쟁력이나 대외적인 투자에 따른 소득의 수입 혹은 지급상황 등 부가가치를 창출해 내는 실물경제의 대외거래를 경상수지만큼 종합적으로 잘 반영하는 수지가 따로 없기 때문이다.

둘째로는, 경상수지가 자본 및 투자수지와는 달리 수시로 변하지 않고 장기간에 걸쳐 일관성 있는 행태를 보이고 있다는 점이다. 투자거래는 금리나 환율 혹은 돌발적인 금융거래 여건에 따라 쉽게 방향이나 규모가 바뀔 수 있지만 경상거래는 수시로 방향이 바뀌지는 않기 때문에 보다 안정성이 높다고 할 수 있다.

셋째로는 경상수지가 한 나라의 경제발전에 필요한 자본, 특히 대외적 자본의 축적정도를 잘 반영하고 있기 때문이다. 경상수지는 국내총저축과 국내투자의 차이, 즉 저축-투자 갭(gap)과 밀접한 관계가 있어서 저축 및 투자행태를 잘 반영하고 있을 뿐만 아니라 경제주체의 행태분석이나 효과적인 정책수립에 매우 유용하게 활용될 수 있다.

끝으로 경상수지에서는 오차 및 누락이 발생할 가능성이 자본 및 투자계정보다는 낮고, 또 발생한다고 하더라도 그것은 다소 제도적이고 구조적인 성격의 오차나 누락이기 때문에 어떤 다른 국제수지보다도 경상수지 통계의 신뢰도가 높다고 할 수 있다. 물론 구조적이거나 관례상의 오차 및 누락이기 때문에 오차나 누락이 지속적으로 나타날 가능성은 있지만 기간에 따라 방향이 변하지는 않을 것이며 그런 의미에서 경상수지가 다른 수지보다 상대적으로 신뢰성이 높다고 말할 수 있을 것이다.

Ⅱ. 종합수지(綜合收支: The Overall Balance)

1. 공적 결제수지와 종합수지

한 나라의 종합수지는 일정한 기간 동안에 일어난 국제거래상의 불균형을 보전하기 위하여 그 나라의 공적인 대외자산이 얼마만큼 줄거나 혹은 반대로 증가하였는가를 종합적으로 파악하고 분석하여 적절한 대책을 모색하기 위한 수지라고 할 수 있다. 그러나 통화당국이 그런 공적인 대외결제를 위해 활용할 수 있는 대외준비자산은 반드시 그 통화당국이 보유하는 자산만으로 구성된다고 볼 수는 없다.

따라서 공적인 대외결제규모를 파악하고자 설정된 종합수지의 정의는 어느 범위까지를 공적인 대외결제로 볼 것인가 하는 공적 결제의 포괄범위에 따라 달라지게 되는데, 이 범위를 가장 좁게 해석한다면 통화당국이 보유하고 있는 준비자산만을 공적 결제수단이라고 보는 입장이라고 할 수 있는데 이것이 가장 협의의 종합수지, 즉 준비자산수지에 부호를 바꾼 숫자로써의 공적 결제수지이다.

그러나 통화당국이 국제수지의 불균형에 대처하기 위해 동원할 수 있는 직접적인 수단 중에는 통화당국의 준비자산을 구성하는 대외자산 말고도 IMF의 신용인출이나 차입 또는 외국 당국의 준비자산인 부채(LCFAR) 또는 채무면제나 채무의 재조정 등과 같은 예외적 보전거래가 있는데 이러한 거래들 중에는 국제수지의 표준항목으로 분류되어 국제수지통계의 선 위에 계상되는 것들이 많다. IMF신용인출이나 IMF 차입, LCFAR, 그리고 채무면제 등은 모두 국제수지의 표준분류항목으로서 그들의 거래는 국제수지통계로 계상되고 있는 것들인데 만약 국제수지의 불균형에 대처하기 위해 통화당국이 유효하게 동원할 수 있는 공적 결제수단에 이들을 포함시켜 해석한다면 국제수지에 계상되는 많은 거래들 중에서 위에 열거한 여러 항목들의 거래는 자율적인 거래에서 제외시켜 결제적인 거래로 보아야 할 것이다. 다시 말해서 그러한 공적 결제기능을 가진 거래를 '선 위' 항목이 아니라 '선 아래'(below the line) 항목으로 분류하여 종합수지의 계산에서 제외시켜야 한다.

그러나 선을 어디에 긋는가 하는 문제는 분석자의 주관적 판단기준이나 국제수지 작성국의 금융제도나 관행 또는 정책목적에 따라 서로 다를 수 있으며 어느 한 방법이 다른 방법보다 더 정확하다고 할 수는 없다.

또 종합수지의 정의가 국가별로 다를 수 있기 때문에 국가별로 종합수지를 비교할 때에도 이런 정의상의 차이에 유념하여야 할 것이다.

다만, 통화당국의 IMF 신용인출이나 IMF로부터의 대출은 준비자산을 구성하는 IMF 리저브 포지션 항목에 직접 영향을 주지는 않지만 국제수지상의 목적으로 신용인출이나 대출이 된다는 점과 또 그 인출 또는 대출이 한도소진 등의 간접적인 방법으로 리저브 포지션에 영향을 주므로 일반적으로 선 아래 항목으로 분류되고 있다.

2. 협의의 종합수지와 광의의 종합수지

종합수지는 국제수지를 가장 포괄적으로 나타낸다고 하여 종합수지로 불리고 있지만 사용하는 국가나 또는 분석자에 따라 매우 다양하게 정의되고 있다.

가장 협의의 종합수지는 통화당국의 준비자산계정을 제외한 전체 계정의 대변합과 차변합의 차액으로 정의되는데 이를 공적 결제수지라고 한다. 이전거래에 내포되어 있는 채무면제나 정부간 무상원조, 포트폴리오 투자항목에 들어 있는 정부나 정부기관의 차입 혹은 연체채무 계상분과 같이 사실상 국제수지를 보전하거나 또는 보전하는 기능을 지니고 있지만 통화당국의 준비자산의 변동을 초래하지는 않는 거래들(이

〈그림 2-1〉 종합수지의 여러 개념

항 목	내 용	수 지
표준국제수지거래	일반거래	일반거래수지(A):
	예외적보전거래	예외적보전거래수지(B): ── 광의의 종합수지(−)
준비자산	준비자산거래	준비자산수지(C) ── 협의의 종합수지(−)
합		A+B+C=0

들을 예외적 보전거래라고 함)까지도 선 아래로 분류하여 종합수지로 정의하기도 하는데 이를 광의의 종합수지라 하며, 가장 합리적인 의미의 종합수지는 바로 광의의 종합수지를 의미한다.

위 〈그림 2-1〉로 설명한다면, 표준국제수지거래들 중에서 예외적 보전거래를 선아래 거래로 간주할 경우 보전적 거래가 아닌 자발적 거래는 일반거래(A)만 남게 되는데 이 수지가 바로 광의의 종합수지인 것이다. 광의의 종합수지(즉, *A*)는 예외적 보전거래수지(*B*)와 준비자산수지(*C*)의 합에 부호만을 바꾼 것과 같다. 따라서 예외적 보전거래를 따로 기록하고 있다면 준비자산수지와 예외적 보전거래수지의 합에 부호를 바꾼 수치가 광의의 종합수지가 된다.

그러나 일반적으로는 예외적 보전거래를 따로 구분하지 않고 있다면, 준비자산거래만을 자발적인 거래가 아닌 보전적 거래로 볼 수밖에 없다. 준비자산거래 이외의 모든 국제수지 거래를 '선위의 거래'(즉, '자발적'인 거래)로 간주하게 된다. 따라서 이런 경우에는 일반거래수지(*A*)와 예외적 보전거래수지(*B*)의 합이 종합수지가 되는데, 이는 준비자산수지(*C*)의 부호를 바꾼 수와 같게 된다. 이것이 협의의 종합수지이다.

또 다른 의미로 정의되는 일반적인 종합수지의 개념으로는 중앙은행을 포함하는 은행금융기관, 즉 국내은행 부문의 거래를 제외한 모든 경상거래와 자본 및 투자계정 거래의 대변합과 차변합의 차로 정의되는 금융수지가 있는데, 1998년 이전까지 우리 나라는 금융수지를 종합수지로 파악하였으나 지금은 협의의 종합수지를 채택하고 있다.

3. 사후적 종합수지와 사전적 종합수지

국제수지통계가 복식부기의 원칙에 따라 기록된다는 사실에 입각하여 종합수지(협의의 종합수지)는 단순히 준비자산수지의 역수로 계산할 수 있음을 보았는데, 이런 방법은 오차 및 누락의 존재를 고려할 때 종합수지를 왜곡할 가능성이 매우 크다.

예를 들어 국제수지거래를 일반표준국제거래와 준비자산거래로 나누고, 일반표준국제거래수지를 T라고 하고, 준비자산수지를 C라고 하자. 그러면 오차 및 누락 수지를 E라고 한다면 복식부기원칙에 따른 항등관계에 의해 $T+C+E=0$이 된다.

따라서, 통계상으로 계산된 준비자산수지(C)는 사실상 일반표준국제거래수지(T)에 오차 및 누락수지(E)를 더한 수치인 셈이다. 그러므로 만약 오차 및 누락이 음의 값을 가진다면 종합수지인 준비자산수지의 부호를 바꾼 수($-C$)가 일반표준거래수지(T)보다 훨씬 작은 값이 된다.

예컨대 일반표준국제거래수지는 100억 달러 흑자이고, 오차 및 누락이 30억 달러 적자라면 준비자산수지(−70억 달러)의 부호를 바꾼 수로 본 종합수지는 70억 달러로 나타나게 되어 실제 100억 달러 흑자보다는 작게 된다. 반대로 오차 및 누락이 30억 달러의 흑자인 경우에는 준비자산의 부호를 바꾼 수로 본 종합수지가 130억 달러로 나타나 실제 일반표준국제거래수지 흑자규모인 100억 달러보다 크게 나타난다.

오차 및 누락이 0이 아닌 한 이런 괴리는 항상 나타날 수 있기 때문에 오차 및 누락을 배제한 종합수지를 파악하는 것이 정책적으로나 국제수지 현상을 이해하는 데 매우 중요할 수 있다는 점에서 이렇게 파악하는 종합수지를 사전적 종합수지라고 부르고, 단순히 준비자산수지의 부호를 바꾼 수로 이해하는 종합수지를 사후적 종합수지로 부르기로 한다.

그렇게 정의할 때, 사전적 종합수지는 일반표준국제거래수지(T)만을 의미하는데, 이는 준비자산수지의 부호를 바꾼 수($-C$)에서 오차 및 누락(E)을 차감한 것과 동일하다.

〈그림 2-2〉 사전적 및 사후적 종합수지(협의)

거래항목	수 지
일반표준국제거래	일반표준국제거래수지(T): 사전적(협의)종합수지
오차 및 누락	오차 및 누락(E)
준비자산	준비자산수지(C): 사후적(협의)종합수지
합	$T+E+C=0$

$$T=-(C+E)=(-C)-E \qquad \cdots\cdots\cdots (2.1)$$

광의의 종합수지개념에서와 같이 일반표준국제거래를 일반거래와 예외적 보전거래로 구분해서 나누는 경우에도 본질적으로 다를 것이 없다. 일반표준국제거래수지(T)를 일반거래수지(A)와 예외적 보전거래수지(B)로 구분한다면 오차 및 누락(E)을 고려할 때 국제수지항등식에 의해 다음의 관계가 성립한다.

$$T+C+E=A+B+C+E=0 \qquad \cdots\cdots\cdots (2.2)$$

그런데 사후적 의미의 광의의 종합수지는 준비자산수지(C)와 예외적 보전거래수지(B)의 합에 부호를 바꾼 수를 취한 것이지만 이 값은 사실상 일반거래수지(A)에 오차 및 누락(E)을 더한 값이다.

$$\text{사후적 광의의 종합수지: } A+E=-(C+B) \qquad \cdots\cdots\cdots (2.3)$$

따라서 사전적 의미에서의 광의의 종합수지는 사후적 광의의 종합수지($-C-B$)에서 오차 및 누락(E)을 제외한 일반국제수지거래수지(A)가 되는 것이다.

$$\text{사전적 광의의 종합수지: } A=-(C+B)-E \qquad \cdots\cdots\cdots (2.3)'$$

4. 종합수지의 중요성 변화

종합수지는 1970년대 초 브레튼우즈(Bretton Woods)체제가 붕괴되고 변동환율제도의 채택이 확산되기 이전까지만 해도 한 나라의 국제수지 불균형규모와 통화당국이 부담 또는 처리해야 할 대외결제규모를 측정하는 지표로서의 기능을 충분히 수행해 올 수 있었다. 기본적으로 환율의 변동성이 제약되어 있었고, 국가간의 민간부문 금융거래도 상당히 제약되어 있었기 때문에 한 나라의 통화당국이 부담해야 할 공적 대외결제의 부담규모는 종합수지에 의해 비교적 정확히 파악될 수 있었다.

그러나 1973년 주요국가들이 변동환율제도를 채택함에 따라 준비자산과 함께 환율이 국제수지의 불균형을 시정하는 중요한 기능을 갖게 되었기 때문에 종합수지의 의미와 중요성도 상당히 약화될 수밖에 없었다. 또 다른 측면에서는 1970년 이후에 있었던 금융개방화의 급격한 진전으로 종래 통화당국이 수행했어야 했던 대외결제기능의 상당부분이 민간금융부문에 의해 자율적으로 수행되어 왔다는 점도 종합수지의 전통적 중요성을 크게 떨어뜨렸다.

마지막으로는, 각국의 통화당국이 보유하고 있는 준비자산 중에는 대외결제 목적이라기보다는 투자목적이나 자산운용이라는 목적을 가진 자산이 많다는 사실도 종합수지의 중요성을 떨어뜨리는 역할을 했다고 볼 수 있다.

그렇지만 이러한 금융체제의 변화나 환율의 국제수지 조정기능 강화 혹은 통화당국의 대외자산 보유행태변화로 인해 종합수지의 중요성이 다소 퇴색했다고는 하더라도 통화당국의 공적 결제의 필요성 자체가 완전히 소멸된 것은 결코 아니며 따라서 종합수지의 포괄범위는 다소 변동하더라도 중요한 대외수지의 지표로서의 기능은 앞으로도 계속 유지할 것이다.

Ⅲ. 기타 중요한 국제수지

1. 기초수지(The Basic Balance)

한 국가의 대외거래 중에서 단기적으로 변동하지 않으면서 그 경제의 장기적인 대외거래 추세를 가장 잘 반영해 주고 있는 거래는 경상수지거래와 장기자본거래라는 견해에 입각하여 기초수지는 경상수지와 장기자본수지의 합으로 정의되어 왔다.[1)]

따라서 기초수지에는 경상계정거래와 함께 직접투자 및 만기가 1년 이상인 포트폴리오 또는 기타 투자거래가 '선 위' 항목으로 분류되는 한편 모든 다른 항목들은 선 아래 항목으로 분류된다.

기초수지는 1950년대의 미국과 1960년대 말 영국에서 국제수지의 균형여부를 파악하는 주요 지표로 활용되었으며, 특히 미국과 영국과 같이 자국의 통화가 세계의 기축통화 역할을 하는 나라로서는 단기자본의 이동규모가 크고 또 빈번히 그 흐름이 바뀌었기 때문에 장기적으로 안정적인 수지로서의 기초수지의 기능이 중요시될 수밖에 없었다.

그러나 장기투자와 단기투자의 구분이 기본적으로 애매하고 또 수지의 안정성이라는 기준 자체도 그 중요성이 의문시되고 있을 뿐 아니라 장기투자가 항상 단기투자거래보다도 안정적인 추세를 보인다는 확실한 근거도 없어서 기초수지의 분석적 이용가치는 상당히 떨어져 가고 있다.

2. 유동성수지(The Liquidity Balance)

유동성수지(流動性收支)는 한 나라의 민간부문의 대외적인 유동성을 파악하려는 목적으로 고안된 수지로서 기초수지와 유사한 개념이나 단기자본거래의 처리에 있어서 약간의 차이가 있다.

단기자본거래를 투자주체에 따라 자국의 대외 단기자본거래와 타

---

1) 기초수지의 개념을 최초로 제시한 사람은 R. NURKSE의 1945년 논문 "Conditions of International Monetary Equilibrium"이다.

국의 자국과의 단기자본거래로 나눈다면, 유동성수지는 기초수지에 자국의 단기자본거래수지만을 포함한 수지이다.

자국의 단기자본거래를 선 위의 항목으로 설정하는 이유는 자국의 대외 단기자본거래로 발생하는 대외자산의 변화가 안정적인데다가 국제수지가 급격히 악화되더라도 통화당국이 이를 신속히 결제수단으로 동원할 수 없다고 보기 때문이다. 반면에 타국의 자국에 대한 단기자본거래는 그 타국의 국제수지 변동 또는 다른 이유 등에 의해 쉽게 인출될 수 있는 불안정적인 것이므로 선 아래 항목으로 판단한다.

기초수지에 자국의 대외 단기자본거래를 포함한 수지를 유동성수지라고 부르는 이유는 예컨대 경상수지 흑자로 발생한 대외유동성에서 장기자본투자와 자국의 단기자본투자를 제외시킨 것이 실질적인 대외적 유동성이라고 보기 때문이다.

그러나 타국의 자국에 대한 모든 투자거래가 쉽게 빠져나갈 수 있는 불안정적인 투자로 볼 수는 없고 또 자국의 대외투자라고 해서 항상 안정적인 투자라고 볼 수도 없다. 또 유동성이라는 개념도 명확하지 않을 뿐만 아니라 대외자산을 유동성의 정도에 따라 분류한다는 것도 사실상 불가능해짐에 따라 1955년 이 수지를 창안했던 미국 상무부(the Department of Commerce)도 1960년대 초 이의 활용을 중단했다.

유동성수지가 안고 있는 개념상의 불투명성을 보완하기 위해 새로운 개념의 수지들이 제안되었는데 대부분의 그러한 수지개념들은 자본 및 투자거래를 통화당국의 통제하에 있는 것들과 그렇지 않은 것으로 분류한 다음에 통화당국의 통제 밖에 있는 자본 및 투자거래항목을 선 위에 놓고 그렇지 않은 항목을 선 아래에 두고 있다.

통화당국의 통제하에 있는 자본 및 투자거래를 정의함에 있어서는 공개시장조작 대상 자산으로 정의하거나 통화로 정의되는 금융자산으로 정의되기도 하였다.

3. 무역수지(The Trade Account Balance) 혹은 상품수지

무역수지(貿易收支: the trade account balance, 혹은 the trade balance)는 국제수지 표준항목 분류체계에서 재화계정에 속해 있는 모든 항목거래의 대변합(총수출)에서 차변합(총수입)을 뺀 차액이다.

한 나라의 대외거래 유형들 중에서 생산 및 소비활동과 가장 밀접한 관계를 가지고 있는 수지이기 때문에 가격, 환율, 기술 및 고용과 같이 생산과 소비에 영향을 미치는 경제변수의 분석이나 이에 대한 정책의 분석에서 중요시되는 수지이다.

4. 무역외수지(The Invisible Trade Account Balance)

무역외수지(貿易外收支)는 보이지 않는 경제가치의 대외거래, 즉 서비스거래와 소득거래에서 발생하는 대변합과 차변합의 차이이다.

과거에는 국제수지상의 경상거래를 무역거래와 무역외 거래로만 구분하였으나 지금은 상품거래, 서비스거래, 소득거래 및 경상이전 거래로 구분하므로 무역외수지라는 용어가 잘 쓰이지 않는다.

제 2 절 국민소득 항등식과 경상수지

Ⅰ. 국민소득 항등식

한 나라의 생산물(Y)은 그 나라가 교역을 전혀 하지 않는 폐쇄경제라면 쓰이는 용도에 따라 민간소비(C), 민간투자(I) 및 정부지출(G)로 나누어지게 된다.

$$Y = C + I + G \qquad \cdots\cdots\cdots (2.4)$$

위의 식 (2.4)를 폐쇄경제의 국민소득 항등식이라고 한다. 만약 폐쇄된 경제가 아니라 교역을 하는 개방된 나라라고 하면 생산물이 민간소비와 민간투자와 정부지출에 쓰이기도 하지만 또 수출과 수입도 할 것이다.

그리고 국내에서 사용된 민간소비나 민간투자나 정부지출 중에는 국내에서 생산된 것도 있지만 수입되어진 것들도 있을 것이다. 따라서 민간소비(C)를 국내에서 생산된 것(C_d)과 수입된 것(C_m), 민간투자(I)를 국내에서 생산된 것(I_d)과 수입된 것(I_m), 정부지출(G)을 국내에서 생산된 부분(G_d)과 수입된 것(G_m), 마지막으로 수출(X)도 국내에서 생산된 부분(X_d)과 수입된 부분(X_m)으로 나눈다면 다음과 같은 관계식들이 성립될 것이다.

$$C = C_d + C_m \qquad \cdots\cdots\cdots (2.5)$$

$$I = I_d + I_m \qquad \cdots\cdots\cdots (2.6)$$

$$G = G_d + G_m \qquad \cdots\cdots\cdots (2.7)$$

$$X = X_d + X_m \qquad \cdots\cdots\cdots (2.8)$$

$$Y = C_d + I_d + G_d + X_d \qquad \cdots\cdots\cdots (2.9)$$

식 (2.9)가 성립해야 하는 이유는 자명하다. 즉 국내에서 생산된 물건은 국내소비용이나 국내투자용이나 또는 정부사용에 쓰이지 않으면 수출하였을 것이기 때문이다.

국내에서 생산은 되었지만 소비되지도 않고, 투자에 쓰이지도 않고, 정부용으로 사용되지도 않으면서 수출도 되지 않은 것들이 물론 존재하고, 그것을 재고(在庫)라고 한다. 그러나 재고는 통상 재고투자라 하여 투자에 포함시키고 있기 때문에 식 (2.9)의 국내에서 생산된 투자(I_d) 중에는 재고의 개념이 들어 있다.

식 (2.5)부터 식 (2.8)까지의 정의식을 식 (2.9)에 대입하면

$$\begin{aligned} Y &= (C - C_m) + (I - I_m) + (G - G_m) + (X - X_m) \\ &= C + I + G + X - (C_m + I_m + G_m + X_m) \end{aligned}$$

$$= C + I + G + X - M \quad (※ \ M = C_m + I_m + G_m + X_m) \cdots\cdots\cdots \ (2.10)$$

의 항등식을 얻게 되는데 이 식을 개방경제의 국민소득항등식이라고 한다. 항등식이기 때문에 위와 같은 등식이 항상 성립해야 한다. 개방경제의 국민소득 항등식이 의미하는 바는 한 나라의 일정기간 동안의 생산물은 민간소비와 민간투자지출과 정부지출과 무역수지의 합과 항상 사후적으로는 같다는 것이다. 사후적으로 같다는 말은 사전적으로는 같지 않을 수도 있다는 말이다.

식 (2.10)의 등호 좌편항인 한 나라의 생산물은 국민계정에서 국민총소득(GNP)이라고 할 수도 있고 국내총생산(GDP)이라고 할 수도 있다.

그런데 국민총소득(GNP)은 한 국적을 지니고 타국에서 생산활동을 하는 국민의 소득이 포함되어 있는 반면 외국국적을 지니고 자국에서 생산활동을 하는 외국인의 소득이 제외되므로 국내총생산(GDP)과 차이가 나게 된다.

이 차이는 해외에 거주하는 자국민이 산출해내어 GNP에 포함된 소득과 외국인이 국내에서 산출해낸 소득창출분의 차이, 즉 대외순요소소득(Net Factor Payments: NFP)만큼 차이가 나게 된다.

$$GNP = GDP + NFP \quad \cdots\cdots\cdots \ (2.11)$$

NFP: 대외순요소소득

그리고 국민총가처분소득($GNDI$: Gross National Disposable Income)은 국민총소득 GNP에다 해외로부터의 순해외이전수입(Net Transfer Receipts)을 더한 것이다.

$$GNDI = GNP + NT \quad \cdots\cdots\cdots \ (2.12)$$

NT: 순해외이전수입

따라서 식 (2.11)과 식 (2.12)를 이용하면 다음의 식이 도출된다.

$$GDP = GNP - NFP$$
$$= GNDI - NFP - NT \qquad \cdots\cdots\cdots (2.13)$$

식 (2.13)을 식 (2.10)의 Y에 대입하면 아래의 식을 얻게 된다.[2)]

$$Y = GDP = GNDI - NFP - NT$$
$$= C + I + G + X - M \qquad \cdots\cdots\cdots (2.14)$$

이를 다시 정리하면 아래의 식을 얻는다.

$$GNDI = C + I + G + X - M + NFP + NT \qquad \cdots\cdots\cdots (2.15)$$

여기서 무역수지($X-M$)와 대외순요소소득(즉, 국제수지에서의 소득계정수지: NFP) 그리고 순해외이전수입(NT)의 합은 경상수지이므로 국민총가처분소득과 경상수지 사이에는 항상 성립되는 일정한 관계가 있음을 알 수 있다.

$$GNDI = C + I + G + CUB \qquad \cdots\cdots\cdots (2.16)$$

CUB: 경상수지($= X - M + NFP + NT$)

Ⅱ. 저축, 투자 및 경상수지

국민총가처분소득($GNDI$)과 경상수지 사이에 존재하는 식 (2.16)의 관계를 다시 정리하면 저축과 투자가 경상수지와 어떤 관계를 갖는지를 파악할 수 있다.

먼저 정부의 지출(G)을 정부소비(C_G)와 정부투자(I_G)로 구분하면

---

2) 총생산물을 GNP로 정의하는 경우와 GDP로 정의하는 경우의 소비(C), 투자(I), 정부지출(T), 수출(X)과 수입(M)이 완전히 동일한 것은 아니지만 혼동을 피하기 위해 따로 구분하지 않았다. 예컨대 GNP로 정의하는 경우 소비는 '국적을 가진 자'의 총소비인 데 반해 GDP로 정의하는 경우의 소비는 '국내 거주자'의 총소비인 차이가 있다.

$$G = C_G + I_G \qquad \cdots\cdots\cdots (2.17)$$

일 것이므로 식 (2.17)을 식 (2.16)에 대입하면

$$GNDI = C + I + C_G + I_G + CUB \qquad \cdots\cdots\cdots (2.18)$$

이 될 것이다.

여기서 식 (2.18)의 양변에 국민의 조세(TX)를 차감하여 다시 정리하면

$$(GNDI - TX - C) + (TX - C_G) - (I + I_G) = CUB \cdots\cdots\cdots (2.19)$$

를 얻게 된다.

그런데 조세부담을 제한 국민총가처분소득에서 민간소비를 제한 부분은 민간저축(S)이고 또 조세수입에서 정부소비를 뺀 것은 정부저축(S_G)이므로 식 (2.19)는

$$(S + S_G) - (I + I_G) = CUB \qquad \cdots\cdots\cdots (2.20)$$

민간 및 정부저축의 합, 즉 총저축과 민간 및 정부부문 투자, 즉 총투자의 차이는 항상 경상수지와 같아야 함을 보여주고 있다.

또 식 (2.20)을 민간부문과 정부부문으로 분리시켜 정리하면 다음의 식이 도출된다.

$$(S - I) + (S_G - I_G) = CUB \qquad \cdots\cdots\cdots (2.21)$$

식 (2.21)은 민간부문의 저축 및 투자행위뿐만 아니라 정부의 저축 및 투자도 한 나라의 경상수지와 밀접하게 연관되어 있음을 보여주고 있다.

제 3 절 국제수지 항등식

Ⅰ. 국제수지 항등식

복식부기원칙에 따르면 모든 대외거래수지의 합은 0이 되어야 한다. 따라서 경상수지(CUB)와 자본계정수지(KNT) 그리고 투자계정수지(KAB) 사이에는 다음과 같은 관계가 항상 성립하여야 한다.

$$CUB + KNT + KAB = 0 \qquad \cdots\cdots\cdots \ (2.22)$$

KNT: 자본계정수지

KAB: 투자계정수지

국제수지의 투자계정수지에는 통화당국의 준비자산 변동이 포함되어 있으므로, 분석을 위해 투자계정수지(KAB)를 준비자산수지(R)와 준비자산수지를 제외시킨 투자계정수지(KBB)로 구별하면

〈그림 2-3〉 경상수지의 항등식 관계

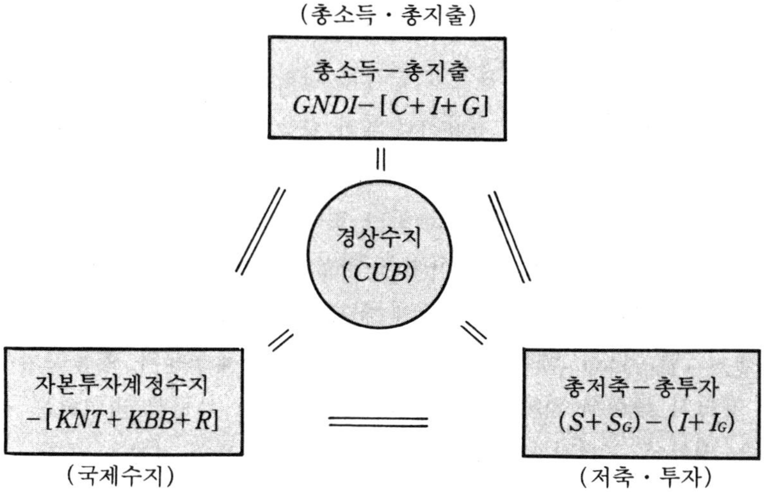

$$KAB = KBB + R \qquad \cdots\cdots\cdots \ (2.23)$$

KBB: 준비자산수지를 제외시킨 투자계정수지
(순투자유출은 −)
R: 준비자산수지(대외준비자산 증가는 −)

식 (2.23)을 식 (2.22)에 대입시킴으로써 다음의 관계식을 얻게 된다.

$$CUB = -[KNT + KBB] - R \qquad \cdots\cdots\cdots \ (2.24)$$

예컨대, 경상수지 흑자는 준비자산의 증가(R의 감소)나 아니면 준비자산계정을 제외한 자본 및 투자계정의 적자($-KNT-KBB$)로 나타나게 된다.

Ⅱ. 항등식관계와 인과관계

위에서 본 바와 같이 한 나라의 경상수지는 생산과 지출, 저축과 투자, 그리고 대외자산의 변동과 상호 밀접한 관계가 있음을 알았다.

즉, 생산이 총지출에 비해 크면 클수록 경상수지는 개선되고, 또 총저축이 총투자에 비해 크면 클수록 경상수지가 개선된다. 또 경상수지가 흑자가 될수록 그 나라의 대외자산이 증가되는데, 그 축적되는 대외자산은 통화당국의 준비자산의 증가로 나타날 수도 있고 다른 경제주체(예컨대, 가계나 기업이나 금융기관 등과 같은)의 대외자산 증가로 나타날 수도 있다.

경상수지가 이렇게 여타 부문이나 여타 경제주체의 저축 및 투자와 항등식의 관계를 갖고 있다는 사실은 경상수지의 변동이 무역업자나 혹은 무역에 관계하는 경제주체들만에 의해서 결정되는 것이 아니라 범경제주체적으로, 다시 말하면 한 경제의 모든 경제주체의 행동양식이나 또는 행태의 특징에 의해 총체적으로 결정된다는 사실을 의미하는 것이다. 즉, 정부의 조세정책이나 지출정책도 경상수지에 영향을 주며, 마찬가지로 국민의 소비행태나 기업의 투자전략도 경상수지에 영향을 미친다는 사실이다.

여기서 반드시 지적해야 하고 또 이해해야 할 부분이 있다. 위에서 말한 경상수지와 총생산(또는 총소득) 및 총지출의 항등식 관계나 경상수지와 저축·투자 갭 사이의 항등식 관계를 경상수지를 결정하는 인과관계로 해석해서는 안 된다는 사실이다. 예컨대, 총저축에서 총투자를 뺀 차액이 경상수지와 항상 같다고 해서 총저축을 증대시키기 위한 조치들이 경상수지를 '반드시' 개선하는 것으로 해석해서는 안 된다는 말이다.

항등식관계가 인과관계가 아닐 수 있음을 설명하기 위해서 다음과 같은 예를 들어 보자. 호주머니에 들어 있는 돈을 V라 하고 하루에 쓴 돈을 W라고 하자. 그리고 쓰고 남은 돈을 Z라고 하면 다음과 같은 항등식이 항상 성립하여야 한다.

$$Z = V - W \quad \cdots\cdots\cdots (2.25)$$

쓰고 남은 돈(Z)을 늘리기 위해서는 쓰는 돈(W)을 줄여야 하고 반대로 쓰는 돈(W)을 줄이면 쓰고 남은 돈(Z)은 늘게 마련이다.

그러나 이런 항등식의 관계가 항상 성립한다고 해서 W를 줄이면 Z가 는다고 하는 '인과관계'가 성립하는 것은 아니다. 그 이유는, 첫째로 W가 줄어듦으로 해서 V가 영향을 받을 수가 있기 때문이다. 예컨대 쓰는 돈(W)이 줄어서 소득이 줄고 따라서 주머니돈(V)이 준다면 남는 돈이 오히려 감소할 수도 있는 것이다. 둘째로는 주머니돈(V)의 크기에 따라 쓰는 돈(W)의 크기가 달라진다고 하면, '쓰는 돈(W)이 줄면'이라는 말에는 '주머니돈(V)이 줄면'이라는 가정이 암묵적으로 내포되어 있기 때문에 반드시 남는 돈(Z)이 많아진다고 할 수가 없다.

물론 주머니돈(V)이 상수로 고정되어 있다면 W가 증가하면 Z가 감소한다는 인과관계가 존재할 수 있을 것이다.

이 예에서 V를 소득($GNDI$)으로, W를 총지출($C+I+G$), 그리고 Z를 경상수지(CUB)로 바꾸어 보면 논점이 명백해질 것이다.

제 2 장

국제수지와 국민소득

경상수지와 국민경제 사이의 항등식관계가 경제주체의 투자나 저축 혹은 총생산량과 경상수지 사이에 매우 밀접한 관계가 있음을 보여주고는 있지만 이를 인과관계로 해석할 수는 없음을 지적하였다. 항등식관계는 단순한 사후적인 관계일 뿐 그것이 원인과 결과의 관계를 의미하지 않는 근본원인 중의 하나는 소득과 저축과 경상수지 사이에 존재하는 독특한 상호인과관계 때문이라고도 할 수 있다.

본절에서는 가장 단순한 형태의 모형을 통해서 소득과 저축과 경상수지 사이에 존재하는 상호관계를 파악하고자 한다.

제 1 절 소규모 개방경제의 국제수지와 소득의 결정

소규모 개방경제(small open economy)란 무역 등의 대외거래를 하는 아주 작은 나라를 의미하는데, 여기서 아주 작다는 것은 그 나라의 무역규모가 크지 않아서 무역 상대방국가의 소득이나 또는 지출 등에 전혀 영향을 미치지 않음을 뜻한다.

소규모경제를 가정하는 이유는 바로 이 점, 즉 그 나라의 수입 혹은 수출의 변화가 타국의 소득수준이나 지출에 영향을 미치지 않음으로써 타국의 소득이나 지출변화로 인한 역파급효과를 감안하지 않고자 하는 목적 때문이다.

Ⅰ. 총 수 요

개방경제이든 폐쇄경제이든 한 경제의 총수요(Y^d)는 소비수요(C^d)와 투자수요(I^d)와 정부지출수요(G^d)의 합인 것에는 아무런 차이가 없다. 다만, 폐쇄경제인 경우에는 그러한 수요들이 자국내에서 생산된 재화나 서비스에 대한 수요일 것이고, 개방경제인 경우에는 타국에서 생산된 재화나 서비스에 대한 수요가 포함될 수 있고 또 자국상품에 대해 타국으로부터의 수요가 있을 수 있다는 차이가 있을 뿐이다.

$$\text{총수요}(Y^d) = C^d + I^d + G^d \qquad \cdots\cdots\cdots (2.26)$$

소비수요(C^d)를 국내생산분에 대한 소비수요(C^d_d)와 수입분에 대한 수요(C^m_d)로 구분하고, 투자수요와 정부지출수요도 유사한 방법으로 구분한 뒤 타국으로부터의 국내생산물에 대한 수요(X^d_d)를 고려하면 국내생산물에 대한 총수요는 다음과 같이 나타낼 수 있다.

$$\begin{aligned} Y^d &= C^d_d + I^d_d + G^d_d + X^d_d \\ &= (C^d - C^m_d) + (I^d - I^m_d) + (G^d - G^m_d) + (X^d - X^m_d) \\ &= C^d + I^d + G^d + X^d - M^d \end{aligned} \qquad \cdots\cdots\cdots (2.27)$$

$$C^d = C^d_d + C^m_d \qquad \cdots\cdots\cdots (2.28)$$

$$I^d = I^d_d + I^m_d \qquad \cdots\cdots\cdots (2.29)$$

$$G^d = G^d_d + G^m_d \qquad \cdots\cdots\cdots (2.30)$$

$$X^d = X^d_d + X^m_d \qquad \cdots\cdots\cdots (2.31)$$

식(2.27)의 도출과정은 앞의 국민소득항등식에서 다룬 식(2.10)의 경우와 기술적으로는 완전히 동일하지만 의미는 아주 다르다. 즉, 식(2.10)은 총생산과 소비 또는 투자 사이에 존재하는 항상 성립하는 항등식관계를 보여주고 있지만 식(2.27)은 국내생산에 대한 총수요가 총소비수요(C^d)와 총투자수요(I^d)와 정부지출수요(G^d)와 수출수요(X^d)에서 수입수요(M^d)를 뺀 것으로 정의된다는 정의식일 뿐이다.

Ⅱ. 총지출수요(업숍션: Absorption)

식(2.27)에서 총소비수요(C^d)와 총투자수요(I^d) 그리고 정부지출수요(G^d)의 합은 한 경제의 총지출수요인데 이를 흔히 업숍션이라고 부른다.

$$A^d = C^d + I^d + G^d \qquad \cdots\cdots\cdots (2.32)$$

총지출수요(A^d)를 위와 같이 정의하면 식(2.27)에 이를 대입하여 다음과 같은 식을 얻게 된다.

$$Y^d = A^d + X^d - M^d \qquad \cdots\cdots\cdots (2.33)$$

1. 총지출수요함수

총지출수요(A^d)가 총소비수요(C^d)와 총투자수요(I^d) 및 정부지출수요(G^d)의 합이라면 총지출수요는 총소비수요의 결정요인과 총투자수요의 결정요인, 그리고 정부지출수요의 결정요인에 의해 결정될 것이므로 그 각각의 결정요인을 다음과 같이 설정해 보자. 먼저 총소비수요(C^d)는 총생산(또는 총소득)의 함수라고 가정하자.

$$C^d = C_0 + c \cdot Y \qquad \cdots\cdots\cdots (2.34)$$

C_0: 상수
c: 한계소비성향, $0 \leq c \leq 1$
Y: 총생산

식 (2.34)는 전형적인 케인스적인 소비함수로서 총소비수요가 소득에 비례하는 소비수요(즉 cY) 부분과, 소득에 비례하지 않는 소비(C_0)로 구성되어 있음을 나타내고 있다.

그리고 총투자수요(I^d)는 이자율의 함수라 가정하고, 이자율이 상승할수록 총투자수요는 하락한다고 하자.

$$I^d = I_0 - b \cdot i \qquad \cdots\cdots\cdots (2.35)$$

I_0: 상수
i: 이자율
b: 상수, $0 \leq b$

정부지출수요(G^d)는 양의 값을 갖는 정책변수로 가정하자.

$$G^d = G_0$$

G_0: 상수, $G_0 \geq 0$

총소비수요와 총투자수요와 정부지출수요를 위와 같이 정의하면, 총지출수요(A^d)는 총소득(Y)과 이자율(i)의 함수형태로 다음과 같이 표현할 수 있을 것이다.

$$A^d = C^d + I^d + G^d$$
$$= [C_0 + I_0 + G_0] + c \cdot Y - bi \qquad \cdots\cdots\cdots (2.36)$$

즉, 총지출수요는 총소득에 비례하여 증가하는 반면 이자율이 상승할수록 하락하며, 소득이 없더라도 일정한 양만큼의 총지출수요가 있게 된다.

2. 수출수요함수와 수입수요함수

자국 생산물에 대한 외국의 수입수요, 즉 자국 상품에 대한 수출수요는 어떤 상수라 가정하고, 자국의 외국상품에 대한 수입수요(M^d)는 총소비함수와 유사하게 다음과 같다고 하자.

$$X^d = X_0 \qquad \cdots\cdots\cdots (2.37)$$

$$M^d = M_0 + m \cdot Y \qquad \cdots\cdots\cdots (2.38)$$

X_0: 상수

M_0: 상수

m: 한계수입성향, $0 \leq m \leq 1$

Ⅲ. 균형소득 및 무역수지의 결정

1. 균형소득과 무역수지

한 나라의 균형은 총생산에 대한 수요가 총생산의 공급과 일치해야 하므로 총생산의 공급을 Y^S라 하면 균형조건은

$$Y^S = Y^d \qquad \cdots\cdots\cdots (2.39)$$

가 된다.

식 (2.39)의 조건이 성립될 때의 총생산의 공급(Y^S) 또는 총수요(Y^d)를 총생산(Y)이라 표시하면 식 (2.39)는 앞에서 도출하거나 가정한 식(2.36)과 식 (2.38)까지의 식들을 대입하여 다음의 균형관계식을 얻게 된다.

$$Y = [C_0 + I_0 + G_0 + X_0 - M_0] + (c - m)Y - bi \qquad \cdots\cdots\cdots (2.40)$$

따라서 식 (2.40)을 만족하는 균형총생산(또는 균형소득), Y^*는 다음과 같다.

$$Y^* = \frac{1}{(1-c+m)} \left[(C_0 + I_0 + G_0 + X_0 - M_0) - bi \right] \cdots\cdots\cdots (2.41)$$

그리고 균형총생산(Y^*)이 이루어질 때의 무역수지(TB)는 아래와 같게 된다.

$$\begin{aligned} TB &= X_0 - M_0 - m \cdot Y^* \\ &= [X_0 - M_0] - \frac{m}{(1-c+m)} \left[(C_0 + I_0 + G_0 + X_0 - M_0) - bi \right] \\ &= \frac{(1-c)}{(1-c+m)} [X_0 - M_0] - \frac{m}{(1-c+m)} [C_0 + I_0 + G_0 - bi] \end{aligned} \cdots\cdots\cdots (2.42)$$

식 (2.41)과 (2.42)는 소규모 개방경제의 균형소득(Y^*)과 무역수지가 어떻게 동시에 결정되는가를 보여주는 동시에 소비나 투자 혹은 정부지출의 변화가 균형소득과 무역수지에 어떤 변화를 초래하는지를 보여주고 있다.

2. 균형소득과 무역수지 결정의 도해

균형소득과 무역수지가 동시에 결정되는 과정을 그림으로 설명하기 위해 균형조건을 다시 기술하면 다음과 같다.

$$Y = A^d + X^d - M^d \cdots\cdots\cdots (2.43)$$

따라서 식 (2.43)의 우변에 있는 총지출수요(A^d)를 좌변으로 옮기면

$$Y - A^d = X^d - M^d \cdots\cdots\cdots (2.44)$$

의 식을 얻게 된다.

식 (2.44)의 좌변에 있는 항은 총생산의 공급에서 총지출수요를 뺀 것이고, 우변은 수출수요와 수입수요의 차이, 즉 사전적 무역수지이다. 좌변을 초과공급이라고 간주하고 우변을 초과수요로 해석할 수도 있을 것이다. 식 (2.44)의 총지출수요함수, 수출수요함수 및 수입수요함수

〈그림 2-4〉 소규모 개방경제의 균형

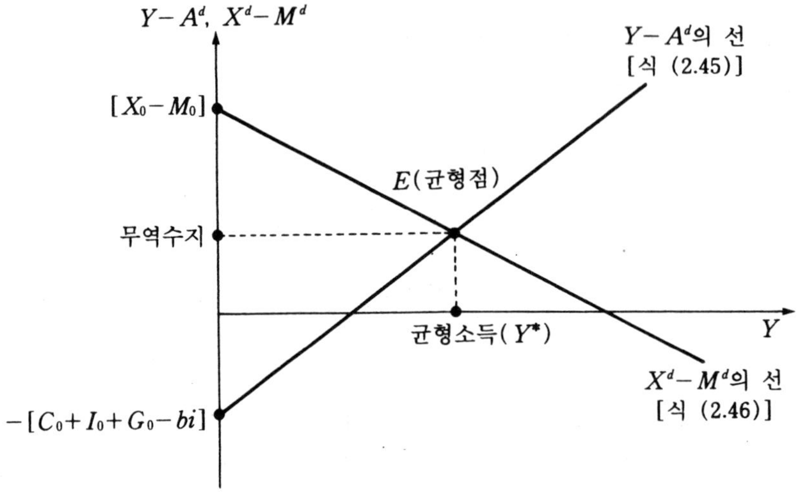

각각을 앞에서 정의한 대로 대입하면 먼저 좌변은

$$Y-A^d=(1-c)Y-[C_0+I_0+G_0-bi] \qquad \cdots\cdots\cdots (2.45)$$

가 되고, 우변은

$$X^d-M^d=[X_0-M_0]-m\cdot Y \qquad \cdots\cdots\cdots (2.46)$$

가 된다.

식 (2.45)는 절편이 $-[C_0+I_0+G_0-bi]$이고 기울기는 $(1-c)$, 즉 한계저축성향인 직선이고 식 (2.46)은 절편이 $[X_0-M_0]$이고 기울기는 마이너스(−) 한계수입성향(m)인 직선이다.

따라서 균형조건, 즉 식 (2.43)이 성립하기 위해서는 식 (2.45)가 나타내는 직선과 식 (2.46)이 나타내는 직선이 교차해야 하므로 균형점은 아래의 〈그림 2-4〉에서 점 E가 되고, 점 E의 수평좌표가 균형소득 (Y^*), 그리고 수직좌표가 균형에서의 무역수지가 되는 것이다.

Ⅳ. 승수효과(Multiplier Effect)와 무역수지 변화

1. 승수효과

폐쇄경제의 경우, 투자수요가 증가하거나 정부지출이 증가하는 경우에 그것이 소득증가에 미치는 효과는 한계저축성향의 역수$\left(\frac{1}{1-c}\right)$로서 일반적으로 1보다 크고 따라서 이를 투자 혹은 정부지출의 승수효과라고 하는데, 개방경제의 경우에는 승수효과가 폐쇄경제보다는 다소 작다.

예컨대 투자수요가 1단위 증가하면(I_0가 1단위 증가하면) 균형소득은 식 (2.41)에서 보듯이 $1/(1-c+m)$, 즉 한계저축성향과 한계수입성향의 합의 역수만큼 증가하므로 폐쇄경제에서의 투자승수, 즉 $1/(1-c)$보다는 작다.

$$\text{폐쇄경제의 승수: } \frac{1}{1-c} \qquad \cdots\cdots\cdots \ (2.47)$$

$$\text{개방경제의 승수: } \frac{1}{1-c+m} \qquad \cdots\cdots\cdots \ (2.48)$$

개방경제의 승수효과가 폐쇄경제의 승수효과보다 작은 이유는 투자 등의 증가로 인해 국내균형소득이 증가할 때, 그 균형소득증가의 일부는 수입수요의 증가를 초래하여 승수효과의 일부분이 해외로 누출되기 때문이다. 해외로 누출되는 누출효과는 한계수입성향(m)이 클수록 클 것이므로 국내로 환원되는 승수효과는 한계수입성향(m)이 클수록 작아지게 된다. 투자수요(I_0)의 증가가 균형소득(Y^*)을 증가시키게 되면 당연히 무역수지는 악화되는데, 식 (2.42)에서 알 수 있듯이 1단위의 투자수요(I_0)의 증가는 무역수지를 1보다 작은 $m/(1-c+m)$만큼 악화시킨다.

한 단위의 투자수요(I_0) 증가로 균형소득(Y^*)은 1보다 큰 승수효과만큼 증가되지만 그로 인해서 수입은 늘어난 균형소득에 한계수입성향만큼만 증가할 뿐이기 때문이다.

〈그림 2-5〉 소규모 개방경제의 승수효과와 무역수지

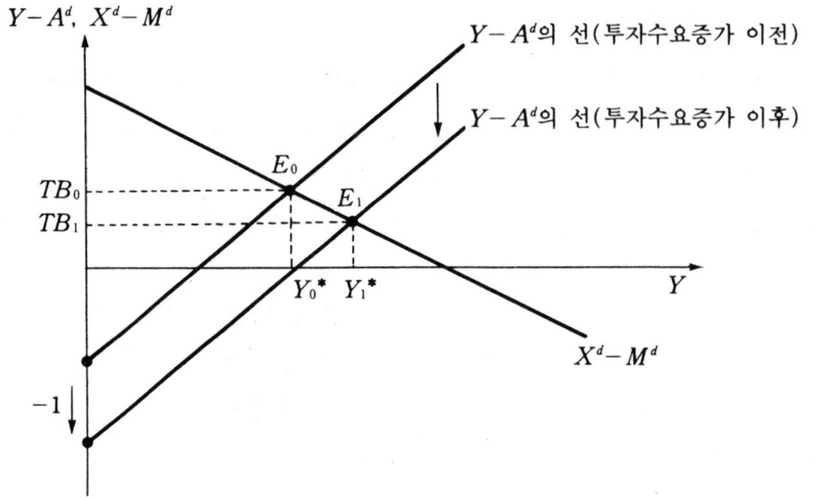

투자 등의 승수효과를 그림으로 설명하면, 한 단위의 투자수요(I_0)의 증가는 X^d-M^d의 선은 이동시키지 않고 $Y-A^d$의 선만을 아래로 1단위 이동하게 되어 〈그림 2-5〉에서와 같이 균형점이 E_0에서 E_1으로 옮겨진다. 따라서 균형소득은 Y_0*에서 Y_1*으로 증가하는 반면 무역수지는 TB_0에서 TB_1으로 감소하게 된다.

소득에 미치는 승수효과에 있어서는 소비수요(C_0)나 투자수요(I_0)나 정부지출(G_0) 모두 동일하다. 즉 소비수요(C_0)가 한 단위 늘어나든지 투자수요(I_0)가 한 단위 늘어나든지 아니면 정부지출(G_0)이 한 단위 늘어나든지 균형소득이 증가되는 크기는 동일하다. 또 수출수요(X_0)의 승수효과도 투자수요나 정부지출수요의 경우와 동일하다.

그러나 수입수요(M_0)가 1단위 증가하면 균형소득은 1단위 이상으로 줄어들게 되는데 그것은 투자수요나 정부지출의 승수효과와 동일한 원리 때문이다. 즉 수입수요(M_0)가 한 단위 증가하여 소득이 줄면 이로 인해 소비수요가 줄고, 다시 소득이 줄어드는 과정을 반복하기 때문이다. 수입수요가 한 단위 증가했을 때 소득은 승수만큼 감소한다.

2. 무역수지 변화

투자수요(I_0)나 소비수요(C_0) 혹은 정부지출(G_0)이 변동함으로써 발생하는 균형소득의 승수효과는 다시 수입수요(M^d)에 영향을 미쳐 무역수지에도 영향을 미치게 됨은 앞에서 본 바와 같다. 즉, 한 단위의 투자, 소비 혹은 정부지출의 증가는 무역수지를 1보다 작은 $m/(1-c+m)$만큼 악화시킨다.

그런데 수출수요(X_0)나 수입수요(M_0)의 변화가 무역수지에 미치는 영향은 투자수요(I_0)나 소비수요(C_0) 혹은 정부지출(G_0)의 경우와 다소 다르다.

먼저 수출수요(X_0)가 1단위 증가하면 균형소득이 $1/(1-c+m)$만큼 증가하고 따라서 $m/(1-c+m)$만큼의 수입이 증가하므로 무역수지는 수출증가폭 1에서 수입증가분을 뺀 $\frac{1-c}{1-c+m}$ 만큼만 개선되게 된다.

마찬가지로, 수입수요(M_0)가 1단위 증가하면 균형소득이 $1/(1-c+m)$만큼 감소하므로 그에 따라 수입이 $m/(1-c+m)$만큼 줄어들게 되어 무역수지는 1에서 수입감소분을 제외한 만큼만 악화된다.

결국 수출수요(X_0)가 한 단위 증가했을 때의 무역수지 개선폭이나 수입수요(M_0)가 한 단위 증가했을 때의 무역수지 악화폭은 똑같이

$$1-\frac{m}{(1-c+m)}=\frac{1-c}{(1-c+m)}\leq 1 \qquad \cdots\cdots\cdots (2.49)$$

로서 1보다 작다.

V. 장기균형과 단기균형

소규모 개방경제의 균형소득과 무역수지가 앞에서 본 바와 같이 결정되었다고 하더라도 그 균형에서의 무역수지가 우연히 0이 아닌 한

〈표 2-2〉 소규모 개방경제의 승수효과 및 무역수지 변화

증가변수	균형소득(Y^*) 변화	무역수지 변화
C_0, I_0, G_0 한 단위 증가	$\frac{1}{(1-c+m)}$	$\frac{-m}{(1-c+m)}$
X_0 한 단위 증가	$\frac{1}{(1-c+m)}$	$\frac{(1-c)}{(1-c+m)}$
M_0 한 단위 증가	$\frac{-1}{(1-c+m)}$	$\frac{-(1-c)}{(1-c+m)}$

주) c: 한계소비성향, m: 한계수입성향

그 상태가 계속 지속될 수는 없다.

무역수지가 흑자인 이상 해외로부터의 통화유입이 계속될 것이고 따라서 국내이자율이 하락하거나 국내물가가 상승하게 될 것이다. 국내이자율이 하락하면 총지출수요가 증가하여 직선 $Y-A^d$가 오른편으로 이동할 것이고 따라서 총소득이 증가함과 아울러 무역수지 흑자는 점차 줄어들게 될 것이다.

1. 이자율조정의 경우

이러한 조정과정은 무역수지가 0이 될 때까지 지속될 것이며, 무역수지가 0이 되어서야 조정과정이 종료될 것이다.

장기균형, 즉 무역수지가 0이어서 더 이상의 이자율하락이 일어나지 않는 균형에서의 총소득은 수출수요함수와 수입수요함수에 의해서만 결정된다. 장기균형조건은 식 (2.46)에서

$$X^d - M^d = [X_0 - M_0] - m \cdot Y = 0 \qquad \cdots\cdots\cdots (2.50)$$

이므로 이를 Y에 대해서 풀면 장기균형소득(Y^{**}라 하자)이 얻어진다.

$$Y^{**} = \frac{1}{m}\left[X_0 - M_0\right] \qquad \cdots\cdots\cdots (2.51)$$

식 (2.48)에서 장기균형소득은 단기균형소득(Y^*)과는 달리 한계소비성향이나 정부지출수요(G_0) 혹은 소비와 투자수요를 나타내는 C_0나 I_0와는 무관하게 결정되며 오직 한계수입성향(m)과 수출수요(X_0) 및 수입수요(M_0)에 의해서만 결정됨을 알 수 있다.

2. 물가조정의 경우

단기균형에서의 무역수지 흑자로 인하여 통화량이 증가하고 따라서 물가가 상승하게 되면 수출수요(X^d)가 하락하는 한편 수입수요(M^d)가 증가할 것이다. 수출수요가 줄고 수입수요가 늘어도 직선 ($Y-A^d$)는 이동하지 않지만 직선 (X^d-M^d)는 아래로 이동하게 되어 균형소득이 줄면서 동시에 무역수지도 악화된다. 이러한 조정과정은 무역수지가 0이 될 때까지 계속되어 장기균형점에 도달하게 된다(〈그림 2-6〉의 Y_1^{**}).

〈그림 2-6〉 장기균형과 단기균형: 이자율 하락의 경우

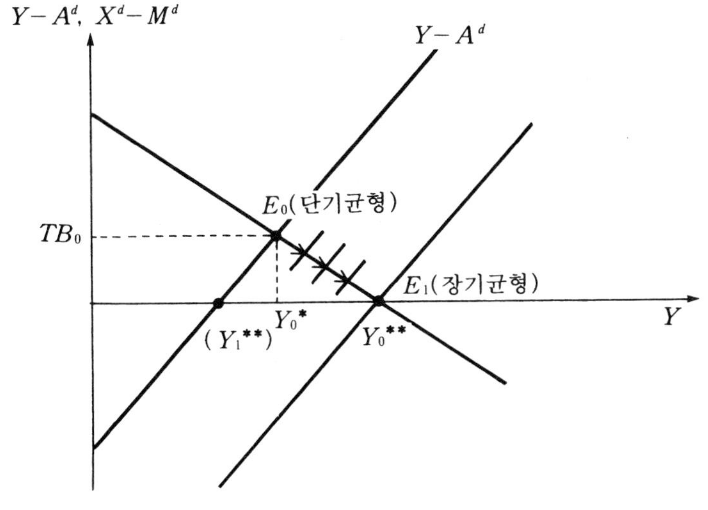

3. 대외자산 축적의 경우

무역수지가 흑자인 경우에 그 흑자가 반드시 국내 통화량의 증가로 나타나지 않을 수도 있는데, 예컨대 무역수지 흑자만큼 민간부문에서 대외자산을 증가시키는 경우가 그러하다. 그러나 무역수지의 흑자가 지속되어 민간부문의 대외자산이 늘어나더라도 대외자산이 무한정 증가할 수는 없을 것이다.

대외자산이 늘어남에 따라 그 대외자산으로부터의 소득이 늘어나고 이로 인하여 수입수요가 증가하면서 무역수지의 흑자폭은 축소되어 갈 것이다. 그러나 이러한 대외자산의 증가와 이로 인한 무역수지의 변동과정을 분석하기 위해서는 본 항에서 살펴본 바와 같은 단순한 소규모 개방경제의 모형으로는 불충분하다.

제 2 절 대규모 개방경제의 국제수지와 소득의 결정

앞에서는 소규모 개방경제의 균형소득과 국제수지(무역수지)의 결정과정을 단순한 모형을 통해 살펴보았는데, 대규모 개방경제, 즉 한 나라의 수입변화가 상대국가의 수출변화를 일으키고 따라서 그 상대국의 소득이 증가함에 따라 다시 자국으로부터의 수입(자국의 수출)이 증가하는 역파급효과가 있을 만큼 큰 나라의 경우에도 분석방법은 근본적으로 동일하다.

여기서는 세계에 2국만 존재하는 2국모형을 가정한다.

Ⅰ. 총수요함수

2국(자국과 타국)모형의 경우에도 각국의 총수요함수는 앞의 소규모 개방경제와 조금도 다를 것이 없으므로 두 국가의 총수요함수를 식

(2.6)과 같다고 하고, 단 타국을 나타내는 표시로 별(*)표를 붙여 식별하기로 한다.

$$\text{자국 총수요: } Y = C + I + G + X - M \qquad \cdots\cdots\cdots (2.52)$$

$$\text{타국 총수요: } Y^* = C^* + I^* + G^* + X^* - M^* \qquad \cdots\cdots\cdots (2.53)$$

두 나라의 소비 및 투자수요함수를 앞의 식 (2.34)와 식 (2.35)와 같이 설정하면 위의 식 (2.52)와 식 (2.53)은 각각 아래와 같이 표시될 것이다.

$$Y = A_0 + cY + X - M \qquad \cdots\cdots\cdots (2.54)$$

$$Y^* = A_0^* + c^* Y^* + X^* - M^* \qquad \cdots\cdots\cdots (2.55)$$

A_0: $C_0 + I_0 + G_0$

A_0^*: $C_0^* + I_0^* + G_0^*$

Ⅱ. 수출수요 및 수입수요함수

자국과 타국의 수입수요함수도 앞에서 설정한 바와 같이

$$M = M_0 + mY \qquad \cdots\cdots\cdots (2.56)$$

$$M^* = M_0^* + m^* Y^* \qquad \cdots\cdots\cdots (2.57)$$

라고 하자.

그런데 자국의 수입(M)은 타국의 수출(X^*)과 같고, 또 역으로 타국의 수입(M^*)은 자국의 수출(X)과 같으므로

$$X = M^* \qquad \cdots\cdots\cdots (2.58)$$

$$X^* = M \qquad \cdots\cdots\cdots (2.59)$$

식 (2.58)과 (2.59)를 식 (2.54)와 (2.55)의 X와 X^*에 대입한 다음 식 (2.56)과 (2.57)을 대입하면 다음의 두 식이 도출된다.

$$Y = A_0 + c \cdot Y + M_0^* + m^* Y^* - M_0 - mY \quad \cdots\cdots\cdots (2.60)$$

$$Y^* = A_0^* + c^* Y^* + M_0 + mY - M_0^* - m^* \cdot Y^* \quad \cdots\cdots\cdots (2.61)$$

Ⅲ. 2국모형의 균형

1. 균형소득의 결정

식 (2.60)과 (2.61)의 우변 항 중 Y와 Y^*에 대한 항들을 좌변으로 옮겨 정리하면

$$(1-c+m)Y - m^* Y^* = A_0 + M_0^* - M_0 \quad \cdots\cdots\cdots (2.62)$$

$$-mY + (1-c^*+m^*)Y^* = A_0^* + M_0 - M_0^* \quad \cdots\cdots\cdots (2.63)$$

이 된다.

따라서 두 식 (2.62)와 (2.63)을 Y와 Y^*에 대해서 풀면

$$\begin{bmatrix} Y \\ Y^* \end{bmatrix} = \begin{bmatrix} 1-c+m & -m^* \\ -m & 1-c^*+m^* \end{bmatrix}^{-1} \begin{bmatrix} A_0 + M_0^* - M_0 \\ A_0^* + M_0 - M_0^* \end{bmatrix} \quad \cdots (2.64)$$

$$= \frac{1}{\alpha} \begin{bmatrix} s^*+m^* & m^* & -s^* & s^* \\ m & s+m & s & -s \end{bmatrix} \begin{bmatrix} A_0 \\ A_0^* \\ M_0 \\ M_0^* \end{bmatrix}$$

$$\begin{aligned} \alpha &= (1-c+m)(1-c^*+m^*) - mm^* \\ &= sm^* + s^*m + ss^* \end{aligned}$$

을 얻게 된다. 한계소비성향(c와 c^*) 대신에 한계저축성향(s 및 s^*)을 사용하여 식을 간략히 하였다.

2국모형에서의 균형소득 도출과정이 다소 번잡하기는 하지만 소국 경제에서 균형소득이 결정되는 과정과 본질적으로 같으며 다만 한 경제의 투자수요 혹은 정부지출수요의 변화가 타국의 균형소득에 영향을 미치게 되고(파급효과), 그것이 다시 수출과 수입수요의 변화를 통해 다시 자국에 영향을 미치는(역파급효과) 과정이 반복된다는 점이 다를 뿐이다.

2. 균형소득 결정의 도해

2국모형에서 각국의 균형소득이 결정되는 과정을 그림으로 설명하려면 앞의 식 (2.62)와 식 (2.63)을 이용하면 된다.

식 (2.62)는 다시 정리하면

$$Y = \frac{1}{(s+m)}[(A_0 + M_0^* - M_0) + m^* Y^*] \quad [\text{선(Ⅰ)식}] \quad \cdots\cdots\cdots \ (2.62)'$$

이 되고 식 (2.63)은

〈그림 2-7〉 **2국모형의 균형소득 결정**

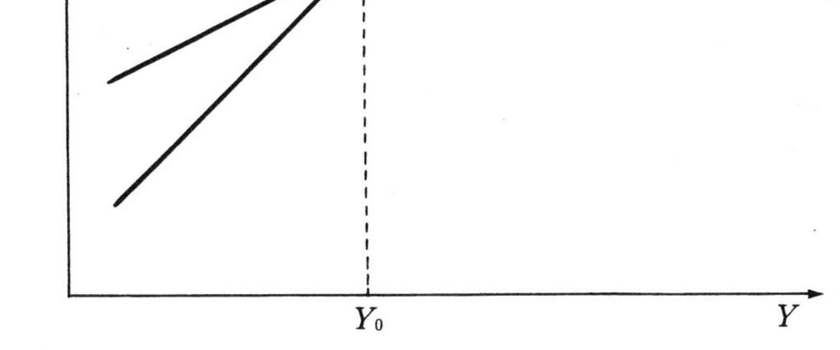

$$Y^* = \frac{1}{(s^* + m^*)}[(A_0^* + M_0) + mY - M_0^*] \text{ [선(Ⅱ)식]}$$

.... (2.63)′

가 되므로 이 두 식을 좌표평면에 표시하면 〈그림 2-7〉과 같다.

〈그림 2-7〉에서 식(2.62)′를 나타내는 직선 (Ⅰ)의 기울기는 식 (2.63)′를 나타내는 직선 (Ⅱ)의 기울기보다 항상 크다(축이 바뀌었음에 유의할 것).

만약 자국의 정부지출수요(G_0)가 증가하면 〈그림 2-7〉에서 선 (Ⅰ)이 오른편으로 이동하게 되어 자국의 균형소득은 물론 상대국의 균형소득도 증가한다. 반대로 상대국의 정부지출수요(G_0^*)가 증가하면 선(Ⅱ)는 왼편으로 이동하게 된다.

어느 국가에서든지 정부지출수요나 투자수요 등과 같은 총지출수요가 늘어나게 되면 수출입이라는 경로를 통하여 상대국에게 파급되고 또 자국으로 역파급되는 과정을 반복하여 새로운 균형점에 도달하게 된다.

Ⅳ. 2국모형에서의 승수효과

1. 투자승수

2국모형에서 각국의 균형소득을 결정하는 공식인 식(2.64)는 2국모형에서 한 나라의 투자, 소비 혹은 정부지출수요들의 변화가 자국은 물론 타국의 균형소득에 어떤 영향을 미치는지를 잘 나타내 주고 있다.

예컨대 자국의 투자수요가 한 단위 증가하는 경우, 그것은 D_0가 한 단위 증가하는 것이므로 자국의 균형소득은

$$\frac{s^* + m^*}{\alpha} = \frac{s^* + m^*}{(sm^* + s^*m + ss^*)} \text{: 개방경제의 투자승수}$$

.... (2.65)

만큼 증가하고, 상대국의 균형소득은

$$\frac{m}{(sm^* + s^* m + ss^*)} \qquad \cdots\cdots\cdots (2.66)$$

만큼 증가함을 보여주고 있다.

소국경제에서의 투자승수는 식 (2.48)에서 보듯이 $1/(s+m)$ 이었으나 2국개방경제의 투자승수는 식 (2.65)로서 서로 다르다.

2국개방경제에서의 투자승수는 소규모 개방경제에서보다는 클 것인데 왜냐 하면 자국의 투자증가로 자국소득이 증가하면 상대국으로부터의 수입수요가 늘어나서 상대국 소득도 증가한다. 상대국의 소득이 증가하면 자국의 수출도 증가할 것이고 따라서 추가적으로 자국의 소득이 증가할 것이기 때문이다.

실제로 식 (2.65)의 2국개방경제 투자승수는 소규모 개방경제의 투자승수보다 크다는 것을 쉽게 증명할 수 있다.[3]

2. 수입수요승수

한 나라의 수입수요(M_0)가 한 단위 증가했을 때 소규모 개방경제하에서는 자국의 균형소득이 하락하였다(감소폭은 투자승수와 같음).

그러나 2국모형에서 자국의 수입수요가 증가하게 되면 자국의 균형소득은 오히려 증가하는데 그 이유는 상대국의 수출증가로 인한 소득의 증가가 자국의 수출을 증가시켜 소득을 증가시키기 때문이다.

식 (2.64)에서 자국 수입수요(M_0)의 한 단위 증가에 다른 자국 균형소득의 증가폭, 즉 승수효과는

$$\frac{m^*}{\alpha} = \frac{m^*}{sm^* + s^* m + mm^*} \qquad \cdots\cdots\cdots (2.67)$$

이며 이로 인한 상대국가의 균형소득 증가폭은 그 나라의 투자승수효과

---

3) $\frac{1}{s+m} = \frac{s^* + m^*}{(s+m)(s^* + m^*)} = \frac{s^* + m^*}{\alpha + mm^*}$ $(mm^* > 0)$을 이용한다.

와 동일함을 즉시 알 수 있다.

즉, 자국의 수입수요(M_0) 증가로 인해 증가하는 상대국의 균형소득은

$$\frac{s+m}{\alpha}=\frac{s+m}{sm^*+s^*m+mm^*} \quad \cdots\cdots\cdots (2.68)$$

인데, 이것은 그 상대국의 투자승수와 일치한다.

V. 2국모형의 무역수지

식 (2.64)의 균형소득하에서 각국의 무역수지는

$$TB=X-M=(M_0^*-M_0)+m^*\cdot Y^*-mY \quad \cdots\cdots\cdots (2.69)$$

$$TB^*=X^*-M^*=(M_0-M_0^*)+mY-m^*\cdot Y \quad \cdots\cdots\cdots (2.70)$$

이므로 여기의 Y와 Y^* 대신에 위 식 (2.64)에서 구한 균형소득값을 대입하면 균형무역수지값이 다음과 같이 결정된다.

$$\begin{bmatrix} TB \\ TB^* \end{bmatrix}=\frac{1}{\alpha}\begin{bmatrix} -ms^* & sm^* & -\beta & \beta \\ ms^* & -sm^* & \beta & -\beta \end{bmatrix}\begin{bmatrix} A_0 \\ A_0^* \\ M_0 \\ M_0^* \end{bmatrix}$$

$$\beta=m(1+s^*)+m^*(1+s) \quad \cdots\cdots\cdots (2.71)$$

2국모형에서 한 나라의 무역수지는 상대국의 무역수지와 부호만 다를 뿐이므로 식 (2.71)의 우변의 위와 아래 항들은 부호만 서로 반대이다.

식 (2.71)은 2국모형에서 투자수요나 소비수요, 혹은 정부지출수요의 증가가 자국과 타국의 무역수지에 어떠한 영향을 주는지를 명확하게 보여주고 있다. 예컨대 자국의 정부지출수요(G_0)가 한 단위 증가하게 되면 이것은 D_0를 한 단위 증가시키는 것이므로 자국의 무역수지는

〈표 2-3〉 2국경제의 승수효과와 무역수지

증 가 변 수	균 형 소 득		무 역 수 지	
	자 국	상 대 국	자 국	상 대 국
C_0, I_0, G_0	$\frac{s^*+m^*}{\alpha}$	$\frac{m}{\alpha}$	$\frac{-s^*m}{\alpha}$	$\frac{s^*m}{\alpha}$
M_0	$\frac{m^*}{\alpha}$	$\frac{s+m}{\alpha}$	$\frac{-mm^*}{\alpha}$	$\frac{mm^*}{\alpha}$

주) $\alpha=(sm^*+s^*m+ss^*)$, s: 한계저축성향, m: 한계수입성향.

$$\frac{-s^*m}{\alpha}=\frac{-s^*m}{(sm^*+s^*m+ss^*)} \quad \cdots\cdots\cdots (2.72)$$

만큼 변화(악화)함을 보여주고 있다.

소규모 개방경제의 경우에 정부지출수요(G_0)가 한 단위 증가할 때의 무역수지 변화폭은

$$\frac{-m}{s+m} \quad \cdots\cdots\cdots (2.73)$$

이었으므로, 2국경제일 때의 무역수지 악화폭이 작다.[4)]

또한 자국의 수입수요(M_0)가 한 단위 증가하는 경우에 자국의 무역수지가 악화되는 정도는

$$\frac{mm^*}{(sm^*+s^*m+ss^*)} \quad \cdots\cdots\cdots (2.74)$$

로서 1보다 작은 수이다.

이는 물론 상대국의 소득증가로 인한 국내로부터의 상대국수입이 증가하는 역파급효과 때문이다.

4) 소규모 개방경제의 무역수지 악화폭$\left(\frac{m}{s+m}\right)$이 2국 경제의 무역수지 악화폭보다 크다는 것은 쉽게 증명할 수 있다.

Ⅵ. 2국모형의 장기균형

1. 단기균형과 장기균형

두 나라의 총지출수요(A_0와 A_0^*), 그리고 수입수요(M_0와 M_0^*)가 주어지면 각국의 균형소득(Y와 Y^*)과 각국의 무역수지는 식 (2.64)와 (2.71)에 의해 결정된다고 하였다.

그런데, 그렇게 결정된 무역수지가 우연히 0일 수도 있고 0이 아닐 수도 있다. 무역수지가 우연히 0이라면 몰라도 만약 0이 아니라면 그 균형은 장기간 지속될 수 없는 균형일 것이다. 무역수지의 흑자(또는 상대국은 적자)로 인하여 국내통화량이 증가하게 되고 따라서 이자율이 하락하거나 물가가 상승하게 될 것이다. 또 무역수지가 흑자인 만큼 민간부문의 대외자산이 증가한다 하더라도 그 대외자산이 누적되면 궁극적으로 배당, 이자율 혹은 다른 이유로 해서 자국의 수입행태에 변화를 초래하게 될 것이다.

지금껏, 이자율은 투자수요와 따라서 총지출수요의 중요한 결정요인임에도 불구하고 균형소득이나 무역수지에 미치는 이자율변동의 효과를 무시하여 왔었다. 그러나 무역수지 흑자가 누적되는 경우 그것이 국내통화량을 증가시키고 이어서 국내이자율을 하락시킨다면, 또 상대국의 입장에서는 반대로 무역수지의 적자가 지속되어 이자율이 상승하게 된다면, 그러한 상황은 반드시 각국의 투자수요를 변화시키고 따라서 새로운 균형점으로의 이동이 불가피게 될 것이다.

여기서는 무역수지 적자 혹은 흑자가 지속되어 각국의 이자율이 변동하는 경우만을 살펴보기로 한다.

2. 2국모형의 무역수지 균형곡선

식 (2.69)는 2국모형에서의 한 나라의 무역수지를 나타내는 식인데 그 무역수지가 0이라면 균형소득 Y와 Y^* 사이에 다음의 조건이 성립되어야 한다.

〈그림 2-8〉 2국모형의 단기균형과 장기균형

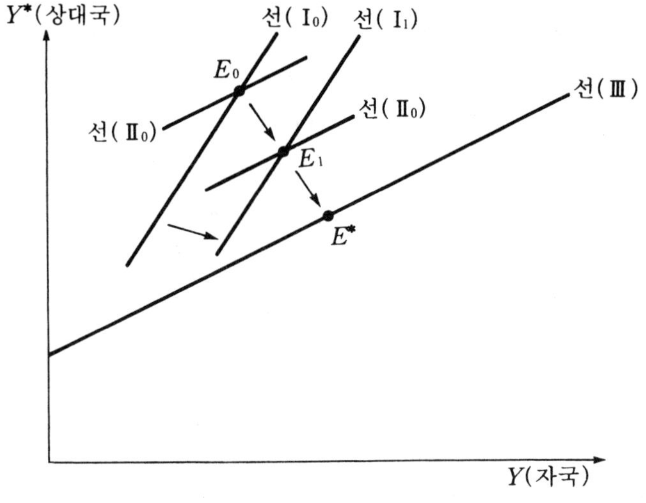

$$0=(M^*_0-M_0)+m^*\cdot Y^*-mY \qquad \cdots\cdots\cdots (2.75)$$

다시 말해 식 (2.75)는 무역수지가 두 나라 모두 0이 되는 자국의 균형소득(Y)과 상대국의 균형소득(Y^*)의 조합을 나타내는 식이라고 할 수 있다. 따라서 식 (2.75)를 (Y, Y^*)좌표평면에 그린다면 위 〈그림 2-8〉의 선(Ⅲ)과 같은 양의 기울기를 가진 직선이 될 것이며 선(Ⅲ)상에 있는 모든 점들에서 두 나라의 무역수지는 0이 된다.

〈그림 2-8〉에서 선(Ⅲ)의 상단지역은 자국의 무역수지가 흑자인 반면 상대국의 무역수지는 같은 크기의 적자를 나타낼 것이고 선(Ⅲ)의 하단지역은 반대로 자국의 무역수지가 적자인 지역이다.

따라서 현재의 균형점이 E_0와 같이 선(Ⅲ)의 상단에 위치하고 있다고 가정하면 자국의 무역수지는 흑자일 것이고 따라서 통화의 유입과 국내이자율의 하락이 일어날 것이다. 국내이자율이 하락하면 투자수요(I^d)가 증가하고 따라서 점 E_0를 지나는 선(Ⅰ)이 우측으로 이동하게 된다[선(I_0)→선(I_1)]. 상대국에서는 무역수지가 적자인 까닭에 통화량이 감소하여 이자율이 상승할 것이고 따라서 점 E_0를 지나는 선(Ⅱ)가 오른쪽으로 이동하게 된다[선($Ⅱ_0$)→선($Ⅱ_1$)]. 선(Ⅱ)가 오른쪽으로 이동하는 것은 이자율의 상승으로 인하여 상대국의 총수요(Y^*)가 감소하는 방향, 즉 아래쪽으로 이동하기 때문이다.

결국 균형점 E_0에서의 양국의 무역수지 불균형이 이자율의 변화를 초래하고, 이에 따라 각국의 투자수요가 변화하게 되면 균형점은 〈그림 2-8〉에서의 E_0에서 E_1과 같이 선(Ⅲ)쪽으로 이동하게 된다.

그리고 이러한 조정과정은 양국의 무역수지가 0이 될 때까지, 즉 점 E^*와 같이 균형점이 선(Ⅲ)상에 놓이게 될 때까지 지속될 것이다.

제 3 절 국제수지, 통화 및 국민소득의 결정

앞절에서 다룬 소규모 개방경제 및 2국 개방경제모형은 한 국가의 국제수지(주로 무역수지의 개념을 이용했지만)와 국민소득 사이에 어떤 관계가 있으며 이들이 무슨 요인에 의하여 결정되는지를 비교적 명료하게 잘 보여주었다.

그러나 소규모 개방경제모형이나 혹은 2국 개방경제모형은 한 경제의 실물측면만을 강조한 나머지 금융측면을 도외시하였다는 단점을 안고 있다. 다시 말해서 한 경제를 이루고 있는 중요한 축이 되는 통화시장이 도외시됨으로써 국제수지와 국민소득이 지니고 있을 통화공급, 통화수요 혹은 이자율과의 관계가 배제되거나 아니면 표면 뒤에 숨겨지게 되었다는 비판을 면하기 어렵다. 사실 실물경제도 그러하지만 국제수지도 금융시장과 대단히 밀접한 관련을 갖고 있는 것이 명백하다. 이자율의 변동이 경상수지뿐만 아니라 자본 및 투자수지에도 중요한 영향을 주고 있고 또 역으로 경상수지나 자본 및 투자수지도 통화시장에 직접적인 영향을 끼치고 있다.

이런 측면에서 볼 때, 통화시장(또는 금융시장)이 배제된 어떤 개방모형도 불충분하거나 불완전한 것이라고 해야 할 것이며 따라서 본절에서는 통화시장과 실물시장이 동시에 고려되는 개방경제모형을 분석하고자 한다.

Ⅰ. 상품시장의 균형: *IS*곡선

제 2 절에서 한 나라의 총생산(Y)은 소비(C), 투자(I), 정부지출(G)의 합, 즉 총지출(A)과 무역수지($X-M$)의 합과 같다고 하였다.

또 국민총가처분소득(*GNDI*)은 총생산과 순이전수입의 합이므로 총생산 대신 국민총가처분소득을 대입하면 국민총가처분소득은 총지출(A)과 경상수지의 합과 같다.

$$Y = C + I + G + CUB \quad \cdots\cdots\cdots (2.16)$$

CUB: 경상수지
Y: 국민총가처분소득($=GNDI$)

상품시장에서 균형이 이루어지기 위해서는 소비수요와 투자수요와 정부지출수요와 경상수지의 합이 국민총가처분소득과 같아야 함은 앞에서 본 바와 같다.

다소 중복 설명되는 감이 있지만 소비수요와 투자수요 등을 본절에서 다시 간략히 설명하자.

1. 총수요함수

(1) 소비수요

한 국가의 소비수요는 국민의 가처분소득에 비례하고 또 이자율에도 영향을 받을 수 있다. 이자율이 상승하면 현재의 소비가 미래의 소비보다도 상대적으로 비싸지게 되므로 현재 소비를 줄이려고 할 것이다.

그러나 여기서는 소비수요가 가처분소득만의 함수라고 가정하자.

$$C^d = C(Y),\ \frac{dC}{dY} > 0 \qquad \cdots\cdots\cdots (2.76)$$

가처분소득이 증가하면 소비수요도 증가할 것이므로 소비수요함수의 가처분소득(Y)에 대한 미분값, 즉 한계소비성향은 양의 부호를 지닐 것이며 1 보다는 작을 것이다.

(2) 투자수요

투자수요(I^d)는 이자율의 함수이고, 이자율이 상승할수록 투자수요는 하락한다고 하자. 즉, 투자수요의 이자율(i)에 대한 미분값은 음의 부호를 갖는다고 가정한다.

$$I^d = I(i),\ \frac{dI^d}{di} < 0 \qquad \cdots\cdots\cdots (2.77)$$

(3) 경상수지 (CUB)

경상수지는 무역수지에 경상이전수지를 더한 것이므로 경상수지의 결정요인은 무역수지와 경상이전수지의 결정요인과 같다.

먼저, 자국 상품에 대한 모든 외국의 수요, 즉 수출수요(X^d)는 자국통화의 환율, 물가 혹은 외국 여러 나라들의 소득수준 등에 의해 결정될 것이다.

그러나 상세한 무역수지의 결정요인 및 결정이론은 뒤로 미루고, 여기서는 자국통화의 환율만에 의해서 결정된다고 한다.

$$X^d = X^d(Y^*,\ s),\ \frac{\partial X^d}{\partial s} > 0,\ \frac{\partial X^d}{\partial Y^*} > 0 \qquad \cdots\cdots\cdots (2.78)$$

s: 외국통화당 자국통화 환율

자국통화의 외국통화당 환율이 상승하거나 외국의 소득이 증가하면 수출이 증가할 것이므로 수출수요(X^d)의 외국소득(Y^*)과 환율(s)에 대한 미분값은 양의 부호를 갖는다.

수입수요(M^d)는 가처분소득과 함께 환율의 함수라고 하면

$$M^d = M^d(s,\ Y),\quad \frac{\partial M^d}{\partial s} < 0,\quad \frac{\partial M^d}{\partial Y} > 0 \qquad \cdots\cdots\cdots (2.79)$$

수입수요의 환율에 대한 (편)미분값은 음, 가처분소득에 대한 (편)미분값은 양의 부호를 지닐 것이다.

따라서, 경상이전수지를 T_C라 표시하면, 경상수지(CUB)는 다음의 함수식으로 표시될 수 있을 것이다.

$$\begin{aligned} CUB &= X^d(s) - M^d(s,\ Y) + T_C \qquad \cdots\cdots\cdots (2.80) \\ &= U(s,\ Y,\ Y^*,\ T_C), \\ &\quad \frac{\partial U}{\partial s} > 0,\quad \frac{\partial U}{\partial Y} < 0,\quad \frac{\partial U}{\partial T_C} = 1,\quad \frac{\partial U}{\partial Y^*} > 0 \end{aligned}$$

자국의 환율이 상승하여 자국 통화가치가 떨어지면 경상수지는 개선될 것이므로 경상수지의 환율에 대한 (편)미분값은 양의 부호를 갖는다. 또 자국의 가처분소득이 증가하면 경상수지는 악화되므로 경상수지의 가처분소득에 대한 (편)미분값은 음의 부호를 띤다.

(4) 총수요함수

따라서 소비수요와 투자수요와 정부지출 및 경상수지의 합으로 정의되는 총수요(Y^d)는 다음과 같은 한 개의 식으로 표현될 수 있다.

$$Y^d = Y^d(\overset{\oplus}{Y},\ \overset{\ominus}{i},\ \overset{\oplus}{s},\ \overset{\oplus}{T_C},\ \overset{\oplus}{G},\ \overset{\oplus}{Y^*}) \qquad \cdots\cdots\cdots (2.81)$$

Y: 국민총가처분소득

i: 이자율

s: 환율

T_C: 경상이전수지

G: 정부지출

Y^*: 외국의 소득

식 (2.81)의 우변 설명변수들 위의 부호는 그 변수로 함수 Y^d를 (편)미분했을 때의 편미분값의 부호를 나타낸다.

2. 총공급함수(Y^s)

총공급함수는 생산요소와 요소가격에 그리고 재화의 가격들에 의해 결정된다. 생산요소란 노동과 자본은 물론 기술이나 경영 노하우 등을 포함하는 개념이며 요소가격이란 그러한 생산요소 서비스에 대한 대가를 말한다.

재화의 생산을 결정하는 여러 변수에 의해 총공급함수를 도출하여 분석하는 것이 논리적으로 합당하겠지만 그것은 뒤에서 다루기로 하고, 여기서는 총수요에 맞추어 총공급이 이루어진다고 가정하자. 즉 총수요와 총공급이 항상 일치하여 상품시장이 이루어진다고 가정하는 것이다.

3. 상품시장의 균형과 *IS*곡선의 도출

(1) *IS*곡선의 도출

상품시장에서의 총공급(Y^s)이 총수요(Y^d)에 맞추어 일어나 항상 균형이 성립된다고 하고, 그 총공급량(동시에 총수요량임)을 Y라 하면 상품시장의 균형상태에서는 다음과 같은 관계식이 항상 유지된다.

$$Y = Y^d(Y,\ i,\ s;\ T_C,\ G,\ Y^*) \qquad \cdots\cdots\cdots \ (2.82)$$

식 (2.82)가 항상 유지되기 위해서는 Y와 i사이에 어떠한 관계가 유지되어야 하는가. Y의 공급이 한 단위 증가하면 한계소비성향만큼 Y에 대한 수요(Y^d)가 증가하지만 또 한계수입성향만큼 Y에 대한 수요가 줄어들게 된다. 따라서 전체적으로 Y에 대한 수요는 [한계소비성향－한계수입성향]만큼 늘어나는데 이 수치는 Y(총공급)가 증가한 1보다 작고 따라서 Y의 초과공급현상이 생기게 된다. 이러한 Y의 초과

〈그림 2-9〉 개방경제 *IS* 곡선

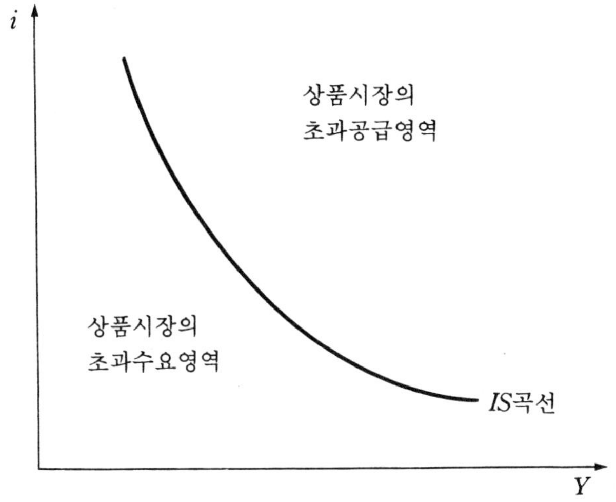

공급을 흡수하여 상품시장이 균형상태에 도달하려면 이자율은 하락하지 않으면 안 되므로 상품시장에서 균형이 유지되기 위해서는 Y와 i 사이에 음의 관계가 유지되어야 할 것이다.

상품시장에서 균형이 유지되기 위한 가처분소득 Y와 이자율 i 사이의 이런 음의 관계를 (Y, i)좌표평면에 표시한 〈그림 2-9〉와 같은 우하향하는 곡선을 IS곡선이라고 한다. 개방경제를 가정하고 있으므로 '개방경제 IS곡선'이라고 할 수도 있다.

보다 분석적으로 (Y, i)좌표평면에서 IS곡선의 기울기가 음인 것을 다음과 같이 설명할 수 있다.

즉 식 (2.82)를 전미분하되, $ds = dTc = dG = dY^* = 0$ 이라고 하면,

$$dY = \frac{\partial Y^d}{\partial Y} \cdot dY + \frac{\partial Y^d}{\partial i} di \qquad \cdots\cdots\cdots (2.83)$$

이다.

따라서,

$$(1-\frac{\partial Y^d}{\partial Y})dY+\frac{\partial Y^d}{\partial i}di=0 \qquad \cdots\cdots\cdots (2.84)$$

이고, $\frac{\partial Y^d}{\partial Y}=\left(\frac{\partial C}{\partial Y}-\frac{\partial M^d}{\partial Y}\right)<1$ 이므로

$$\left.\frac{di}{dY}\right|_{IS}=\frac{-\left(1-\frac{\partial Y^d}{\partial Y}\right)}{\left(\frac{\partial Y}{\partial i}\right)}<0 \qquad \cdots\cdots\cdots (2.85)$$

〈그림 2-9〉의 IS곡선 상단에서는 상품시장이 초과공급 상태에 있고 IS곡선의 하단에서는 상품시장이 초과수요 상태에 있다.

(2) IS곡선의 이동

IS곡선을 도출해 내는 과정에서 환율(s)이나 정부지출(G) 등은 불변이라고 가정했었다($ds=dG=dY^*=dT_C=0$).

만약 환율(s)이 상승하면 식 (2.79)의 우변에 있는 총수요가 증가할 것이므로 총생산도 (가정에 의해) 증가하게 되고, 따라서 IS곡선은 오른쪽으로 이동할 것이다.

환율이 한 단위 변화했을 때 IS곡선의 우측이동폭은 식 (2.81)로부터 다음과 같음을 알 수 있다.

$$\left.\frac{dY}{ds}\right|_{IS}=\frac{\left(\frac{\partial U}{\partial s}\right)}{\left[1-\frac{\partial C}{\partial Y}+\frac{\partial M^d}{\partial Y}\right]} \qquad \cdots\cdots\cdots (2.86)$$

Ⅱ. 통화시장의 균형: LM곡선

통화시장에서도 다른 시장에서와 마찬가지로 수요와 공급이 일치해야 균형이 이루어지게 된다.

1. 통화수요함수(L^d)

통화수요는 소득이 증가함에 따라 증가하고, 이자율이 상승하면 하락하는 다음과 같은 함수형태를 갖는다고 하자.

$$L^d = L^d(Y,\ i), \quad \frac{\partial L^d}{\partial Y} > 0, \quad \frac{\partial L^d}{\partial i} < 0 \qquad \cdots\cdots\cdots \ (2.87)$$

통화수요함수 L^d의 Y에 대한 (편)미분값이 양의 부호를 갖는다는 것은 소득이 증가함에 따라 통화수요가 늘고, 반대로 소득이 감소하면 통화수요도 줄어든다는 사실을 의미한다.

이자율에 대한 통화수요함수(L^d)의 편미분값이 음의 부호를 가져야 하는 것도 이자율이 오를수록 통화보유에 대한 기회비용이 상승하여 통화수요가 줄어든다는 사실을 의미한다.

2. 통화공급함수(L^s)

통화공급은 통화금융기관을 통해 창출되는데, 여기서 통화금융기관이란 통화성 금융자산을 취급하는 금융기관을 말한다. 만약 통화를 본원통화에 한정시키면 통화는 중앙은행에 의해서만 공급될 수 있지만 M_1이나 총통화의 개념을 통화라고 한다면 중앙은행은 물론 예금은행도 통화공급주체에 포함되는 것이다.

여기서는 일단 통화공급량이 통화금융기관의 정책에 의해 결정된다고 하고 이자율이나 소득이 통화공급에 영향을 미치지 않는다고 하자.

3. 통화시장의 균형과 *LM*곡선의 도출

(1) *LM*곡선의 형태

식 (2.83)의 통화수요와 정책적으로 결정되는 통화공급량(L^s)이 일치해야 통화시장이 균형상태에 있게 된다.

$$L^s = L^d(\overset{\oplus}{Y}, \overset{\ominus}{i}) \qquad \cdots\cdots\cdots (2.88)$$

L^s: 통화공급량

통화공급량이 소득(Y)이나 이자율(i)과 관계 없이 정책에 의해 결정된다고 하면 통화시장의 균형조건이 성립되기 위해서는 소득이 상승하면 이자율도 상승해야 하고 반대로 소득이 하락하면 이자율도 하락해야 한다.

소득이 상승하면 통화수요는 늘어나는데, 그렇게 되면 주어진 통화공급하에서는 초과통화수요가 발생하여 통화시장의 불균형현상이 나타나는데 이 때 이자율이 상승하면 다시 통화시장의 균형이 회복될 수 있다.

주어진 통화공급량하에서 통화시장이 항상 균형을 이루는 소득(Y)과 이자율(i)의 조합을 LM곡선이라고 하는데, LM곡선은 (Y, i)좌표평면에서 우상향하는 기울기를 가진다.

분석적으로는, 식 (2.88)을 전미분한 식, 즉

$$dL^s = \frac{\partial L^d}{\partial Y} dY + \frac{\partial L^d}{\partial i} di = 0 \qquad \cdots\cdots\cdots (2.89)$$

으로부터 LM곡선의 기울기가 양의 부호를 가짐을 알 수 있다.

$$\left.\frac{di}{dY}\right|_{LM} = \frac{-\left(\dfrac{\partial L^d}{\partial Y}\right)}{\left(\dfrac{\partial L^d}{\partial i}\right)} > 0 \qquad \cdots\cdots\cdots (2.90)$$

LM곡선 오른쪽 영역의 모든 점에서는 통화수요가 통화공급보다 많아 초과통화수요 현상이 나타나고 LM곡선의 왼쪽(또는 위) 영역에서는 초과통화공급 현상이 나타난다. 예컨대 점 a와 점 b를 비교해 보면 이자율은 두 점에서 모두 같고, 다만 b점에서의 소득이 a점에서보다 높다. 따라서 점 a에서보다 점 b의 통화수요가 더 큰데 통화공급은 변화가 없다고 가정했으므로 점 a가 통화시장의 균형상태에 있었다면 점 b에서는 초과통화수요 현상이 일어나게 된다.

〈그림 2-10〉 통화시장 균형: *LM*곡선

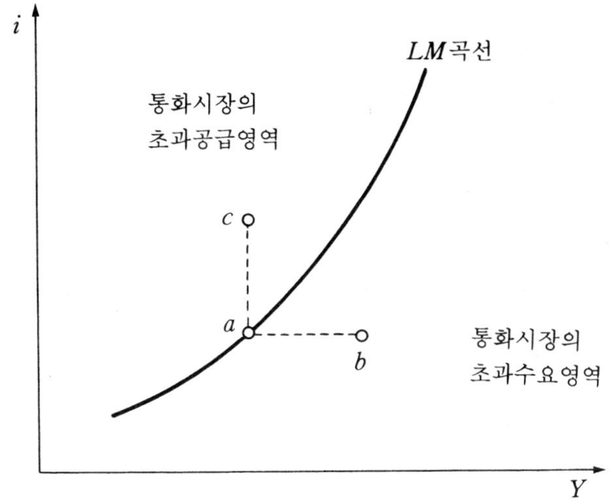

(2) *LM*곡선의 이동

통화당국이 통화공급을 늘리면 *LM*곡선은 이자율이 낮아지는 방향, 즉 오른쪽으로 이동하게 된다. 예컨대 점 a의 상황에서 통화시장이 균형이 유지되고 있었는데 통화당국이 통화공급을 늘리면 점 a에서는 초과통화공급현상이 발생하게 되며, 따라서 이자율이 하락하거나 소득이 증가하여 통화수요가 늘어나야만 통화시장의 균형이 회복될 수 있다.

Ⅲ. 국제수지균형: *BB*곡선

국제수지에는 여러 수지개념이 있음을 앞에서 살펴보았는데 상품시장과 통화시장 모두와 관련이 있는 수지는 종합수지이므로 여기서 국제수지는 종합수지를 의미한다.

종합수지는 경상수지와 자본 및 투자계정수지(이하 '투자수지'라고 함)의 합이므로 투자수지를 *KAB*라 표시하면 종합수지(*BOP*)는 다음과 같이 표시할 수 있을 것이다.

$$BOP = CUB + KAB \qquad \cdots\cdots\cdots (2.91)$$

CUB: 경상수지

KAB: 자본 및 투자계정수지

1. 경상수지의 결정요인

경상수지는 이미 앞의 식 (2.80)에서 설명된 바 있으므로 중복하여 설명하지 않기로 하고, 다만 환율(S), 자국소득(Y)과 타국소득(Y^*) 등에 의해 결정된다고 하자.

$$CUB = U(\overset{\oplus}{s},\ \overset{\ominus}{Y},\ \overset{\oplus}{Y^*},\ \overset{\oplus}{T_c}) \qquad \cdots\cdots\cdots (2.80)$$

2. 투자수지의 결정요인

투자수지, 즉 자본 및 투자계정의 수지는 그 계정을 이루는 모든 항목의 대외거래 결정요인에 의해 결정될 것이지만, 가장 기본적인 투자수지의 결정요인은 자산에 대한 투자수익률(보다 정확하게는 예상투자수익률)이라고 해야 할 것이다. 여기서 말하는 투자수익률에는 자국 금융자산의 투자수익률뿐 아니라 외국 금융자산의 투자수익률도 포함된다. 자국 금융자산에 대한 투자수익률과 외국 금융자산 투자수익률을 비교하여 국내 또는 해외투자가 결정될 것이기 때문이다.

투자수지의 결정에 관한 상세한 내용은 뒤의 제 3 장에서 다루기로 하자. 투자수지는 자국 투자수익률과 외국의 투자수익률의 차이뿐만이 아니라 외환 및 해외투자와 관련된 제도에 의해서도 많은 영향을 받는다. 아무리 외국의 투자수익률이 높다고 하더라도 제도적으로 해외 직접투자나 포트폴리오 투자가 제도적으로 엄격히 금지된다면 국가간의 자본이동은 불가능할 것이다.

결국, 투자수지(KAB)는 이자율이 투자수익률과 같다는 가정 아래 다음과 같은 식으로 표현할 수 있을 것이다.

$$KAB = K(i,\ i^*),\quad \frac{\partial K}{\partial i} > 0,\quad \frac{\partial K}{\partial i^*} < 0 \qquad \cdots\cdots\cdots\ (2.92)$$

3. 종합수지균형과 *BB*곡선의 도출

(1) *BB*곡선의 형태

식 (2.80)의 경상수지 결정식과 식 (2.92)의 투자수지 결정식을 식 (2.91)에 대입하면 종합수지의 결정식을 다음과 같이 요약하여 표현하게 된다.

$$\begin{aligned} BOP &= U(\overset{\oplus}{s},\ \overset{\ominus}{Y};\ \overset{\oplus}{Y^*}) + K(\overset{\oplus}{i},\ \overset{\ominus}{i^*}) \\ &= B(\overset{\ominus}{Y},\ \overset{\oplus}{i},\ \overset{\oplus}{s};\ Y^*,\ i^*) = 0 \end{aligned} \qquad \cdots\cdots\cdots\ (2.93)$$

따라서 종합수지가 균형이라면 식 (2.93)의 값이 0이 되어야 하는데, 종합수지가 0을 유지한다는 조건이 성립되려면 소득(Y)과 이자율(i)이 같은 방향으로 움직여야 한다.

예컨대 〈그림 2-11〉의 점 a에서 종합수지가 균형을 이루고 있었다고 하자. 이자율은 변하지 않고 소득만 증가하여 점 b로 이동하게 되면, 투자수지에는 변동없이 경상수지만 악화되어, 종합수지가 균형(즉, 0)에서 적자로 바뀐다. 따라서 종합수지가 흑자가 되려면 다시 점 a로 이동하든지, 아니면 국내이자율이 상승하여야 한다. 국내이자율이 상승하여 자본수지 및 투자가 개선되면 다시 종합수지가 균형을 회복할 텐데, 그 점을 〈그림 2-11〉에서 점 c라고 하자.

결국, 종합수지가 균형을 이루는 소득(Y)과 이자율(i)의 조합을 (Y, i)좌표평면에 표시한 곡선은 우상향하는 모습을 보일 것인데, 이를 BB곡선이라고 부르기로 한다.

BB곡선의 기울기는 내외간의 투자나 자본의 흐름에 관한 제도에

〈그림 2-11〉 종합수지 균형과 *BB*곡선

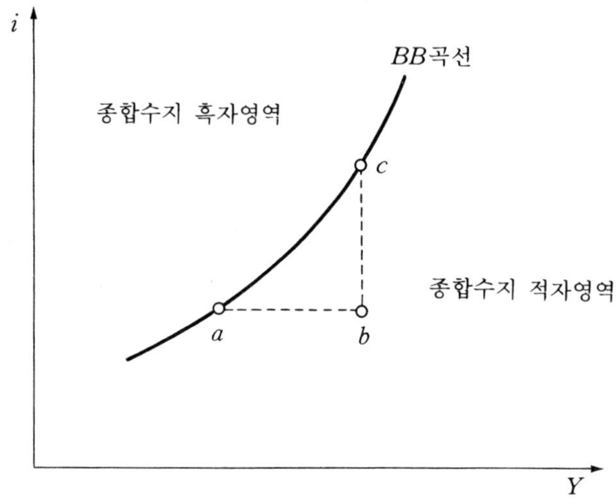

따라 달라진다. 국내외투자가 엄격히 통제되면 될수록 *BB*곡선의 기울기는 높아지고, 반대로 국내외투자가 자유로울수록 *BB*곡선의 기울기는 낮아진다.

소득이 경상수지가 0일 때의 소득($\overline{Y}$라 함)보다 낮은 경우 경상수지는 흑자이고, 투자수지가 0일 때의 이자율($\overline{i}$*라 함)보다 낮은 이자율에서는 투자수지가 적자이다. *BB*곡선 아래는 종합수지가 적자이고 *BB*곡선 위는 종합수지가 흑자이다. 따라서 〈그림 2-12〉의 영역 Ⅰ에서는 경상수지, 투자수지 및 종합수지가 모두 흑자이고, 영역 Ⅳ에서는 반대로 경상수지, 투자수지 및 종합수지가 모두 적자이다.

*BB*곡선상에서는 항상 종합수지가 균형을 이루고 있지만, *BB*곡선 바깥의 점들은 종합수지가 균형을 이루고 있지 못하다. *BB*곡선의 윗편지역에서는 종합수지가 흑자를 나타내고, 반대로 *BB*곡선의 아래쪽에서는 종합수지가 적자를 보임을 쉽게 확인할 수 있다.

*BB*곡선상의 모든 점들에서 종합수지가 균형이라고 해서 경상수

〈그림 2-12〉

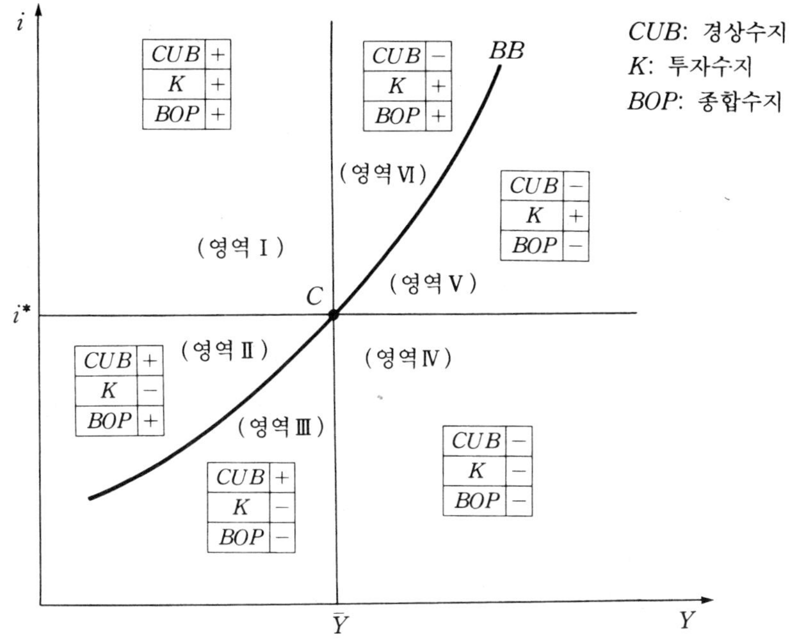

(주: +는 흑자, −는 적자)

지나 투자수지가 *BB*곡선의 모든 점에서 균형일 필요는 없다. *BB*곡선상의 한 점(예컨대 〈그림 2-11〉의 점 *a*)에서 *BB*곡선을 따라 오른쪽으로 이동해 올라갈수록 경상수지는 악화되지만 투자수지는 개선된다. 이것은 *BB*곡선상 어느 한 점에서는 경상수지와 투자수지가 모두 0인 점이 있을 것임을 시사하고 있다. 그 점을 〈그림 2-12〉의 점 *C*라고 하자.

물론 그 점은 국내이자율이 국제금리(i^*)와 같은 수준일 가능성이 높다. 국내이자율이 국제금리와 같으면 금리차에 의한 투자자본의 흐름은 없을 것이기 때문이다. 그러나 국내이자율과 국제금리가 같지 않더라도 환율의 예상변동률이 금리차를 상쇄한다면 자본수지가 0이 될 수도 있다.

여기서 경상수지와 투자수지가 모두 0인 점 C를 지나는 수직선과 수평선을 그으면 그것과 BB곡선에 의해 (Y, i)좌표평면은 6개의 구역으로 나누어지는데, 그 각각의 경상수지와 투자수지 및 종합수지의 부호는 〈그림 2-12〉에 나타나 있는 바와 같다.

(2) BB곡선의 이동

BB곡선은 환율(s)과 외국소득(Y^*) 그리고 국제금리(i^*)가 변하게 되면 좌측 또는 우측으로 이동하게 된다.

1) 환 율(s)

자국통화의 환율이 상승(자국통화가치 하락)하게 되면 'BB곡선'은 오른편으로 이동하게 된다. 환율상승으로 인하여 자국상품에 대한 해외로부터의 수요, 즉 수출수요가 증가하고 따라서 총수요와 소득이 증가하기 때문이다.

환율이 한 단위 상승했을 때의 BB곡선의 우측이동폭은 식 (2.92)로부터 다음과 같음을 알 수 있다.

$$\left.\frac{dY}{ds}\right|_{BB} = \frac{-\left(\dfrac{\partial U}{\partial s}\right)}{\left(\dfrac{\partial U}{\partial Y}\right)} = \frac{\left(\dfrac{\partial U}{\partial s}\right)}{\left(\dfrac{\partial M^d}{\partial Y}\right)} > 0 \qquad \cdots\cdots\cdots (2.94)$$

식 (2.94)의 우변의 분모는 바로 한계수입성향이고, 분자는 환율상승에 따른 경상수지의 개선정도를 나타내는 양의 수이다.

2) 외국소득(Y^*)

외국소득의 변화는 자국상품에 대한 외국의 수입, 즉 자국의 수출수요(X^d)의 증가를 초래하여 BB곡선을 오른쪽으로 이동시키게 될 것이다.

외국소득이 한 단위 변동했을 때의 BB곡선의 오른쪽 이동폭은

$$\left.\frac{dY}{dY^*}\right|_{BB} = \frac{\left(\frac{\partial Y^d}{\partial Y^*}\right)}{\left(\frac{\partial M^d}{\partial Y}\right)} > 0 \qquad \cdots\cdots\cdots (2.95)$$

이다.

3) 국제금리(i^*)

국제금리가 상승하면 국내로부터 해외로의 투자는 늘어나는 반면에 해외에서 국내로 들어오는 투자는 줄어들어 투자수지는 악화될 것이다. 따라서 종합수지가 개선되기 위해서는 국내이자율이 고정되어 있다고 가정하면 국내소득이 감소하여 수입이 줄어들어야만 종합수지의 균형이 회복될 수 있을 것이므로 BB곡선은 왼쪽으로 이동하여야 한다. 국제금리가 한 단위 변동했을 때의 BB곡선의 좌측이동폭은 다음과 같다.

$$\left.\frac{dY}{di^*}\right|_{BB} = \frac{\left(\frac{\partial K}{\partial i^*}\right)}{\left(\frac{\partial M^d}{\partial Y}\right)} < 0 \qquad \cdots\cdots\cdots (2.96)$$

여기서 우변의 분자는 국제금리 변동에 따른 투자수지의 반응정도로서 국내외 투자가들의 이자율에 대한 민감도에 의해 결정되기도 하지만 해외투자와 외국인의 국내투자와 관련한 제도가 개방적인가 폐쇄적인가에 의해서도 좌우되는데, 예컨대 내국인의 국외투자가 금지되어 있는 경우에는 그 값이 0에 가까울 것이다.

Ⅳ. 개방경제의 일반균형

1. 일반균형

상품시장의 균형조건식 (2.82)와 통화시장 균형조건식 (2.88), 그리고 종합수지 균형조건식 (2.93)의 세 식이 동시에 만족되면 한 경제

전체의 일반균형이 성취되었다고 할 수 있다.

$$Y = Y^d(Y,\ i,\ s : T_C,\ G,\ Y^*) : IS\text{곡선} \quad \cdots\cdots\cdots \ (2.82)$$

$$L^s = L^d(Y,\ i) : \quad LM\text{곡선} \quad \cdots\cdots\cdots \ (2.88)$$

$$B(Y,\ i,\ s : Y^*,\ i^*) = 0 : \quad BB\text{곡선} \quad \cdots\cdots\cdots \ (2.93)$$

위의 세 식의 균형조건식 체계는 하나의 연립방정식 체계라 할 수 있는데, 그 연립방정식 체계가 결정해야 할 내생변수는 그 경제가 채택하고 있는 환율체제에 따라 다소 다르다.

즉, 어떤 환율체제하에 있는가에 따라 소득(Y)과 이자율(i) 외에 제 3 의 내생변수가 환율(s)일 수도 있고(변동환율제도) 또 통화공급(L^s: 고정환율제도)일 수도 있다.

변동환율제도하에서의 균형소득($\tilde{Y}$), 균형이자율($\tilde{i}$) 및 균형환율($\tilde{s}$)은 위 식 (2.82), (2.88) 및 (2.93)을 동시에 만족시키는 Y, i 및 s로서 통화공급(L^s), 정부지출(G), 외국소득(Y^*), 국제금리(i^*) 등에 의해 결정된다.

$$\tilde{Y} = \tilde{Y}(L^s,\ G,\ Y^*,\ i^*) \quad \cdots\cdots\cdots \ (2.97)$$

$$\tilde{i} = \tilde{i}(L^s,\ G,\ Y^*,\ i^*) \quad \cdots\cdots\cdots \ (2.98)$$

$$\tilde{s} = \tilde{s}(L^s,\ G,\ Y^*,\ i^*) \quad \cdots\cdots\cdots \ (2.99)$$

반면에 고정환율제도하에서는 환율(s)이 고정되어 있으므로 균형소득($\tilde{\tilde{Y}}$), 균형이자율($\tilde{\tilde{i}}$) 및 균형통화량($\tilde{\tilde{L}}^s$)이 환율, 정부지출, 외국소득 및 국제금리에 의해 결정될 것이다.

$$\tilde{\tilde{Y}} = \tilde{\tilde{Y}}(s,\ G,\ Y^*,\ i^*) \quad \cdots\cdots\cdots \ (2.97)'$$

$$\tilde{\tilde{i}} = \tilde{\tilde{i}}(s,\ G,\ Y^*,\ i^*) \quad \cdots\cdots\cdots \ (2.98)'$$

$$\tilde{\tilde{L}}^s = \tilde{\tilde{L}}^s(s,\ G,\ Y^*,\ i^*) \quad \cdots\cdots\cdots \ (2.99)'$$

〈그림 2-13〉 개방경제의 일반균형

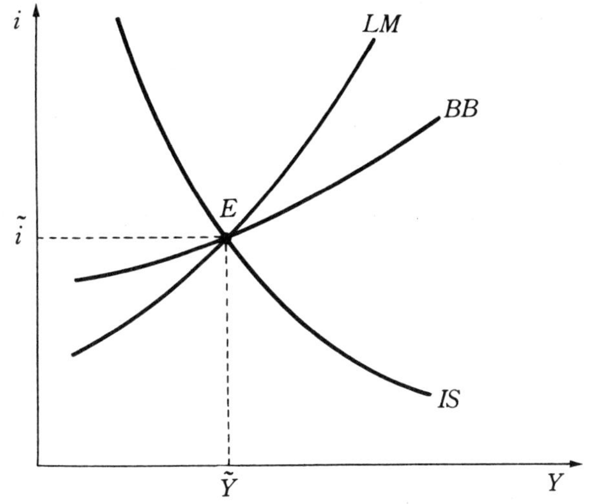

앞에서 변동환율제도일 때의 균형소득($\tilde{Y}$) 결정식 (2.97)과 고정환율제도일 때의 균형소득($\tilde{\tilde{Y}}$) 결정식 (2.97)′는 전혀 다른 식이므로 다소 번거롭기는 하지만 표기를 달리하고자 (≈)로 구분하였다.

균형소득과 균형이자율, 그리고 균형환율(또는 균형통화량)이 동시에 결정되는 과정을 그림으로 설명한 것이 〈그림 2-13〉이다.

상품시장의 균형을 나타내는 *IS*곡선, 통화시장의 균형을 나타내는 *LM*곡선, 그리고 종합수지의 균형을 나타내는 *BB*곡선이 반드시 한 점에서 만나야만 일반균형이 성립되는데 그 점은 〈그림 2-13〉에서 *E*로 표시되었다.

*IS*곡선과 *BB*곡선이 동시에 한 점에서 교차하지 않는 경우에는 세 개의 부분균형점이 생기게 되는데, 그것은 세 곡선 중 두 선이 교차하는 점들이다.

*IS*곡선과 *LM*곡선이 교차하는 점, *IS*곡선과 *BB*곡선이 교차하는 점, 그리고 *LM*곡선과 *BB*곡선이 교차하는 점이 세 개의 부분균형점들

이다.

세 곡선이 동시에 교차하지 않는 세 개의 부분균형점 중에서 어느 부분균형점에 경제가 위치할 것인가는 세 시장 중 어느 시장의 균형유지속도가 가장 빠른가에 달려 있다. 만약 상품시장의 균형회복속도가 가장 느리다면 부분균형은 통화시장균형과 종합수지균형이 이루어지는 상황, 즉 LM곡선과 BB곡선의 교점에 먼저 도달할 것이고, 종합수지균형속도가 가장 느리다면 부분균형은 상품시장균형과 통화시장균형이 이루어지는 점, 즉 IS곡선과 LM곡선의 교점에 도달할 것이다.

여기서는 종합수지의 균형회복속도가 다른 두 시장보다 느리다고 가정하고 항상 상품시장과 통화시장의 균형이 이루어진다고 가정한다.

2. 변동환율체제의 일반균형

변동환율체제하에서 상품시장과 통화시장, 그리고 종합수지의 균형이 동시에 성립하기 위한 소득, 이자율 및 환율의 결정식은 앞에서 본 식 (2.97), (2.98) 및 (2.99)의 3원연립방정식 체계이다.

즉 통화공급(L^s), 정부지출(G), 외국소득(Y^*) 및 국제금리(i^*)가 주어지면 연립방정식의 해에 의해 균형소득($\tilde{Y}$), 균형이자율($\tilde{i}$) 및 균형환율($\tilde{s}$)의 값들이 결정된다.

통화공급이나 정부지출과 같은 외생변수들이 변동하면 균형소득($\tilde{Y}$), 균형이자율($\tilde{i}$) 및 균형환율($\tilde{s}$)의 값도 따라서 변하게 되는데, 이를 분석하기 위해 식 (2.97), (2.98) 및 (2.99)를 전미분하여 다음과 같은 연립방정식 체계를 도출할 수 있을 것이다.

$$\begin{bmatrix} 1-Y_1^d & -Y_2^d & -Y_3^d \\ L_1^d & L_2^d & 0 \\ B_1 & B_2 & 0 \end{bmatrix} \begin{bmatrix} dY \\ di \\ ds \end{bmatrix} = \begin{bmatrix} -Y_4^d \\ 0 \\ B_4 \end{bmatrix} dz \quad \cdots\cdots \quad (2.100)$$

$$Y_1^d = \frac{\partial[C^d - M^d]}{\partial Y} = mpc - mpm(\text{한계소비성향} - \text{한계수입성향}) > 0$$

$Y_2^d = \frac{\partial I}{\partial i} < 0$

$Y_3^d = \frac{\partial [X-M]}{\partial s} > 0$

$B_1 = \frac{-\partial M^d}{\partial Y} = -mpm < 0$

$B_2 = \frac{\partial K}{\partial i} < 0$

z: 외생변수(Y^* 또는 i^* 또는 G)

Y_4^d, B_4: 외생변수 z에 대한 Y^d 또는 B 함수의 편미분값

$L_1^d = \frac{\partial L^d}{\partial Y} > 0$

$L_2^d = \frac{\partial L^d}{\partial i} < 0$

따라서 식 (2.100)의 내생변수들의 균형값은 아래 식에 의해 구해진다.

$$\begin{bmatrix} dY \\ di \\ ds \end{bmatrix} = \begin{bmatrix} 1-Y_1^d & -Y_2^d & -Y_3^d \\ L_1^d & L_2^d & 0 \\ B_1 & B_2 & 0 \end{bmatrix}^{-1} \begin{bmatrix} -Y_4^d \\ 0 \\ B_4 \end{bmatrix} dz \quad \cdots (2.101)$$

$$= \frac{1}{\theta} \begin{bmatrix} 0 & -Y_3^d B_2 & Y_3^d L_2^d \\ 0 & Y_3^d B_1 & -Y_3^d L_1^d \\ \Upsilon_1 & \Upsilon_2 & \Upsilon_3 \end{bmatrix} \begin{bmatrix} -Y_4^d \\ 0 \\ B_4 \end{bmatrix} dz$$

$\Upsilon_1 = L_2^d B_1 - L_1^d B_1$

$\Upsilon_2 = -[1 - Y_1^d B_2 + Y_2^d B_1]$

$\Upsilon_3 = (1 - Y_1^d) L_2^d + Y_2^d L_1^d$

$\theta = Y_3^d (L_2^d B_1 - L_1^d B_2) > 0$

식 (2.101)은 외생변수, 즉 z로 표시된 Y^* 혹은 i^* 혹은 G가 변동했을 때 균형소득, 균형이자율 및 균형환율이 어떻게 변하는지를 보여주고 있다.

그렇지만, 이것은 외생변수의 변화에 대해 일반균형이 이루어졌을 때의 균형값들이므로 부분균형 때의 균형소득이나 균형이자율은 아니다.

외생변수의 변화에 의해 한 일반균형에서 다른 일반균형으로 옮아가는 과정에는 시간이 필요한데, 그 과정 중에서 종합수지의 조정속도가 가장 느리다고 가정하면 그러한 과정을 설명하고 이해하기 위해서는 앞서 사용한 그림이 훨씬 편리할 수도 있다.

(1) 정부지출과 국제수지

일반균형상태에 있는 한 경제에서 정부지출이 증가하면 *IS*곡선과 *LM*곡선과 *BB*곡선 중에서 *IS*곡선만 오른쪽으로 이동한다. *LM*곡선과 *BB*곡선이 전혀 이동하지 않는 것은 일반적으로 정부의 지출이 통화시장이나 또는 종합수지에 직접적인 영향을 미치지 않기 때문이다.

*IS*곡선이 오른쪽으로 이동하게 되면 이전의 일반균형상태가 깨어지게 되는데 상품시장과 통화시장의 균형회복속도가 국제수지 조정속

〈그림 2-14〉 정부지출의 증가(경우 I)

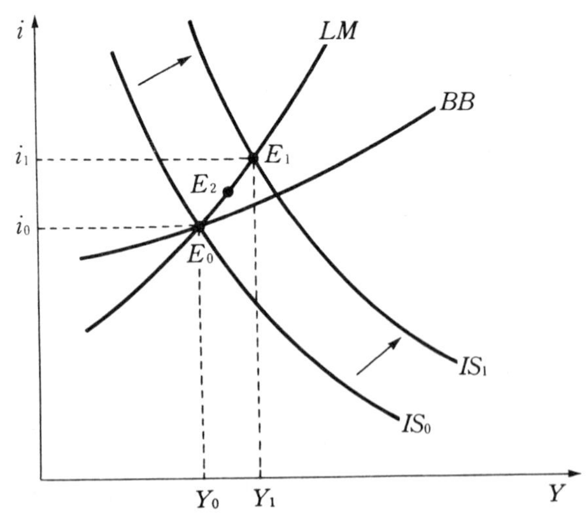

도보다 빠르다고 가정하면 상품 및 통화시장의 균형이 성취되는 반면 국제수지는 불균형인 부분균형(〈그림 2-14〉의 점 E_1) 상태가 될 것이다.

그런데 〈그림 2-14〉의 부분균형점 E_1은 BB곡선의 상단에 있으므로 종합수지가 흑자이다. 소득이 Y_0에서 Y_1으로 증가한 데 따라 경상수지는 다소 악화되었지만, 국내이자율이 상승하여 투자수지가 경상수지 악화폭을 상쇄하고도 남을 만큼 증가하였기 때문이다.

종합수지가 흑자이면 자국통화가치가 오를 것이고, 환율(s)은 하락하게 될 것이다. 그런데, 환율이 하락하면 IS곡선과 BB곡선이 모두 왼쪽으로 이동하는데, 그 수평이동폭은 식(2.86)과 식(2.94)에서 알 수 있듯이 BB곡선쪽이 더 크다. LM곡선은 환율이 변동하더라도 이동하지 않는 것은 물론이다.

결국 부분균형점 E_1보다는 아래에 있고 E_0보다는 위에 있는 LM곡선상의 어느 점에서 새로운 일반균형이 이루어지게 된다.

그 새로운 균형점은 〈그림 2-14〉에서 점 E_2로 표시되었다. 복잡함을 피하기 위해 점 E_2를 지나는 BB곡선과 IS곡선은 〈그림 2-14〉에 표기하지 않았다.

결국 일반균형의 상태에서 정부지출이 늘어나면 새로운 일반균형(E_2)에서의 균형소득과 균형이자율은 이전보다는 상승하고, 자국통화가치도 상승하여 환율은 하락한다.

이전의 일반균형(E_0)에서 새로운 일반균형(E_2)으로 접근해 가는 과정에 있어서의 종합수지의 변동과정은 균형에서 흑자가 되었다가(E_1) 다시 균형으로 되돌아가는 모습을 보이게 되며, 이 때 종합수지의 흑자는 국내이자율 상승으로 인한 투자수지의 흑자에 기인하는 것이며, 경상수지는 종합수지와 반대로 악화된다. 새로운 일반균형에 도달하기까지의 환율과 종합수지, 투자수지 및 경상수지의 조정과정은 〈그림 2-15〉와 같을 것이다.

지금까지는 (Y, i)좌표평면에서 BB곡선의 기울기가 LM곡선의 기울기보다 낮다는 전제하에서 정부지출이 증가했을 때를 분석하였다.

〈그림 2-15〉 정부지출 증가와 국제수지 변동

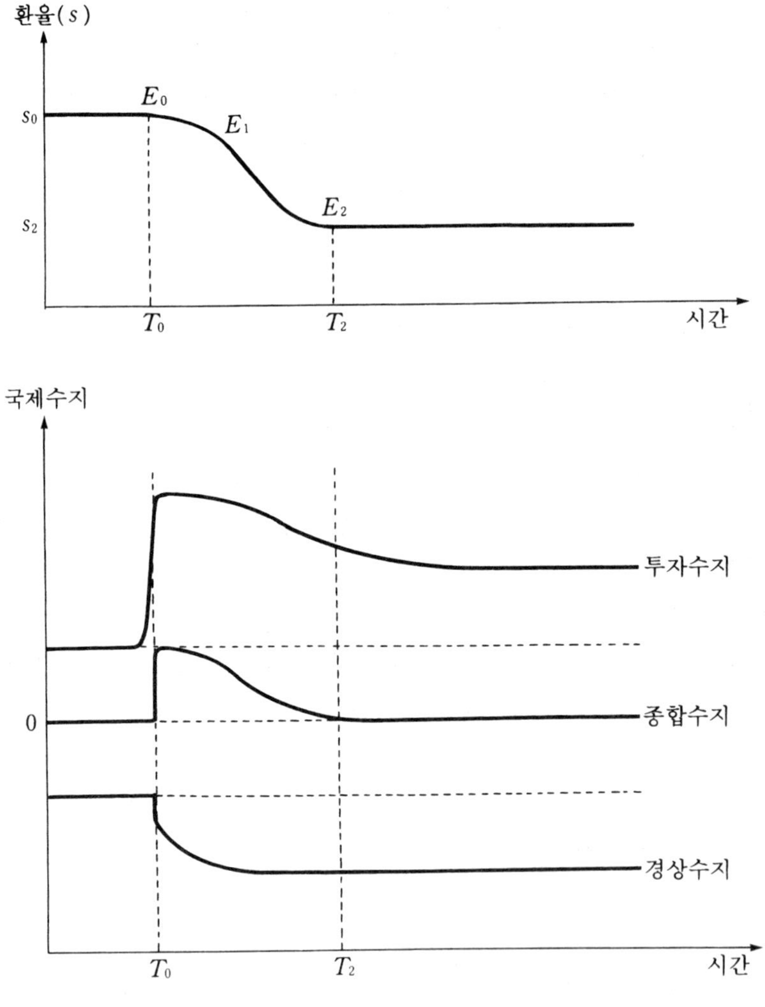

만약 자본시장이 대외적으로 많이 폐쇄되어 있어서 BB곡선의 기울기가 LM곡선보다 크다면 정부지출의 증가가 국제수지에 어떠한 영향을 미칠 것인지도 같은 방법으로 분석할 수 있을 것이다.

〈그림 2-16〉 정부지출의 증가(경우 Ⅱ)

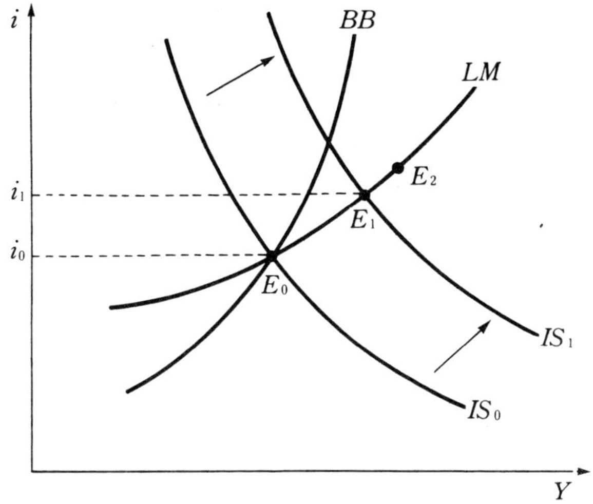

정부지출이 증가하면 IS곡선이 오른쪽으로 이동하고 LM곡선이 이동하지 않는 것은 앞의 경우와 똑 같다. 상품시장과 통화시장의 균형 회복속도가 국제수지 균형속도보다 빠르다면 균형점은 〈그림 2-16〉의 일반균형점 E_0로부터 E_1으로 이동하는 것도 앞과 동일하다. 그런데 부분균형점 E_1에서 종합수지는 앞의 경우와 같은 흑자가 아니라 반대로 적자를 나타내게 되는데, 투자수지가 E_0에 있을 때보다도 E_1에서 더 개선됨에도 불구하고 경상수지가 E_0보다 E_1에서 크게 악화되어 E_1에서 종합수지는 적자를 나타내게 된다. 종합수지가 적자이면 자국의 통화가치는 하락하고 따라서 환율(s)은 상승하는데, 환율이 상승하면 2차적 IS곡선과 BB곡선이 모두 오른쪽으로 이동하게 된다.

결국 새로운 일반균형은 부분균형(E_1)보다 오른쪽 위의 LM곡선상에 있는 점 (E_2)에서 이루어지게 될 것이며, 점 (E_1)에서 점 (E_2)로 균형점이 옮아가는 동안 투자수지가 E_1에서보다 더 개선되어 갈 것이며 반대로 경상수지는 자국환율의 절하에도 불구하고 더 악화된다.

〈그림 2-17〉 정부지출 증가와 국제수지 조정과정(경우 Ⅲ)

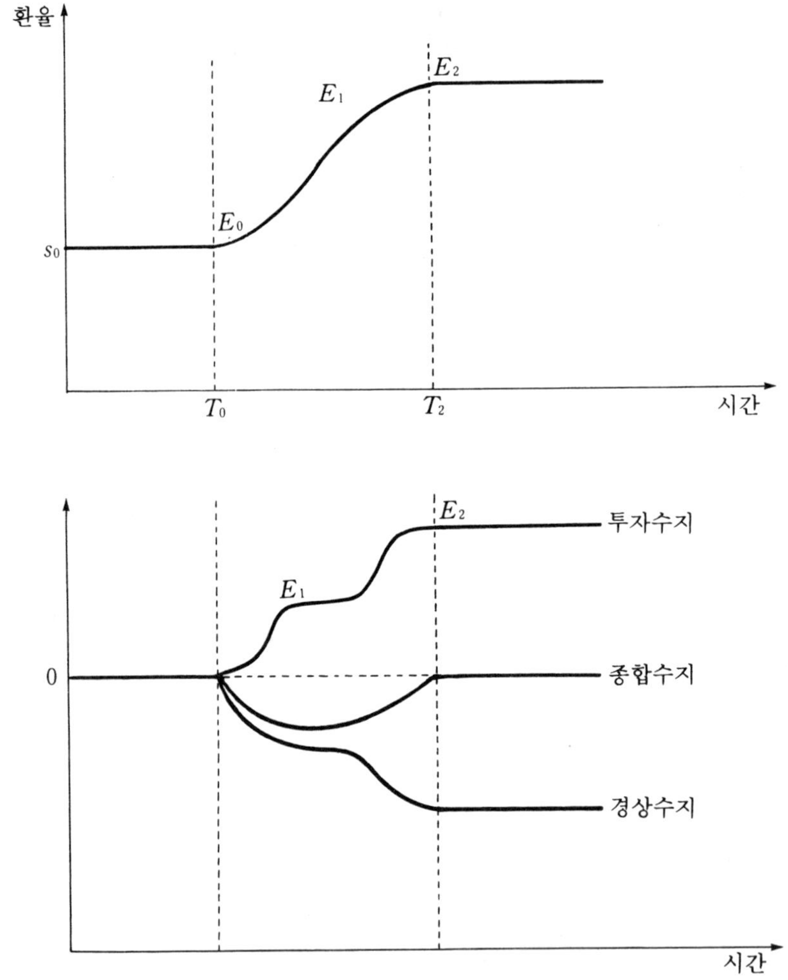

(2) 통화량 증가와 국제수지

정부지출(G)의 변화가 IS곡선만을 이동시키는 데 반해 통화량 공급(L^s)을 변화시키면 일차적으로는 LM곡선만 이동하게 된다. 예컨대 통화공급이 증가하면 〈그림 2-18〉에서 LM곡선은 LM_0에서 오른쪽에 있는 LM_1으로 이동하고 따라서 부분균형 E_1에 도달하게 된다.

그런데 점 E_1은 BB곡선의 오른쪽 아래에 놓여 있으므로 종합수지는 적자이고, 이 적자는 투자수지와 경상수지가 모두 점 E_0에 있을 때보다 악화되어서 발생한 것이다.

종합수지가 적자이면 자국의 통화가치는 떨어져 환율(s)은 상승하고, 따라서 2차적으로 IS곡선과 BB곡선이 오른쪽으로 이동하게 된다. 환율이 변동하더라도 LM곡선은 제자리에서 움직이지 않을 것이므로 새로운 일반균형은 LM곡선상에 있으면서 부분균형 E_1보다는 오른쪽 위에 있는 점(E_2)에서 이루어질 것이다.

예전 일반균형점 E_0에 비해 부분균형 E_1의 이자율이 낮아졌으므로 투자수지는 악화되지만 새로운 일반균형점(E_2)으로 이동하는 과정에서 국내이자율이 다소 상승하므로 투자수지가 다소 개선된다. 하지만 새로운 균형점 E_2에서의 투자수지는 점 E_0와 비교하면 악화되어 있다.

〈그림 2-18〉 통화량 증가

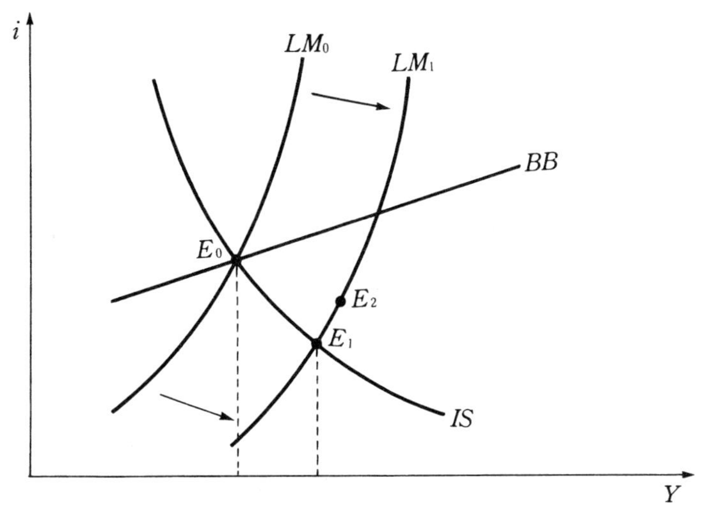

경상수지는 점 E_0에서 점 E_1으로 이동하는 동안 악화되며 점 E_1 이후의 조정과정에서는 환율요인으로 인한 경상수지 개선효과와 소득증가로 인한 경상수지 악화요인이 같이 혼재해 있지만 전체적으로는 경상수지가 개선된다. 점 E_2의 경상수지는 점 E_1에 비해서뿐만 아니라 점 E_0에 비해서도 개선되어야 한다. 왜냐 하면 점 E_2에서의 투자수지가 점 E_0일 때보다도 악화되어 있기 때문에 종합수지가 균형을 회복하기 위해서는 악화된 투자수지만큼 경상수지가 개선되어야만 하기 때문이다.

지금까지는 BB곡선의 기울기가 LM곡선의 기울기보다 평평한 경우를 가정하였지만 그 반대의 경우도 본질적으로 완전히 동일하므로 따로 설명할 필요가 없다.

(3) 외국소득 증가와 국제수지

외국소득(Y^*)이 증가하면 자국 상품의 수출수요(X^d)가 증대되므로

〈그림 2-19〉 통화량 증가와 국제수지 조정과정

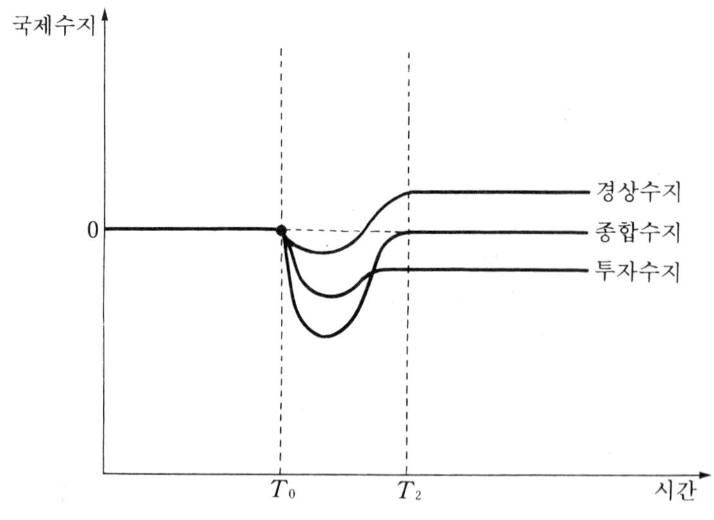

〈그림 2-20〉 외국소득의 증가

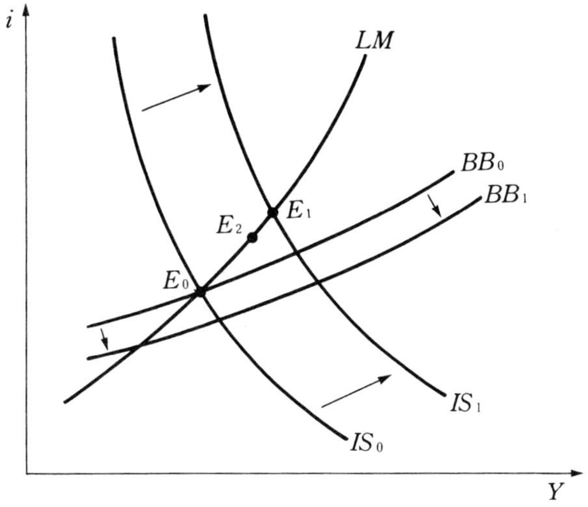

IS곡선과 BB곡선이 모두 오른쪽으로 이동하는데, IS곡선의 이동폭이 BB곡선의 이동폭보다 작다.[5] 따라서 앞에서 가정한 대로 상품시장과 통화시장의 균형이 종합수지 균형보다 빨리 이루어진다면, 외국소득이 증가함에 따라 균형은 〈그림 2-20〉의 구일반균형점 E_0에서 E_1으로 이동하게 될 것이다.

부분균형점 E_1은 새로운 BB곡선(BB_1)의 상단에 놓여 있으므로 종합수지가 흑자인데, 그것이 투자수지가 개선되었기 때문인지 경상수지와 투자수지가 모두 개선되었기 때문인지 확실하게 말할 수는 없다. 다만 국내이자율이 점 E_0보다 점 E_1에서 높기 때문에 투자수지가 개선된 것은 확실하지만, 점 E_1에서의 소득이 점 E_0보다 높기 때문에 수입이 늘어날 것이므로 외국소득이 증가하여 초래된 수출증가 및 경상수지 개

5) IS곡선의 수평이동폭은 $\frac{\partial X^d}{\partial Y^*}\Big/(1-c+m)$이고 BB곡선의 수평이동폭은 $\frac{\partial X^d}{\partial Y^*}\Big/m$인데 $(1-c+m)$은 m보다 큰 수이므로 IS곡선의 수평이동폭이 작다(c는 한계소비성향, m은 한계수입성향).

선효과가 수입의 증가로 인하여 오히려 악화될 가능성도 있기 때문이다.

여하간 점 E_1에서의 종합수지가 흑자이면 자국통화가치가 오르고 환율은 하락할 것이므로 2차적으로 *IS*곡선과 *BB*곡선이 모두 왼쪽으로 이동하게 된다. *LM*곡선은 이동할 이유가 없으므로 새로운 일반균형은 *LM*곡선상에 있게 되는데 이는 〈그림 2-20〉의 점 E_1보다는 왼편 아래쪽에 위치한 점 E_2와 같은 점이 될 것이다.

여기서 의문점은 새로운 일반균형점(E_2)이 예전 일반균형점(E_0)보다 *LM*곡선의 아래쪽에 성립될 수 있는가 하는 점인데, 그럴 가능성은 희박하지만 완전히 불가능하다고 할 수는 없다.

예컨대 점 E_0가 새로운 일반균형점이 되었다면 이자율이 구일반균형일 때와 같으므로 투자수지가 같은데, 수입은 환율이 하락하였으므로 구일반균형 때보다 크다. 따라서 외국소득의 증가로 인한 수출의 증가폭이 비록 환율이 하락하여 다소 위축되더라도 충분히 크면 환율하락으로 인한 수입증가폭을 상쇄할 수 있어서 종합수지가 균형을 회복할 수 있기 때문이다.

그러나 새로운 일반균형이 성립되었을 때 예전 일반균형보다 투자수지가 개선되었으면(즉, 국내이자율이 이전보다 높으면) 경상수지는 악화되어야 하고, 반대로 투자수지가 악화되었으면 경상수지는 개선되어야만 종합수지가 균형(즉, 0)을 회복하게 된다.

*BB*곡선의 기울기가 *LM*곡선의 기울기보다 가파른 경우에도 새로운 일반균형의 특징이나 환율의 변동(즉 자국통화가치의 상승, 환율의 하락)방향은 같으며, 따라서 국제수지의 변동과정도 동일하므로 설명을 생략한다.[6)]

(4) 국제금리의 상승과 국제수지

국제금리(i^*)가 상승하면 *IS*곡선과 *LM*곡선은 이동하지 않고 *BB*

6) 이러한 현상이 발생하는 이유는 외국소득이 증가할 때의 *BB*곡선의 오른편 이동폭이 *IS*곡선의 오른편 이동폭보다 크기 때문에 새로운 *IS*곡선과 *LM*곡선이 만나는 부분균형점이 새로운 *BB*곡선의 왼편에 놓이기 때문이다.

〈그림 2-21〉 외국소득 증가와 국제수지 조정과정

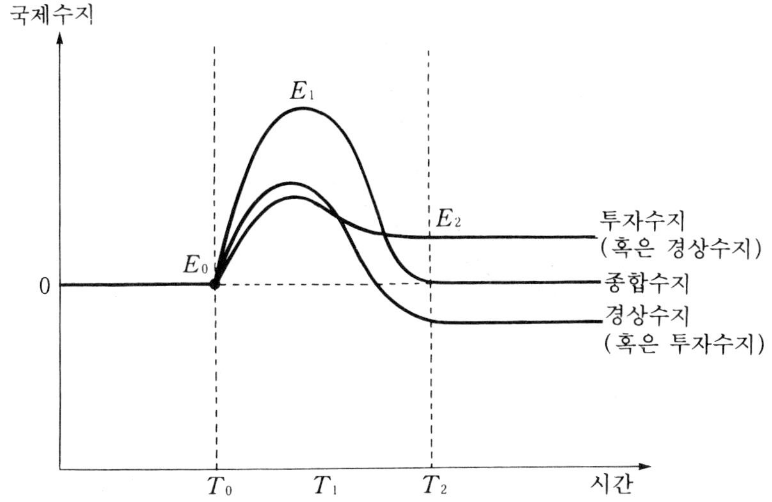

곡선만 왼편으로 이동하게 된다. 물론 보다 엄밀하게 말하자면 경상수지 내의 소득계정에 포함되어 있는 해외투자에 대한 이자소득이 증가하여 *IS*곡선이 오른쪽으로 이동할 수는 있다.

그렇지만 이자소득계정 수입증가폭이 전체 경제에서 차지하는 비중이 일반적으로 아주 적다면 무시할 수 있을 것이므로 여기서는 국제금리의 변동에 따른 *IS*곡선의 오른쪽 이동이 없다고 가정하기로 하자.

그렇다면 국제금리가 상승하더라도 상품시장과 통화시장의 부분균형점 E_1은 E_0가 될 것이며, 다만 투자수지가 악화됨에 따라 종합수지만 적자로 반전될 것이다. 종합수지가 부분균형점 $E_1(=E_0)$에서 적자이므로 환율이 상승(자국통화가치 하락)하고 따라서 *IS*곡선과 *BB*곡선이 2차적으로 오른쪽으로 이동하게 된다.

*IS*곡선이 오른쪽으로 이동함에 따라 *LM*곡선과 *IS*곡선이 만나는 부분균형점은 점 E_1(또는 E_0)보다는 오른쪽 위에 있는 *LM*곡선상의 어느 점으로 이동할 것이고 최종적으로 점 E_2에서 새로운 일반균형이 성

〈그림 2-22〉 국제금리 상승

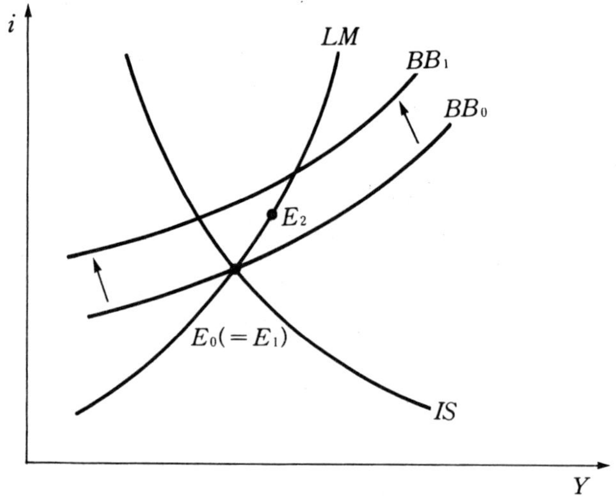

립될 것이다.

예전 일반균형점에서 1차적인 부분균형점까지 가는 동안에 경상수지는 아무런 변동이 없는 국제금리가 높아진 데 따라 투자수지만 악화된다. 그러나 투자수지가 악화되어 종합수지가 적자가 되고 따라서 환율이 상승하면 경상수지가 개선되면서 국내소득과 이자율이 상승할 것이며, 이러한 국내이자율의 상승은 줄어든 투자수지를 부분적으로 개선시킬 것이다.

결국 새로운 일반균형점 E_2에서 종합수지는 균형을 회복하지만 경상수지는 예전의 일반균형점(E_0)보다는 개선되는 반면 투자수지는 예전 일반균형점(E_0)보다는 악화될 것이다.

3. 고정환율체제의 일반균형

고정환율체제에서는 환율이 고정되어 있으므로 국제수지를 조정하는 환율의 기능이 결여되어 있다. 따라서 국제수지의 불균형을 시정하

〈그림 2-23〉 국제금리 상승과 국제수지 조정과정

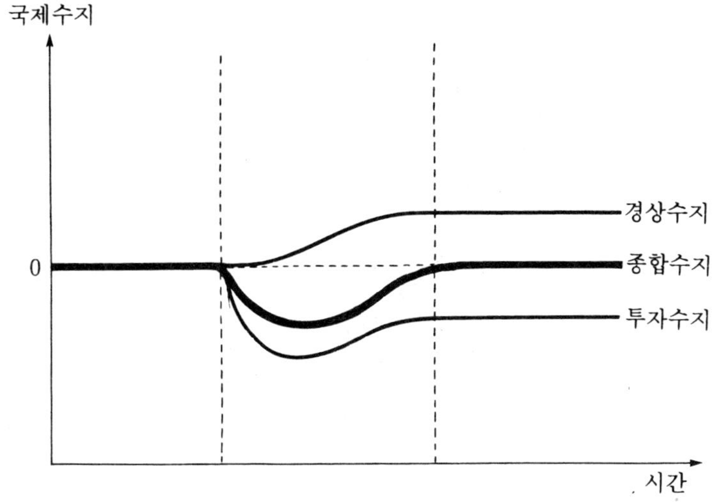

는 주된 기능이 환율이 아닌 다른 도구에 의해서 수행되는데, 그것은 바로 통화량이다. 즉, 국제수지가 흑자이면 통화량이 해외로부터 유입되어 늘어나게 되고, 반대로 국제수지가 적자이면 통화량이 감소한다.

따라서 변동환율체제하의 일반균형에서는 균형소득, 균형이자율 및 균형환율이 결정되는 데 반해 고정환율체제에서는 균형소득, 균형이자율과 함께 균형통화량이 내생적으로 결정된다. 다시 말해 통화정책당국이 정책적으로 택한 통화공급량을 지킬 수가 없고, 경제주체가 수요하는 만큼의 통화공급량을 민간 경제주체들이 결정하게 된다. 대신에 통화정책당국은 환율을 정책적으로 조정함으로써 간접적으로 통화량에 영향을 미칠 수 있을 뿐이다.

변동환율체제하에서의 일반균형을 나타내는 연립방정식 체계, 즉 식 (2.97)부터 식 (2.99)까지에는 통화공급변수(L^s)가 외생으로 처리된 데 반해 고정환율체제하에서의 일반균형을 나타내는 연립방정식 체계인 식 (2.97)′부터 (2.99)′까지에서는 통화공급변수가 내생변수로 취

〈그림 2-24〉 고정환율제도하에서의 *LM*곡선 이동

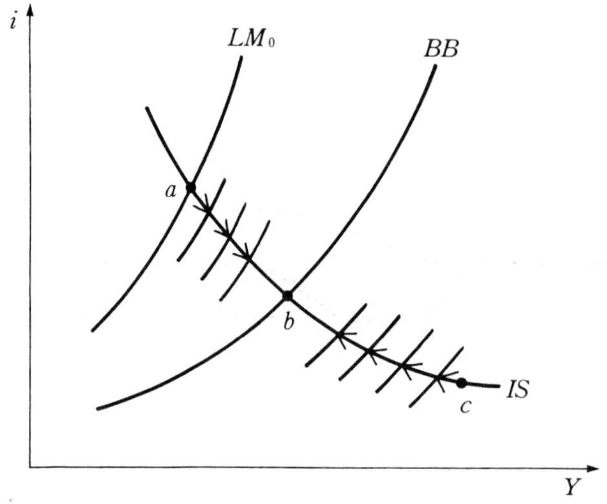

급되는 이유가 여기에 있다.[7]

이러한 사실이 (Y, i)좌표평면에서 의미하는 바는, BB곡선의 상단에 있는 모든 점에서는 국제수지의 흑자로 인해 통화공급량이 증가하고, 따라서 그 점을 지나는 LM곡선이 오른쪽으로 점진적으로 이동하며, 반대로 BB곡선의 아래쪽에 있는 모든 점에서는 통화공급량이 줄어들어 그 점을 지나는 LM곡선이 점진적으로 왼쪽으로 이동한다는 것이다.

예컨대 〈그림 2-24〉에서 점 a는 BB곡선의 상단에 있으므로 국제수지가 흑자이고, 따라서 통화량이 점점 증가하여 LM곡선이 오른쪽으로 이동하게 된다. 오직 LM곡선이 점 b에 도달하고 나서야 국제수지가 균형이므로 더 이상 LM곡선이 이동하지 않는다. BB곡선의 오른쪽 아래에 있는 점 c에서는 반대현상이 일어나 LM곡선이 왼쪽으로 이동하고, 점 b에 도달한 후에야 더 이상 LM곡선이 이동하지 않는다.

7) 보다 엄밀하게 말하자면 식 (2.97)'와 식 (2.98)'에 의해 균형소득($\tilde{Y}$)과 균형이자율($\tilde{i}$)이 결정되고 이에 의해 균형통화량($\tilde{L}_s$)이 결정된다.

〈그림 2-25〉 **정부지출 증가**(경우 I)

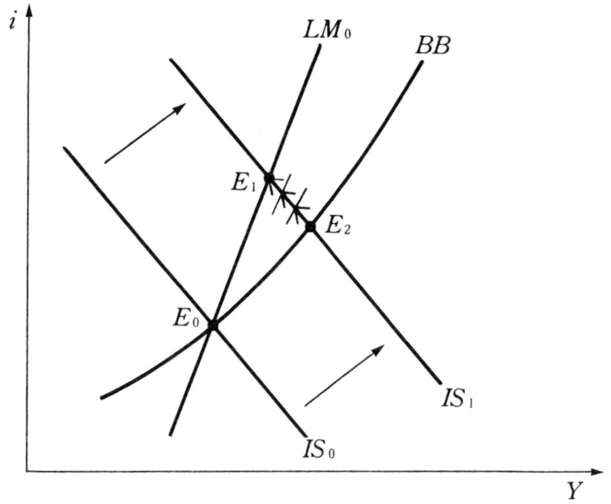

(1) 정부지출과 국제수지

정부지출이 증가하면 IS곡선만 오른쪽으로 이동하고 BB곡선은 이동하지 않는다. 따라서 균형점은 일단 〈그림 2-25〉에서의 점 E_0에서 점 E_1의 부분균형점으로 옮겨가게 된다. 그러나 점 E_1에서는 국제수지가 흑자이므로 통화량이 계속 늘어나게 되고 따라서 2차적으로 LM곡선이 오른쪽으로 이동하여 최종적으로는 새로운 일반균형점 E_2에 도달해서야 LM곡선의 우측이동이 정지하게 된다.

점 E_1에서 발생하는 종합수지의 흑자는, 경상수지가 악화됨에도 불구하고 투자수지가 국내이자율의 상승으로 크게 개선되어 일어나는 현상이다. 점 E_1에서 점 E_2로 이동해 가는 과정에서는 투자수지와 경상수지가 모두 악화된다. 결국 구일반균형점 E_0와 비교해 볼 때, 점 E_2에서의 경상수지는 악화되지만 그만큼 투자수지가 개선되어 종합수지의 균형이 회복된다.

만약 BB곡선의 기울기가 LM곡선의 기울기보다 더 크다면 국내이자율의 상승으로 인한 자본수지의 개선에도 불구하고 경상수지의 악화폭이 커 종합수지가 적자로 반전된다. 종합수지가 적자로 반전됨에 따라 통화량이 축소가 일어나 *LM*곡선이 왼쪽으로 점진적으로 이동하게 되는데, 이러한 과정에서 이자율은 상승하고 소득은 줄어든다. *LM*곡선의 왼편 이동은 *LM*곡선이 *BB*곡선과 교차하는 점 E_2, 즉 새로운 일반균형점에서 그치게 되는데, 그러는 과정에서 경상수지와 투자수지는 모두 개선된다.

*BB*곡선의 기울기가 *LM*곡선보다 더 가파르든 덜 가파르든지 간에, 정부지출이 증가하는 경우의 국제수지의 조정과정은 경상수지가 악화되고 투자수지는 개선된다는 점에서는 결과가 동일하다.

(2) 통화공급의 증가와 국제수지

고정환율제도하에서는 궁극적으로는 통화당국이 통화량을 조절할 수 없다고 하였는데 그럼에도 불구하고 통화당국이 통화공급을 증가시

〈그림 2-26〉 정부지출 증가와 국제수지 조정과정

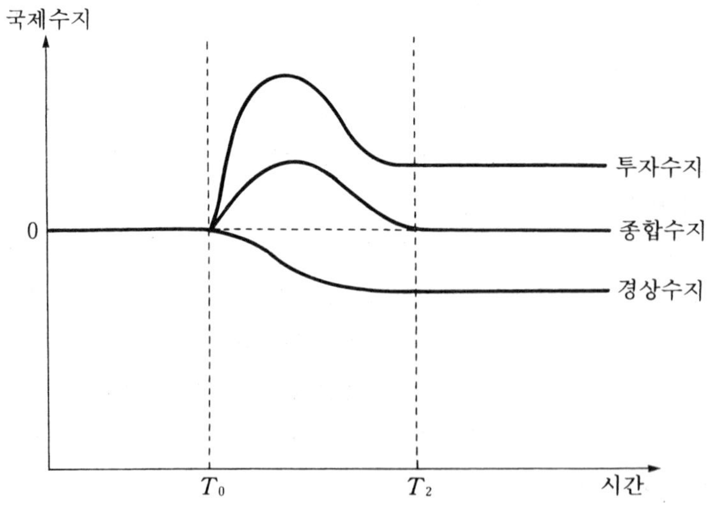

〈그림 2-27〉 정부지출 증가(경우 Ⅱ)

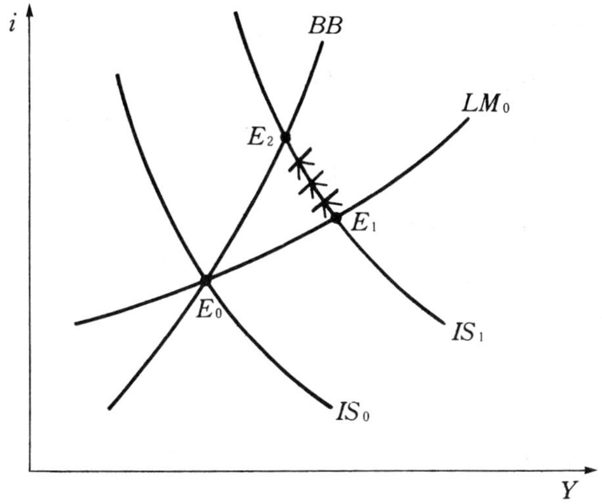

〈그림 2-28〉 정부지출과 국제수지 조정과정(경우 Ⅱ)

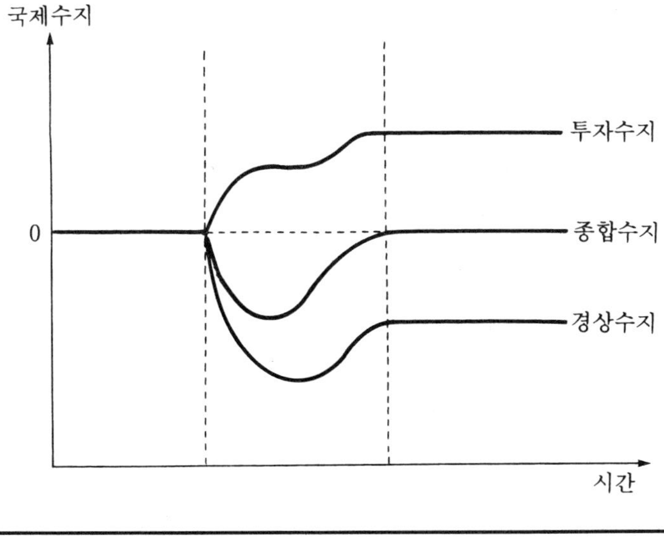

켰다고 가정해 보자. 그러면 아래의 〈그림 2-29〉에서처럼 LM곡선이 오른쪽으로 이동하여 일단 종합수지의 적자가 발생한다(E_1).

점 E_1에서의 종합수지 적자는 투자수지와 경상수지가 모두 악화되었기 때문에 발생하는 것이다. 점 E_1에서 종합수지가 적자임에 따라 통화량이 점차 줄어들게 되고 따라서 LM곡선은 다시 왼쪽으로 이동하는데 점 E_2, 즉 원래의 균형점으로 되돌아갈 때까지 그 과정이 반복된다. 점 E_2에서는 경상수지와 투자수지 모두 원래의 수준이 회복되었다.

결국 통화당국에 의한 통화공급의 증가는 종합수지의 지속적인 적자를 유발하며, 종합수지의 누적적자로 인한 통화량의 유출이 통화당국에 의해 증가된 통화공급량과 같을 때까지 종합수지의 적자가 계속된다.

BB곡선의 기울기가 LM곡선보다 클 때에도 종합수지나 경상수지 혹은 투자수지의 조정과정은 동일하므로 따로 설명할 필요가 없다.

통화당국에 의한 통화공급량의 변화, 즉 통화정책이 소득이나 이자율은 물론 종합수지와 경상수지 또는 투자수지의 수준에 일시적인 영향

〈그림 2-29〉 통화공급의 증가

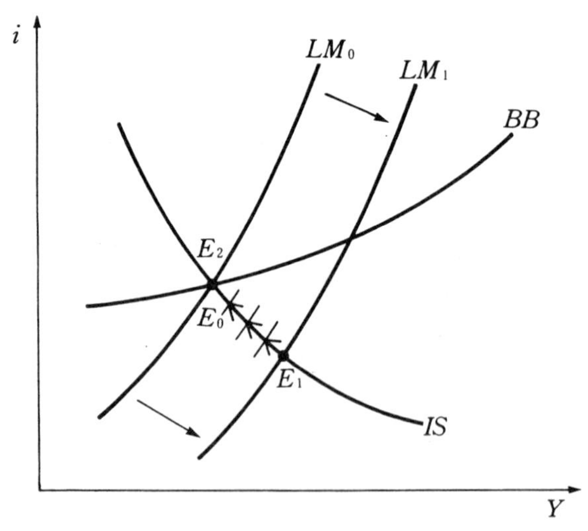

〈그림 2-30〉 통화공급증가와 국제수지 조정과정

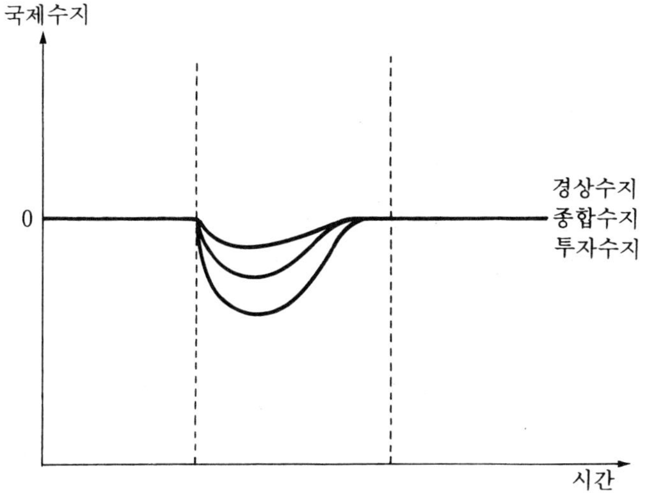

을 미칠 수는 있어도 장기적으로 궁극적인 영향을 미칠 수 없다는 사실을 통화의 중립성(the neutrality of money)이라 한다.

(3) 외국소득의 증가와 국제수지

외국의 소득(Y^*)이 늘어나 자국의 수출에 대한 수요가 증가하면 *IS* 곡선과 *BB*곡선이 모두 오른쪽으로 이동하게 된다.

이 때 *BB*곡선의 오른쪽 이동폭이 *IS*곡선의 오른쪽 이동폭보다 크므로 *BB*곡선의 기울기가 *LM*곡선의 그것에 상관없이 새로운 일반균형점(E_2)의 이자율은 이전의 일반균형점(E_0) 때보다 낮다.

외국소득이 증가하여 균형점이 E_0에서 E_1으로 이동하는 과정에서 투자수지와 종합수지는 개선된다. 그러나 종합수지의 흑자로 인하여 통화의 유입이 증대됨에 따라 *LM*곡선이 오른쪽으로 이동하게 되며($E_1 \rightarrow E_2$), 이 과정에서는 투자수지와 경상수지가 모두 악화된다. 결국 새로운 균형점 E_2에서는 점 E_0와 비교하여 투자수지는 악화된 반면 경상

〈그림 2-31〉 외국소득의 증가

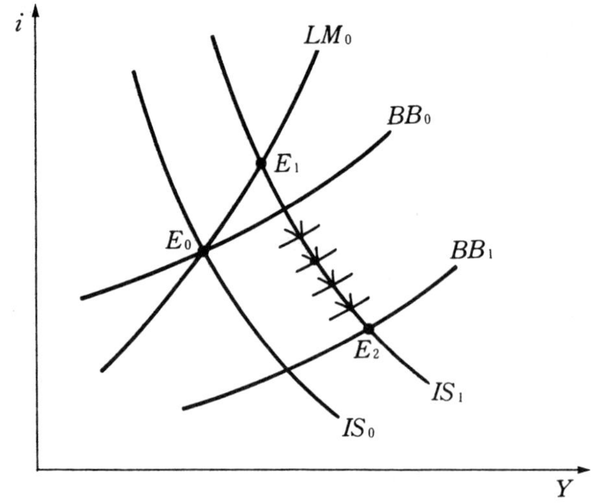

〈그림 2-32〉 외국소득 증가와 국제수지 조정과정

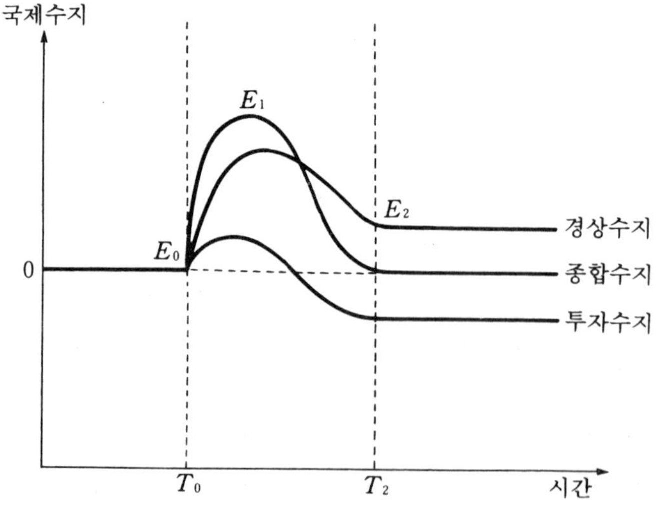

수지는 소득증가로 인한 수입의 증가에도 불구하고 외국소득 증가로 인한 수출증가에 힘입어 점 E_0보다는 개선된다.

이러한 국제수지의 조정과정은 BB곡선의 기울기가 LM곡선보다 크더라도 동일하게 나타난다.

(4) 국제금리의 상승과 국제수지

국제금리(i^*)가 상승하면 BB곡선만 위로 이동하고 IS곡선은 움직이지 않는다. 따라서 새로운 일반균형점은 IS곡선상에 있는 〈그림 2-32〉의 점 E_2로 이동하는데 점 E_0에서는 종합수지가 적자이므로 LM곡선이 계속해서 왼편으로 이동하여 점 E_2에 도달하게 된다. 점 E_0에서 종합수지가 적자로 반전하는 것은 국제금리가 상승하여 투자수지가 악화되기 때문이며 경상수지에는 아무런 변화도 없다.[8]

점 E_0에서 점 E_1으로 이동해 가는 동안 투자수지와 경상수지 모두 개선되므로, 점 E_2에서 경상수지는 점 E_0보다 개선될 것이며 투자수지는 경상수지가 개선된 만큼 악화되어 종합수지의 균형이 회복된다.

국제금리가 변동하는 경우도 외국소득의 경우와 마찬가지로 BB곡선의 기울기가 LM곡선에 비해 크더라도 상관없이 국제수지의 조정과정의 특징이 동일하므로 따로 설명하지 않는다.

(5) 통화가치의 절하와 국제수지

자국의 통화가치를 떨어뜨리는 평가절하(환율의 상승)를 단행하면 IS곡선과 BB곡선이 모두 오른쪽으로 이동하게 되는데, IS곡선의 이동폭보다는 BB곡선의 이동폭이 크다. 따라서 이동한 IS곡선과 이동한 BB곡선이 만나는 점의 이자율은 이동하기 전의 이자율보다 낮아진다. 그러나 LM곡선은 단기적으로는 이동하지 않을 것이므로 새로운 IS곡선(IS_0)과 LM곡선이 만나는 점, 즉 부분균형에서의 국내이자율은 통화가

8) 외국에 보유하는 금융자산 등으로부터의 소득(이자 등)이 증가한 만큼 경상수지가 개선되나 앞에서와 같이 무시한다.

〈그림 2-33〉 국제금리 상승

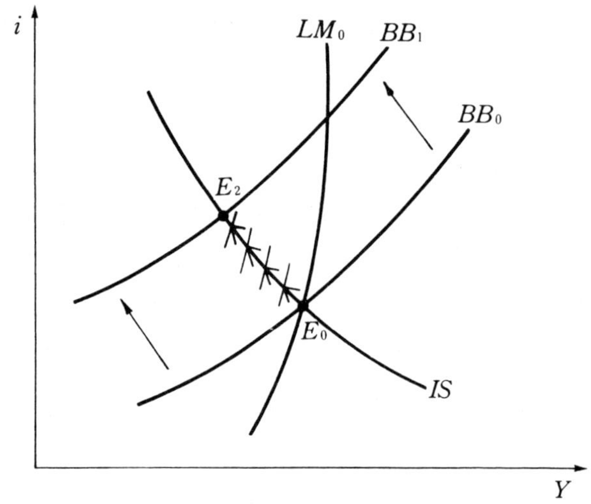

〈그림 2-34〉 국제금리 상승과 국제수지 조정과정

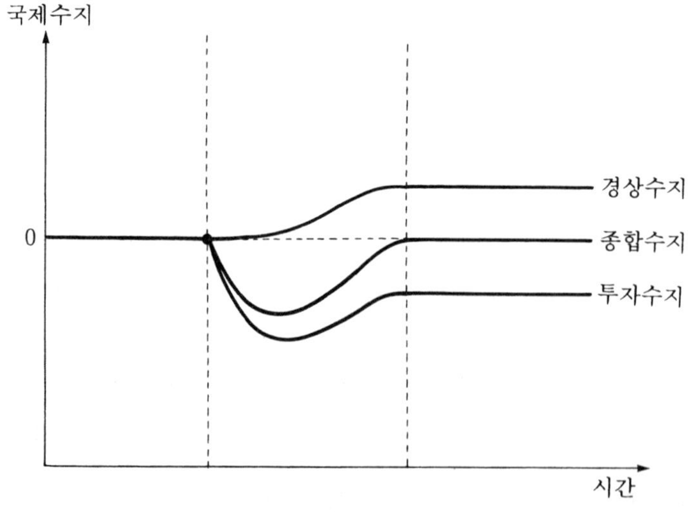

〈그림 2-35〉 환율상승과 국제수지 조정과정

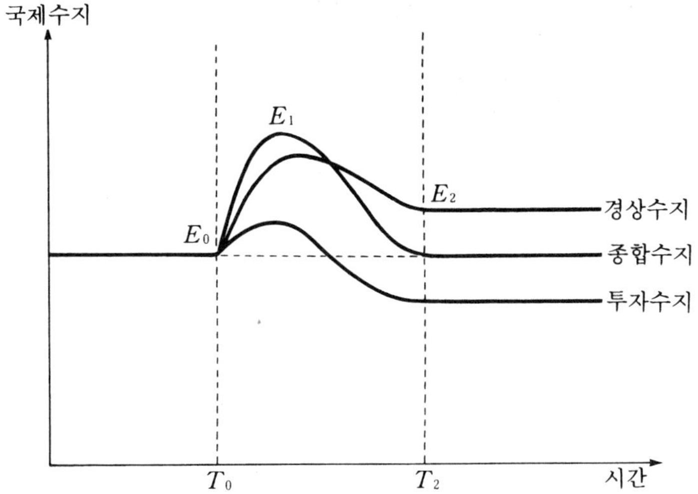

치가 절하되기 이전의 이자율보다 높으므로 투자수지가 개선되어 종합수지도 개선된다. 경상수지는 환율의 인상으로 인한 경상수지 개선효과와 소득증가로 인한 악화효과가 혼합되어 있지만 환율의 경상수지 개선효과가 커서 경상수지는 개선된다.

그렇지만 부분균형에서 종합수지가 흑자로 반전됨에 따라 통화량이 늘어나고, 이어서 *LM*곡선이 오른쪽으로 이동하게 되는데, 이 과정에서 투자수지와 경상수지가 모두 악화된다. 새로운 균형점(E_2)에서 종합수지는 다시 균형을 회복하지만, 투자수지는 환율이 인상되기 이전보다 악화되는 반면(국내이자율의 하락으로), 경상수지는 개선된다. 이러한 국제수지 조정과정은 *BB*곡선의 기울기가 *LM*곡선의 기울기보다 크든 작든 동일하다. *IS-LM*분석을 위한 그림해설은 외국소득 증가의 경우와 동일하므로 생략한다.

제 3 장

국제수지의 결정이론

지금까지의 논의에서는 국제수지의 결정요인에 대한 이론적인 고찰은 없이 거시경제적인 관점에서 무역수지가 환율이나 소득에 영향을 받으며 투자수지는 이자율에 의해 결정된다고 가정하였다. 물론 이러한 가정이 옳지 않다는 것은 아니지만, 보다 합리적인 설명이나 혹은 이론적인 근거하에서 국제수지가 어떤 이유로 무엇에 의해 결정되는지를 살펴볼 필요가 있다.

국제수지의 결정에 관한 이론은 방법론적인 측면에서 볼 때 미시적 결정이론과 거시적 결정이론으로 대별할 수 있는데, 여기서 미시적 결정이론이라는 것은 국제수지를 구성하는 주요 계정의 수지를 분리하여 개별적으로 그 결정되는 원인을 규명하는 이론이라는 의미이고, 거시적 결정이론은 개별수지를 각각 파악하는 것이 아니라 전체로서의 국제수지가 결정되는 원인을 밝히고자 하는 이론이라는 뜻이다.

무역수지의 결정에 관한 탄력성 접근방법(the elasticity approach to the balance of trade)이나 투자수지에 관한 금리재정이론(the theory of interest rate parity)과 같은 이론들은 미시적 국제수지결정이론의 대표적인 예라고 할 수 있고, 통화적 접근방법(the monetary approach to the balance of payments)은 거시적 국제수지결정이론의 대표적인 예로 볼 수 있다.

동일한 개념인 국제수지를 놓고 이렇게 여러 방법론이 제각기 주장되는 이유는 다음과 같이 설명할 수 있을 것이다.

앞장에서의 국민소득 항등식관계를 기억하겠지만, 총국민가처분소득(*GNDI*)은 경상수지(*CUB*) 및 자본·투자수지와 다음의 관계를 갖고 있음을 보았다[식 (2.16)과 (2.22)].

$$CUB = GNDI - A = -[KAB + KNT] \quad \cdots\cdots\cdots \ (2.102)$$

GNDI: 총국민가처분소득

CUB: 경상수지

KAB: 투자수지(순)

KNT: 자본이전수지(순)

미시적 국제수지이론들은 경상수지 또는 경상수지를 구성하는 무역수지나 무역외수지, 투자수지의 각각에 대해 결정원인이나 혹은 결정구조를 파악하고자 하는 데 비하여 거시적 국제수지이론들은 총국민가처분소득에서 총지출(A)을 제한 경상수지가 결국은 대외자산을 취득하거나 혹은 처분하려는 행동의 반영일 뿐이라고 보고 경상수지의 세부적 항목들의 결정요인보다는 대외자산의 취득 또는 처분의 원인이나 결과에 더 큰 관심을 기울이고 있다는 점이 특징이다.

다시 말하면 미시적 이론들이 위의 식 (2.102)에서 왼편에 있는 경상수지(*CUB*)나 투자수지(*KAB*) 각각을 분리하여 원인을 캐내고자 하는 데 반해 거시적 이론들은 총생산과 총지출의 차이($GNDI - A$) 혹은 순대외자산의 변동을 결정하는 요인들을 국제수지의 결정요인으로 보고자 하는 것이다.

그러한 시각의 차이는 나름대로의 장점이 있고 또 단점들을 갖고 있다. 미시적 이론들의 장점은 구체적이라는 점이다. 무역수지를 개선하기 위해 갖추어야 할 조건들이 무엇이며, 개별가격의 변동이나 혹은 요소가격의 변동에 따른 무역수지나 경상수지의 변동효과를 명쾌하게 규명해 주고 있다. 반면에 미시적 이론은 복잡할 뿐만 아니라 거시적 이론들이 보고자 하는 측면, 즉 대외거래가 궁극적으로는 대외자산을 취득하는 행위라는 면을 보지 못하기 때문에 편협하고 또 때로는 모순되는 결론을 유도할 가능성도 있다는 단점을 지니고 있다.

반대로 거시적 이론의 장점은 바로 미시적 이론의 단점을 보완할 수 있다는 것이고 거시적 이론의 단점은 미시적 이론이 지니고 있는 장점이 결핍되어 있다는 것은 두말 할 필요도 없다.

방법론에서 두드러지게 다른 이 두 가지의 국제수지 이론 중 어느 것은 옳고 어느 것은 그르다고 판단할 수는 없다. 그것은 시각의 차이일 뿐이고, 한 동전의 양면 중 한 면일 따름이기 때문이다. 상품을 파는 자는 자기 상품에 대한 가격을 보고 파는 것이기도 하지만 동시에 돈을 보고 자기의 상품을 대가로 지급하는 것이기도 하다. 그 상품의 거래가 가격에 의해서 일어난다고 하는 주장도 틀리지 않고, 또 돈이 필요해서 상품을 판다고 해도 틀리지 않는 말인 것과 같다.

〈그림 2-36〉 국제수지 결정이론의 관점

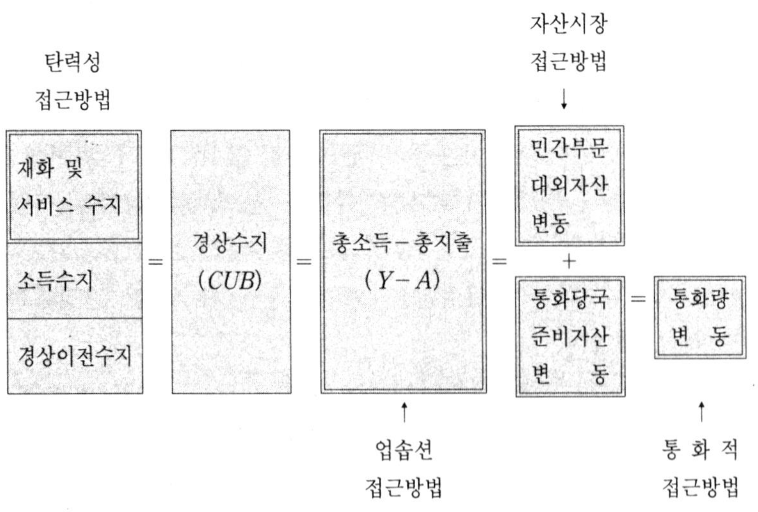

제 1 절 탄력성 접근방법
(The Elasticity Approach to the Balance of Trade)

무역수지에 관한 탄력성 접근방법이 궁극적으로 관심을 가지는 문제는 어떠한 조건하에서 환율의 변화가 무역수지를 개선시키는가 하는 점이라고 할 수 있는데, 그러한 조건을 수출재와 수입재의 수요 및 공급곡선의 가격탄력성에서 찾고자 하기 때문에 탄력성 접근방법이라는 이름이 붙여진 것이다.

통화가치의 평가절하가 무역수지를 개선시키기 위한 탄력성의 조건은 교역의 대상이 되는 재화의 시장구조, 즉 수요곡선이나 공급곡선의 형태에 따라 다르게 나타나는데, 가장 단순한 형태라고 볼 수 있는 마샬-러너 조건에서부터 보다 복잡한 형태의 로빈슨-메츨러-비커다이크 조건 등 여러 형태의 탄력성조건들이 제시되어 왔다.

탄력성 접근방법에서는 환율변화가 초래하는 변화 중에서 가격변화를 제외한 모든 변화, 예컨대 소득이나 대체효과나 혹은 물가상승으로 인한 실질잔고효과 등으로 수요함수나 공급함수에 영향을 미칠 수 있다는 사실을 도외시하고 있다.

다른 말로 표현한다면, 환율변화는 교역재의 수출입가격만을 변동시킬 뿐 다른 사정은 환율의 변화에도 불구하고 그 이전과 동일하다는 가정을 전제로 하고 있다. 그런 면에서 탄력성 접근방법은 대단히 미시적인 방법론임과 동시에 매우 부분균형(partial equilibrium)적인 특징을 지니고 있다고 해야 할 것이다.

Ⅰ. 마샬-러너 조건(The Marshall-Lerner condition)

자국의 통화가치가 α% 하락하여 외화로 표시된 수출가격이 똑같은 α%만큼 하락하였다고 가정해 보자. 외국의 이 수출재화에 대한 수요의 가격탄력성이 η_m^*이라면 외국의 수입물량은 $\alpha \cdot \eta_m^*$%만큼 증가할 것이다. 외화로 표시된 가격은 α% 하락하고 수출물량은 $\alpha \cdot \eta_m^*$만큼 늘어났으므로 수출금액은 대체로 $\alpha(1-\eta_m^*)$%만큼 하락할 것이다[$\alpha(1-\eta_m^*)$%만큼 변동했다고 해도 좋다].

자국통화가치가 α% 하락하여 수입재화의 국내가격이 α% 상승하였다고 가정하면 자국의 수입수요의 가격탄력성을 η_m이라고 할 때 $\alpha \cdot \eta_m$% 만큼의 수입량 감소가 발생하게 되고, 따라서 수입금액은 $\alpha(1-\eta_m)$% 만큼 상승하게 될 것이다. 그러나 이 금액은 자국통화표시 수입액일 뿐이므로 외국통화로 표시한 수입액은 $\alpha\eta_m$%만큼 줄어든다($-\alpha\eta_m$%만큼 변동한다고 해도 좋다).

따라서 위의 가정 아래에서 α%의 수출가격(외화표시) 하락과 α%의 수입가격(자국통화표시) 상승이 무역수지(외화표시)에 미치는 효과는

$$\begin{aligned} \Delta TB &= [\alpha(\eta_m^*-1)+\alpha\eta_m] \\ &= \alpha[\eta_m+\eta_m^*-1] \end{aligned} \qquad \cdots\cdots\cdots (2.103)$$

이 되어 아래의 탄력성의 조건에 따라 무역수지의 변동방향이 바뀌게 된다.

$$\Delta TB \gtrless 0 \Longleftrightarrow (\eta_m+\eta_m^*-1) \lessgtr 0 \qquad \cdots\cdots\cdots (2.104)$$

즉, 자국통화가치의 하락으로 인하여 무역수지가 개선되기 위해서는 자국 수입수요의 가격탄력성(η_m)과 외국의 (자국 상품에 대한) 수입수요의 가격탄력성(η_m^*)의 합이 1보다 커야 하는데, 이 조건을 마샬-러너 조건이라고 부른다.[9]

9) 마샬-러너 조건은 외환시장이 안정적이기 위한 필요충분조건이기도 하다. 보다 일반적인 상황하에서 평가절하가 무역수지를 개선시키기 위한 필요충분조건은 로빈슨-메츨러-비커다이크 조건(The Robinson Metzler Bickerdike condition)이며 마샬-러너 조건이 성립되면 이 조건이 충족되므로 마샬-러너 조건은 평가절하가 무역수지를 개선시키는 충분조건이 된다.

〈그림 2-37〉 마샬-러너 조건의 설명

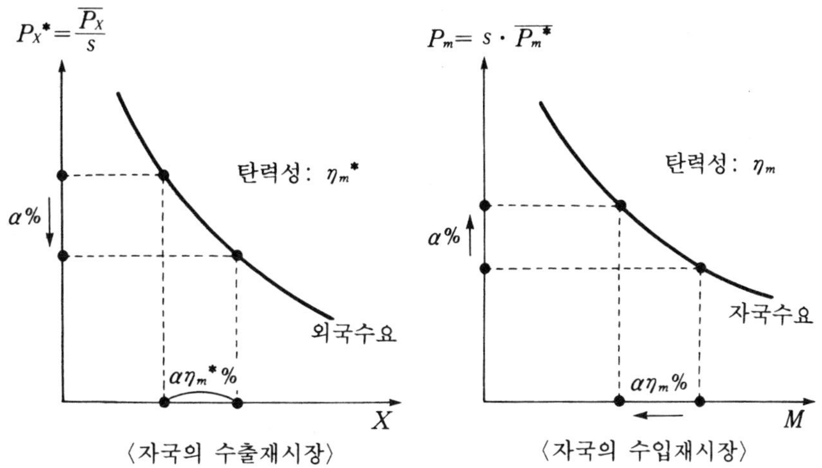

ΔV_X= 수출금액변동(외화표시) $=\alpha(\eta_m^*-1)\%$
ΔV_m= 수입금액변동(외화표시) $=-\alpha\eta_m\%$
ΔTB(무역수지변동) $=\Delta V_X-\Delta V_m=\alpha(\eta_m+\eta_m^*-1)$

Ⅱ. 로빈슨-메츨러-비커다이크 조건
(The Robinson-Metzler-Bickerdike condition)

앞에서 설명한 마샬-러너 조건은 대단히 특수한 가정을 바탕으로 하여 성립되는데, 그 가정이란 자국의 수출재 공급곡선과 자국이 수입재화의 공급곡선의 기울기가 무한하다는 것이다. 다시 말해서 자국통화표시 수출재의 가격과 외국통화표시 수입재의 가격이 환율변화에 대해 변동하지 않는 것을 전제로 하고 있다.

보다 일반적인 상황은 자국의 수출재와 수입재에 대한 수요와 공급곡선이 모두 유한한 기울기를 가지는 상황이라고 할 수 있으므로 이러한 보다 일반적 경우에 평가절하가 무역수지를 개선시키기 위해서는 탄력성들 간에 어떤 조건이 성립되어야 하는지 살펴보자.

1. 모 형

두 나라(자국과 타국)가 두 재화를 서로 교역한다고 가정하고 자국이 수출하는 재화를 X재, 수입하는 재화를 M재라고 하자.

X재와 M재의 가격을 자국통화단위로 표시하면 각각 P_x와 P_m이고, 타국통화로 표시하면 각각 P_x^*와 P_m^*이라고 하자. 그러면 가격들 사이에는 다음과 같은 관계가 성립할 것이다.

$$P_x = s \cdot P_x^* \qquad \cdots\cdots\cdots (2.105)$$

$$P_m = s \cdot P_m^* \qquad \cdots\cdots\cdots (2.106)$$

s: 타국통화 1단위당 자국통화 교환비율(즉, 환율)

X재에 대한 타국의 수요함수를 $M^*(P_x^*)$, 자국의 공급함수를 $X(P_x)$, 그리고 M재에 대한 타국의 공급함수를 $X^*(P_m^*)$, 자국의 수요함수를 $M(P_m)$이라고 하면 다음의 네 가격탄력성을 정의할 수 있게 된다.

$$\eta_m = \frac{dM}{dP_m} \cdot \frac{P_m}{M} = -\frac{dM}{M} \Big/ \frac{dP_m}{P_m} \qquad \cdots\cdots\cdots (2.107)$$

$$\eta_m^* = \frac{dM^*}{dP_m^*} \cdot \frac{P_m^*}{M^*} = -\frac{dM^*}{M^*} \Big/ \frac{dP_m^*}{P_m^*} \qquad \cdots\cdots\cdots (2.108)$$

$$\varepsilon_x = \frac{dX}{dP_x} \cdot \frac{P_x}{X} = \frac{dX}{X} \Big/ \frac{dP_x}{P_x} \qquad \cdots\cdots\cdots (2.109)$$

$$\varepsilon_x^* = \frac{dX^*}{dP_x^*} \cdot \frac{P_x^*}{X^*} = \frac{dX^*}{X} \Big/ \frac{dP_x^*}{P_x^*} \qquad \cdots\cdots\cdots (2.110)$$

X재 시장의 균형조건은 X재에 대한 타국의 수요(M^*)가 자국의 X재 공급과 일치할 때에, 그리고 M재 시장의 균형조건은 M재에 대한 자국의 수입수요(M)가 타국의 공급(X^*)과 일치할 때 성립된다.

$$M^*(P_x^*) = X(P_x) \qquad \cdots\cdots\cdots (2.111)$$

$$M(P_m) = X^*(P_m^*) \qquad \cdots\cdots\cdots (2.112)$$

그리고 타국통화로 표시한 자국 무역수지는 다음과 같이 정의된다.

$$TB = X \cdot P_x^* - M \cdot P_m^* \qquad \cdots\cdots\cdots (2.113)$$

2. 외국통화 표시가격의 변동률과 환율변동

마샬-러너 조건의 배경에는 외국통화표시 재화의 가격 중 자국의 수입재 가격(P_m^*)이 환율의 변동에 영향을 받지 않는다고 가정하고 있는데 그것은 수입을 하는 자국이 그 재화(M)를 공급하는 타국에 비해 현저하게 작다는 특별한 조건을 다는 것과도 같으므로 보다 일반적인 경우로서 환율의 변동이 외국통화표시가격(P_m^*와 P_x^*)을 변화시킨다고 가정하기로 한다.

식 (2.106)으로부터

$$(P_m^* + dP_m^*) = (s + ds)(P_m + dP_m) \qquad \cdots\cdots\cdots (2.114)$$

을 얻을 수 있는데, $(s+ds)$를 $s(1+\hat{s})$라 표시하면

$$(P_m^* + dP_m^*) = s(1+\hat{s})(P_m + dP_m)$$

이 도출된다.

좌변의 P_m^*을 우변으로 옮긴 뒤 P_m^*나 $s \cdot P_m$으로 양변을 나누어 주면

$$\begin{aligned} \frac{dP_m^*}{P_m^*} &= \frac{-P_m \cdot s + s(1+\hat{s})(P_m + dP_m)}{s \cdot P_m} \\ &= \hat{s} + \frac{dP_m}{P_m}(1+\hat{s}) \end{aligned} \qquad \cdots\cdots\cdots (2.115)$$

을 얻게 된다. 마찬가지 방법으로 식 (2.105)를 처리하면 다음의 식을 얻을 수 있다.

$$\frac{dP_x^*}{P_x^*} = \hat{s} + \frac{dP_x}{P_x}(1+\hat{s}) \qquad \cdots\cdots\cdots (2.116)$$

3. 무역수지 개선조건

식 (2.115)와 (2.116)을 탄력성의 정의식에 대입하여 정리하면 다음의 관계식이 도출된다.[10)]

$$\frac{dX}{X}=\frac{-\hat{s}\cdot\varepsilon_x\cdot\eta_m^*}{\varepsilon_x+\eta_m^*(1+\hat{s})} \quad \cdots\cdots\cdots (2.117)$$

$$\frac{dM}{M}=\frac{\hat{s}\cdot\varepsilon_x^*\cdot\eta_m}{\eta_m+\varepsilon_x^*(1+\hat{s})} \quad \cdots\cdots\cdots (2.118)$$

$$\frac{dP_x^*}{P_x}=\frac{\hat{s}\cdot\varepsilon_x}{\varepsilon_x+\eta_m^*(1+\hat{s})} \quad \cdots\cdots\cdots (2.119)$$

$$\frac{dP_m^*}{P_m}=\frac{\hat{s}\cdot\eta_m}{\eta_m^*+\varepsilon_x(1+\hat{s})} \quad \cdots\cdots\cdots (2.120)$$

외국통화로 표시된 무역수지는 식 (2.113)에 의해 주어졌으므로 이를 전미분화하면

$$\begin{aligned} dTB &= (dX\cdot P_x^*+X\cdot dP_x^*)(dM\cdot P_m^*+MdP_m^*) \\ &= X\cdot P_x^*\left(\frac{dX}{X}+\frac{dP_x^*}{P_x^*}\right)-M\cdot P_m^*\left(\frac{dM}{M}+\frac{dP_m^*}{P_m^*}\right) \end{aligned} \quad \cdots\cdots\cdots (2.121)$$

을 얻는다.

위 식 (2.117)에서부터 (2.120)까지의 결과를 (2.121)에 대입하면 통화가치가 절하되었을 때 무역수지가 개선되기 위한 가장 일반적인 형태의 탄력성조건을 얻게 된다.

$$dTB=-\hat{s}\left[XP_x^*\left(\frac{\varepsilon_x(\eta_m^*-1)}{\varepsilon_x+\eta_m^*(1+\hat{s})}\right)+MP_m^*\left(\frac{\eta_m(\varepsilon_x^*+1)}{\eta_m+\varepsilon_x^*(1+\hat{s})}\right)\right] \quad \cdots\cdots (2.122)$$

만약 $\varepsilon_x=\varepsilon_x^*=\infty$이고 XP_x^*가 MP_m^*과 같다면 위 (2.122)는

10) 뒤의 〈부록〉 참조.

$$dTB = -\hat{s} \cdot MP_m^*(\eta_m^* + \eta_m - 1) \qquad \cdots\cdots\cdots (2.123)$$

마샬-러너 조건이 된다.

〈부 록〉

표기상의 편의를 위해 변수 위에 꺾쇠(^)는 그 변수의 증가율을 의미한다고 하자. 즉, $\hat{P}_m \equiv \frac{dP_m}{P_m}$, $\hat{P}_x \equiv \frac{dP_x}{P_x}$ 등을 의미한다고 하면, 식 (2.108)과 (2.109)로부터

$$\hat{M}^* = -\hat{P}_m^* \cdot \eta_m^* \qquad \cdots\cdots\cdots (2.A.1)$$

$$\hat{X} = -\hat{P}_x \cdot \varepsilon_x \qquad \cdots\cdots\cdots (2.A.2)$$

그런데 X와 M^*은 같은 재화에 대한 공급과 수요이므로 동일하다.

$$-\hat{P}_m^* \cdot \eta_m^* = \hat{P}_x \cdot \varepsilon_x \rightarrow \hat{P}_x \frac{-\eta_m^* \cdot \hat{P}_m^*}{\varepsilon_x} \qquad \cdots\cdots\cdots (2.A.3)$$

이다.

마찬가지로 식 (2.107)과 (2.110)으로부터

$$\hat{M} = -\eta_m \cdot \hat{P}_m = \hat{X}^* = \varepsilon_x^* \cdot \hat{P}_x^* \rightarrow \hat{P}_m \frac{-\varepsilon_x^* \cdot \hat{P}_x^*}{\eta_m} \qquad \cdots\cdots\cdots (2.A.4)$$

을 얻는다.

그런데 앞의 식 (2.114)와 (2.115)에서 정리된 $\hat{P}_x^*$와 $\hat{P}_m^*$의 식에 식 (2.A.3)과 (2.A.4)를 대입하면

$$\hat{P}_m^* = \hat{s} + (1+\hat{s}) \cdot \frac{\varepsilon_x^* \hat{P}_m^*}{-\eta_m} \Rightarrow \hat{P}_m^* = \frac{\hat{s} \cdot \eta_m}{\eta_m + (1+\hat{s})\varepsilon_x^*}$$

$$\cdots\cdots\cdots (2.A.5)$$

$$\hat{P}_x^* = \hat{s} + (1+\hat{s}) \cdot \frac{\eta_m^* \hat{P}_x^*}{-\varepsilon_x} \Rightarrow \hat{P}_x^* = \frac{\varepsilon_x \cdot \hat{s}}{\varepsilon_x + (1+\hat{s})\eta_m^*}$$

$$\cdots\cdots\cdots (2.A.6)$$

그러므로 (2.A.5)를 (2.A.2)에, 그리고 (2.A.6)을 (2.A.4)에 대입

하면 앞의 식(2.117)부터 식(2.120)까지를 얻게 된다.[11)]

Ⅲ. 탄력성 접근방법의 한계

탄력성 접근방법은 기본적으로 무역수지가 수출금액에서 수입금액을 뺀 것이고 수출금액과 수입금액은 각각 수출가격과 수출량, 그리고 수입가격과 수입량의 곱이므로 무역수지의 변동요인을 수출가격과 수출량, 그리고 수입가격과 수입량의 변동요인에서 찾고자 한다.

그런데 수출가격과 수출량은 수출재화에 대한 수요곡선 및 공급곡선과 분리되어 생각할 수 없고 마찬가지로 수입가격과 수입량은 수입재화에 대한 수요곡선 및 공급곡선과 분리되어 생각할 수 없다.

수출재에 대한 수요 및 공급곡선이나 수입재에 대한 수요 및 공급곡선은 해당 재화의 가격뿐만 아니라 기타 다른 재화나 생산요소의 가격에도 영향을 받고 있는데, 탄력성 접근방법에서는 이러한 기타 요인들이 평가절하에도 불구하고 변하지 않는다고 가정하고 있다는 취약성을 갖고 있다. 예컨대 자국통화가치가 하락하는 경우에 수출재화뿐만 아니라 다른 재화의 생산량이 줄거나 늘어날 수 있는데, 만약 다른 재화의 생산량이 늘어남으로 해서 그 재화의 생산에 필요한 요소의 비용이 상승하게 된다면 탄력성 접근방법이 기초로 하고 있는 수요 또는 공급곡선 자체의 이동이 일어나게 되어 전혀 다른 결론을 도출하게 될 수도 있다.

또, 평가절하로 인하여 소득이 변하게 되면 그것이 일정하다는 가정 아래 분석에 사용한 수입수요곡선의 의미가 없어지고, 따라서 무역수지가 개선되기 위해 지녀야 할 탄력성들의 조건이 더 이상 유효하지 않게 되는 것이다.

이를 보다 간명하게 수식으로 설명한다면, 무역수지는 정의에 의해

---

11) Alexander, S.(1959)의 "Effects of a devaluation: A simplified Synthesis of elasticities and absorption approach"에 상세한 도출과정이 있다.

$$TB = P_x X(P_x : \theta_x) - P_m M(P_m : \theta_m) \quad \cdots\cdots\cdots (2.124)$$

인데, 탄력성 접근방법에서는 A국의 수출공급함수(X)나 수입수요함수(M)가 가격, 즉 P_x나 P_m의 함수일 뿐 여타 요인들 θ_x나 θ_m을 무시하고 있다. 그러나 만약 그렇지 않고 수출공급함수와 수입수요함수가 소득수준이나 요소비용과 같은 다른 요인들을 갖고 있고, 그 소득수준이나 요소비용들이 환율에 의해 변동된다고 하면 무역수지가 개선되기 위한 탄력성의 조건들, 즉 마샬-러너 조건이나 로빈슨-메츨러-비커다이크 조건들이 더 이상 유용하지 않게 된다.

제 2 절 총지출(업솝션) 접근방법

I. 총지출(업솝션) 접근방법

업솝션 접근방법(the absorption approach to the balance of trade)은 국민소득 항등식을 주춧돌로 하여 탄력성 접근방법이 갖고 있는 내재적인 한계점을 극복하고자 하는데, 국민소득 항등식은 앞의 식 (2.124)에서 본 바대로 다음과 같다.

$$\begin{aligned} Y &= C + I + G + X - M \\ &= A + TB \end{aligned} \quad \cdots\cdots\cdots (2.125)$$

A: 총지출(소비＋투자＋정부지출)

따라서 무역수지(TB)는

$$TB = Y - A \quad \cdots\cdots\cdots (2.126)$$

로 표시될 수 있는데, 이를 변동폭으로 표시하면 아래와 같이 쓸 수도 있다.

$$\Delta TB = \Delta Y - \Delta A \quad \cdots\cdots\cdots (2.127)$$

〈그림 2-38〉 환율변동과 업솝션 접근방법

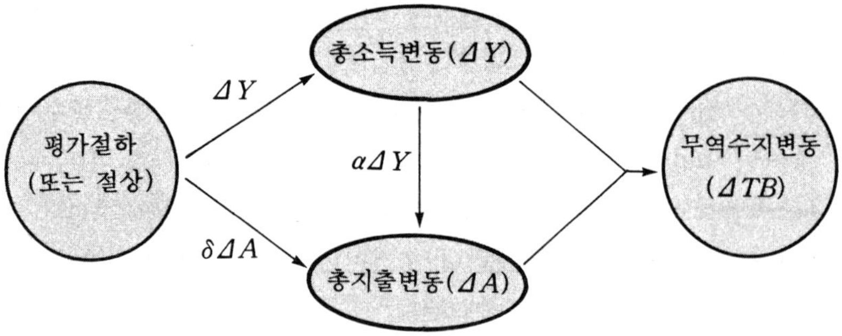

ΔTB: 무역수지 변동폭

ΔY: 총국민소득 변동폭

ΔA: 총지출 변동폭

그런데 총소득의 변동(ΔY)이 총지출의 변동(ΔA)을 초래하기도 하므로 총지출의 변동을 총소득 변동에 영향을 받는 부분($\alpha\Delta Y$)과 영향을 받지 않는 부분(δA)으로 분리할 수 있으므로

$$\Delta A = \alpha\Delta Y + \delta A \qquad \cdots\cdots\cdots (2.128)$$

식 (2.128)을 (2.127)에 대입하면

$$\Delta TB = (1-\alpha)\cdot\Delta Y + \delta A \qquad \cdots\cdots\cdots (2.129)$$

의 식을 얻게 된다. 여기서 α는 총소득이 한 단위 변화했을 때 총지출이 변동하는 정도, 즉 한계지출성향(the marginal propensity to absorb)이다.[12]

업솝션 접근방법에서는 식 (2.129)에 따라 환율의 변화가 총소득(Y)과 총지출(A)에 영향을 미침으로써 궁극적으로 무역수지에 영향을

12) 한계총지출성향은 한계소비성향과 한계투자성향과 한계정부지출성향의 합인데, 1보다 클 수도 있고 작을 수도 있다.

미친다고 보는데, 환율변동이 총소득을 변동시키는 영향으로는 교역조건효과와 유휴생산능력효과를 강조하며, 환율변동이 총지출을 변동시키는 영향으로는 현금잔고효과(the cash balance effect), 소득재분배효과(the income redistribution effect), 통화환상효과(the money illusion effect), 가격예상효과(the price expectation effect) 등이 강조되고 있다.

Ⅱ. 소득을 통한 무역수지변화 효과

1. 교역조건효과(The Terms of Trade Effect)

교역조건(the terms of trade)은 한 단위의 수출하는 재화로 들여올 수 있는 수입재화의 양(量)으로서 수출가격을 수입가격으로 나눈 값인데, 만약 환율의 변화가 교역조건을 변화시키게 되면 이에 따라 총소득과 총지출이 영향을 받게 되어 무역수지가 변화는 효과를 교역조건효과라고 부른다.

자국의 통화가 절하되면 일반적으로 외국통화표시 수출가격이 하락하는 반면 수입가격은 일반적으로 변하지 않으므로 교역조건은 악화된다. 물론 자국이 대규모 개방경제인 경우에는 그 나라의 수입수요가 통화가치의 하락으로 줄어들어 외화표시 수입가격이 하락할 수도 있지만, 외화표시 수입가격의 하락률이 수출가격의 하락률보다 더 커서 자국의 통화가치가 하락했음에도 불구하고 교역조건이 개선되는 경우(이 경우를 메츨러의 역설이라고 함)는 극히 드물다.

자국 통화가치의 하락으로 교역조건이 악화되면 수출액의 실질가치가 떨어져 실질소득이 감소하게 됨은 다음과 같이 설명할 수 있다.

수출액은 수출량(X)과 수출가격(P_x)의 곱인데, 수출액을 수입재화 단위로 표시하면 수출액은 교역조건(TOT)과 수출량(X)의 곱이 된다.

$$VX = TOT \cdot X \quad \cdots\cdots\cdots \ (2.130)$$

VX: 수출액(수입재화 단위로 표시한)

TOT: 교역조건
X: 수출량

따라서 수출액의 변동은

$$\Delta VX = \Delta TOT(X+\Delta X) + TOT \cdot \Delta X \qquad \cdots\cdots\cdots (2.131)$$

이 되는데, 통화가치의 절하로 교역조건이 악화되면(ΔTOT가 음이면) 그만큼 실질 수출액이 줄어들게 되므로 실질소득이 줄어드는 효과를 가져온다.

앞에서 지적한 대로 실질소득의 변화는 두 경로를 통해 무역수지에 영향을 미치게 되는데, 그 하나는 직접효과(ΔY)이고 다른 하나는 그 소득변화로 인한 총지출의 변화효과($\alpha \cdot \Delta Y$)이다. 교역조건이 실질소득을 감소시키므로 직접효과는 무역수지를 악화시키는 반면 총지출이 감소한 만큼($\alpha \Delta Y$)은 무역수지를 개선시키므로 한계총지출성향(α)이 1보다 크지 않다면 무역수지는 $(1-\alpha)\Delta Y$만큼 악화된다.

2. 유휴생산능력효과(The Idle Resources Effect)

평가절하로 인하여 수출에 대한 수요가 늘어나게 되면 유휴생산능력이 있는 한 수출의 생산이 증가할 것이고 이에 따라 수출부문에서의 고용과 고용소득이 함께 증대될 것이다. 수출부문에서의 이러한 고용소득 증대는 이어서 소비수요와 투자수요 그리고 정부지출의 증가를 수반할 것이므로 유휴생산능력이 존재하는 한 총지출수요의 증가를 충족시키기 위해 그 부문의 생산이 늘어나게 되어 결국 소득이 증대된다는 것이 평가절하의 유휴생산능력효과이다.

유휴생산능력효과로 인한 소득증대효과(ΔY)는 $(1-\alpha)\Delta Y$만큼 무역수지를 변동시키는데, 만약 한계총지출성향(α)이 1보다 크면 평가절하로 인하여 무역수지가 오히려 악화되며, α가 1보다 크지 않다 하더라도 증가한 소득(ΔY)의 α배만큼의 총지출수요가 증가하여 그만큼의 무역수지 악화요인이 발생하게 된다.

Ⅲ. 직접적인 총지출변화를 통한 무역수지 변화효과

통화가치의 변화가 무역수지의 변화를 초래하는 효과들 중에서 총소득의 증가가 아니라 총지출의 변화에 직접 영향을 주는 효과들이 있는데 이들을 통화가치의 직접총지출변화효과라고 하는데, 직접총지출변화효과에는 현금잔고효과(cash balance effect), 소득재분배효과(the income redistribution effect), 통화환상효과(the money illusion effect) 등이 있다.

1. 현금잔고효과(The Cash Balance Effect)

현금잔고효과는 환율변화로 인한 국내물가의 변동으로 말미암아 통화량의 실질가치(즉 실질통화)가 증가하거나 감소하기 때문에 발생한다. 예컨대 자국통화가치가 떨어지면(평가절하) 자국통화로 표시한 수입가격이 상승하고, 또 자국통화로 표시한 수출재화의 가격도 상승한다. 따라서 국내의 물가가 전반적으로 상승하게 되는데, 국내물가가 상승하면 명목통화량을 물가로 나눈 실질통화량이 줄어들게 된다. 따라서 민간부문에서는 줄어든 실질통화량을 만회하기 위해서 총지출을 줄이거나, 보유하고 있는 금융자산을 팔고자 할 것이다.

금융자산을 매각하는 경우라도 만약 금융자산을 외국에 팔 수 없다고 가정한다면 금융자산의 가격이 현저하게 낮아지지 않고서는 처분할 수 없을 것이며, 금융자산의 가격이 떨어지게 되면 곧 금리가 상승하여 투자수요나 소비수요가 줄어들게 되는데 평가절하로 인한 실질잔고의 감소로 말미암아 총지출이 줄어들게 되는 효과를 현금잔고효과라 한다.

2. 소득재분배효과

환율변화로 인하여 물가가 변동하게 됨에 따라 소득의 재분배가 일어날 수 있다. 예컨대 평가절하로 인하여 물가가 상승하면, 실질소득은 임금소득자와 같이 명목임금이 고정되어 있는 집단으로부터 여타집단으로 이전되는 소득재분배효과를 초래할 수 있다.

물가상승으로 실질소득이 감소하는 집단의 한계총지출성향이 다른 집단의 그것보다 크다면 경제 전체의 총지출은 감소할 것이므로 평가절하의 소득재분배효과는 무역수지를 개선하는 방향으로 작용하게 될 것이다. 그렇지만 물가상승으로 인해 실질소득이 증가하는 집단의 투자수요 증가가 실질소득이 감소하는 집단의 지출감소를 초과하여 경제 전체의 총지출이 평가절하 후에 오히려 증가될 수도 있으므로 소득재분배효과의 무역수지 개선여부는 불명확하다.

3. 통화환상효과(The Money Illusion Effect)

평가절하로 인하여 물가가 오름에 따라 경제주체들이 명목가격의 상승에 집착한 나머지 자기의 실질소득이 물가가 상승한 만큼 올랐음에도 불구하고 소비 등의 지출이 현금잔고효과 이상으로 줄어드는 것을

〈그림 2-39〉 총지출(업솝션) 접근방법

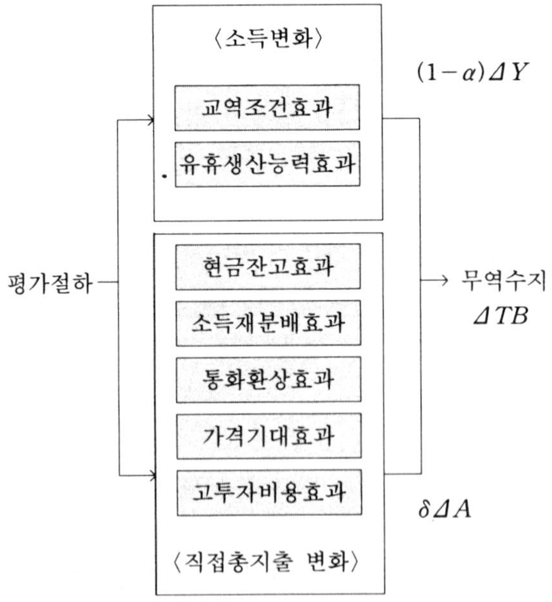

통화환상효과라고 한다. 통화환상효과는 무역수지를 개선시키는 방향으로 작용할 것이다.

4. 기타 효과

이 외에도 평가절하는 가격의 상승을 기대하게 함으로써 가수요를 유발시키거나 또 평가절하로 말미암아 수입자본재의 가격이 상승하면 아예 수입을 포기하는 수도 있을 수 있다. 전자를 가격기대효과(the price expectation effect)라 하고 후자를 고투자비용효과(the high cost of investment effect)라고 한다.

Ⅳ. 총지출(업솝션) 접근방법에 대한 비판[13)]

총지출 접근방법이 간단한 기본적인 국민소득 항등식으로부터 출발하여 탄력성 접근방법에서 간과하였던 평가절하(또는 절상)의 실질소득 변화와 총지출 변화를 강조하였다는 점에서 많은 기여를 한 것은 사실이지만 이 방법 또한 논리적인 면에서나 혹은 개념의 정립의 측면에서 비판을 받지 않을 수 있을 만큼 완벽한 것은 아니다.

총지출 접근방법에 대한 비판은 여러 각도와 측면에서 제기되어 왔는데 가장 중요하고 의미있는 비판은 평가절하로 인한 수출재화와 수입재화의 상대가격 변화(즉, 교역조건)로 말미암아 소비의 패턴과 생산의 패턴에 있어서 대체효과가 일어나고 있음이 간과되고 있다는 점일 것이다.

평가절하로 인하여 수입재화의 가격이 상승하게 되면 소비자들은 국내의 대체재로 수요를 전환할 것이며, 또 수출재화의 국내통화표시가격이 상승할 것이므로 생산자들도 수출재화로 전환하려고 할 것이다.

상대가격의 변화로 인한 생산 및 지출의 구조변화에 대한 고려가 전혀 없이 단순한 교역조건 변화나 혹은 현금잔고효과만을 강조하는 것

13) F. Machlup(1955), "Relative Prices and Aggregate Spending in the Analysis of Devaluation," *American Economic Review*, July 참조.

은 총지출 접근방법의 크나큰 약점임에 틀림이 없다.

또 다른 각도에서는 평가절하로 인하여 발생하는 소득변화효과에는 유휴생산능력효과나 교역조건효과 말고도 효율성증대효과가 있을 수 있다는 지적이 있지만 평가절하로 말미암아 기존 생산시설이나 고용인의 효율성이 증대한다는 것도 넓은 의미의 유휴생산능력효과로 볼 수 있다면 총지출 접근방법에 대한 비판이라고 볼 수는 없다.

논리적인 측면에서 총지출 접근방법을 비판하는 입장에서는 총소득에서 총지출을 뺀 부분이 무역수지를 결정한다는 총지출 접근방법의 이론적 논거와 동일한 논리로 예컨대 총소득(Y)에서 무역수지를 제한 것이 총지출(A)을 결정한다는 논리를 전개할 수 있다고 비판한다.

다시 말해 $Y=A+TB$라는 항등식에 입각하여 $\Delta TB=\Delta Y-\Delta A$라는 논리가 전개될 수 있는 것과 동일한 근거로 $\Delta A=\Delta Y-\Delta TB$라고 주장할 수도 있다는 것이다.

또 평가절하가 소득변화(ΔY)와 총지출변화(ΔA)를 통해 무역수지를 변화시킨다고 한다면 총지출변화(ΔA) 역시 소득변화(ΔY)에 영향을 미쳐 무역수지에 영향을 주는 면은 어떻게 설명해야 하는지에 대해서 총지출 접근방법은 답변할 수 없다.

총지출 접근방법이 안고 있는 취약점 중에서 개념적으로 큰 의미를 내포하고 있는 것은 평가절하로 인하여 소득이 증대되거나 혹은 감소한다고 할 때의 소득이 구체적으로 무엇인지 분명하지 않다는 사실이다.

폐쇄경제에서는 실질소득과 생산량을 동일하게 볼 수 있지만 개방경제에서는 수출가격과 수입가격이 환율을 포함한 여러 요인들에 의해 변화되는데, 이렇게 수출재와 수입재의 가격이 변하면 동일한 수량을 수출하고 수입하여 생산량에는 변함이 없더라도 실질소득은 변할 수 있고 또 역으로 실질소득은 변하지 않고서 생산량이 변동할 수도 있다.

이와 유사한 또 다른 개념적인 어려움은 무역수지를 표시하는 통화에 따라 한 나라의 통화로 표시하면 무역수지가 개선되었는데, 다른 나라의 통화로 표시하면 오히려 감소할 수가 있다는 점이다.

끝으로 총지출 접근방법은 탄력성 접근방법과는 달리 평가절하로 인한 교역상대국의 영향을 고려하고 있지 않다는 취약점을 안고 있다. 탄력성 접근방법에서는 평가절하로 인한 자국의 수입수요 변화뿐만 아니라 교역상대국의 수입수요 변화도 동시에 고려하고 있음에 반하여 총지출 접근방법에서는 평가절하로 인하여 발생할 수 있는 교역상대국의 총지출수요의 변화 등에 대해서는 암묵적으로 절하국에서 일어나는 변화의 정반대 방향으로 똑같은 크기만큼 일어난다고 가정하고 있을 뿐이다.

총지출 접근방법과 탄력성 접근방법이 지니고 있는 공통적인 문제점은 양 접근방법이 모두 무역수지 변동의 통화공급의 변동적인 측면을 무시하고 있다는 점이다. 무역수지의 적자(혹은 흑자)가 상당기간 동안 통화당국이 보유하고 있는 대외준비자산으로 충당될 수 있다든지 통화당국의 통화공급정책으로 인하여 금리와 투자지출에 직접적인 영향을 (비록 단기적이라 하더라도) 미칠 수 있는 경우에, 이러한 통화당국의 통화정책이나 통화공급과정의 특징이 무역수지와 어떠한 관계를 가지는지에 대해 총지출 접근방법이나 탄력성 접근방법 모두 한계를 드러내고 있다.

제 3 절 탄력성 접근방법과 총지출 접근방법의 융합

탄력성 접근방법이 평가절하에 따른 소득변화 및 물가변화로 인한 총지출 및 추가적 무역수지 변화요인을 고려하지 않고 있다는 총지출 접근방법의 이론적 기조를 견지함과 동시에 탄력성 접근방법에서 강조하는 탄력성의 중요성을 유지하는 방법론, 즉 탄력성 접근방법과 총지출 접근방법의 융합이론이 여러 학자들에 의해 제시되었다.[14)]

14) 알렉산더(S. Alexander)의 1959년 논문[Alexander(1959)]과 챙(S. C. Tsiang)의 1961년 논문[Tsiang(1961)]이 대표적인데 여기서는 알렉산더의 논문을 기초로 하여 설명하였다.

〈그림 2-40〉 융합이론의 구조

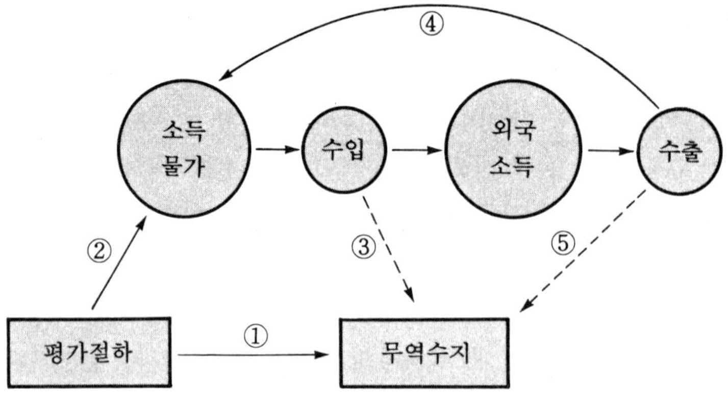

이 융합이론의 핵심은 평가절하에 따른 무역수지의 개선조건인 전통적인 탄력성의 조건을 기초로 하여 평가절하로 인한 소득변화 및 물가변화가 초래하는 무역수지효과를 감안해 준다는 데에 있다.

〈그림 2-40〉을 이용하여 융합이론을 설명한다면, 평가절하가 원초적으로 무역수지에 미치는 영향(경로①)을 탄력성조건에 의해 규정하되, 이것은 초기효과(the initial effect)일 뿐이라고 간주한다. 이 초기효과는 평가절하가 초래하는 소득증가, 즉 수출이 늘어나고 수입이 줄어들어 발생하게 되는 생산증대(수출산업과 수입대체산업의 생산증대, 교역조건효과 혹은 유휴생산력효과 등), 즉 〈그림 2-40〉에서의 경로②에 따른 수입증가에 의하여 부분적으로 상쇄될 것이므로 초기개선효과 이후에 나타나는 역전효과(the reversal effects)를 중요시해야 한다는 것이다.

이 역전효과는 다시 교역상대국의 수출증가로 인한 평가절하국의 수출증가와 소득증대(경로④)로 이어져 끝없이 반복되는, 일종의 승수작용을 하는 특징을 내포하고 있다.

따라서 일국의 평가절하가 자국의 무역수지에 미치는 영향은 탄력성 접근방법에서 강조하는 탄력성조건에 의한 초기효과와 무한히 반복되는 역전효과의 합(이를 총역전효과라 하자)에 의해 결정된다고 보는것이 융합이론의 요체라고 할 수 있다.

Ⅰ. 초기효과(The Initial Effect)

초기효과는 탄력성 접근방법에서 평가절하로 인하여 발생하는 무역수지의 변화효과와 동일하므로 식 (2.122)와 같다.

Ⅱ. 역전효과(The Reversal Effect)

평가절하로 인하여 초기의 무역수지가 식 (2.122)의 조건이 충족되는 한 개선됨과 동시에 수출증가와 수입감소로 인한 수입대체산업의 생산증대, 교역조건효과 혹은 유휴생산능력효과 등으로 소득이 상승하게 되면 2차적으로 수입이 늘어나게 되고 따라서 무역수지가 악화된다. 뿐만 아니라 평가절하로 인하여 국내물가가 상승함으로써 수출산업의 경쟁력이 떨어지는 한편 수입이 상대적으로 저렴하게 되어 수입증대의 요인이 되기도 한다.

이런 소득증가로 인한 무역수지 악화요인과 가격변화로 인한 무역수지 악화요인은 평가절하의 초기효과 이후에 나타나는 무역수지의 역전현상이라는 뜻에서 역전효과(the reversal effect)라 하는데, 이 때 역전효과가 일어나는 규모의 초기효과에 대한 비율을 역전계수(the reversal factor)라고 부른다.

즉, 평가절하의 초기효과를 ΔTB라 하면, 1차역전효과는 아래와 같이 표시할 수 있다.

$$\Delta_1 = \theta \cdot \Delta TB, \quad -1 < \theta < 0 \qquad \cdots\cdots\cdots (2.132)$$

θ: 평가절하국의 역전계수

따라서 1차역전효과를 감안한 평가절하의 무역수지 개선효과는

$$\varDelta TB(1+\theta) \quad \cdots\cdots\cdots (2.133)$$

이다.

그런데 평가절하국의 무역수지가 위 식 (2.133)만큼 변화하는 것이 교역상대국의 무역수지가 그만큼 변화하는 것(방향만 반대)이므로, 이는 교역상대국의 역전효과를 불러일으킬 것이다.

교역상대국의 역전계수를 θ^*라고 한다면, 교역상대국의 1차적인 역전효과($\varDelta_1^*$)는 다음과 같이 표현될 것이다.

$$\varDelta_1^* = \theta^* \cdot \left[\frac{\varDelta TB + \varDelta_1}{s}\right],\ -1<\theta^*<0 \quad \cdots\cdots\cdots (2.134)$$

위 식 (2.134)의 좌변에 분모 s가 있는 것은 역전효과를 상대국 통화로 표시해 주기 위한 것이다.

역전효과 $\varDelta_1^*$에 따른 평가절하국의 2차역전효과는

$$\varDelta_2 = \theta \cdot s\varDelta_1^* = \theta \cdot \theta^* \cdot \left[\frac{\varDelta TB + \varDelta_1}{s}\right] \quad \cdots\cdots\cdots (2.135)$$

이 되고, 이에 대한 교역상대국의 2차역전효과는 마찬가지 논리로

$$\varDelta_2^* = \theta^* \frac{\varDelta_2}{s} = \theta^* \theta \theta^* [\varDelta TB + \varDelta_1] \quad \cdots\cdots\cdots (2.136)$$

이 될 것이다.

평가절하국과 상대국의 역전효과를 일반항으로 표시하면

$$\varDelta_i = \theta \cdot S \cdot \varDelta^*_{(i-1)},\ i \geq 2 \quad \cdots\cdots\cdots (2.137)$$

$$\varDelta_j^* = \theta^* \cdot \frac{\varDelta_{(j-1)}}{S},\ j \geq 2 \quad \cdots\cdots\cdots (2.138)$$

로 표시할 수 있다.

따라서 평가절하국의 입장에서 자국의 평가절하에 따른 초기효과와 모든 역전효과를 합한 총무역수지효과($\Delta\overline{TB}$)는 다음과 같은 식으로 표시할 수 있다.

$$\begin{aligned}(\Delta\overline{TB}) &= \Delta TB+\Delta_1+S\Delta_1^*+\Delta_2+S\Delta_2^*+\cdots \\ &= \Delta TB+\overline{\Delta}_1+S\cdot\overline{\Delta}^*, \qquad \cdots\cdots\cdots (2.139)\end{aligned}$$

$$\overline{\Delta}=\sum_{i=1}^{\infty}\Delta_i$$

$$\overline{\Delta}^*=\sum_{j=1}^{\infty}\Delta_j^*$$

또, 교역상대국의 입장에서는 평가절하국의 절하조치에 따른 총무역수지효과($\Delta\overline{TB}^*$)는

$$\begin{aligned}(\Delta\overline{TB}^*) &= \Delta TB^*+\frac{\Delta_1}{S}+\Delta_1^*+\frac{\Delta_2}{S}+\Delta_2^*+\cdots \\ &= \Delta TB^*+\frac{\overline{\Delta}}{S}+\overline{\Delta}^* \qquad \cdots\cdots\cdots (2.140)\end{aligned}$$

가 될 것이다.

제 4 절 가격 · 소득 접근방법
(The Price and Income Approach)

탄력성 접근방법에서는 기본적으로 소득의 변화가 일어나지 않는다고 가정하기 때문에 소득변화에 따른 지출변화나 수입수요의 변화가 도외시되고 있으며 또 다른 한편으로는 환율변화가 초래하는 수출입물가의 변동으로 물가수준이 변하게 되었을 때 그것이 실질소득과 나아가 실질지출에 미치는 영향들이 무시되었다.

케인스적인 전통에 입각한 가격 · 소득접근방법은 바로 이 점을 보완한다는 점에서 탄력성 접근방법보다 한 걸음 진보한 이론이라고 할

수 있는데 여기서는 가격·소득접근방법의 대표적인 모형을 소개하기로 한다.[15)]

I. 모 형

가격·소득접근방법의 기본모형은 3개의 행태식, 즉 수출수요함수, 수입수요함수 및 총지출수요함수를 기반으로 하여 구축되고 있는데, 총지출수요함수가 따로 설정되어 있다는 점에서 탄력성 접근방법과 다르며, 동시에 수출 및 수입수요함수를 구체적으로 설정하고 있다는 점에서 총지출접근방법과도 차이를 보인다.

$$M = M(Y, P_X, sP_M^*) \qquad \cdots\cdots\cdots (2.141)$$

$$X = X(Y^*, P_X^*, P_M^*) \qquad \cdots\cdots\cdots (2.142)$$

$$\frac{A}{P} = A\left(\frac{Y}{P}\right) \qquad \cdots\cdots\cdots (2.143)$$

Y: 자국의 명목소득

$\overline{P}$: 자국의 물가수준

P_X: 자국 수출가격(자국통화표시) $= S \cdot P_X^*$

P_m^*: 수입가격(외국통화표시)

s: 외국통화당 자국통화 교환비율

M: 자국의 수입수요

X: 외국의 수출수요

A: 총지출수요

위의 세 행태식과 더불어 2개의 정의식과 1개의 균형조건식으로 가격·소득접근방법의 모형이 구축되는데 그 정의식과 균형조건식은 다음과 같다.

---

15) R. M. Stern(1973), "The Price and Income Approach to Balance of Payments Adjustment," *The Balance of Payments Theory and Economic Policy*, Aldine.

$$TB = P_X X - s \cdot P_M \cdot M \qquad \cdots\cdots\cdots (2.144)$$

$$\overline{P} = a \cdot sP_M^* + (1-a) P_X \qquad \cdots\cdots\cdots (2.145)$$

$$Y = A + TB \qquad \cdots\cdots\cdots (2.146)$$

식 (2.144)는 자국통화로 표시된 무역수지의 정의식이고 식 (2.145)는 물가수준이 수출재가격(P_X)과 자국통화로 표시된 수입재가격(sP_M^*)의 가중평균치로 정해진다는 물가정의식이다. 식 (2.146)은 총소득(Y)이 총지출수요(A)와 무역수지의 합과 같아야 한다는 균형조건식이다.

Ⅱ. 평가절하와 무역수지

위의 식 (2.144)를 차분하면

$$\Delta TB = \Delta X - (\Delta M + M \Delta s) \qquad \cdots\cdots\cdots (2.147)$$

인데, ΔX와 ΔM은 각각

$$\Delta X = X \cdot \eta_X \cdot \Delta s \qquad \cdots\cdots\cdots (2.148)$$

$$\Delta M = m \cdot \Delta Y + M \cdot X \cdot \eta_m \cdot \Delta s \qquad \cdots\cdots\cdots (2.149)$$

$\eta_x = \dfrac{dX}{dP_X^*} \cdot \dfrac{P_X^*}{X}$, 수출수요의 가격탄력성 (양)

$\eta_m = -\dfrac{dM}{dP_m} \cdot \dfrac{P_m}{M}$, 수입수요의 가격탄력성 (양)

m: 한계수입성향

이므로 이를 위 식 (2.147)에 대입하면

$$\Delta TB = (X \cdot \eta_x + M \cdot M \cdot \eta_m - M)\ \Delta s - m \cdot \Delta Y \qquad \cdots\cdots\cdots (2.150)$$

를 얻게 된다.

따라서 환율변동(Δs)이 소득변화(ΔY)를 일으키지 않는다면, 수출과 수입이 환율이 변화하기 직전에 같았다는 가정 아래

$$\left.\frac{\Delta TB}{\Delta s}\right|_{\Delta Y=0} = (X \cdot \eta_x + M \cdot \eta_m - M)$$
$$= X(\eta_x + \eta_m - 1) \qquad \cdots\cdots\cdots (2.151)$$

이 되어 $\frac{\Delta TB}{\Delta s}$의 부호는 $(\eta_x + \eta_m - 1)$의 부호와 일치하게 되는데, 이것은 앞에서 본 마샬-러너조건이다.

그렇지만 환율변화가 소득변화를 일으키는 경우에는, 즉 $\frac{\Delta Y}{\Delta s}$가 0이 아닌 경우에는 마샬-러너조건이 성립되더라도 환율절하로 무역수지가 개선된다는 보장이 없는데, 그것은 위의 식 (2.150)의 우변 끝항, 즉 $m \cdot \Delta Y$ 때문이다.

다시 말해서, 환율변화로 인한 소득증가로 유발되는 수입증가가 무역수지를 악화시킬 수 있기 때문이다.

환율변화로 인한 소득변화를 구하기 위해서 먼저 식 (2.146)을 차분하면

$$\Delta Y = \Delta A + \Delta TB \qquad \cdots\cdots\cdots (2.152)$$

이고, 또 식 (2.143)을 차분하여 정리하면

$$\Delta A = (1-b)\Delta Y + [A - (1-b)Y]\ a \cdot \Delta s \qquad \cdots\cdots\cdots (2.153)$$

$(1-b)$: 한계지출성향

가 된다.[16)]

여기서, 초기의 무역수지가 0이라고 하면 $TB=0$ 이고 $Y=A$ 이며 $a=M/A$ 이므로 이를 이용하면

$$\Delta Y = (1-b)\Delta Y + b \cdot M\Delta s + \Delta TB \qquad \cdots\cdots\cdots (2.154)$$

또는

16) $(1-b) = \partial\left(\frac{D}{P}\right) \Big/ \partial\left(\frac{Y}{P}\right)$이다. margin propensity to absorption이라고도 하고 marginal propensity to hoard 라고도 한다.

$$\Delta Y = M\Delta s + \frac{\Delta TB}{b} \qquad \cdots\cdots\cdots (2.155)$$

를 얻게 된다.

위 식 (2.155)를 다시 식 (2.150)에 대입하여 정리하면 환율변화가 최종적으로 무역수지에 미치는 영향이 다음과 같이 표시된다.

$$\frac{\Delta TB}{\Delta s} = \left(\frac{b}{b+m}\right)\cdot\left[\eta_x + \eta_m - (1+m)\right] \qquad \cdots\cdots\cdots (2.156)$$

위 식 (2.156)은 환율이 절하될 때 무역수지가 개선되기 위한 필요충분조건이

$$(\eta_x + \eta_m) > (1+m) \qquad \cdots\cdots\cdots (2.157)$$

m: 한계수입성향

가 되어, 전통적인 마샬-러너조건보다 더 엄격한 조건이라고 할 수 있다. 다시 말해서 수입 및 수출수요의 탄력성의 합이 1에 한계수입성향을 더한 값보다 커야 한다는 점이 다르고, 또 환율변화에 따른 무역수지 개선효과의 크기도 탄력성 접근방법에서는 초기의 수출(혹은 수입)량이었으나 가격·소득접근방법에서는 초기의 수출량에 1보다 작은 승수 $\frac{b}{b+m}$을 곱한 값이라는 점이 다르다.

제 5 절 통화적 접근방법
(The Monetary Approach to the Balance of Payments)

통화적 국제수지이론, 혹은 통화적 국제수지 접근방법(the monetary approach to the balance of payments)는 국제수지를 통화적인 현상으로 이해하고 있다. 통화적으로 이해한다는 말은 국제수지가 통화시장에서의 통화수요나 통화공급에 의해 결정된다고 본다는 것을 의미한다. 통화시장에서 통화공급이 통화수요를 초과하면(즉, 초과통화공급) 국제

수지가 적자가 되어 통화가 해외로 유출되고, 반대로 통화수요가 통화공급을 초과하면(즉 초과통화수요) 부족한 통화를 보충하기 위해 국제수지가 흑자를 보인다는 것이 통화적 접근방법의 입장이다.

따라서 평가절하나 절상과 같은 환율의 변동은 통화수요나 통화공급에 직접 영향을 미치지 않을 것이므로 국제수지를 개선시키지 못하며, 관세나 비관세장벽 등도 일시적으로는 국제수지를 개선시킬 수 있더라도 장기적으로는 국제수지를 개선시키지 못한다고 보고 있다.

환율변화나 관세 또는 비관세 무역장벽들이 장기적으로 국제수지를 개선시키지 못하는 가장 근본적인 이유는, 한 국가의 통화가 국제수지의 불균형을 통해 늘어나거나(흑자국) 줄어들기(적자국) 때문이다.

예컨대 국제수지 적자국이 10% 평가절하를 단행했다고 가정해 보자. 평가절하 전에 국제수지가 적자였다는 말은 초과통화공급 상황에 있었음을 의미하는데, 평가절하로 국제수지가 개선되면 통화의 초과공급 규모는 더 커지게 되고 따라서 물가가 상승하게 된다. 물가의 상승은 실질통화(통화를 물가로 나눈)공급을 떨어뜨려 궁극적으로 통화시장 및 국제수지의 균형이 회복된다. 즉 국제수지가 균형을 회복한 이유는 평가절하 때문이 아니라 물가상승 및 이로 인한 실질통화의 감소 때문이라는 것이다.

통화적 국제수지이론이 다른 국제수지이론과 뚜렷한 차이를 보이는 점들을 요약하면 다음과 같다.

(i) 평가절하의 일시적으로 국제수지를 개선시킬 수는 있으나 궁극적으로는 물가의 상승을 유발하여 국제수지를 장기적으로 개선시킬 수는 없다.

(ii) 경제성장률이 높은 나라는 국제수지가 흑자이거나 개선속도가 빠르다.

(iii) 환율이 고정되어 있으면 통화량을 통화당국이 늘이거나 줄일 수 없다.

(iv) 국내금리가 오르면 국제수지는 악화된다.

(v) 관세 혹은 비관세장벽도 장기적으로 국제수지를 개선시킬 수 없다.

통화적 국제수지이론은 그 시야에 있어서 다른 이론들에 비해 장기적인 이론이라고 할 수 있다. 통화적 국제수지론의 시야단위는 생산요소가 완전고용상태에 있고 따라서 통화량(혹은 환율)의 변동이 물가의 변동으로 충분히 반영된다고 가정할 수 있을 정도의 장기이어야 하기 때문이다.

I. 국제수지와 통화

1. 대외수지와 총수지

한 나라의 거주자가 일정기간 동안 상품거래에서 지급한 총액을 P^c라 하자. 총지급액 중 일부는 다른 거주자에게 지급되었을 것이고 나머지는 비거주자에게 지급되었을 것이다.

$$P^c = P_d^c + P_f^c \quad \cdots\cdots\cdots \ (2.158)$$

P^c: 상품거래의 총지급액

P_d^c: 거주자에게 지급된 상품거래 지급액

P_f^c: 비거주자에게 지급된 상품거래 지급액

또 일정기간 중 거주자가 상품거래에서 지급받은 총액을 R^c라고 하면 R^c는 거주자로부터 지급받은 것(R_d^c)과 비거주자로부터 지급받은 것(R_f^c)의 합과 같다.

$$R^c = R_d^c + R_f^c \quad \cdots\cdots\cdots \ (2.159)$$

R^c: 총수취액

R_d^c: 거주자로부터의 수취액

R_f^c: 비거주자로부터의 수취액

일정기간 동안 거주자가 상품거래에서 수취한 총액(P^c)에서 지급한 총액(P^c)을 뺀 차액은 그 기간 동안의 총상품거래 수지(收支)가 된다. 그런데 이 수지는 거주자와 비거주자 사이의 수지차, 즉 대외상품거래수지와도 같다.

거주자에 대한 지급(P_d)은 지급받는 쪽에서 보면 거주자로부터의 수취(R_d)이기 때문이다.

$$B^c = R^c - P^c = (R_f^c - P_f^c) + (R_d^c - P_d^c)$$
$$= R_f^c - P_f^c \quad \cdots\cdots\cdots (2.160)$$

B^c: 총상품거래수지

거주자의 금융자산 거래에도 똑같은 논리를 적용할 수 있을 것이므로 금융거래에 있어서의 수지차도 대외금융거래 수지차(B^k)와 같을 것이다.

$$B^k = R^k - P^k$$
$$= R_f^k - P_f^k \quad \cdots\cdots\cdots (2.161)$$

B^k: 총금융거래 수지차

R_f^k: 총대외금융거래 수입

P_f^k: 총대외금융거래 지급

따라서 식 (2.160)과 식 (2.161)을 결합하면 총수지차와 총대외거래 수지차 사이의 다음과 같은 관계식을 얻을 수 있다.

$$B = B^c + B^k = (R_f^c + R_f^k) - (P_f^c + P_f^k)$$
$$= R_f - P_f \quad \cdots\cdots\cdots (2.162)$$

B: 총수지차(총상품거래 수지차와 총금융거래 수지차의 합)

R_f: 비거주자로부터의 수취총액($R_f^c + R_f^k$)

P_f: 비거주자에 대한 지급총액($P_f^c + P_f^k$)

일정기간 동안에 거주자가 수취하는 총액과 지급한 총액의 차, 즉 총수지차가 비거주자와 거주자 사이의 대외수지차와 같다는 사실은 국제수지가 단순한 비거주자와 거주자 사이에서 일어나는 현상이기도 하지만 그 이면에는 거주자의 총수취액과 총지급액, 즉 모든 경제거래에서 일어나는 수취와 지급의 차이를 내포하고 있음을 잘 나타내 주고 있는데, 바로 이 점이 통화적 국제수지이론의 출발점이자 기존의 국제수지이론과 근본적으로 다른 이유이기도 하다.

만약 식 (2.160)의 대외수지차(또는 총수지차이기도 하지만)가 적자라고 가정하면, 그 적자는 어떻게 메워질 수 있는가.

첫째 방법은 비거주자에게 거주자가 보유하고 있던 금융자산을 대가로 넘겨주는 방법이다. 거주자가 보유하고 있던 주식이나 채권 등의 국내 유가증권을 비거주자에게 넘겨줄 때, 그 비거주자가 넘겨받고자 한다면 그 유가증권이 지급수단의 역할을 하고는 있지만 비거주자가 거주자국에 자발적으로 투자하는 행위로 볼 수도 있다.

따라서 비거주자가 자국 유가증권을 대가로 수령하고자 하는 부분만큼은 비거주자의 자발적인 투자로 보아 거주자에게 수취를 유발하는 대외금융거래에 포함시킬 수 있다.

만약 그렇게 하고도 대외수지차가 적자라고 하면 그 다음으로는 자국통화(A국 통화)를 비거주자에게 지급하는 방법이 있을 것이다. 이 비거주자가 그 A국통화를 보유하고 있으면 아무런 문제가 없다. 그런데 이 비거주자가 이 A국통화를 자기(B국)의 중앙은행에게 매각하고 그 대가로 자기통화를 받았다고 하자.

그러면 B국 중앙은행의 대외자산(A통화)이 늘어남과 동시에 B국통화가 늘어난다. B국 중앙은행이 늘어난 A국통화를 A국 중앙은행에 제시하고 다른 대외준비자산으로 바꾸어 갔다면 A국 중앙은행으로서는 대외 준비자산이 줄어듦과 동시에 A국의 통화량이 줄어든다.

A국의 통화당국이 통화량이 줄어든 것을 방치한다면 금리가 오르거나, 금융기관 대출이 힘들어지거나 하여 투자수요와 소비수요 등이 줄어들 것이다.

투자수요 및 소비수요 등이 줄어들어 생산과 소득이 줄어들면 물가가 내릴 것이고 따라서 명목통화량은 줄어들었지만 같은 비율만큼 물가가 하락했기 때문에 실질통화량은 대외수지가 적자를 보이기 이전 수준까지 회복된다. 물가의 하락으로 인하여 대외수지 불균형이 자동적으로 시정되는 것이다.

그런데, A국 중앙은행이 줄어든 통화량을 다시 원상태로 증가시키기 위하여 통화량을 늘렸다고 하면 금리나 투자수요가 변동하지 않을 것이며 따라서 물가도 하락할 이유가 없다.

따라서 경제에 아무런 변화가 없으므로 대외수지의 적자가 줄어들 이유도 없게 되므로 A국의 중앙은행이 보유하고 있는 대외준비자산은 지속적으로 줄어들게 되고 그 줄어든 만큼을 국내금융자산이 메우게 된다.

2. 통화금융기관의 대외자산 변동

중앙은행과 은행금융기관이 보유하는 순대외자산이 어떻게 변동할 수 있는가를 이해하는 것은 국제수지, 특히 통화적 국제수지를 이해하는 데 있어서 매우 중요하고 필수적인 것이다. 통화금융기관의 대외자산 변동은 한편으로는 여타 국제수지거래와도 밀접한 관계를 지니고 있음과 동시에 통화량변동과도 연결되어 있기 때문이다.

(1) 은행금융기관의 순대외자산 변동

은행금융기관이 대외자산을 증가시킬 수 있는 길에는 통화금융기관을 제외한 민간부문, 타은행금융기관 또는 중앙은행으로부터 매입하는 세 가지가 있다.

해외차입의 경우 대외자산은 늘어나지만 대외부채도 동시에 늘어나기 때문에 순대외자산을 해외차입으로 늘릴 수는 없다. 해외로부터 매입하는 경우도 그 대가로 대외자산을 지급해야 하기 때문에 대외자산 및 순대외자산의 변동을 일으키지 않는다. 또 타은행금융기관으로부터 매입하는 경우에도 은행금융기관 전체로 보면 대외자산의 소유 은행만 바뀔 뿐 전체 대외자산의 규모에는 변동이 없다. 결국 은행금융기관이 대외자산을 늘릴 수 있는 길은 민간부문이나 중앙은행으로부터 외화자산을 취득하는 두 가지 방법뿐이라고 할 수 있다.[17]

그런데 민간부문의 대외자산은 또 어디서부터 올 수 있는가 하면 그 부문의 현재의 국제수지(경상수지 및 투자계정수지)의 흑자나 아니면 이미 보유하고 있던 대외자산(즉 과거의 국제수지 흑자분)으로부터 나온 것이다.

현재의 민간부문의 국제수지 흑자분을 은행금융기관이 매입하는 것을 〈경로 I〉이라 하고 민간부문이 보유(예치 포함)하고 있던 대외자산을 매입하는 것을 〈경로 II〉라고 하자. 타은행금융기관으로부터 대외자산을 매입하는 〈경로 III〉은 은행금융기관 전체의 대외자산에는 아무런 변동을 미치지 않는다.

중앙은행으로부터 대외자산을 매입하는 〈경로 IV〉의 경우 은행금융기관의 대외자산과 순대외자산은 늘어나지만, 통화금융기관의 전체 대외자산에는 아무런 변동이 없다. 다만 그 대외자산의 소유주만 중앙은행에서 은행금융기관으로 바뀌었을 따름이다.

따라서 전체 은행금융기관이 순대외자산을 증가시킬 수 있는 길은 민간부문의 금기의 국제수지 흑자(경로 I), 민간보유대외자산의 순취득(경로 II) 아니면 중앙은행으로부터의 순매입(IV)의 세 가지 방법뿐이다.

은행금융기관의 순대외자산의 감소(혹은 순대외부채의 증가)도 같은 경로의 역방향으로만 가능하다. 즉, 국제수지 적자보전이나 대민간부문 매각이나 대중앙은행 매각방법뿐이다. 은행금융기관이 대외유가증권을 매입하거나 기존 대외부채를 상환한다고 하면 그 대가로 외화자산을 지급할 것이므로 순대외자산은 변동하지 않는다.

은행금융기관의 순대외자산의 변동(ΔNFA^b)은 다음의 식으로 표시된다.

17) 비거주자 외화계정을 통한 외환자산 매입도 민간부문으로 포함시킨다.

$$\Delta NFA^b = \Delta NFA^b(\text{I}) + \Delta NFA^b(\text{II}) + \Delta NFA^b(\text{III}) \quad \cdots \ (2.163)$$

$\Delta NFA^b(\text{I})$: 통화금융기관외 민간부문의 국제수지 흑자

$\Delta NFA^b(\text{II})$: 통화금융기관외 부문의 기존 대외자산매입 또는 대외부채(원화상환)

$\Delta NFA^b(\text{III})$: 은행금융기관의 대중앙은행 매입

(2) 중앙은행의 순대외자산 변동

중앙은행이 순대외자산을 변동시킬 수 있는 방법은 다른 국내부문에 비해 매우 제한적이다. 즉 비통화금융기관을 포함하는 민간부문이 보유하고 있던 대외자산의 매입(원화), 은행금융기관으로부터의 매입 그리고 *SDR*보유액이나 *IMF*리저브 포지션의 변동의 세 방법뿐이다. 금기의 비통화민간부문의 국제수지 흑자의 매입도 가능한 방법이긴 하지만, 이는 은행금융기관을 통해 간접적으로 매입한다고 보아 제외하였다.

$$\Delta NFA^c = \Delta NFA^c(\text{II}) + \Delta NFA^c(\text{III}) + \Delta NFA^c(\text{IV}) \quad \cdots \ (2.164)$$

$\Delta NFA^c(\text{II})$: 비통화민간부문 대외자산 매입

$\Delta NFA^c(\text{III})$: 은행금융기관 매입

$\Delta NFA^c(\text{IV})$: *SDR* 및 *IMF*리저브포지션 변동

〈그림 2-41〉 중앙은행 및 은행금융기관 순대외자산 변동경로

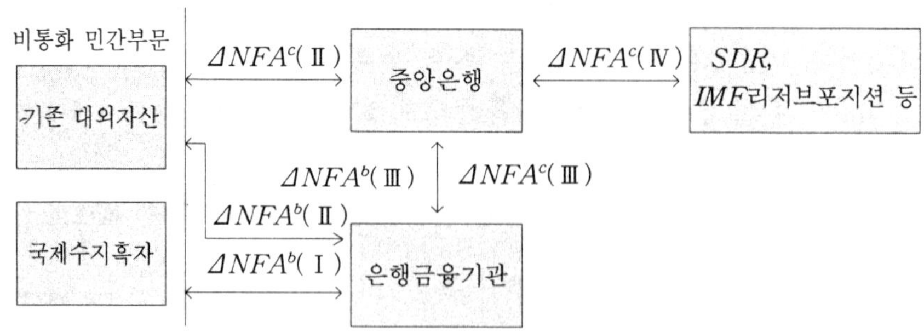

(3) 통화금융기관의 순대외자산 변동

중앙은행과 은행금융기관을 포괄하는 통화금융기관 전체의 순대외자산은 비통화민간부문의 국제수지 흑자매입, 비통화민간부문이 보유하고 있던 기존 대외자산의 매입 및 SDR 또는 IMF리저브포지션 변동의 세 가지 방법이다. 중앙은행과 은행금융기관 사이의 대외자산 매매는 상쇄되기 때문이다.

$$\Delta NFA = \Delta NFA^{b}(\mathrm{I}) + \Delta NFA(\mathrm{II}) + \Delta NFA^{c}(\mathrm{IV}) \quad \cdots\cdots\cdots \ (2.165)$$

$$\Delta NFA(\mathrm{II}) = \Delta NFA^{b}(\mathrm{II}) + \Delta NFA^{c}(\mathrm{II})$$

ΔNFA: 통화금융기관의 순대외자산변동

3. 국제수지와 통화량변동

(1) 본원통화와 국제수지

중앙은행의 자산은 국내경제주체에 대한 대출 등의 국내신용(DC^{c})과 대외자산(FA^{c})의 합으로 구성되어 있다고 하고 중앙은행의 부채는 통화성부채(H)와 기타 부채(OL)로 구성되어 있다고 하자. 기타 부채는 대외부채(FL^{c})와 기타 국내부채(DL^{c})로 구별된다고 하자.

중앙은행의 대차대조표도 자산의 합과 부채의 합이 같아야 하므로 다음과 같은 항등식이 성립한다.

$$FA^{c} + DC^{c} = H + OL^{c} \quad \cdots\cdots\cdots \ (2.166)$$

만약 중앙은행의 대외자산(FA^{c})에서 대외부채(FL^{c})를 뺀 차액을 순대외자산(NFA^{c})이라 하고 국내신용(DC^{c})에서 기타 국내부채(DL^{c})를 뺀 차액을 순국내신용(NDC^{c})이라 하면 식 (2.164)는 아래와 같이 표현될 수 있다.

$$NFA^{c} + NDC^{c} = H \quad \cdots\cdots\cdots \ (2.167)$$

H: 중앙은행의 통화성 부채

NFA^{c}: 중앙은행 순대외자산($FA^{c} - FL^{c}$)

NDC^c: 중앙은행 순국내신용($DC^c - DL^c$)

즉 중앙은행의 순대외자산(NFA)과 순국내신용의 합이 중앙은행의 통화성 부채의 합과 같다는 것이다.

식 (2.167)은 차분식으로 표시해도 등호가 성립해야 하므로

$$\Delta NFA^c + \Delta NDC^c = \Delta H \qquad \cdots\cdots\cdots (2.168)$$

ΔNFA^c: 중앙은행 순대외자산의 변동

ΔNDC^c: 중앙은행 순국내신용의 변동

ΔH: 중앙은행 통화성 부채의 변동

그런데 앞의 식 (2.164)에서 중앙은행의 순대외자산 변동식이 구해졌으므로 이를 대입하면

$$\Delta H = [\Delta NFA^c(\text{II}) + \Delta NFC^c(\text{III}) + \Delta NFA^c(\text{IV})] + \Delta NDC^c \qquad \cdots\cdots\cdots (2.169)$$

을 얻게 된다.

식 (2.169)의 우변 항목 중에서 국제수지에 계상이 되는 항목은 $\Delta NFA^c(\text{IV})$ 항목밖에 없는데 이 항목도 통상 라인 아래에 기재되므로 일반적인 의미에서의 국제수지에는 포함되지 않는다.

따라서 식 (2.169)에 의하면 본원통화의 변동(ΔH)은 국제수지 변동과 큰 관련이 없는 것으로 표현되고 있다. 그러나 식 (2.169)의 우변 항목 중 $\Delta NFA^c(\text{III})$, 즉 은행금융기관으로부터의 매입항목이 국제수지 변동과 밀접하므로 본원통화변동이 국제수지의 변동과 무관한 것은 아

〈그림 2-42〉 중앙은행의 대차대조표

자산(asset)	부채(liability)
대외자산(FA^c)	통화성 부채(H)
국내신용(DC^c)	기타 부채(OL^c)
	기타대외부채(FL^c)
	기타국내부채(DL^c)

니며, 단지 은행금융기관을 통해 간접적으로 관계를 맺고 있을 뿐이다.

따라서 중앙은행의 통화성 부채, 즉 본원통화가 맺고 있는 국제수지와의 관계는 대단히 제한적이고 간접적인 것이라고 할 수 있는데, 비통화 민간부문으로부터의 대외자산의 변동이 없고〔ΔNFA^{c}(Ⅱ)=0〕, 중앙은행의 순대외신용의 변동도 없으며($\Delta NDC^{c}=0$) *SDR*이나 *IMF*포지션에 변동이 없음과 동시에〔ΔNFA^{c}(Ⅳ)=0〕 비통화금융기관의 국제수지 흑자가 전부 중앙은행으로 집중되는 경우〔ΔNFA^{c}(Ⅲ)=국제수지 흑자〕에만 본원통화변동(ΔH)이 국제수지 흑자와 같을 뿐이다.

그러므로 종합수지의 흑자를 같은 규모의 본원통화 증가와 완전히 동일시하거나 반대로 종합수지의 적자를 같은 규모로 본원통화가 감소한 것으로 보는 것은 일반적으로는 옳지 않으며, 대단히 특수한 가정하에서만 옳은 논리라고 할 수 있다.

(2) 중화정책(中和政策: sterilization policy)

종합수지의 흑자 또는 적자로 인한 중앙은행의 통화성 부채, 즉 본원통화의 증가 또는 감소를 상쇄시켜 주기 위하여 종합수지가 흑자이면 순국내신용을 감소시키고 또 적자이면 순국내신용을 증가시켜 주는 정책을 중화정책이라고 한다.

종합수지적자(또는 흑자)만큼 순국내신용을 증가(감소)시키면 적어도 종합수지로 인한 본원통화변화는 전혀 발생하지 않는데 이 때 중화계수(中和系數: the offset coefficient)는 1이 된다. 종합수지의 적자(흑자)폭의 일부(예컨대 α%)만을 중화시킬 경우에 중화계수는 α%가 된다.

따라서 중화계수는 종합수지의 통화변동효과를 상쇄시켜 주기 위한 중앙은행 순국내신용의 변동(ΔNDC^{c})을 종합수지로 나눈 값이라고 할 수 있다.

(3) 총통화와 국제수지

총통화(M_2라고 함)는 통화금융기관의 통화성 부채, 즉 본원통화와

〈그림 2-43〉 통화금융기관 대차대조표

자 산	부 채
FA(외화자산)	M_2(통화성부채)
DC(국내신용)	FL(외화부채)
	DL(기타 국내부채)

요구불 및 저축성예금 등의 예금통화의 합으로 정의된다. 통화금융기관의 대차대조표는 먼저 부채쪽에 통화성부채(M_2)와 외화부채(FL) 및 기타 국내부채(DL)가 있고 자산쪽에는 외화자산(FA)과 국내신용(DC)이 있다(자본금은 생략).

대차대조표의 양변의 합은 같아야 하므로 통화금융기관의 순대외자산을 $NFA(FA-FL)$, 순국내신용을 $NDC(=DC-DL)$이라고 하면 다음의 항등식이 성립된다.

$$M_2 = NFA - NDC \qquad \cdots\cdots\cdots (2.170)$$

M_2: 총통화

이를 차분형태로 표시해도 등식이 성립되므로 다음 관계도 성립해야 한다.

$$\Delta M_2 = \Delta NFA - \Delta NDC \qquad \cdots\cdots\cdots (2.171)$$

그런데, 식 (2.165)에서 통화금융기관의 순대외자산변동이 정의되었으므로 이를 대입하면 아래의 항등식을 얻게 된다.

$$\Delta M_2 = [\Delta NFA^b(\text{I}) + \Delta NFA(\text{II}) + \Delta NFA^c(\text{IV})] + \Delta NDC \qquad \cdots\cdots\cdots (2.172)$$

$\Delta NFA^b(\text{I})$: 비통화민간부문의 국제수지 흑자

$\Delta NFA(\text{II})$: 비통화민간부문의 기존 대외자산매입

$\Delta NFA^c(\text{IV})$: 중앙은행의 SDR 및 IMF리저브포지션 변동

식 (2.172)는 한 경제의 총통화량 변동의 원인을 잘 설명해 주고 있는데, 특히 한 기간 동안의 국제수지 변동과 총통화량의 변동 사이의 관계를 주목할 필요가 있다. 금기의 비통화민간부문(정부 포함)의 국제수지 흑자 중에서 통화금융기관에 환수되는 부분, 즉 ΔNFA(Ⅱ)만큼 총통화가 증가할 수 있음을 보여주고 있는데, 여기서 주의해야 할 것은 한 기간 동안의 국제수지 흑자(또는 적자)가 액면 그대로 총통화의 변동이라고 할 수는 없다는 사실이다.

예컨대 수출업자가 수출대금을 원화로 환전하지 않고 개인이 직접 보유한다면, 수출은 있었지만 통화금융기관의 순대외자산의 변동이 없는 셈이고 따라서 총통화에도 전혀 변동이 없다.

또 국제수지의 흑자로 은행금융기관에 환류된 외환으로 은행금융기관이 국내 여타 비은행민간부문에 기존 외화채무를 상환한다고 하면 은행의 순대외자산이 변동할 이유가 없고 총통화에도 아무런 변동이 발생하지 않는다.

그러므로 총통화는 다음과 같은 제한적인 가정, 즉, 모든 국제수지 흑자가 통화금융기관에 환수되고[ΔNFA^b(I)$=BOP$], 순국내신용에 변동이 없고($\Delta NDC=0$), 통화금융기관의 비통화 금융기관부문에 대한 순대외자산에도 변동이 없으며[ΔNFA^b(Ⅱ)$=0$], 끝으로 중앙은행의 SDR 혹은 IMF리저브포지션에도 변동이 없다는 전제하에서만 국제수지 흑자만큼 총통화가 증가한다.

Ⅱ. 통화적 국제수지이론

통화적 국제수지 이론에서는 국제수지불균형이 통화시장의 불균형을 반영하는 거울과 같은 대칭적 개념이라고 보고 있다고 했는데, 이를 구체적으로 살펴보기 위하여 통화적 국제수지 결정모형을 예로 들어 보자.

1. 모 형

(1) 통화수요 및 플로 통화수요

실물자산 외에 통화라는 금융자산만 존재하는 두 나라(자국 및 타국)의 통화수요함수를 다음과 같은 캠브리지류의 함수로 정의하자.

$$L = k \cdot P\bar{y} \quad \cdots\cdots\cdots (2.173)$$

$$L^* = k^* P^* \bar{y}^* \quad \cdots\cdots\cdots (2.174)$$

k, k^*: 상수

P, P^*: 자국 및 타국의 자기통화표시 물가

y, $\bar{y}^*$: 실질생산

식 (2.173)과 (2.174)는 스톡 통화수요이므로 일정한 기간 동안에 늘어나야 하는 또는 줄어들어야 하는 플로 통화수요[호딩(hoarding)이라고 함]를 다음과 같이 정의하자.

$$H = \alpha(L - M_s) = H(P, M_s) \quad \cdots\cdots\cdots (2.175)$$

$$H^* = \alpha^*(L^* - M_s^*) = H^*(P^*, M_s^*) \quad \cdots\cdots\cdots (2.176)$$

H, H^*: 각국의 플로 통화수요(호딩)$(=\Delta L, \Delta L^*)$

α, α^*: 통화스톡균형의 조정계수

식 (2.175)와 (2.176)은 각국의 플로 통화수요가 물가 및 통화량의 함수라고 보고, k값이나 실질생산은 상수로 간주하고 있음을 뜻한다. 함수 $H(P, M_s)$는 자국물가에 대해 양의 함수이고 자국통화공급에 대해서는 음의 함수이다.

(2) 통화공급 및 플로 통화공급

통화공급은 앞에서 살펴본 대로 통화금융기관의 순대외자산과 순국내신용의 합과 같다고 하자.

$$M_s = NFA + NDC \quad \cdots\cdots\cdots (2.177)$$

$$M_s^* = NFA^* + NDC^* \quad \cdots\cdots\cdots (2.178)$$

M_s, M_s^*: 자국 및 타국의 통화량

NFA, NFA^*: 자국 및 타국의 통화금융기관의 순대외자산

NDC, NDC^*: 자국 및 타국의 통화금융기관의 순국내신용

식 (2.177)과 (2.178)을 차분하여 표현하되 순국내신용에 변동이 없고 또 통화금융기관의 순대외자산 변동이 종합수지와 같다고 전제하면 다음 식을 얻을 수 있다.

$$\Delta M_s = \Delta NFA = BOP (= CUB) \quad \cdots\cdots\cdots (2.179)$$

$$\Delta M_s^* = \Delta NFA^* = BOP^* (= CUB)^* \quad \cdots\cdots\cdots (2.180)$$

(3) 플로 통화균형

플로 통화수요와 플로 통화공급이 일치한다면 다음의 관계가 성립되어야 한다.

$$\Delta L = H = BOP \quad \cdots\cdots\cdots (2.181)$$

$$\Delta L^* = H^* = BOP^* \quad \cdots\cdots\cdots (2.182)$$

그런데 두 나라밖에 없으므로 타국통화 한 단위당 자국통화환율을 s라고 하면 두 나라의 국제수지가 방향만 다를 뿐이다.

$$BOP = -sBOP^* \quad \cdots\cdots\cdots (2.183)$$

따라서 각국의 플로 통화수요가 플로 통화공급과 일치하면 다음의 관계도 성립되어야 한다.

$$H = -sH^* \quad \cdots\cdots\cdots (2.184)$$

말하자면 식 (2.184)는 플로 균형관계식인데 이 관계가 성립하는 곳은 아래 〈그림 2-44〉의 점 E_0이다. 자국물가와 타국물가 사이에는

다음의 관계가 성립한다고 가정한다.

$$P = s \cdot P^* \qquad \cdots\cdots\cdots (2.185)$$

만약 자국의 물가가 P_0보다 높다면 자국의 플로 통화수요(H)는 증가하고, 타국의 플로 통화수요도 증가한다. P가 상승하면 환율이 고정되어 있는 상황에서는 식 (2.185)에 따라 타국물가 P^*도 따라서 상승해야 하는데 P^*가 상승하면 H^*도 상승하기 때문이다.

H와 H^*가 모두 상승하면 초과플로 통화수요현상이 발생하므로 균형이라고 할 수 없다. 점 E_0에서의 단기균형에서 자국은 국제수지가 적자이고 상대국은 흑자이므로 자국으로부터 상대국으로의 통화이동이 발생한다.

물가가 그대로 P_0에 있다면 자국통화량이 줄어듦에 따라 플로 통화수요가 증가하여 〈그림 2-44〉의 H 곡선이 왼편으로 이동한다. 반대로 상대국으로서는 통화량이 늘어났으므로 플로 통화수요(H^*)가 줄어

〈그림 2-44〉 통화적 국제수지 모형의 단기균형(예)

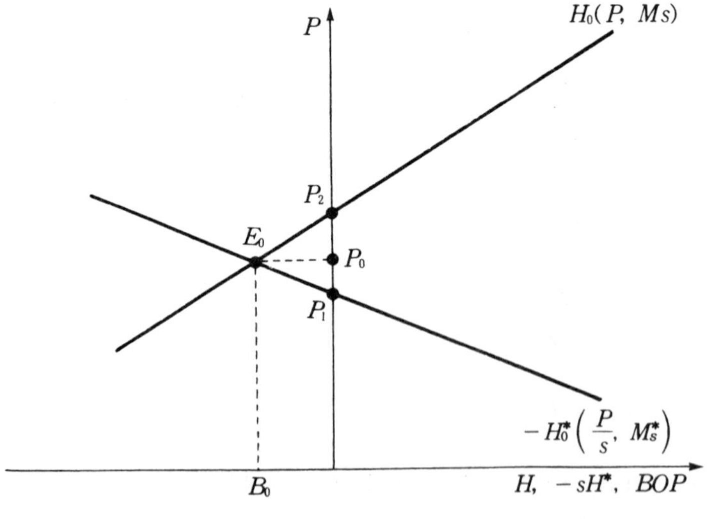

드는데 이것은 〈그림 2-44〉의 $-H^*$곡선이 오른쪽으로 이동함을 의미한다. H곡선과 $-sH$곡선이 각각 오른쪽으로 이동하여 P_1과 P_2 사이의 어느 점에서 교차할 때 장기균형이 이루어진다.

2. 평가절하와 국제수지

(1) 단기균형

〈그림 2-45〉에서의 균형점 E_0에 있던 중 자국이 환율을 인상하여 자국 통화가치를 떨어뜨렸다고 가정해 보자. 그 상대국의 물가는 즉시 환율상승률만큼 떨어진다($P=s\cdot P^*$이므로). 따라서 그 상대국에서는 지출을 늘리려고 할 것이다. 그 나라의 주어진 통화량(M^*)에 비해 명목지출($P^*\cdot y^*$)이 지나치게 낮다고 생각하기 때문이다. 혹은 물가(P^*)가 낮아짐에 따라 실질잔고($\frac{M^*}{P^*}$)가 크게 증가하여 그 늘어난 실질잔고를 제거하려고 한다고 해석할 수도 있다.[18]

이러한 플로 통화의 공급은 $-sH^*$ 곡선을 오른쪽으로 이동시키게 된다. 플로 통화공급의 증가는 H^*를 낮추지만 $-sH^*$는 증가하는 방향으로 움직이게 하기 때문이다. 따라서 H곡선과 새로운 $-sH^*$곡선은 점 E_1에서 만나는데 이 점이 단기균형점이고 자국의 단기균형가격은 P_0에서 P_1으로 상승한다.

만약 자국의 가격이 P_0에 머물러 있다면 자국의 플로 통화초과공급은 0인 데 비해 상대국은 자기나라 통화로 (B_0/s_1)만큼의 초과지출(즉 국제수지 적자)을 하려고 할 것이므로 플로 통화초과공급은 0보다 크다. 그러므로 P_0에서는 전체적으로 플로 통화초과공급이 0보다 크고, 따라서 균형일 수가 없다. 만약 가격이 P_2로 상승한다면 반대로 상대국의 초과지출수요는 0이지만 자국의 초과지출이 발생하여 플로 통화초과수요가 발생하여 전체로는 플로 통화초과수요현상이 되므로 균형일 수가 없다.

---

18) 통화가치가 올라간 상대국의 입장에서는 수입물가가 내려가므로 대체현상(국내구입에서 수입구매로)이 일어난다고 볼 수도 있다.

〈그림 2-45〉 평가절하의 단기효과: $s_0 \rightarrow s_1 (s_1 > s_0)$

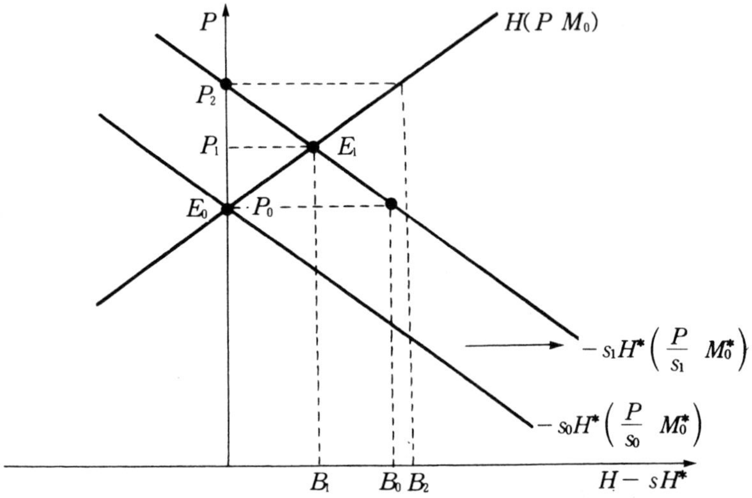

새로운 단기균형점 E_1의 가격 P_1에서만 자국의 플로 통화초과수요(B_1)와 상대국의 플로 통화초과공급(B_0/s_1)이 일치한다. 새로운 단기균형가격(P_1)은 이전가격(P_0)보다는 높지만 환율상승률보다는 낮게 오른다.[19] 그리고 상대국 가격(P^*)은 1에서 P의 상승률을 뺀 값만큼 내린다.

(2) 단기무역수지 개선효과

새로운 단기균형 E_1에서 자국의 무역수지는 B_1만큼 개선되는데, B_1의 크기는 H곡선의 기울기 및 $-sH^*$곡선의 기울기, 그리고 환율상승에 따른 $-sH^*$곡선의 이동폭에 의해 결정되는데, 그 기울기나 이동폭

19) 자국통화가 전체 통화에서 차지하는 비중을 σ라 하면 자국가격의 상승률은 $\frac{\alpha^*(1-\sigma)}{\alpha\sigma+\alpha^*(1-\sigma)}$×(환율상승률)이 되어 환율상승률보다는 적게 올라가며 상대국의 가격은 $\frac{-\alpha\sigma}{\alpha\sigma+\alpha^*(1-\sigma)}$×(환율상승률)이 되어 내려간다.

은 통화스톡균형 조정계수(α 및 α^*)의 함수이므로 단기무역수지 개선폭도 이들 조정계수의 함수인데, 국내물가 상승률과 비례한다.

$$B_0 = \alpha \cdot M \cdot \hat{P}, \qquad \cdots\cdots\cdots (2.186)$$

$\hat{P}$: 자국물가상승률 $\left(\frac{P_1 - P_0}{P_0}\right)$

(3) 장기균형

단기균형점 E_1은 더 이상의 변화가 발생하지 않는 장기균형은 아니다. 왜냐하면 B_1만큼 흑자를 나타낸 국가의 통화가 늘어나고, 반대로 상대국은 그만큼 통화가 줄어들어 H 및 $-sH^*$곡선이 같은 폭만큼 왼편으로 이동하기 때문이다.

장기균형은 H 및 $-sH^*$이 수직축의 점 P_1에서 이루어지는데 장기균형에서는 자국의 통화량증가폭이 가격상승률과 같고, 상대국은 통화량 감소폭이 같아서 두 나라 모두 실질잔고는 평가절하 이전상태와 같아진다.

결국, 평가절하는 절하국의 물가와 통화량을 같은 비율로 올리는 반면, 상대국의 물가와 통화량은 같은 비율로 내릴 뿐인데, 통화량의 재분배는 국제수지 불균형을 통해서 나타나게 된다.

제 6 절 포트폴리오균형 국제수지이론

과거의 전통적인 국제수지이론들이 강조해 왔던 재화나 서비스 등의 수요 및 공급탄력성이 아니라 보다 일반적이며 또 상대적으로 단순한 총지출 및 총수입의 차이, 즉 통화공급과 통화수요의 차이가 조정되는 과정으로서 국제수지(특히 경상수지나 무역수지)를 이해하려고 했던 통화적 국제수지이론은 적어도 사고관점의 전환이라는 점에서 획기적인 일이었다고 할 수 있다.

그러나 앞장에서 설명한 통화적 국제수지이론에서는 국제수지의 적자(또는 흑자)가 통화수요(공급)의 부족분, 즉 초과통화수요(공급)를 메워 나가는 과정으로만 이해하려 했을 뿐 다른 자산, 특히 주식이나 채권과 같은 통화가 아닌 다른 금융자산에 대한 고려가 미흡하였고, 당연히 경상수지 이외의 다른 수지, 즉 자본 및 투자수지의 변동이나 결정요인 등에 관해 아무런 결론을 도출할 수가 없었다.

사실 경제주체들은 통화 이외에도 여러 다른 형태의 금융자산을 보유하고 그 금융자산 중에는 국내통화로 표시된 금융자산 외에도 외화로 표시된 금융자산을 균형 있게 보유하려고 할 것이다. 만약 외국통화로 표시된 금융자산이 부족하다고 느끼면 외국에서 사들여 오기도 할 것이며, 또 바라는 것보다 많다고 느낄 때에는 다시 되팔기도 할 것인데, 그것은 외국의 경제주체가 자국의 통화로 표시된 금융자산에 대해서도 마찬가지일 것이다.

거주자 또는 비거주자의 이런 금융자산 투자행위 및 그에 따른 금융자산거래는 국제수지의 자본 및 투자계정에 나타나게 되는데, 포트폴리오균형 국제수지이론은 과거 통화적 국제수지이론이 다루지 않았던 이 부분, 즉 여러 금융자산 간의 보유구조를 맞추어 나가는 과정(즉 포트폴리오 균형을 이루어 나가는 과정)으로서의 국제수지 동향에 주안점을 두고 있다.

Ⅰ. 포트폴리오균형(Portfolio Balance)

포트폴리오균형 국제수지이론을 설명하기에 앞서 포트폴리오균형의 개념을 먼저 설명하기로 하자. 투자가가 투자하려고 하는 자산이 L과 K의 두 자산밖에 없다고 하고 투자가능한 총액이 W라고 가정하자. 이 투자가는 L자산의 수익률(i_a)이 높을수록 L자산을 많이 보유하려고 할 것이고 K자산의 수익률(i_k)이 높을수록 K자산에 더 많이 투자하려고 할 것이다.

〈그림 2-46〉 포트폴리오균형(예)

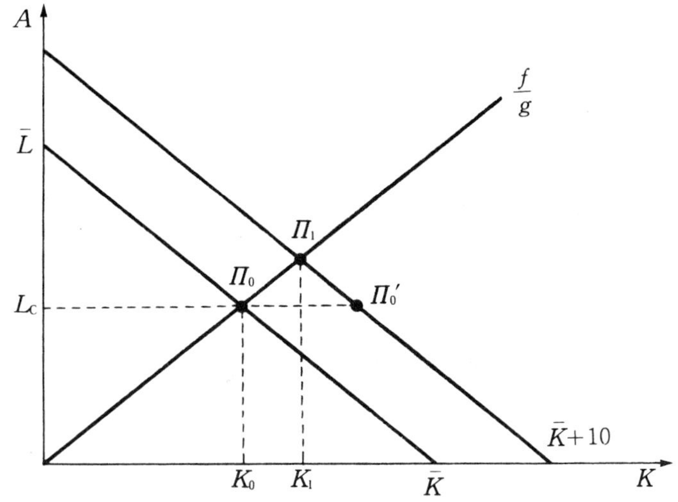

그렇다면 L 및 K자산에 대한 수요함수 (L^d 및 K^d)는 다음과 같이 설정될 수 있을 것이다.

$$L^d = f(i_a\ i_k) \cdot W \text{ 혹은 } \left(\frac{L}{W}\right)^d = f(i_a\ i_k) \quad \cdots\cdots\cdots (2.187)$$

$$K^d = g(i_a\ i_k) \cdot W \text{ 혹은 } \left(\frac{K}{W}\right)^d = g(i_a\ i_k) \quad \cdots\cdots\cdots (2.188)$$

그런데 투자총액은 고정되어 있으므로

$$W = L^d + K^d \text{ 혹은 } 1 = \frac{L^d}{W} + \frac{K^d}{W} = f + g \quad \cdots\cdots\cdots (2.189)$$

따라서 두 자산 중 한 자산의 보유액(L이라고 하자)이 총투자액의 f배이면, 나머지 자산에 투자할 금액은 당연히 W의 g배가 될 것이다. 주어진 수익률과 총투자액하에서 수요하는 대로 각 자산을 보유하는 경우에 포트폴리오의 균형이 이루어졌다고 한다.

이를 보다 간명하게 이해하기 위해 〈그림 2-46〉을 사용하자. 수평

〈그림 2-47〉 포트폴리오 국제수지이론

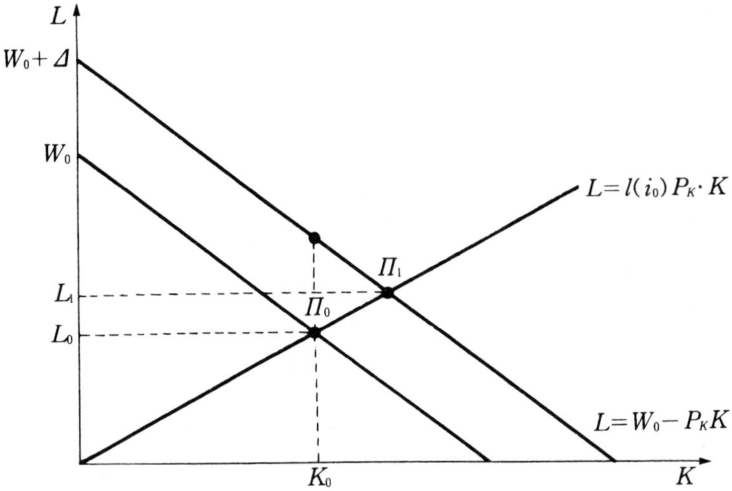

축에 자산 K를, 수직축에는 자산 L의 단위를 표시하자. 주어진 총투자액이 W이므로 K와 L에 투자할 수 있는 투자배합은 $\overline{L}$와 $\overline{K}$를 잇는 직선, 즉 예산제약선이 될 것이다.

그런데 이 투자가의 바람직한 포트폴리오균형이 이루어지기 위해서는 식 (2.187)과 (2.188)이 만족되어야 하므로

$$L^d=\frac{f}{g}\cdot K^d \qquad \cdots\cdots\cdots (2.190)$$

의 관계가 성립되어야 한다.

식 (2.190)은 위 〈그림 2-46〉에 직선 f/g로 표시되었다. 따라서 포트폴리오균형은 점 Π_0에서 성취되는데 이 때의 포트폴리오는 L자산에 L_0만큼, 그리고 K자산에 K_0만큼 투자하는 것이다.

이 투자가가 점 Π_0에 있던 중에 부모로부터 K자산을 10단위 상속받았다고 하자. 그러면 이 투자가의 예산제약선은 10만큼 오른쪽으로 수평이동하게 되어 점 Π_1으로 이동하게 되는데, 점 Π_0'은 포트폴리오

균형이 아니므로 K를 매각하여 L를 매입하여 점 Π_1에 도달해야 포트폴리오균형이 다시 회복된다.

Ⅱ. 포트폴리오균형 국제수지이론(두 금융자산)[20]

1. 모 형

한 경제가 보유하는 금융자산이 통화(L)와 주식(K)의 두 종류라고 가정하고 주식의 가격을 P_k, 이 경제의 현재의 총금융자산은 W_0이라고 하면 예산제약식은 아래와 같이 주어질 것이다.

$$W_0 = L + P_k \cdot K \qquad \cdots\cdots\cdots (2.191)$$

이 경제의 포트폴리오균형은 아래의 식에 의해 주어진다고 한다.

$$\frac{L}{P_k K} = l(i), \quad i\text{는 주식투자수익률} \qquad \cdots\cdots\cdots (2.192)$$

포트폴리오균형은 Π_0에서 성립되고 이 때 통화는 L_0, 주식은 K_0만큼 보유한다. 경상수지(CUB)는 생산(Y)에서 소비와 투자를 뺀 것과 같다고 하고, 소비는 생산이 아니라 부(W)의 함수라고 하자.

$$CUB = Y(K) - C(W) - I(P_k) \qquad \cdots\cdots\cdots (2.193)$$

$C(W)$: 소비함수

W: 명목 부

$I(P_k)$: 투자함수

끝으로 종합수지(BA)는 정의에 의해 자본 및 투자수지(KAB)와 경상수지의 합인 동시에 통화의 플로 공급(dL)이다.

$$dL = BA = CUB + KAB \qquad \cdots\cdots\cdots (2.194)$$

20) Frenkel-Rodrigueʒ(1975)의 논문, "Portfolio Equilibrium and the Balance of Payment: A Monetary Approach"를 정리한 것이다.

점 Π_0에서는 생산량이 소비 및 투자와 같아서 경상수지가 0이고, 투자는 국내자본의 감가상각분을 재보충하는 데 투입되어 순자본의 증가는 없다고 가정하고 따라서 자본수지도 0이라고 가정한다.

2. 통화공급의 증가와 국제수지 변화: 초기효과(the Impact Effect)

점 Π_0의 상황하에서 통화량이 Δ만큼 증가하였다고 하자. 그러면 이 경제의 예산제약선이 Δ만큼 수직상승할 것이고 따라서 점 Π_0는 더 이상 포트폴리오 균형상태일 수 없다.

주식은 곧 실물자본이므로 폐쇄경제에서는 쉽사리 포트폴리오 균형점 Π_1으로 옮겨갈 수 없지만 개방경제라면 외국의 주식을 매입할 수 있어 단기간에 포트폴리오 균형점 Π_1으로 옮겨갈 수 있고 따라서 국제수지의 자본 및 투자계정의 적자, 즉 자본의 해외유출이 일어난다.

경상수지도 적자인데, 그것은 부가 증가함으로써 소비는 늘어난 데 비해 투자와 생산은 고정되어 있기 때문이다. 경상수지와 자본 및 투자수지가 적자이므로 종합수지도 적자이다.

3. 조정과정

지금까지의 초기 충격효과(the impact effect)는 장기적으로 볼 때 안정적인 균형(the steady state equilibrium) 상태가 아니다. 실제의 부가 목표하는 부(W_0)보다 높음에 따라 지속적으로 부를 줄여 나갈 것이기 때문이다. 현재의 부의 수준을 목표수준까지 줄여 나가는 과정은 〈그림 2-48〉에서의 점 Π_1로부터 점 Π_0로 이동해 나가는 과정인데, 부를 줄일 수 있는 유일한 방법은 경상수지가 적자가 되는 길뿐이다.

또, 금융자산의 포트폴리오가 균형이 이루어지도록 줄여야 하므로 통화와 주식이 같은 비율로 축소되어야 한다. 물론 부의 규모가 줄어감에 따라 통화와 주식의 축소폭은 점점 작아질 것이다.

이것은 결국 국제수지의 동태적 과정이 다음과 같아야 함을 의미한다. 먼저 경상수지의 경우 초기 충격효과로서의 적자가 조정과정(Π_1와

〈그림 2-48〉 각 수지의 동태적 조정과정

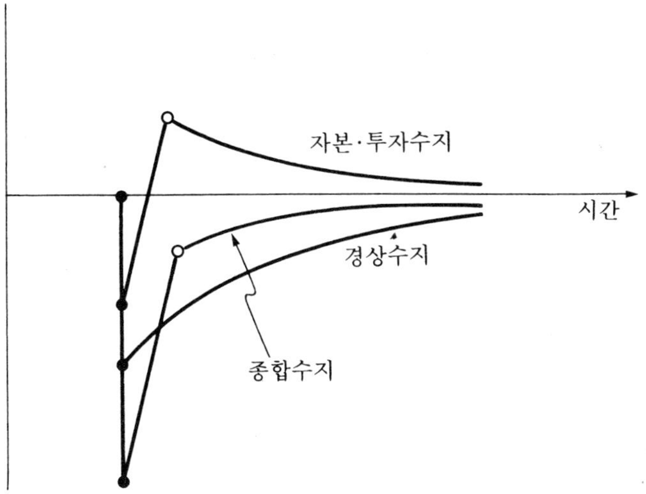

Π_0 사이)에서 지속적으로 적자이나 적자인 폭은 매기마다 조금씩 줄어들어 최종적으로 0이 되며, 자본 및 투자수지는 초기의 적자(해외투자) 이후에 조정과정을 통해 지속적으로 흑자(과거 해외투자의 회수)를 기록하며 종합수지는 초기의 적자 이후에도 조정과정을 통해 내내 적자를 유지하면서 적자폭이 좁혀진다. 조정과정을 통해 나타나는 각 수지의 동태적 조정과정은 〈그림 2-48〉에 예시되었다.

4. 평가절하와 국제수지

통화적 국제수지이론에서는 평가절하로 인하여 국내물가가 절하율만큼 상승한다고 간주하고 있으므로 평가절하는 실질통화를 평가절하율만큼 감소시키는 효과를 가져온다. 따라서 평가절하로 인한 국제수지의 변동효과 및 포트폴리오 균형조정과정에서의 동태적 국제수지 조정과정은 통화량의 감소효과와 동일하다.

Ⅲ. 포트폴리오균형 국제수지이론(세 금융자산)

한 경제가 보유할 수 있는 금융자산의 종류가 본원통화(L)와 국내채권(K)과 외국채권(F)의 세 종류인 경우에 그 각각의 금융자산에 대한 수요함수를 국내금리(i)와 국제금리(i^*)의 아래와 같은 함수로 정의하자.[21]

$$L^d = L(i,\ i^*)W,\quad \frac{\partial L}{\partial i} < 0 \quad \frac{\partial L}{\partial i^*} < 0 \qquad \cdots\cdots\cdots (2.195)$$

$$K^d = K(i,\ i^*)W,\quad \frac{\partial K}{\partial i} > 0 \quad \frac{\partial K}{\partial i^*} < 0 \qquad \cdots\cdots\cdots (2.196)$$

$$F^d = F(i,\ i^*)W,\quad \frac{\partial F}{\partial i} < 0 \quad \frac{\partial F}{\partial i^*} > 0 \qquad \cdots\cdots\cdots (2.197)$$

외국채권의 공급탄력성은 무한대라고 가정하고, 외국의 국내채권에 대한 수요(K^d_*)가 이 나라에 대한 불확실성 등으로 금리(i)에 대해 양의 기울기를 갖는다고 가정하자(즉 국내채권과 외국채권의 불완전대체성을 가정).

$$K^d_* = K^*(i,\ i^*),\quad \frac{\partial K^*}{\partial i} > 0 \quad \frac{\partial K^*}{\partial i^*} < 0 \qquad \cdots\cdots\cdots (2.198)$$

예산제약에 의해 통화시장과 국내채권시장의 두 시장만 균형이 되면 되므로 이 체계의 균형조건은 아래의 두 식으로 표현된다.

$$M^s = L^d = L(i,\ i^*) \cdot W \qquad \cdots\cdots\cdots (2.199)$$

$$K^d + K^d_* = G \text{ (국내채권 공급물량)} \qquad \cdots\cdots\cdots (2.200)$$

식 (2.199)와 (2.200)을 차분식으로 표시하면

---

21) KOURI-PORTER(1974)의 논문 "International Capital Flows and Portfolio Equilibrium"을 정리한 것이다.

$$\Delta M^s = \Delta L \text{ (}\Delta W\text{는 0이라고 가정)} \qquad \cdots\cdots\cdots (2.201)$$

$$\Delta K^d + \Delta K^d_* = \Delta G \qquad \cdots\cdots\cdots (2.202)$$

그런데, 통화공급의 변동(즉 ΔM^s, 플로 통화공급)은 중앙은행의 순대외자산의 변동(ΔNFA)과 순국내신용의 변동(ΔNDC)의 합과 같고, 또 중앙은행의 순대외자산의 변동(ΔNFA)은 자본 및 투자수지(KAB), 즉 자본유입(ΔK^*)에서 자본유출(ΔF)의 차이와 같으므로 이를 이용하면 식 (2.201)은 아래와 같이도 표현될 수 있다.

$$KAB + CUB + \Delta NDA = \Delta L \qquad \cdots\cdots\cdots (2.203)$$

식 (2.202)와 식 (2.203)을 두 내생변수인 국내금리변동폭(Δi)과 자본 및 투자수지(KAB)에 대해 풀 수 있는데, 그 축약식 형태의 결과를 아래에 요약하였다.[22]

$$\Delta i = G(\Delta NDA,\ CUB,\ \Delta i^*,\ \cdots) \qquad \cdots\cdots\cdots (2.204)$$

$$KAB = H(\Delta NDA,\ CUB,\ \Delta i^*,\ \cdots) \qquad \cdots\cdots\cdots (2.205)$$

---

22) 식 (2.204)와 (2.205)의 보다 상세한 형태는 KOURI-PORTER(1974) 참조.

제 3 편　국제수지의 현상과 이론검증

제 1 장

한국의 국제수지 동향과 특징

제 1 절 한국의 국제수지 동향

Ⅰ. 경상수지

1. 동 향

지난 1970년 이후 지금까지 우리 나라의 경상수지는 1986~1989년의 4년간과 1998년 이후의 3년을 제외하면 기조적으로 적자구조를 벗어나지 못하였다. 물론 1970년대에 두 번에 걸쳐 일어났던 석유파동(1973년과 1979년)으로 원유 수입부담이 크게 늘어난 탓도 있었겠지만 그런 일시적인 요인이 없었던 기간 중에도 경상수지는 적자기조를 면하지 못하였다.

1986년에 약 46억 달러를 기록하면서 시작된 경상수지 흑자기간은 1987년에 98.5억 달러, 그리고 1988년에는 141.6억 달러를 기록함으로써 절정에 달한 후 빠른 속도로 흑자폭이 줄어들어 1989년에는 전년도에 비해 91억 달러나 감소한 50.6억 달러 흑자에 그쳤고 1990년부터는 다시 적자로 반전되어 1991년에는 적자규모가 82.9억 달러로 증가하였다. 1980년 초부터 꾸준히 개선되어 오던 경상수지가 1989년을 고비로 다시 악화되기 시작한 것이다.

1985년 이전의 경상수지와 비교할 때 1986년 이후에 있어서 드러나고 있는 가장 큰 차이점은 경상수지의 변동폭이 매우 크다는 점이다. 1988년에 141.6억 달러 흑자에서 1991년에는 82.9억 달러 적자로 반전하여 3년 사이에 224.5억 달러의 변동폭을 보였고 또 1993년에는 다시 10.2억 달러의 흑자를 기록하여 2년 사이에 다시 93억 달러나 개선된 것도 경상수지 구조가 그만큼 불안정함을 잘 나타내 주고 있다.

5년 사이에 224.5억 달러의 경상수지 악화와 93억 달러의 개선이 번갈아 나타났다는 사실은 한국의 경상수지가 소비패턴이나 기업의 투자행태의 변화에 기인한 것이라고 하기보다는 상대가격이나 임금 등 생산비용의 급격한 변동에 기인하고 있음을 시사하는 것이다. 즉 1988년 초 1달러당 792원대에서 1989년 초 670원대까지 15.4% 절상된 원화가치와 같은 기간 중 달러당 123.5엔에서 1989년 말 143.5엔대로 16.1%나 절하된 엔화가치로 인하여 원화의 대엔화가치는 2년 사이에 31.5%

〈그림 3-1〉 한국의 경상수지: 1980~1999년

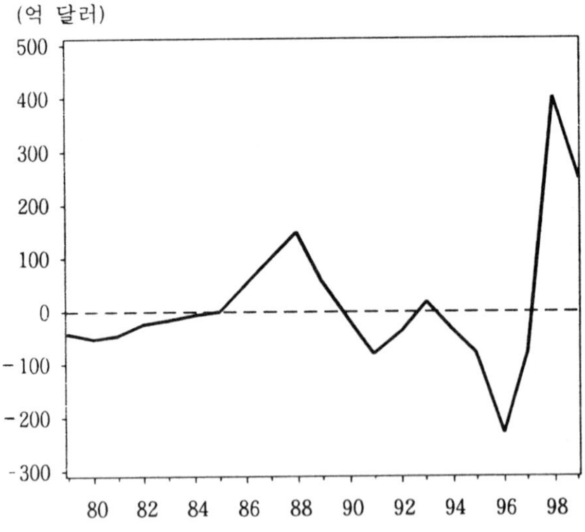

나 절상된 것이 한국의 대일본 경쟁력을 크게 떨어뜨리고 따라서 경상수지가 급격히 악화된 가장 큰 원인이다.

물론 1990년 이후 3년간 있었던 건설경기 과열 및 상대적으로 높았던 물가상승률도 그 기간의 경상수지 악화에 기여를 하였지만 1993년 이후에 물가와 건설경기의 과열이 가라앉았음에도 불구하고 경상수지의 악화추세가 지속되고 있음에 비추어 볼 때 1989년부터 시작된 경상수지의 흑자기조 쇠퇴는 상대적인 원화가치의 상승과 급격한 임금비용 등 비용구조의 악화로 인한 가격경쟁력의 상실에 그 근본원인이 있다고 해야 할 것이다.

특히 1992년 이후 가속화되고 있는 자본시장의 개방으로 유입된 막대한 해외자본이 한편으로는 통화량의 증가를 가속화시켜 국내물가를 자극하는가 하면 다른 한편으로는 외환공급의 증가로 인한 원화가치의 고평가화를 유발시켜 국제수지의 자동조절기능을 크게 저하시켰던 것도 한국의 경상수지를 적자기조에서 벗어나지 못하게 한 이유이다.

실제로 1993년 이후 원화의 대미달러당 환율은 810원대에서 1995년 중반의 750원대까지 하락하였으며 이러한 원화의 대미달러 강세추세는 1995년초 이후에 진행된 엔화의 대미달러화에 대한 약세와 맞물려 기록적인 경상수지적자를 발생케 한다.

즉, 1993년에 10억 달러였던 경상수지 흑자는 1994년에는 38.6억 달러의 적자로 반전된 뒤 1995년에는 82.5억 달러, 그리고 1996년에는 230억 달러라는 기록적인 적자 증가추세를 나타내게 된다. 이런 경상수지 적자추세는 1997년도에도 이어져 82억 달러의 적자가 발생하였다. 따라서 1994년부터 1997년까지의 4년 동안의 누적경상수지적자는 433.1억 달러에 달하게 된다.

2. 경상수지와 적자보전(Deficit Financing)과 외채부담

이러한 기록적인 경상수지적자는 두 가지 측면에서 우리 나라의 경제에 커다란 부담과 짐이 되었다. 하나는 경상수지적자를 보전(즉, 결제)하기 위해 막대한 규모의 외환을 조달해야 하는 결제의 부담을 안겨주며, 이러한 부담은 조달금리나 차입기간과 같은 차입조건을 더욱 불리하게 함으로써 경상수지의 적자구조를 더욱 고착화시킨다. 예컨대 400억 달러의 누적경상수지적자에 대한 이자부담은 금리가 10%라고 하더라도 40억 달러에 달하게 되며, 적자규모가 커짐에 따른 가산금리를 감안한다면 이자부담은 더욱 커지게 되어 경상수지의 적자구조를 고착화시키게 된다.

그 다음으로는 경상수지적자는 그것이 어떤 방법으로 결제되든지간에 대외부채를 경상수지적자만큼 늘어나게 함으로써 국가적 재무구조를 급격하게 나빠지게 한다는 점이다. 특히 외환제도상의 제한이 존재하거나 혹은 경제사회상의 여건이 나빠서 직접투자나 혹은 증권투자와 같은 비부채성외자를 도입할 수 없는 상황이라면 은행차입이나 외화증권발행과 같은 부채성 외자도입에 의존할 수밖에 없기 때문이다. 그리고 직접투자나 혹은 증권투자와 같은 비부채성 외자도입을 촉진시키는 경우에는 대외부채가 늘어나는 것은 아니라고 할 수 있지만, 그런 자금조차도 장기적으로는 경제여건이나 환경이 변화함에 따라 유출될 수 있는 것이므로 그러한 방법이 경상수지적자를 보전하는 안정적인 수단이라고 항상 단정할 수 있는 것도 아니다. 특히 국내에 진출하는 직접투자나 증권투자 자본이 단순히 자본이득을 노리는 자본일 때에는 그럴 위험이 더욱 크다.

결국, 경상수지의 적자가 상당한 규모로 누적된다는 것은 차입조건을 점진적으로 악화시켜 경상수지 적자구조를 고착화시킬 뿐만 아니라 외자도입으로 인한 외채부담을 증폭시킴으로써 결국에는 경상수지적자를 도저히 보전할 수 없는 위기적 상황으로 발전하게 된다. 이러한 위기의 전형적인 예는 1997년 이후의 동남아 외환위기뿐만 아니라 1970년대와 1980년대에 걸친 남미 여러 국가들의 외환위기나 1970년대 중반의 영국의 외환위기 등에서도 잘 드러난 바 있다.

3. 경제성장률과 경상수지

지난 25년간 실질경제성장률과 경상수지 사이의 관계를 나타내는 〈그림 3-2〉는 경제성장률이 높을수록 경상수지의 적자가 커진다는 총지출 접근이론이 적어도 우리 나라의 경험과는 잘 부합되지 않음을 보여주고 있다. 오히려 경제성장률이 높을수록 경상수지가 개선되었다고 할 수도 있을 만큼 경제성장률과 경상수지 사이에는 양의 관계가 있어왔다고 할 수도 있다.

물론 1986년과 1989년 사이의 3년 동안 경제성장률이 떨어지면서 (12.4%에서 11.5%로) 경상수지가 큰 폭으로 개선되긴 하였지만 그것이 총지출 접근이론에서 의미하는 총지출의 감소로 인한 경상수지의 개선이 아닌 것은 확실하다.

1980년과 1986~1989년의 3년을 제외한 기간 중에 경제성장률과 경상수지 사이에 뚜렷한 음의 관계(총지출 접근이론)나 혹은 뚜렷한 양

〈그림 3-2〉 경제성장률과 경상수지: 1980~1999년

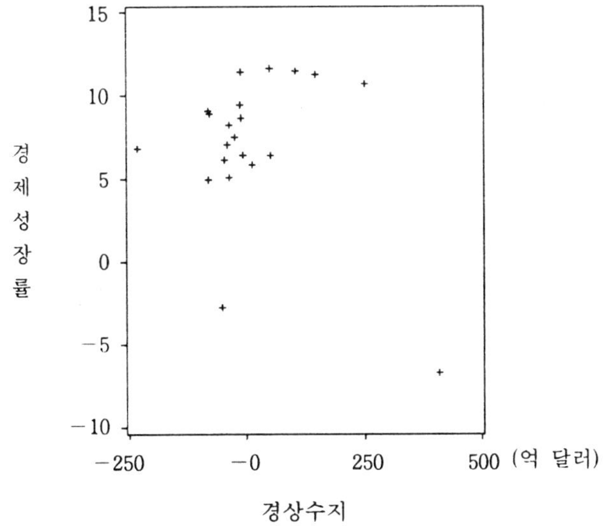

의 관계(통화적 국제수지이론)가 존재하지 않는다는 사실은 일본이나 미국의 경우와는 매우 대조적인 현상이다.

일본의 경우에는 총지출접근방법의 이론과 같이 경제성장률이 낮을수록 경상수지 흑자폭이 커지고 반대로 경제성장률이 높을수록 경상수지 흑자폭이 줄거나 적자폭이 커지는 현상을 분명히 볼 수 있다. 그리고 미국의 경우에도 1980년 이전까지는 경상수지와 경제성장률 사이에 뚜렷한 음의 관계가 존재하였었다. 반면에 우리 나라의 경우에는 1980년 이전에는 물론 1980년 이후에도 경상수지와 경제성장률 사이에는 오히려 양의 관계가 있어 왔다. 그러나 이러한 차이는 산업구조나 혹은 무역구조의 차이를 반영하고 있음과 동시에 환율 및 물가의 변동에 따른 경상수지의 시차구조의 차이에서 발생할 수도 있기 때문에 어느 한 학설이 옳지 않음을 나타내는 사실적인 증거로 이해되어서는 안된다.

4. 인플레이션과 경상수지

지난 1971년 이후의 경상수지와 인플레이션 사이의 관계는 아래의 〈그림 3-3〉에 잘 나타나 있듯이 고인플레 기간이었던 1981년 이전과 저인플레 기간이었던 1982년 이후가 다소 다르지만 대체로 음의 관계가 존재하였던 것으로 판단된다. 즉, 물가상승률이 낮을수록 경상수지가 개선되었고 반대로 물가상승률이 높을수록 경상수지는 악화되었던 것이다.

물가상승률과 경상수지의 음의 관계가 1980년대 이후보다 그 이전의 고인플레기간 중에 덜 뚜렷했던 이유는 교역, 특히 수입이 상대적으로 엄격히 통제되었기 때문이었을 것으로 생각된다. 그러나 1980년 중반 이후 교역에 대한 정책적 규제가 점진적으로 해제됨에 따라 교역이 상대가격의 변화에 민감해지면서 물가상승이 경상수지의 주요 변동요인 중의 하나로 부각되고 있다.

〈그림 3-3〉 경상수지와 인플레이션: 1980∼1999년(한국)

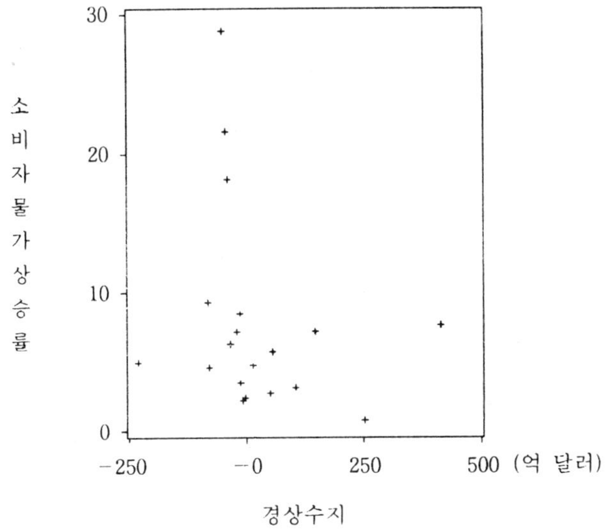

좀더 동태적으로 살펴보면 1981년부터 1986년까지 인플레이션율이 하락함과 아울러 경상수지가 개선되어 왔으나 1988년부터 1992년까지는 인플레이션율이 상승하면서 빠른 속도로 경상수지가 악화되었고, 1993년 이후에도 인플레이션율이 상승하면서 경상수지가 빠른 속도로 악화되고 있다.

경상수지와 물가상승률 사이에 음의 관계가 있다는 사실은 통화적 국제수지이론과는 잘 부합되지 않는 현상이라고 할 수 있다. 통화적 국제수지이론에서는 물가상승률이 높으면 명목통화수요가 증가하여 국제수지가 개선되어야 한다고 보고 있기 때문이다.

그런데 한국과 일본의 경상수지 움직임이 인플레이션율과 대단히 강한 음의 관계를 보이고 있는 데 반해 미국의 경우에는 반대로 매우 뚜렷한 양의 관계를 보여주고 있다. 아래의 〈그림 3-4〉에서 보듯이 1971년 이후의 미국의 인플레이션율이 높을수록 경상수지 적자폭은 줄어들고 반대로 인플레이션율이 낮을수록 경상수지 적자폭이 확대되었

〈그림 3-4〉 인플레이션과 경상수지: 1971~1995년

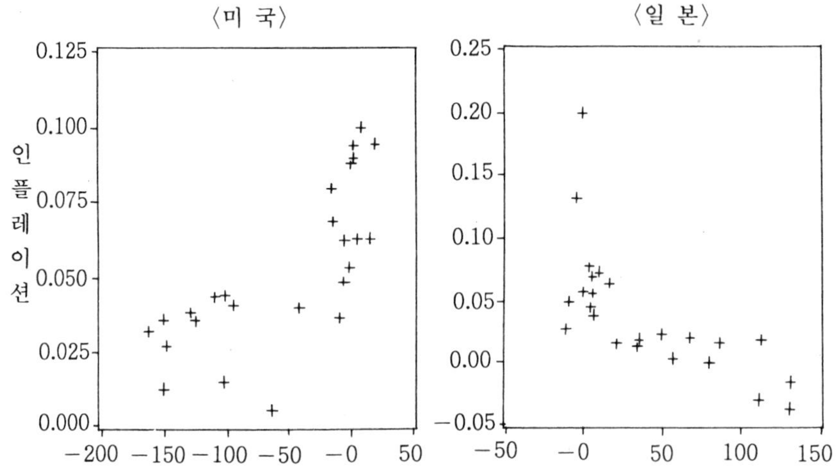

음을 알 수 있다.

나라별로 인플레이션율과 경상수지의 상관관계가 다르게 나타나고 있다는 사실은 경상수지를 결정하는 요인이 매우 복잡할 뿐 아니라 나라마다 다르다는 것을 시사하는 것이다. 특히 교역에 영향을 미치는 것은 물가 자체의 변동률이라고 하기보다는 환율변동률을 감안한 상대적인 물가의 변동률이므로 한 나라의 물가상승률만으로 경상수지의 변동을 설명할 수는 없다. 따라서 비록 한 나라의 물가상승률이 높아지더라도 외국의 물가상승률과 자국통화가치 하락률의 합이 더 크면 경상수지가 개선될 수 있기 때문에 단순한 물가상승률의 변동만으로 경상수지 동향을 올바르게 설명할 수는 없을 것이다.

통화론적인 국제수지이론에서도, 물가상승률이 높아지면 명목통화수요가 늘어나 국제수지가 개선된다는 것도 상대적인 개념으로 이해하여야 하는 것이다. 즉, 다른 나라에 비해 물가상승률이 빨리 증가하면 명목통화수요가 상대적으로 더 많이 증가하여 국제수지가 개선되는 것

〈그림 3-5〉 경상수지와 인플레이션: 1990년 이후(한국)

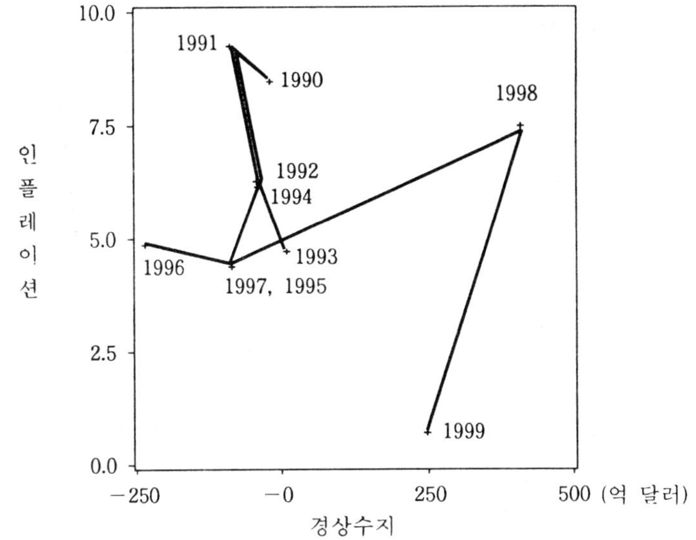

이지 반드시 물가상승률이 높아진다고 경상수지나 혹은 종합수지가 개선된다는 것을 의미하지는 않는다.

Ⅱ. 직접투자수지

1971년 이후 1990년까지의 20년간 한국의 직접투자수지는 대체로 외국인 직접투자가 국내민간부문의 해외직접투자를 상회함에 따라 흑자를 기록했었다. 1980년과 1982년 그리고 1983년에 적자를 기록하기는 했었지만 예외적인 현상이었을 뿐이었고 또 적자의 원인도 국내 민간부문의 해외직접투자가 증가해서가 아니라 정치 혹은 경제적 여건변화로 인한 외국인투자기업의 투자회수에 기인한 것이었다.

그러나 1971년 이후 1984년까지의 15년 동안 연 1억 달러 이하의 수준에서 거의 변화를 보이지 않던 외국인의 국내직접투자는 1985년부터 급격히 증가하여 1988년에는 직접투자수지가 7.2억 달러의 흑자를

〈그림 3-6〉 직접투자수지: 1980~1999년

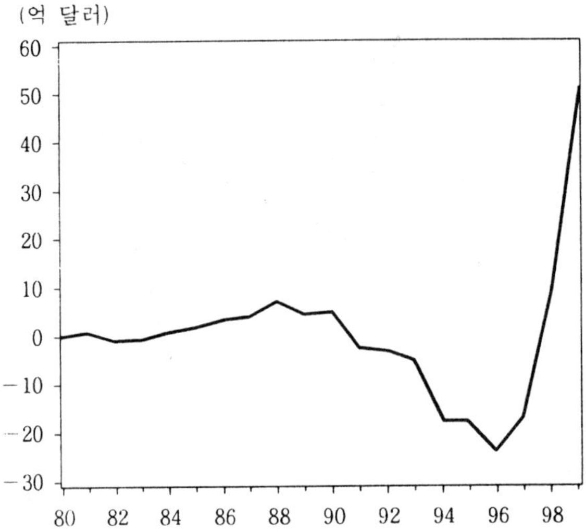

기록했는데, 이는 1985년부터 시작된 엔화가치의 상승으로 인한 국내기업의 대외경쟁력 개선과 국내의 물가안정 등으로 투자분위기가 크게 호전되었기 때문이다.

그러나 1988년 이후 직접투자수지의 흑자폭은 빠른 속도로 줄어들어 1991년에는 2.7억 달러의 적자를 기록하였고 그 이후에도 1997년까지 적자폭은 크게 확대되었다.

1988년 이후에 직접투자수지 흑자폭이 지속적으로 축소되어 적자로 반전된 것은 외국인의 국내투자 활동이 줄어든 때문이 아니라 오히려 국내기업들의 해외직접투자가 급격히 증가한 때문인데, 예컨대 외국인의 국내직접투자는 1989년 이후에도 연평균 10억 달러 규모를 유지해 왔으나 국내기업의 해외직접투자는 1989년의 6.1억 달러에서 1995년에는 35.3억 달러로 급격히 증가하여 직접투자수지의 적자추세 가속화의 근본원인이 되고 있다.

외국인의 국내직접투자가 지속되고 있는 가운데 국내기업의 해외진출이 활성화되고 있다는 사실은 국내의 산업구조가 빠른 속도로 전환되고 있다는 증거로서 대단히 긍정적인 현상이라 할 수 있다.

국내기업이 외국기업의 높은 기술과 경영능력에 접할 기회가 빈번해지고 고용기회가 창출되며 보다 좋은 상품과 낮은 가격의 상품이 공급될 수 있게 되는 한편 사양산업의 퇴출이 가속화됨으로써 한 단계 높은 산업구조로의 전환이 신속하게 이루어질 수 있기 때문이다.

다만, 국내기업의 급격한 해외진출로 상실하는 국내 고용기회와 실업문제, 그리고 산업의 공동화 또는 산업구조의 단층화로 발생할 수 있는 구조적 취약점을 메울 수 있는 산업정책상의 배려와 대책의 필요성이 그만큼 높아지게 되었다.

Ⅲ. 포트폴리오 투자수지

한국의 대외거래 중 가장 늦게 자유화되었고 또 아직까지도 상대적으로 가장 많은 제도적인 제약을 받고 있는 거래는 포트폴리오 투자거래일 것이다. 포트폴리오 투자거래에 대한 제약 중에서도 외국인의 국내포트폴리오 투자보다는 내국인의 외국증권투자에 대한 제한이 상대적으로 더 크다고 할 수 있는데, 이러한 제도적인 이유로 인하여 포트폴리오 투자수지는 최근까지만 해도 극히 미미한 수준의 흑자를 기록할 뿐이었다.

그러나 1990년대 들어 외국인에 대한 증권투자가 점진적으로 개방되면서 외국인의 국내 포트폴리오 투자규모는 급격히 확대되었는데, 1991년에 24.4억 달러이던 외국인 국내포트폴리오 투자는 1992년에는 그 2배인 48.6억 달러에 이르렀고 1995년에는 111.4억 달러까지 증가하였다. 이에 반해 내국인의 외국포트폴리오 투자규모는 1995년까지도 극히 미미하여 5억 달러에도 이르지 못하여 포트폴리오 투자수지의 동향은 전적으로 외국인의 국내포트폴리오 투자동향에 의해 결정되고 있는 셈이다.

외국인의 국내 포트폴리오 투자가 급격히 증가한 것은 증권시장의 개방에 따른 당연한 현상이라고 하더라도 다음의 세 가지 면에서 대단히 우려할 만한 현상이 아닐 수 없다.

첫째는 원화가치의 고평가화로 인한 경상수지의 악화를 초래할 수 있다는 점이다. 과다한 외국 금융자본의 유입으로 인해 외환의 공급이 급증함에 따라 초래되는 원화가치의 상승은 재화와 서비스의 교역에 있어서 외화로 표시한 국내제품이나 서비스의 가격을 떨어뜨려 가격경쟁력과 채산성을 급격하게 저해하기 때문이다.

둘째로는 외화의 유입으로 인한 통화공급 증가와 물가상승의 우려를 낳는다는 점이다. 연간 100억 달러 규모의 포트폴리오 투자수지 흑자는 원화로 환산하면 8조 원 이상의 통화증가를 가져오는데 이것은 본원통화(1996년 10월 말잔: 25.7조 원)의 30%, 그리고 총통화(1996년 10월 말잔: 168.3조 원)의 5%에 달하는 규모이다.

셋째로는 기존 포트폴리오 투자에 대한 이자소득의 송금규모가 경

〈그림 3-7〉 포트폴리오 투자수지: 1980~1999년

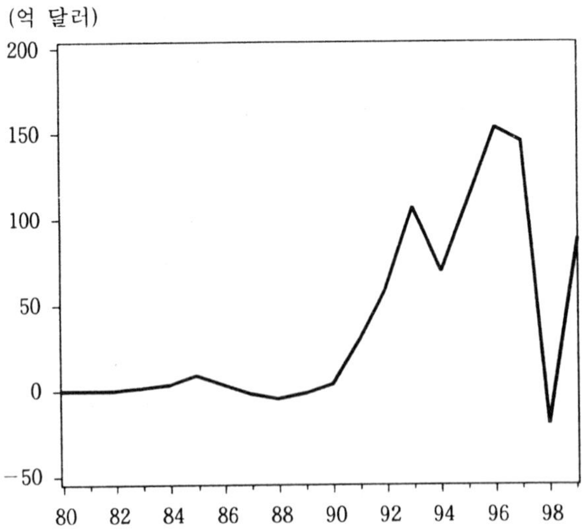

상수지 적자의 주요 원인으로 부각될 가능성이 매우 커졌다는 점이다. 1992년 이후 1995년까지의 4년간 포트폴리오 투자누계액은 339.1억

〈표 3-1〉 한국의 주요 국제수지

(단위: 억 달러)

연 도	경상수지	직접투자	포트폴리오투자	기타투자	종합수지
1971	−8.48	0.39	0.00	7.89	−0.40
1972	−3.68	0.63	0.00	4.21	1.41
1973	−3.06	0.93	0.00	4.34	3.50
1974	−20.26	1.05	0.00	14.84	−1.71
1975	−18.89	0.53	0.00	30.0	3.65
1976	−3.10	0.75	0.74	17.17	13.13
1977	1.20	0.73	0.70	12.47	13.7
1978	−10.85	0.61	0.42	20.26	7.31
1979	−41.51	0.16	0.08	53.29	8.74
1980	−53.21	−0.07	0.40	59.37	3.11
1981	−46.46	0.60	0.60	46.07	−3.29
1982	−26.5	−0.76	0.15	40.17	0.05
1983	−16.06	−0.57	1.88	21.84	−2.36
1984	−13.72	0.73	3.33	24.17	5.60
1985	−8.87	2.00	9.82	7.80	1.92
1986	46.17	3.25	3.01	−46.19	0.77
1987	98.54	4.18	−1.13	−92.39	21.04
1988	141.61	7.20	−4.82	−44.92	93.16
1989	50.56	4.53	−0.68	−30.5	31.2
1990	−17.45	5.05	3.22	28.12	−12.08
1991	−82.91	−2.68	29.34	41.0	−11.48
1992	−39.39	−3.20	57.02	17.48	37.24
1993	10.16	−4.81	105.30	−18.79	30.09
1994	−38.55	−17.15	68.49	54.58	46.14
1995	−82.51	−17.53	108.25	81.49	70.40
1996	−230.0	−23.4	151.8	110.8	13.9
1997	−81.66	−16.05	142.95	−107.68	−119.21
1998	403.64	6.72	−18.78	−21.62	309.75
1999	244.76	51.35	86.76	−113.82	229.83

자료) IMF, *International Financial Statistics*, 각년호.

달러로서 이자율을 10%라고 할 때의 이자소득만 약 34억 달러에 달하는데, 이는 지난 1992년 이후 1995년까지의 연평균 경상수지 적자인 22.8억 달러보다도 큰 규모이다. 실제로 1992년 이후의 경상수지 거래 중 해외지급소득(이자)은 연간 28억 달러 수준을 상회하였으며 특히 1995년에는 46.6억 달러로서 급격히 증가하는 추세를 보이고 있다.

끝으로 포트폴리오 투자의 특징상 유출입이 빈번하게 일어남으로 인해 경제에 불안정성을 높일 우려가 매우 크다는 것이다. 원화가치의 하락이나 혹은 국내금리 및 주가의 하락 등 국내금융자산의 투자유인이 소멸될 경우 포트폴리오 투자는 쉽게 유출될 수 있는데 이 경우에 발생하는 환율 혹은 국내금리의 불안성은 경제에 아무런 도움이 되지 않을 것이기 때문이다.

이러한 여러 문제점을 해소하기 위해서는 무엇보다도 외환정책당국의 역할이 그 어느 때보다도 절실히 요청된다. 특히 환율안정을 위한 외환시장의 개입, 통화관리의 부담을 줄이기 위한 국내투자가의 해외증권투자 개방, 그리고 외국투자가의 불안정적인 투자거래를 관리하고 제어할 수 있는 제도적 보완이 무엇보다도 시급하다.

Ⅳ. 기타투자수지

국제수지에서 자본 및 투자거래를 구성하는 세 부문, 즉 직접투자, 포트폴리오(혹은 증권)투자 및 기타투자거래 중에서 가장 주목받지 못하고 경시되는 투자는 기타투자부문이라고 할 수 있다.

그러나 1990년대 들어와 자본시장의 대외적 개방이 급진전하기 전까지만 하더라도 우리 나라의 경상수지적자는 거의 대부분이 은행차입이나 혹은 무역신용과 같은 기타투자거래를 통해 결제되었으며, 1990년대 이후 본격화된 자본시장의 대외개방에 따라 자본시장을 통한 외자의 유출입 규모가 급격히 늘어났음에도 불구하고 기타투자거래를 통한 외자의 유출입 규모는 확대되어 왔다는 점에서 기타투자부문의 국제금융거래, 즉 국제수지상에서의 기타투자거래는 다른 어떤 국제금융거래보다도 중요성이 낮지 않다.

예를 들어 1971년부터 1985년까지 15년 동안의 누적경상수지적자는 약 273억 달러인데 같은 기간 중 직접투자수지의 흑자누계는 7.7억 달러이고, 포트폴리오투자수지의 흑자누계는 18.1억 달러인 데 반해 기타투자수지의 흑자누계는 363.9억 달러로써 경상수지 적자누계의 133%에 달하였다. 자본시장이 개방된 1990년부터 1996년까지 7년 동안의 통계를 보더라도 누적경상수지적자는 332억 달러이고 포트폴리오투자 흑자누계는 514.6억 달러인 데 비해 기타투자수지 흑자누계는 314.7억 달러로써 기타투자부문이 여전히 중요한 외자조달원임을 알 수 있다.

기타투자거래 중에서 가장 큰 비중을 차지하는 거래는 차입/대출거래와 무역신용거래인데, 대외차입의 경우 1994년~1996년의 3년 동안 약 464.1억 달러의 대외차입이 일어났으며, 같은 기간 중 국내금융기관 등에 의한 해외대출도 125.6억 달러에 달하였다. 무역신용의 경우에도 1994~1996년의 3년간 115.5억 달러가 도입되었다.

〈표 3-2〉 기타투자의 주요항목별 동향: 1993~1999

(단위: 억 달러)

연도 \ 항목	무역신용[1]		대출/차입[2]		기타투자수지
	공여	도입	대출	차입	
1993	−7.3	−16.9	25.0	0.3	−60.5
1994	1.3	28.6	20.5	108.2	62.6
1995	10.1	41.4	49.5	162.4	74.6
1996	8.2	45.5	55.6	193.5	110.8
1997	33.1	−5.1	118.7	37.8	−107.7
1998	−9.2	−71.0	−36.0	−15.1	−21.6
1999	17.6	45.9	−48.3	−134.5	−113.8

주: 1) 공여의 마이너스 숫자는 공여된 무역신용의 회수를 뜻함.
2) 대출/차입의 마이너스 숫자는 회수를 뜻함.

1997년말의 IMF외환위기와 관련하여 특히 주목해야 할 사실은 1994년 이후 급격히 늘어나던 해외차입이 1997년을 전후하여 급격히 줄어든 데 비해 같은 해에 국내금융기관에 의한 해외대출은 사상 최대인 118.7억 달러나 됨으로써 기타투자수지가 107.7억 달러나 적자로 반전되었다는 사실이다. 이는 그해 종합수지 적자(119.2억 달러)의 90%에 달해 외환위기의 결정적인 단초가 되었다고 할 수 있다.

또한 1998년 이후의 자본시장의 적극적인 개방 및 외자유치 정책에도 불구하고 해외차입이 늘어나기는커녕 회수규모가 급격히 증가하여 큰 폭의 기타투자수지 적자가 유지되고 있는 사실도 매우 우려할 만한 사실이다. 왜냐 하면 이러한 사실이 그 동안의 적극적인 구조조정정책이나 대외개방 기조에도 불구하고 외국금융기관의 국내 경제주체들에 대한 대출 신뢰도가 전혀 개선되지 않거나 오히려 악화되고 있음을 반영하는 것일 수 있기 때문이다.

Ⅴ. 종합수지

한국의 종합수지는 지난 1971년부터 1995년까지의 25년 중 6개년을 제외하면 항상 흑자를 기록했다. 경상수지가 같은 기간 중 6번을 제외한 19개년에 적자를 기록한 것과는 대조적인 현상이 아닐 수 없는데 경상수지가 기조적으로 적자였음에도 불구하고 종합수지가 대부분의 경우에 흑자를 기록할 수 있었던 것은 자본 및 투자수지의 흑자에 기인하는 것이다.

그러나 외국인의 직접투자나 포트폴리오 투자가 미미했던 1980년대 중반 이전까지 자본 및 투자수지 흑자의 대부분은 국제수지상에 기타 투자계정으로 분류되는 차관 도입에 의해 의존하였다.

1986년 이후 4년 동안 경상수지의 흑자기조가 유지됨에 따라 기타 투자계정에서는 기존 차관에 대한 상환이 이루어졌으나 1990년 이후 다시 경상수지가 적자로 반전되면서 기타 투자계정 수지에서도 유입세가 다시 확대되었다.

그러나 1990년대 초에 추진된 국내 증권시장에 대한 외국인투자의 개방으로 차관에 대한 경상수지 적자의 결제의존도가 다소 하락하기는 하였으나 1994년 이후 다시 차관 등의 유입이 가속화되는 추세를 보이고 있다.

1990년 이후 경상수지는 적자기조를 유지하였음에도 불구하고 자본 및 투자계정수지의 흑자로 인하여 종합수지는 1992년 37.2억 달러의 흑자에서 1995년에는 70.4억의 흑자로 확대되어 왔는데 이로 인해 외환보유액은 1990년 148.2억 달러에서 1995년에는 두 배 이상인 321.7억 달러로 증가하였다.

경상수지가 적자를 지속하고 있는 가운데 자본 및 투자수지의 흑자규모가 경상수지 적자를 초과함으로써 종합수지가 흑자를 유지하는 현상은 장기적으로 볼 때 두 가지 측면에서 위험을 내포하고 있는데, 첫째는 경상수지의 적자가 악성적으로 만성화될 가능성이 매우 높아진다

〈그림 3-8〉 한국의 종합수지 : 1971～1995년

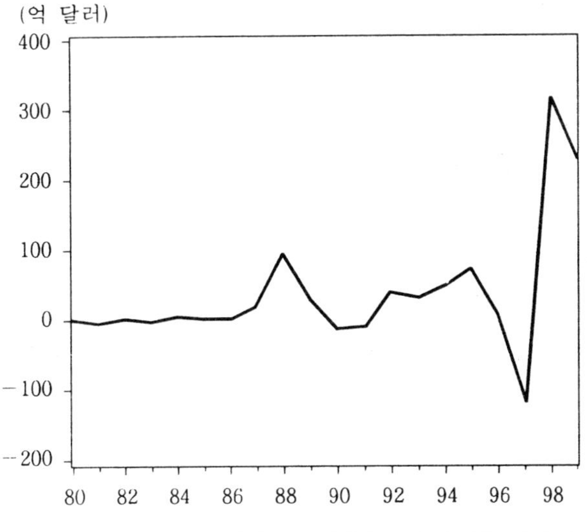

는 점이다. 종합수지의 흑자로 자국환율이 고평가됨은 물론 누적되는 대외부채에 대한 이자지급 부담이 가중되기 때문이다.

둘째로는 경상수지의 적자가 누적되면 될수록 투자거래에 있어서의 위험도 및 불안정성은 그 이상으로 증대되기 때문에 국제금리나 국제금융시장의 여건변화에 매우 취약해짐을 피할 수 없다는 점이다.

제 2 절 환율과 경상수지

환율변동은 한 경제의 많은 부문에 영향을 미치지만, 무엇보다도 직접적이고 분명하며 강력한 영향을 미치는 곳은 상품과 서비스의 무역부문이고, 따라서 환율변동은 경상수지의 가장 직접적인 결정요인이다. 물론 소득이나 물가와 같은 다른 변수들도 경상수지에 영향을 미치지만, 환율만큼 중요한 변수라고 보기는 어렵다. 학자에 따라서는 소득이나 물가 혹은 통화량과 같은 환율 이외의 변수를 경상수지변동에 더 중요한 변수로 강조하기는 하지만, 그렇다 하더라도 환율의 변동이 경상수지에 '전혀' 영향을 미치지 않는다고 생각하는 것은 아니다. 다만 장기적으로 볼 때에는 환율의 변동이 이에 상응하는 물가의 변동을 초래하여 환율변동의 효과가 상쇄되기 때문에, 환율변동의 효과는 지극히 미미하거나 단기적일 뿐이라는 것이다.

환율변동의 경상수지에 대한 효과가 장기적인 것인지 아니면 단기적일 뿐인지의 여부는 놓아 두고라도, 환율이 최소한 단기적으로는 경상수지의 변동에 영향을 미친다는 것은 분명하다. 어떤 이유로 그런가 하는 것을 이해하기 위해 수요와 공급곡선으로 된 간단한 모형으로 설명해 보자.

Ⅰ. 기본 이론

1. 환율과 수출

먼저 아래의 〈그림 3-9〉와 같이 수출공급곡선과 수출수요곡선이 주어졌다고 가정하자.

달러표시 수출가격이 오르면 수출공급은 늘어나고(우상향 곡선) 수출수요는 줄어들게(우하향곡선)된다. 문제의 핵심은 환율의 변화가 수출공급곡선과 수출수요곡선에 어떤 영향을 미치는가 하는 점이다. 환율이 올라가서 자국통화의 가치가 떨어지게 되면 수출수요곡선은 이동하지 않지만, 수출공급곡선은 아래로 이동하게 된다. 예컨대 공급곡선상의 점 A에서의 공급가격은 달러로 표시할 때 $Px(0)$이고, 이 때의 달러당 환율을 $E(0)$라고 하면 자국통화로 표시한 공급가격은 $Px(0) \cdot E(0)$가 된다. 그런데 달러당 환율이 상승하여 $E(1)$이 되었다고 하면 공급가격은 달러로 표시할 때에는 변동이 없을지라도 자국통화로 표시한 공

〈그림 3-9〉 환율과 수출수요와 수출공급

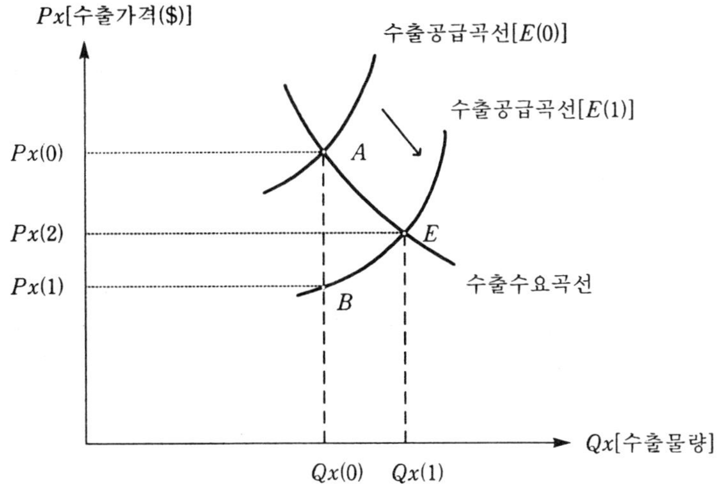

(*)$Px(1) = Px(0) \cdot (1-a)$

급가격은 올라가게 되어 수출에 따른 이윤이 그만큼 높아진다. 그런데, 이렇게 환율이 올라가서 이윤이 증가하게 되면 달러표시 수출가격을 낮추어 달라는 요청이나 압력이 들어오게 된다. 또 수출업자의 측면에서도 환율이 올라갔기 때문에 달러표시 수출가격을 낮추어 줄 수 있는 여력도 있다. 물론 환율의 상승률보다 더 크게 수출가격을 낮추어 주지는 않겠지만.

여기서, 환율이 예컨대 1% 올라갔을 때, 수출가격이 몇 % 정도 내려가는가 하는 정도를 수출가격전가율이라고 하는데, 수출가격전가율은 1보다는 작지만 0보다는 일반적으로 크다. 여하간, 환율이 1% 정도 오르면 수출가격전가율(a)만큼 달러표시 수출가격이 내린다는 것은, 공급가격이 $Px(0)$에서 $Px(0) \cdot (1-a)$으로 내려간다는 것을 의미한다. 즉, 환율이 상승함으로써 공급곡선이 아래로 이동하게 되는 것이다.[1]

환율이 변동함에 따라 달러표시 수출가격이 변하고 그래서 수출공급곡선이 '이동'하는 반면에 수출수요곡선에는 아무런 변화가 없다. 따라서 환율상승으로 균형점은 A에서 E로 이동하는데, 이는 수물출량은 $Qx(0)$에서 $Qx(1)$으로 늘어나게 되고, 수출가격은 $Px(0)$에서 $Px(2)$로 하락하게 되는 것을 뜻한다.

그런데, 여기서 중요한 문제는, 환율이 올라가는 경우에 수출물량은 증가하더라도 수출가격이 하락하기 때문에 수출금액은 반드시 증가하리라는 보장이 없다는 점이다. 수출금액을 Vx라고 하면,

$$Vx = Px \cdot Qx \qquad \cdots\cdots\cdots (3.1)$$

인데, Px는 내려가고 반대로 Qx는 올라가는 경우에 Vx는 증가할 수도 있고 감소할 수도 있다. 이 문제는 환율변동에 따른 수출가격의 변화정도, 즉 수출가격전가율과 수출공급 및 수출수요의 가격탄력성의 상대적 크기에 따라 결정된다. 이를 보다 분석적으로 이해하기 위하여 수

1) 수출가격전가율에 관해서는 아래 Ⅱ. 참조.

출공급곡선과 수출수요곡선을 아래와 같이 설정하자.

$$\ln Ps = a_0 + a_1 \cdot \ln Qx - a_2 \cdot \ln E \qquad \cdots\cdots\cdots (3.2)$$

$$\ln Pd = b_0 - b_1 \cdot \ln Qx \qquad \cdots\cdots\cdots (3.3)$$

단, Ps는 달러표시 수출공급가격,
Pd는 달러표시 수출수요가격,
Qx는 수출물량,
E는 달러당 자국통화환율.

환율의 수출가격전가율은 a_2이고 수출공급과 수출수요의 가격탄력성은 각각 $1/a_1$ 및 $1/b_1$이다. 수출가격전가율 a_2는 그 수출업체의 수입업자와의 협상력에 많이 좌우되기도 하지만, 환율변동에 따른 수입부품비용의 많고 적음에도 영향을 받는다. 따라서 a_2는 수입업자와의 가격협상력의 정도와 수입부품의 비용변화가 포괄적으로 반영된 값이다. 이 두 식을 P와 Q에 대해 연립으로 풀게 되면 아래와 같은 균형가격(P^*) 및 균형물량(Q^*)식을 얻게 된다.

$$\ln P^* = \frac{1}{(a_1 + b_1)}(c_0 - a_2 b_1 \cdot \ln E) \qquad \cdots\cdots\cdots (3.4)$$

$$\ln Q^* = \frac{1}{(a_1 + b_1)}(c_1 + a_2 \cdot \ln E) \qquad \cdots\cdots\cdots (3.5)$$

단, $c_0 = a_0 \cdot b_1 + a_1 \cdot b_0$
$c_1 = b_0 - a_0$

위 두 식은 환율(E)이 1% 변동했을 때 균형수출가격(P^*)과 균형수출물량(Q^*)이 어느 정도로 변하게 되는지를 보여주고 있는데, 환율이 1% 변동할 때 균형수출가격은 $-a_2b_1/(a_1+b_1)$% 변동한다. 이 값은 수출가격전가율(a_2)과 수출수요탄력성($1/b_1$) 및 수출공급탄력성($1/a_1$)의 값에 따라 다른데, 분명한 것은 그것이 환율의 수출가격전가율보다는 일반적으로 작다는 점이다. 오직 b_1의 값이 무한대일 때, 다시 말해 수출수요의 가격탄력성이 0에 가까울 때에만 수출가격전가율과 균형수출가격변동률이 같아진다.

$$\text{수출가격전가율} = (a_2) > a_2 \cdot \frac{b_1}{(a_1+b_1)} = \text{균형수출가격변동률} \quad \cdots\cdots\cdots (3.6)$$

환율이 1% 변동할 때 균형수출물량(Q^*)은 $a_2/(a_1+b_1)$% 변동하게 되는데, 이 역시 수출가격전가율과 밀접한 관계가 있음을 알 수 있다. 그런데 식 (3.1)에 의해 수출금액(Vx)은 아래와 같이 표현될 수 있으므로, 식 (3.4) 및 (3.5)을 대입하면 다음과 같은 중요한 결과를 얻게 된다.

$$\begin{aligned} \ln Vx &= \ln P^* + \ln Q^* \\ &= \frac{1}{(a_1+b_1)}[c_0 + c_1 + a_2(1-b_1) \cdot \ln E] \end{aligned} \quad \cdots\cdots\cdots (3.7)$$

즉, 환율(E)이 1% 변동했을 때 수출금액(Vx)은 $a_2(1-b_1)/(a_1+b_1)$% 만큼 변동하게 되는데, 이 계수의 부호가 수출공급의 가격탄력성($1/b_1$)과 밀접한 관계가 있는 것을 알 수 있다. 만약 수출공급의 가격탄력성이 1보다 작으면 b_1은 1보다 크고 따라서 부호가 음(－)이 되어, 환율이 오르면(절하) 수출금액은 떨어지고, 반대로 환율이 내려가면(절상) 수출금액은 오히려 올라가게 된다. 그러나 수출공급의 가격탄력성이 1보다 크다면 b_1은 1보다 작고 따라서 환율변동과 수출금액변동의 방향은 같아진다. 다시 말해서 환율변동에 따른 수출금액증가의 필요충분조건이 수출공급의 가격탄력성($1/b_1$)이 1보다 크다는 것이고, 그

〈표 3-3〉 환율변동과 수출가격과 수출물량의 변화(탄력성)

물량효과	가격효과	금액효과
$\frac{a_2}{(a_1+b_1)} > 0$	$\frac{-a_2b_1}{(a_1+b_1)} < 0$	$\frac{a_2(1-b_1)}{(a_1+b_1)} \gtreqless 0$

것은 곧 b_1이 1보다 작다는 것과 같다.

2. 환율과 수입

환율이 상승하게 되면 수입가격은 즉각적으로 오르게 된다. 달러로 표시된 수입가격은 변하지 않더라도 환율이 상승함으로써 원화로 표시한 수입가격은 환율이 오른 만큼 올라가는 것이다. 물론 원유가격을 달러로 계약하지 않고 원화로 계약한다면, 환율이 오른다고 하더라도 수입가격은 오르지 않는다. 그러나 대체로 교역상품의 가격은 국제통화인 달러나 파운드 등으로 계약하기 때문에 미국과 영국을 제외한 나라로서는 국제가격으로 표시되는 셈이다. 수입품의 국제가격을 $Pm(*)$로 표시하고 수입상품의 국내가격을 Pm이라고 표시하면, 국제통화당 자국통화의 환율을 E라고 했을 때 다음과 같은 관계가 성립한다.

$$\ln Pm = \ln E + \ln Pm(*) : \text{수입공급곡선} \qquad \cdots\cdots\cdots (3.8)$$

결국 환율이 오르고 내림에 따라 비례적으로 국내가격이 변동하게 된다. 따라서 아래의 〈그림 3-10〉에서는 자국통화의 환율이 $E(0)$에서 $E(1)$으로 상승(자국통화 가치하락)함에 따라 수입공급곡선이 $Pm(0)$에서 $Pm(1)$으로 이동하게 되며, 수입수요곡선에는 아무런 변화가 없을 것이다. 따라서 균형점은 A에서 B로 옮겨가게 되어 수입물량이 줄어들게 된다. 수입금액은 국제통화표시 수입가격과 수입물량의 곱이므로 환율변동에 따른 수입금액의 변동은 주로 수입물량의 변동으로부터 발생하게 된다.

이를 보다 분석적으로 이해하기 위해 수입수요곡선을 아래와 같이 표현하자. 여기서 수입수요의 가격탄력성은 $1/f_2$ 이다. 이 가격탄력성이 낮을수록 f_2 값은 크며, 반대로 가격탄력성이 아주 크다면 f_2 값은 작다.

$$\ln Pm(d) = f_1 - f_2 \ln Qm \qquad \cdots\cdots\cdots (3.9)$$

위의 두 식(3.8)과 (3.9)를 이용해 $\ln Qm$에 대해 풀면 균형물량에 관한 식을 얻는다.

$$\ln Qm = \frac{-1}{f_2}[\ln E + \ln Pm(*) - f_1] \qquad \cdots\cdots\cdots (3.10)$$

즉, 수입수요의 가격탄력성이 클수록 환율변동에 따른 수입물량의 변동정도가 크다는 것을 알 수 있다. 수입금액은 수입가격과 수입물량의 곱이므로 자연대수를 취한 다음에 식(3.10)의 결과를 대입하면 다음의 결과를 얻게 된다.

$$\begin{aligned}\ln Vm &= \ln Pm(*) + \ln Qm \\ &= \frac{-1}{f_2}\cdot \ln E + \frac{(f_2-1)}{f_2}\cdot \ln Pm(*) + \frac{f_1}{f_2} \qquad \cdots\cdots\cdots (3.11)\end{aligned}$$

즉, 환율이 예컨대 1% 상승함에 따라 수입금액은 수입수요의 가격탄력성($1/f_2$)만큼 하락하는 것을 보여주고 있다.

〈그림 3-10〉 환율과 수입수요와 수입공급

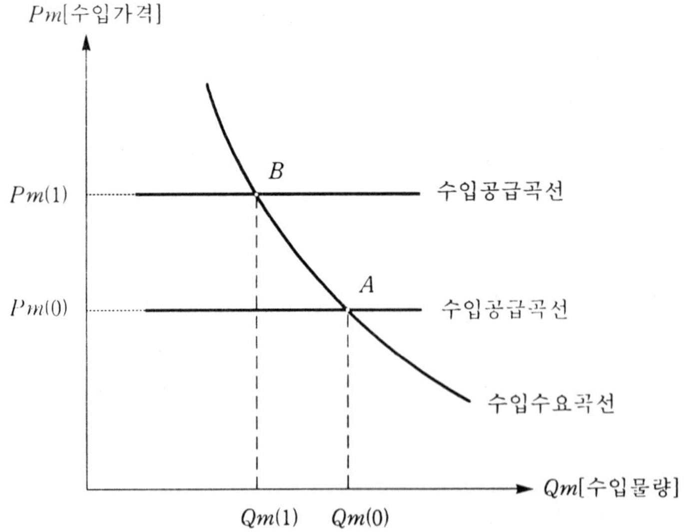

Ⅱ. 실증분석의 결과

1. 수출가격효과

1980년대 이후에 추진된 수출 및 수입의 가격탄력성에 관한 실증분석을 토대로 계산한 가격효과와 물량효과 및 금액효과는 아래의 〈표 3-4〉에 요약되어 있다. 먼저 가격효과의 경우, 연구결과에 따라 적지 않은 차이를 보여 작게는 −0.089에서 크게는 −0.826까지 나타나고 있는데 대체로 −0.4를 중심으로 분포하고 있다.[2] 이는 환율변동시 그 변동률의 0.4 정도만큼 반대방향으로의 수출가격변동을 수반한다는 것을 뜻한다. 다시 말해 10% 정도 환율이 상승하면 균형수출가격은 그 0.4인 4% 정도 하락한다는 것이다.

2. 수출물량효과

수출물량효과도 연구에 따라 큰 차이를 보이고 있는데, 작게는 0.177에서 높게는 0.944까지 나타나고 있다. 평균치는 0.586으로 환율이 예컨대 10% 변동하면 물량은 대체적으로 그의 0.59인 5.9% 정도 늘어나는 것을 의미한다.

---

2) 환율이 고평가되는 기간과 저평가되는 기간에 전가율이 다를 수 있다. 한 연구결과에 따르면, 원화가 저평가되기도 했고 고평가되기도 했던 1980년~1990년까지의 기간을 저평가기간(1980년~1985년)과 고평가기간(1986~1990)으로 나누어 수출(공급)가격을 분석한 결과 환율의 수출가격전가율은 각각 −0.28과 −0.63으로 추정되었으며 양 기간을 포함시킨 경우에는 동 전가율이 −0.47로 나타났다.〔오재권(1991), 환율변동이 수출가격 및 생산에 미치는 영향, 조사연구자료 91-7 pp. 5~11 참조〕. 또 최근의 한 연구에서는 다양한 추정방법과 1996년까지의 자료를 이용하여 실증분석한 결과를 제시하였으나, 대체로 환율변동 이후 4분기까지 수출가격전가율이 0.47에서 0.62 사이인 것으로 나타났으며〔황상필(1997), 우리 나라 수출산업의 가격설정행태분석, 조사통계월보 6월호, 1997년 참조〕, 방대한 거시모형에서의 수출가격결정식의 추정에서 나타난 환율의 장기수출가격전가율도 0.415로 밝혀져〔김윤철(1998), 한국의 대외거래모형, 계간 경제분석, 1998년 제3호, p. 72, 한국은행〕 최근의 연구결과도 대체로 전가율이 0.4와 0.6 사이에 있다는 점에서 과거의 연구결과와 큰 차이를 보이지는 않는 것으로 판단된다.

3. 수출금액효과

따라서 금액효과는 평균적으로 환율변동률의 20% 정도로써 환율이 예컨대 10% 상승하면(절하) 수출금액은 약 2% 정도 증가하게 되는 셈이다. 따라서 수출금액이 1300억 달러라면 환율의 10% 상승으로 수출금액이 약 26억 달러 정도 증가한다고 볼 수 있다.

물론 수출공급이나 수출수요의 가격탄력성은 시대가 변하고 교역상품이 변함에 따라 분명히 달라지기 때문에 1980년대의 연구로부터 도출해 낸 위의 결과들이 항상 정확한 것이라고 말할 수는 없다. 게다가 탄력성이라는 개념이 시야의 길이(horizon)에 따라 값이 달라지기 때문에 시야의 길이에 따라 가격효과나 물량효과의 크기도 달라질 것이다. 그러나 그런 한계가 있다고 하더라도, 환율의 변동이 무역수지에 전혀 영향을 미치지 않는다거나 혹은 탄력성 비관론자들이 주장하는 바와 같이 환율의 절상이 수출을 감소시켜 무역수지를 오히려 악화시킨다고 믿기는 대단히 어렵다는 것을 많은 실증연구의 결과들이 보여주고 있다.

4. 수입금액효과

환율변동에 따른 수입금액의 변동효과는 앞의 식 (3.11)에서 본 바와 같이 수입수요의 탄력성과 같은데, 우리 나라의 수입수요의 가격탄력성은 대체로 1보다 낮은 0.4 정도이므로, 환율이 예컨대 10% 올라가게 되면 수입금액은 그의 0.4인 4%, 금액으로는 약 44억 달러 정도가 감소하는 것으로 볼 수 있다.

Ⅲ. 환율과 무역수지 및 경상수지 변동: 국내연구결과의 종합

이런 여러 실증분석의 결과를 우리 나라의 현실에 응용한다면, 수입규모가 1100억 달러인 상황에서 달러당 원화환율이 예컨대 10% 정도 상승하면 수입은 4%인 44억 달러 정도 감소하게 되고, 수출금액 증가효과 26억 달러까지 감안하면, 상품수지는 약 70억 달러가 개선되는 것이다. 그러나 지금까지의 논의는 상품의 교역에 국한되어 있었으므로, 서비스교역까지를 포함시킨다면 10%의 환율의 상승은 훨씬 더 큰 경상수지개선효과를 초래할 것이다. 우리 나라의 경우 서비스교역의 규모는 대체로 연간 500억 달러로써 상품교역의 20%에 해당되므로 환율의 변동에 따른 서비스수지의 변동이 상품의 경우와 대체로 유사하다면 예컨대 10%의 환율상승은 14억 달러의 서비스수지 개선을 초래해 경상수지를 약 84억 달러 정도 개선시킬 것으로 판단된다.

보다 최근에 이루어진 실증분석도 이와 매우 유사한 결과를 보여주고 있다. 성범용(1999년)의 경우 GDP에 대한 경상수지의 환율(실질실효)에 대한 탄력성이 0.236으로 추정하였는데, 이는 10%의 환율변동이 GDP의 2.36%에 해당하는 경상수지 개선효과가 있다는 것을 의미하므로, GDP를 4000억 달러라고 할 때 경상수지 개선효과는 약 94.4억 달러에 이른다는 것을 뜻한다.[3] 김양우-이긍희-장동구(1997년)의 연구결

〈표 3-4〉 환율 1% 상승(절하)에 따른 수출의 가격효과, 물량효과 및 금액효과

모형(연구자)	수출			수입
	가격효과	물량효과	금액효과	
서석태(1980)	−0.826	0.790	−0.036	−
유정호(1984)	−0.356	0.944	0.593	−0.680
양정균(1984)	−0.168	0.291	0.123	−0.160
신세돈(1986)	−0.382	0.687	0.305	−0.870
KDI(1986)	−0.089	0.177	0.088	−0.040
한국은행(1984)	−0.384	0.612	0.228	−0.160
삼성경제연구소(1990)	−0.468	0.600	0.132	−0.660
평 균	−0.382	0.586	0.204	−0.428

자료) 박진근-신세돈, 환율변동의 효과와 환율운용방안(1990), 한국은행

3) 성범용, 한국개방거시경제의 동태모형, 조사연구자료 99-1, 1999, 한국은행조사부.

과도 환율의 수출탄력성과 수입탄력성을 각각 0.311과 −0.344로 추정하고 있는데, 수출과 수입의 규모를 1300억 달러와 1100억 달러라고 할 때, 환율의 10% 상승은 수출을 40.4억 달러 증가시키고, 수입은 37.8억 달러 감소시켜 상품수지를 78억 달러정도 개선시키는 것으로 나타나 앞에서의 박진근-신세돈(1990)의 결과 70억 달러와 거의 비슷하다.[4]

제 3 절 수출부진과 수출구조의 변화[5]

지난 1981년부터 1992년까지 12년 동안 우리 나라의 수출규모는 206.7억 달러에서 751억 달러로 약 3.6배로 증가되었고 연평균 증가율로는 13.6%를 기록하였다. 같은 기간 중 세계 교역규모가 1조 8427억 달러에서 3조 6980억 달러로 2배로 증가하였고 일본의 수출이 2387억 달러에서 3398억 달러로 2.2배가 된 것에 비추어 볼 때 우리 나라의 최근 10여 년 동안의 수출증가 속도는 분명히 매우 빠른 것이었다. 이러한 사실은 우리 나라와 교역규모가 비슷하고 또 교역여건이 유사한 대만이나 싱가포르의 수출실적이 같은 기간 중 어느 정도로 확대되어 왔는지를 비교해서도 확실하게 입증되고 있다. 즉 대만의 수출이 2.9배, 그리고 싱가포르는 3.0배로 증가한 데 비해 우리 나라는 3.6배가 되었으므로 이들 국가들보다도 수출증가율이 높았다.

그러나 최근 들어 우리 나라의 수출증가세가 현저하게 둔화되고 있다는 사실에 대해 많은 우려와 함께 다양한 원인들이 지적되고 있다. 그리고 수출을 확대시키기 위한 여러 가지의 방안들이 제시되었다. 이 문제는 대단히 중요한 문제임에 틀림이 없다.

부존자원이 풍족하지 못하고 따라서 대외지향적일 수밖에 없는 우

4) 김양우-이긍희-장동구(1997), 우리 나라의 거시계량모형-BOK97, 계간 경제분석, 5월호, 1997.

5) 신세돈(1993) "우리나라의 수출부진과 수출구조변화원인," 숙명여자대학교 경제연구논집, 제21집 참조.

리 나라의 여건상 수출의 중요성은 아무리 강조되어도 지나침이 없을 것이다. 그러나 중요성은 우리로 하여금 그 문제에 대해 보다 면밀하고 또 분석적이며 정량적인(定量的) 접근을 요청하고 있다. '수출부진'과 같은 다소 불분명한 개념을 보다 분명하게 개념정립 해야 하고, 그 원인을 통계적이고 정량적인 분석에 의해 파악해야 하며, 마지막으로 그 대책을 마련하지 않으면 안 된다는 뜻이다.

이런 점에서 분명히 정립되고 분석되어야 할 연구과제는

(i) 수출부진의 기준은 무엇이며,

(ii) 수출부진의 원인들은 어떠한 것들이며,

(iii) 수출부진을 타개할 수 있는 효율적인 방안들은 어떠한 것인가

하는 문제들일 것이다.

종래의 언론이나 피상적인 분석은 수출부진의 개념을 정확히 정립하지 못한 채 수출증가율의 둔화나 혹은 감소 현상을 수출부진의 증거로 삼아 왔다고 할 수 있다. 그렇기 때문에 수출이 둔화되는 초기에는 수출이 일시적으로(늘 그러한 변동이 일어났었으므로) 변동하는 것이라는 입장과 구조적인 둔화가 시작되는 현상이라는 입장이 흔히 서로 대립되곤 한다.

그 좋은 예는 지난 1989년 이후의 수출부진이다. 당시 다수는 장차 다가올 수출부진에 대해 회의적이었고 무관심적이었다. 오히려 국제수지 흑자(1988년에 경상수지 흑자는 141.6억 달러이었음)를 축소시키기 위해서 수출둔화는 '필요한' 또는 '바람직한' 사실로 받아들여지는 분위기였다. 흑자기조 정착에 대한 대다수의 여론적 확신은 1989년의 수출둔화가 장차 어떠한 국면으로 전개될 것인지에 대한 부정적인 우려를 도외시하였던 것이다.

그 이후 나타난 국제수지 적자의 확대는 흑자기조의 정착을 믿어왔던 정책당국을 포함하는 다수를 분명히 당황케 하는 사실이었다. 그리고 구조적인 적자반전에 대하여 그들이 제시한 적자원인들도 대부분이 불분명하고 애매한 이유들뿐이었다. 근로자들의 근로기강 해이, 기

술개발투자 미흡, 과소비, 공휴일 과다 혹은 사회간접자본 시설의 부족 등이 여러 번 지적되고 또 누차 강조되었다. 물론 이러한 원인들이 수출부진에 대한 좋은 설명이 되지 못하는 것은 아니다. 그러나 그러한 이유라는 것들은 대부분이 정량적인 개념을 결하고 있고 또 설득력조차 갖추어져 있지 못하였기 때문에 적절한 대안을 제시하지 못하거나 또는 제시할 수 없는 그런 이유들일 수밖에 없었다.

Ⅰ. 수출부진

수출의 부진여부를 판단하기 위해서는 기준이 있어야 한다. 온도나 습도가 높거나 낮다고 할 때 어떤 기준에 비하여 높거나 낮은 것과 같다.

수출이 '정적(靜的: static)'인 동향을 나타낼 때는 분명히 그 평균치를 기준으로 하여 부진여부를 파악할 수 있다. 그러나 수출이 '동적(動的: dynamic)'인 경우에는 수출부진을 판단할 기준이 간단치 않다.

만약 수출이 시간의 흐름에 따라 추세를 가지고 있는 경우라면 그 추세선을 기준으로 삼아 수출부진 여부를 판단할 수 있을 것이다.

그러나 수출이 동적으로 추세를 갖고 있다고 하더라도 그 추세가 시간에 따라 가변적인 경우에, 즉 수출증가율 자체가 변하는 경우에 기준이 되는 추세선을 어떻게 설정할 것인가 하는 문제에 당면하게 된다. 그리고 수출은 우라늄의 방사능 방출로 인한 질량변화나 개구리의 번식과 같이 시간에만 의존하는 것이 아니라 세계경제의 변화, 특히 세계교역의 변화에 따라 유사하게 변동하므로 그러한 세계교역의 변동과 관련된 수출규모의 변동을 추세적 변동과 구별할 필요가 있다.

따라서 수출부진 여부는

(i) 추세치와 실적치의 비교,

(ii) 수출증가율의 평균치와의 비교, 그리고

(iii) 세계교역추세에 대한 비교

의 세 가지 기준을 토대로 하여 종합적으로 판단하여야 할 것이다.

1. 수출추세로 본 수출부진

수출이 시간(t)의 변화에 따라 일정한 추세를 갖는 동적(動的) 특징을 지니고 있다는 가정 아래에서 수출실적이 추세치에 비해 어느 정도 벗어나고 있는가를 기준으로 수출부진 여부를 판단하는 경우, 당면하게 되는 문제는 수출의 추세모형이 시간(t)에 대하여 어떤 함수 모양을 갖는가 하는 문제일 것이다. 먼저 생각해 볼 수 있는 모형은 수출증가율이 표본기간 중에 평균치와 같다는 전제 아래에서의 '자연대수 선형모형'이고 다른 하나는 단순한 시간(t)에 대한 '단순선형 모형'이다. '자연대수 모형'은 수출(X)과 시간(t)의 자연대수를 취한 값이 선형형태의 함수식으로 설정되는 경우이다.

$$\ln X(t) = a_0 + a_1 \ln t + u(y) \qquad \cdots\cdots\cdots (3.12)$$

그러나 이 식 (3.12)에 따른 수출실적의 판단은 수출증가율을 기준으로 수출부진을 평가하는 것과 다를 바 없다.

'단순선형 모형'은 아래의 식 (3.13)와 같이 수출(X)이 시간(t)에 대해 단순한 선형형태의 함수식으로 설정되는 경우이다.

$$VX(t) = b_0 + b_1 t + u(t), \quad t = 1, 2, \cdots\cdots \qquad \cdots\cdots\cdots (3.13)$$

위 식 (3.13)에 의해 수출의 동향이 결정된다고 하는 경우에는 수출증가율은 시간이 지날수록 하락하게 된다.

실제로 1981년 이후의 연간자료를 이용하여 식 (3.13)를 추정해 보면 그 실증모형의 단순성에도 불구하고 설명력($\overline{R}^2$=0.94)이 매우 높게 나타나고 있음을 알 수 있다.

$$\underset{}{VX(t)} = \underset{(2.3)}{74.3t} + \underset{(12.8)}{56.1t} + u(t), \quad (\quad)\text{은 } t\text{-값} \qquad \cdots\cdots\cdots (3.13)'$$

식 (3.13)의 추정결과를 바탕으로 계산된 수출 추세치와 수출실적

〈그림 3-11〉 추세선과 추정잔차: $VX(t) = b_0 + b_1 t + u(t)$

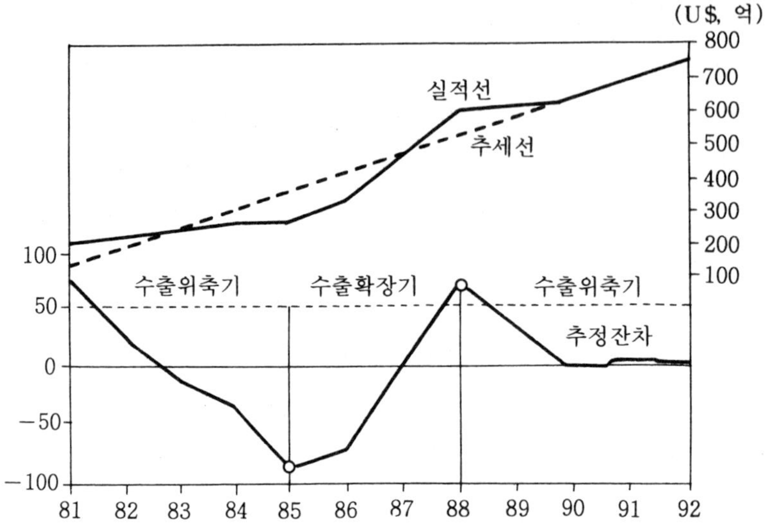

그리고 양자 사이의 차이(즉, 추정잔차)는 〈그림 3-11〉에 요약되어 있다.

위의 〈그림 3-11〉에 따르면 지난 1981년 이후 수출실적이 추세보다 낮은 수준에 머물렀던 기간은 1983년 이후 1986년까지의 4년이었고 추세치보다 높은 수출실적을 보인 기간은 1988년과 1989년이었음을 알 수 있다.

그것은 흔히 우려하는 1989년 이후, 특히 1990년과 1992년 사이의 3년에 걸친 수출부진은 적어도 추세에 따른 평가를 기준으로 할 때 수출부진이라고 할 수 없음을 시사한다.

다시 말해 1988년과 1989년의 수출이 추세보다 급격히 증가함에 따라 1990년 이후의 수출실적이 '낮게 보일 뿐'이지 사실 그렇게 낮은 것이 아닐 수 있음을 의미한다고도 할 수 있다.

〈그림 3-11〉이 시사하는 또 다른 중요한 점은 1983년 이후의 4년에 걸친 수출부진이 '시작된 시기'는 1981년이고 1988년 이후 2년에 걸친 수출확장이 '시작된 시점'은 1986년이라는 사실이다. 그리고 1990

년부터는 '추세대로' 정상적으로 수출이 증가하고 있다는 점을 시사하고 있다고 해석할 수도 있다.

미리 앞서 지적한 대로 단순한 추세만으로 수출부진 여부를 확정짓는 것은 신중하지 못한 판단일 것이므로 그런 해석이 가능하다는 것만을 상기한 채 수출총량이 아닌 부문별 수출의 추세분석으로 나아가기로 한다.

식 (3.13)을 경공업 제품수출〔$XL(t)$)〕과 중화학 공업제품의 수출〔$XH(t)$〕에 대해 추정한 결과는 다음과 같다.

$$XL(t) = \underset{(3.6)}{55.5} + \underset{(8.8)}{18.3}t + w(t) \quad (\overline{R}_2 = 0.88)$$

$$XH(t) = \underset{(1.1)}{19.5} + \underset{(15.0)}{34.9}t + w'(t) \quad (\overline{R}_2 = 0.95)$$

위의 식 (3.13)을 경공업제품수출과 중화학제품수출(선박 제외)에 대해 추정한 결과의 오차는 수출총량의 경우와 다소 다른 결과를 보여주고 있다.

수출총량의 경우와 비슷한 점은,

(i) 1981년부터 수출의 증가속도가 추세에 비해 현저히 떨어지고 있다는 점,

(ii) 1986년 이후 1988년까지는 추세에 비해 수출증가세가 빠르다는 점 등이다.

그러나 다른 점이라면

(i) 경공업제품의 경우 수출증가세는 1990년 이후에도 지속적으로 둔화되고 있는 데 비해

(ii) 중화학공업제품의 수출은 1990년 이후에 오히려 추세적 증가속도보다 빠르게 증가하고 있다는 점이다.

그리고 또 한 가지 지적되어야 할 사실은 1986년에 총수출의 증가속도가 빨라진 것이 경공업제품의 수출의 증가속도가 1986년부터 가속

〈그림 3-12〉 **경공업 및 중화학공업제품의 수출추세**(추정잔차동향)

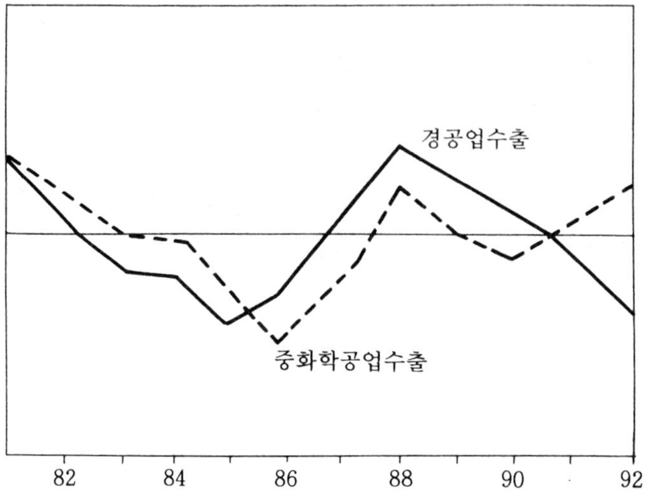

화된 때문이라고 하더라도 이 해의 중화학공업제품의 수출증가속도는 오히려 둔화되었다는 점이다.

〈그림 3-12〉는 식(3.13)을 경공업제품의 수출 및 중화학공업제품의 수출실적에 대해 회귀분석한 추정오차를 나타내고 있는데 이로부터 위의 사실을 쉽게 파악할 수 있다.

즉 경공업제품의 수출은 1985년을 바닥으로 하여 1986년부터 추세보다 빠르게 증가된 데 반해 중화학공업제품의 수출은 1986년을 바닥으로 1987년부터 증가되기 시작한 것이다. 그리고 중화학공업제품의 수출은 1989년과 1990년의 2년 동안 추세적 증가속도보다 낮게 증가된 후 1991년 이후 지속적으로 빠르게 증가되었으나 경공업제품의 경우에는 1989년 이후에도 계속하여 증가속도가 둔화되었다는 점도 유의할 사실이다.

결국 선형추세모형에 의거하여 수출동향을 분석한 결과를 요약한다면,

(i) 분명히 1989년 이후 수출증가속도는 둔화되었으며, 이는 경공업제품과 중화학공업제품 수출 모두의 경우에 공통적인 현상이나
(ii) 1991년 이후의 수출동향에서는 경공업제품의 수출이 추세보다 낮게 증가한 데 반해 중화학공업제품의 수출은 추세보다 높게 증가하였고
(iii) 이에 따라 1991년 이후의 전체수출은 추세증가속도와 같은 속도로 증가하였다는 점이라고 할 수 있다.

2. 수출증가율로 본 수출부진

아래의 〈표 3-5〉가 보여주듯이 1982년 이후의 총수출의 증가율은 낮게는 0.4%(1985년)에서 36.4%(1987년)까지 비교적 큰 폭으로 변화되었다.

이 기간 중의 총수출의 평균증가율은 13.6%이었는데 이를 기준으로 하면 1989년부터 1992년까지의 4년 동안 수출증가율은 이 기간 평

〈표 3-5〉 수출증가율 동향

(단위: %)

연 도	총 수 출	경공업제품수출	중화학공업수출 (선박 제외)
1982	1.0	−6.1	−1.2
1983	11.1	1.7	16.1
1984	13.5	15.1	23.5
1985	0.4	0.5	5.1
1986	28.3	29.3	36.1
1987	36.4	36.9	46.4
1988	29.0	21.9	35.9
1989	3.0	3.5	2.3
1990	2.8	1.5	4.4
1991	10.2	0.6	13.0
1992	7.9	−1.9	12.9
평 균	13.6	9.4	17.7

자료) 한국은행, 「국제수지」 각년호.

균치보다 낮다는 점에서 '수출부진기'라고 볼 수 있다.

그리고 그러한 수출부진현상은 경공업제품과 중화학공업제품의 경우에 각각 적용된다고 판단된다. 물론 중화학공업제품에 있어서는 그 수출증가율이 1991년 이후 많이 상승한 데 비해 경공업제품은 그렇지 않다는 차이는 있어도 두 경우 모두 1989년 이후의 수출증가율이 기간평균치에 미치지 못하고 있다는 점에서는 다를 바가 없다.

3. 세계교역추세와 비교한 수출부진

단순한 수출의 추세나 혹은 수출증가율의 기간평균치를 통한 수출부진 여부의 판단은 비록 의미가 전혀 없는 것은 아니라 하더라도 대외의존도가 매우 높은 우리 나라와 같은 소규모 개방경제에 있어서는 미흡한 것이라 아니 할 수가 없다.

특히 수출부진의 내부적 요인을 규명하여 그 대책을 수립해야 한다는 점에 비추어 볼 때 세계교역의 증감에 따른 수출변동을 '제거'한 수출부진의 규모를 파악하는 것이 매우 중요하므로 수출변동에 있어서 외부적인 요인이라 할 수 있는 세계교역 변동으로 인한 수출변화를 제외하는 것이 필요하다.

그런 점에서 앞서 추정된 '단순선형 추세모형'을 다음과 같이 변형하는 것이 필요하다. 즉 우리 나라의 수출을 시간(또는 추세)변수인 t와 함께 세계교역액〔$XW(t)$〕의 함수로 설정하는 것이다.

$$\begin{aligned} \ln X(t) &= C_0 + C_1 \ln XW(t) + C_2 \ln t + Z(t) \\ &= \underset{(-4.4)}{-5.7} + \underset{(8.3)}{1.12} \ln XW(t) + \underset{(4.5)}{0.24} \ln t, \quad (\overline{R}^2 = 0.97) \qquad \cdots\cdots\cdots (3.14) \end{aligned}$$

식 (3.14)의 추정결과는 식 (3.12)보다 설명력도 높고 설명변수의 유의성도 매우 높다. 특히 세계교역(XW) 변수에 대한 우리 나라 수출의 탄력성이 1.12로서 1보다 크다는 점에서 세계교역의 변동이 우리 나라 수출에 대단히 중요한 역할을 하였음을 잘 보여주고 있으며 시간

변수에 대한 계수값 0.24는 세계교역의 변동이 없다는 가정하에서의 수출의 연평균증가율이 24%에 달했을 것임을 나타내 주고 있다.

식 (3.14)에 의한 추정치와 실제 수출의 동향 및 그 차이인 추정오차의 동향은 〈그림 3-13〉에 나타나 있는데 이 결과에 따르면 1990년 후의 수출실적은 추정모형이 예측하고 있는 추정치보다 낮다는 점에 수출이 부진하였음을 잘 보여주고 있다.

위 식 (3.14)의 추정결과는 앞서의 결과와는 다소 다른 사실을 보여주고 있는데 그것은 1990년 이후 3년 동안의 수출부진이 전혀 개선되고 있지 못하다는 점이다.

다시 말해 단순선형추세모형에서는 1990년 이후의 수출이 추세에 비해 결코 실적이 낮지 않음을 보여준 데 비해 식 (3.14)는 추세에 비해 작게는 4% 그리고 크게는 8% 정도 낮음을 보여주고 있고 수출증가율을 기준으로 한 분석에서는 1990년 이후 수출증가율이 그전보다 크

〈그림 3-13〉 세계교역 및 추세변수와 비교한 수출동향

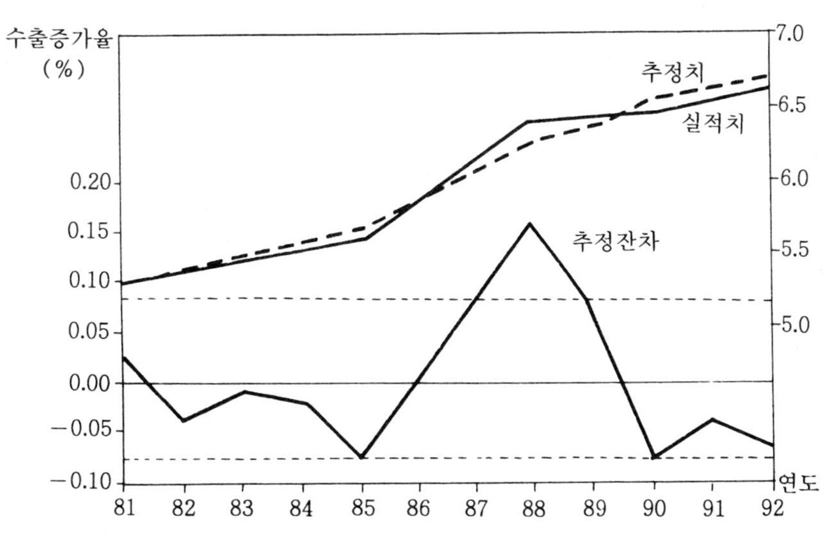

게 개선되었음을 보여주었음에 비해 식(3.14)는 여전히 우리 나라의 수출실적이 추세보다 낮게 증가하고 있음을 보여준다는 점에 주목해야 한다는 것이다.

특히 중화학공업의 수출 역시 식(3.12)의 단순선형추세모형과는 달리 1990년 이후의 수출실적이 식(3.14)의 추정결과가 나타내고 있는 추정치보다 6%~11% 정도 낮게 나타나고 있어 1990년 이후의 수출부진은 경공업제품은 물론 중화학공업제품의 수출에도 나타나고 있는 현상임을 보여주고 있다.

결국 수출부진의 세 가지 기준, 즉 단순한 추세적 증가, 증가율 및 세계교역량과 관련한 수출동향에 비교한 우리 나라의 수출동향의 분석에서 다음과 같은 결론을 얻게 된다.

첫째, 1990년 이후의 우리 나라 수출은 부진하였으며 그것은 경공업제품의 수출뿐 아니라 중화학공업제품(선박 제외)의 경우에도 그러하며, 둘째 1990년 이후 수출부진의 정도는 총수출의 약 4~8% 정도였

〈표 3-6〉 식(3.3)의 추정치와 실적치 : 경공업 및 중화학공업수출

(단위 : 억 달러)

연 도	경공업제품			중화학공업제품		
	추정치	실적치	차(%)	추정치	실적치	차(%)
1981	96.3	101.1	4.8(4.7)	72.2	76.8	4.6(6.0)
1982	99.4	95.0	−4.4(−4.6)	82.5	75.9	−6.6(−8.7)
1983	104.2	96.5	−7.7(−8.0)	92.8	88.1	−4.7(−5.3)
1984	116.4	111.1	−5.3(−4.8)	111.8	108.8	−3.0(−2.8)
1985	121.6	111.7	−9.9(−8.9)	122.2	114.4	−7.8(−6.8)
1986	140.2	144.5	4.3(3.0)	151.7	155.7	4.0(2.6)
1987	171.0	196.3	25.3(12.9)	202.3	228.0	25.7(11.3)
1988	200.3	239.4	39.1(16.3)	255.0	309.8	54.8(17.7)
1989	220.3	247.8	27.5(11.1)	294.5	316.7	22.2(7.0)
1990	257.1	251.5	−5.6(−2.2)	367.8	330.6	−37.2(−11.3)
1991	270.3	253.0	−17.3(−6.8)	398.5	373.7	−24.8(−6.6)
1992	295.1	248.3	−46.8(−18.8)	453.8	421.7	−32.1(−7.6)

으며, 경공업제품은 점차 그 부진정도가 커지는 가운데 1992년 중에 전체 경공업제품수출의 약 18%, 그리고 중화학공업제품은 그 전체 수출의 약 7% 내외 정도라는 것이다.

Ⅱ. 수출부진의 원인

우리 나라의 수출이 지난 1990년 이후 추세나 세계교역 동향에 비추어 부진하다고 하면 그 부진의 원인은 어디에 있었던가 하는 점을 규명하는 것은 수출증대를 위한 대책수립에 필수불가결한 과제이다.

그러나 이러한 과제를 해결하기에 앞서 우리 나라의 수출동향이 우리와 비슷한 수출여건에 놓여 있었던 동남아시아의 여러 국가들, 즉 대만, 홍콩, 싱가포르, 태국 그리고 중국의 최근 수출동향을 우리와 비교해 볼 필요가 있다.

1. 동남아시아 국가의 수출동향

〈표 3-7〉는 지난 7년 동안의 동남아시아 주요 국가들의 수출증가율을 우리 나라의 그것과 비교한 결과를 제시하고 있다.

〈표 3-7〉에서 나타나고 있는 특징은 1986년부터 1988년까지의 3년 동안 동남아시아 여러 국가들의 수출증가율이 전반적으로 우리 나라

〈표 3-7〉 주요 동남아시아 국가의 수출증가율(한국=1.00)

연도＼국가	대 만	싱가포르	홍 콩	중 국	태 국
1986	1.05	−0.08	0.62	0.53	0.85
1987	0.95	0.63	1.01	0.71	0.82
1988	0.45	1.08	1.05	0.72	1.31
1989	3.10	3.40	5.23	3.67	9.0
1990	0.50	3.36	4.36	7.86	5.0
1991	1.30	0.69	1.93	1.18	2.16
1992	0.89	0.19	2.63	3.04	1.14

의 수출증가율보다 낮았으나 1989년 이후부터는 대만과 싱가포르를 제외하면 대체로 우리 나라보다 높다는 점이다.

특히 태국과 중국의 수출증가율은 1989년과 1990년 이후에도 20% 이상을 유지해 온 데 반해 한국, 대만, 싱가포르 및 홍콩의 수출증가율은 1989년 이후 급격하게 낮아져 1988년과 1989년 사이에 수출의 국별패턴이 크게 바뀌었음을 잘 보여주고 있다. 이러한 사실, 즉 1980년대 중반 이후 수출이 한국, 대만, 싱가포르 및 홍콩 등으로부터 중국, 태국 및 말레이시아와 같은 후발개도국으로 이전해 가는 가운데에서 우리 나라의 수출증가율을 대만, 싱가포르 및 홍콩과 비교해 볼 때 1986년 이후 1988년까지는 상대적으로 빠른 수출증가율을 나타내다가 1989년부터는 반대로 상대적으로 느린 수출증가율을 보이는 현상은 그 원인이 외부가 아닌 '내부'에 존재해 있음을 암시하는 것이다.

2. 수출부진의 직접원인: 환율과 임금

지난 1980년 이후 12년 동안 우리 나라의 수출이 추세적 증가속도나 세계교역의 변화 그리고 동남 여타 국가에 비해 보다 빠르게 증가하다가(1986~88년) 다시 둔화된(1989년 이후) 근원적 내부원인에 대해서는 경제학자나 전문가 숫자만큼 많은 다양한 원인들이 제시되거나 주장되었다. 예컨대 기술개발투자(R&D투자)의 부족, 도로 및 항만시설의 부족 혹은 근로기강의 해이와 같은 원인들이 그것들이다.

그러나 이러한 다소 불투명한 이유들보다 더욱 설득력이 있을 것으로 판단되는 수출부진의 원인은 환율과 임금의 변동일 것으로 생각된다.

(1) 환율변동

어느 나라의 환율변동은 해당국가뿐만 아니라 그 나라와 경쟁관계에 있는 여러 나라들의 수출에 직접적인 영향을 미치게 된다.

예컨대 우리 나라 원화가치가 미국 달러화에 대해 높아지게 되면 우리의 수출이 감소하는 동시에 우리 나라와 경쟁관계에 있는 국가들의 수출이 증가하게 되고 또 일본 엔화의 대미달러 가치가 상승하게 되면 일본의 수출이 감소하는 동시에 한국, 대만 등의 수출이 증가하게 된다.

그런 점에서 환율이 교역에 미치는 영향은 다른 어떤 요인보다 직접적이고 또 광범위하다. 여기서 주의를 요하는 사실은 환율변동이 수출가격의 변화를 통하여 수출물량에 영향을 미치기까지에는 시간이 소요되기 때문에 환율변화와 수출의 관계를 '동시적'으로 파악해서는 안되며 '시차적'으로 이해해야 한다는 점이다.

우리 나라의 경우 환율의 변동은 약 1년 정도의 시차 뒤에 수출입에 영향을 미치는 것으로 알려져 있으며 그 시차도 산업구조가 고도화됨에 따라 점차 길어지는 것으로 판단된다.[6]

또 한 가지 실증분석상 유의해야 할 사실은 환율변화로 인한 수출변동효과를 파악하는 데 있어서 물량효과와 가격효과를 구분해야 한다는 것이다. 다시 말해 원화가치가 상대적으로 높아짐에 따른 수출감소란 금액기준이 아니라 물량기준이라는 점을 구분해야 한다는 것이다. 이 점은 '*J*-커브'현상 초기에 나타나는 가격효과와 환율변동이 수출물량에 미치는 영향을 혼동하지 말아야 하는 것과 같은 의미이다.

(2) 임 금

임금 또한 제조업제품의 가격경쟁력에 보다 직접적인 영향을 미치게 된다. 임금의 전반적인 상승이 제조업제품의 가격경쟁력에 어느 정도의 영향을 미치는가 하는 것은 다음의 간단한 모형을 통해서 쉽게 파악될 수 있다. 제조업의 부가가치율을 v라 하고 원료와 중간재의 매출액에 대한 비중을 r이라 하면 다음과 같은 등식이 성립될 것이다.

$$1 = v + r \qquad \cdots\cdots\cdots (3.15)$$

여기서 부가가치율(v)을 임금의 매출액에 대한 비율(w)과 기타 부

6) 신세돈(1989), "환율과 무역수지의 시차구조," 금융경제연구 제2권 3호 참조.

가가치 항목(v')으로 나누고 원료와 중간재도 국내조달분과 수입(輸入) 부분으로 나누면 위 식 (3.15)는 다음과 같이 표시될 수 있다.

$$1 = (w+v') + (r_d + r_m) = w + v' + r_m + r_d \qquad \cdots\cdots\cdots (3.16)$$

r_d : 국내조달 중간재의 매출액 대비율

r_m : 해외수입 중간재의 매출액 대비율

여기서 국내조달 중간재(r_d) 역시 그것의 부가가치와 중간재로 구성되어 있을 것이므로 식 (3.16)은 다음과 같이 고쳐 표현될 수 있다.

$$\begin{aligned} 1 &= w + (v' + r_m) + r_d(v + r) \\ &= 1/(1 - r_d)[w + v' + r_m] \qquad \cdots\cdots\cdots (3.17) \end{aligned}$$

따라서 r_d가 0.5인 경우에 임금이 예컨대 10% 상승하게 되면 가격의 상승폭은 20%가 된다. 물론 공장자동화 혹은 생산성의 증대 등으로 인하여 임금의 상승이 모두 제품의 가격에 반영되는 것은 아니며 또 위 식 (3.17)의 가격전가가 '순간적'으로 나타나는 것은 아니라 하더라도 임금상승에 의한 가격상승의 탄력성이 1보다 훨씬 높을 것임은 분명하다.

Ⅲ. 수출부진의 실증분석

우리는 앞에서 추정된 추정잔차를 수출금액부진의 정도라 정의하였는데 이러한 수출부진의 정도를 환율변동과 임금의 변동으로 설명하기 위한 간단한 실증모형을 다음과 같이 설정하기로 한다.

즉 수출량부진의 크기를 $UQX(t)$라 하고 원화의 엔화에 대한 환율을 $EY(t)$, 그리고 시간당 제조업임금을 $WH(t)$라 할 때 다음과 같은 회귀모형을 설정하는 것이다.

$$UQX(t) = d_0 + d_1\, EY(t-1) + d_2\, WH(t) + e(t) \qquad \cdots\cdots\cdots (3.18)$$

여기서 수출량부진의 크기〔$UQX(t)$〕는 앞에서의 수출금액부진(즉 추정오차)을 수출가격지수로 나누어 계산된 물량지수임에 유의하여야 한다. 그리고 환율변수는 '시차(時差)'를 고려하여 '1년전' 환율을 적용하였다. 식 (3.18)에서 d_1의 값은 양, 그리고 d_2의 값은 음의 부호를 가질 것으로 생각된다.

〈표 3-8〉은 식 (3.17)의 추정결과를 요약한 것인데 모형의 설명력이나 더빈-윗슨 계수값, 그리고 설명변수의 유의성 등에 있어서 매우 만족할 만한 결과를 제공하고 있다. 조정결정계수값 ($\overline{R}^2$)은 0.89로서 90%에 가까우며 시계열 자기공분산(auto-correlation) 여부를 나타내는 더빈-윗슨 계수값도 2.15로서 제1차 시계열 자기분산이 존재하지 않음을 보여주고 있다.

그리고 임금과 환율변수의 추정계수값도 유의성이 매우 높을 뿐 아니라 부호도 모두 예측된 부호와 동일하게 나타났다.

식 (3.18)을 1차 차분방적식 형태로 표시하면

$$\varDelta UQX(t) = 41.31\varDelta EY(t-1) - 6.02\varDelta WH(t) \quad \cdots\cdots\cdots \ (3.19)$$

인데, 여기에 각 해당 연도의 환율변동폭〔$\varDelta EY(t-1)$〕과 임금변동폭〔$\varDelta WH(t)$〕을 대입하면 1989년부터 1992년까지의 수출물량의 변동폭이 계산된다.

〈표 3-9〉는 지난 1989년 이후 수출추세나 세계적 교역변동 요인을

〈표 3-8〉 식 (3.17)의 추정결과

	상수(d_0)	환율〔$EY(t)$〕	임금〔$WH(t)$〕
계 수 (t-값)	−91.51 (−5.02)	41.31 (7.57)	−6.02 (−8.00)
$\overline{R}^2$	0.89		
DW	2.15		
F값	34.97		

〈표 3-9〉 요인별 수출변동

(단위 : 억 달러)

연 도	환율요인(1기 전)		임금요인		계
	변동폭	수출증감	변동폭	수출증감	
1989	−0.98	−40.5	4.16	−25.1	−65.6
1990	−0.70	−28.9	4.00	−24.1	−53.0
1991	0.59	24.3	5.06	−30.5	−6.2
1992	0.75	31.0	6.46	−38.9	−7.9

고려하지 않았을 경우 우리 나라의 수출이 지속적으로 감소되었을 것임을 잘 보여주고 있는데 특히 그 기간 중의 임금상승 요인만에 의한 수출감소 규모가 118.6억 달러에 이르고 있음을 나타내 주고 있다.

또 한 가지 중요한 사실은 비록 1990년 이후 원화에 대한 엔화가치가 큰 폭으로 상승하였어도 임금상승으로 인한 수출감소 효과가 더 커 1991년과 1992년 수출물량은 오히려 감소할 수밖에 없었음도 잘 보여주고 있다. 즉 1991년 중 환율요인으로 인한 수출증가규모는 24.3억 달러이고 1992년에는 31억 달러이었으나 같은 기간에 임금상승으로 인한 수출감소 폭이 각각 30.5억 달러와 3.9억 달러였으므로 전체적으로는 수출이 감소한 셈이 된다.

Ⅳ. 수출의 구조변화

1. 수출구조의 변화

지난 10여 년 동안 경공업제품의 수출과 중화학공업제품의 수출은 꾸준히 증가되어 왔음은 이미 밝힌 바 있는데 특이한 사실은 그 비율이 지속적으로 변화되어 왔다는 점이다.

〈표 3-10〉과 〈그림 3-14〉에서 보듯이 경공업제품수출의 중화학공업제품수출에 대한 비율은 1981년의 1.32에서 1992년에는 0.59로 하락

〈표 3-10〉 상품별 수출과 비율

(단위 : 억 달러, %)

연 도	경공업제품수출(A)	중화학제품수출(B)	비 율(A/B)
1981	101.09	76.78	132
1982	94.95	75.86	125
1983	96.55	88.09	110
1984	111.13	108.78	102
1985	111.74	114.36	98
1986	144.51	155.66	93
1987	196.34	227.96	86
1988	239.37	309.76	77
1989	247.82	316.73	78
1990	251.47	330.59	76
1991	253.05	373.7	68
1992	248.29	421.73	59

〈그림 3-14〉 경공업수출/중화학수출 비율의 변화추이

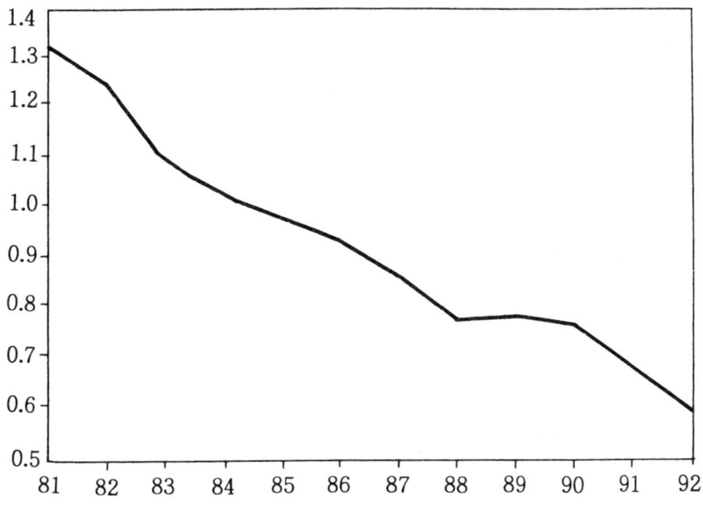

하였다.

수출의 상품구조가 지난 10여 년 이상 단 한 번의 반전 없이 일정

한 방향으로 이렇게 급격하게 변화되어 왔다는 사실은 그 동안의 급격한 정치·사회 및 경제구조변화에 비추어 볼 때 매우 놀라운 현상이라 아니 할 수 없다.

즉 (i) 지난 1985년 이후의 소위 '3저현상'

(ii) 지난 1987년 이후의 급격한 임금상승, 그리고

(iii) 지난 10여년 동안의 급격한 수출증가율의 변화

등에도 불구하고 경공업제품의 수출비중이 지속적으로 하락하고 반대로 중화학공업제품의 수출비중은 꾸준히 상승되어 온 원인을 규명할 필요가 있다.

2. 수출구조의 변화원인: 임금과 환율

경공업제품의 수출을 X_L이라 하고 중화학공업제품의 수출을 X_H라고 할 때, 그 각각이 어떤 θ라고 하는 변수에 대한 함수라고 하자.

$$X_L = F(\theta) \qquad \cdots\cdots\cdots (3.20)$$

$$X_H = G(\theta) \qquad \cdots\cdots\cdots (3.21)$$

전체 수출에 대한 경공업제품의 수출비중은 δ라 한다면 δ는 아래와 같이 표시된다.

$$\delta = \frac{X_L}{X_L + X_H} = \frac{1}{1+r}, \quad r = \frac{G(\theta)}{F(\theta)} \qquad \cdots\cdots\cdots (3.22)$$

경공업제품의 수출비중 δ는 θ의 함수인데, θ에 대한 δ의 기울기, 즉 θ가 변함에 따라 δ가 변화되는 정도나 방향은 F와 G의 θ에 대한 기울기에 의해 결정된다.

$$\frac{d\delta}{d\theta} = \frac{-r}{\theta(1+r)^2}[\eta_G - \eta_F] \leqq 0 \qquad \cdots\cdots\cdots (3.23)$$

$$\eta_F = \frac{dF}{d\theta} \cdot \frac{\theta}{F}$$

〈표 3-11〉 수출구조의 변화원인: 임금과 환율

추정값 / 추정방법	f_0	f_1	f_2	$AR(1)$	$\overline{R}^2$	DW
OLS	1.23 (6.94)	−0.19 (−8.00)	−0.12 (−2.66)	−	0.97	0.92
C−0	1.13 (4.24)	−0.18 (−5.48)	−0.13 (−2.36)	0.46 (1.31)	0.97	1.53

주) ( )은 t-값.

$$\eta_G = \frac{dG}{d\theta} \cdot \frac{\theta}{G}$$

위 식 (3.23)의 자연대수값을 취하면

$$\ln \delta = \ln\left(\frac{1}{1+r}\right) \cong r(\theta) \quad \cdots\cdots\cdots \ (3.24)$$

이 되는데, $r(\theta)$가 엔화당 원화환율(EY)과 시간당 임금(HW)의 자연대수 형태의 함수라고 하면 다음과 같은 추정식을 얻게 된다.

$$\ln \delta^{(t)} = f_0 + f_1 \cdot \ln HW(T) + f_2 \ln EY(T-1) + v(t) \quad \cdots\cdots\cdots \ (3.25)$$

위의 식 (3.25)를 추정한 결과는 임금상승과 원화의 고평가가 수출구조의 변화에 매우 큰 역할을 했음을 보여주고 있다. 즉 임금과 원화가치가 전체 수출에서 차지하는 경공업제품의 수출비중이 현저히 떨어지는 것을 배우 높은 설명력으로 보여주고 있다.

제 4 절 경상수지와 자본 및 투자수지의 관계

경상수지가 재화나 서비스의 대외거래 결과를 기록한 것임에 반해 자본 및 투자수지는 이와는 전혀 성격이 다른 대외금융거래의 결과를 기록한 것임에도 불구하고 실제상으로는 경상수지와 자본 및 투자수지 사이에 매우 뚜렷한 구조적 관계가 있다. 즉, 경상수지가 흑자이면 자본 및 투자수지는 적자이고, 반대로 경상수지가 적자이면 자본 및 투자수지는 흑자인 상호간의 역관계가 일반적으로 성립되고 있다.

〈그림 3-15〉는 1970년 이후의 한국의 경상수지(수직축)와 자본 및 투자수지(수평축) 사이의 관계를 보여주고 있는데, 경상수지가 흑자인 때에는 자본 및 투자수지가 적자였고 반대로 경상수지가 적자인 해에는 자본 및 투자수지가 흑자였음을 잘 입증하고 있다.

경상수지와 자본 및 투자수지 사이에 뚜렷한 역관계가 존재한다는 것은 서로간에 상쇄되는 경향이 있다는 것을 의미하는데 이러한 현상은 다음의 두 경우에 발생할 수 있다.

첫째는 종합수지가 자율적으로 항상 균형을 유지하는 경우이다. 종합수지가 환율의 변동이나 혹은 어떤 다른 기능으로 말미암아 항상 균

〈그림 3-15〉 한국의 경상수지와 자본 및 투자수지: 1980～1999년

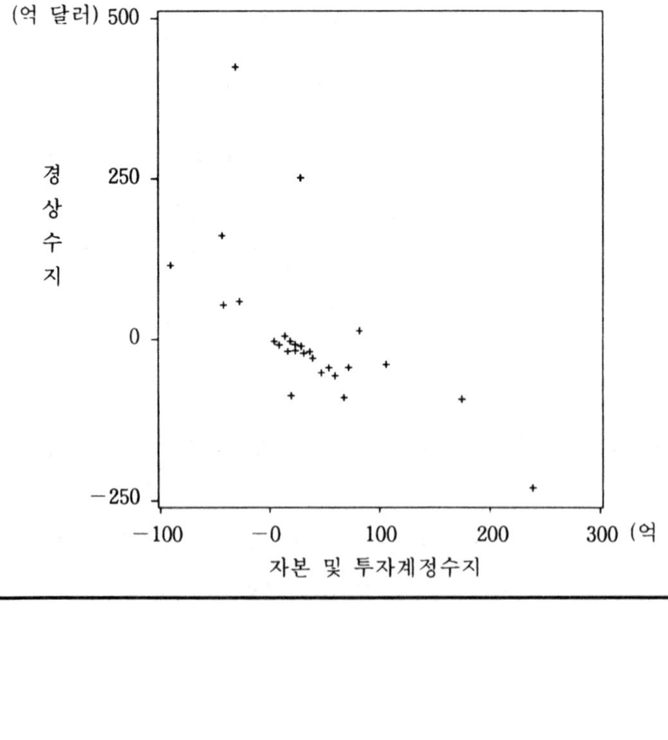

형을 완벽하게 유지한다면 경상수지와 자본 및 투자수지의 합은 0일 것이므로(오차 및 누락을 무시하면) 경상수지와 자본 및 투자수지는 부호만 다를 뿐 절대값은 같아지게 된다.

두 번째로는, 자본 및 투자거래가 자율적인 거래가 아니라 경상수지의 적자나 흑자를 보전하는 수동적인 거래일 경우이다. 경상수지가 적자일 때, 이를 중앙은행이 보유하는 대외준비자산을 통해 보전하는 것이 아니라 통화금융기관이 아닌 다른 민간부문의 대외차입 등을 통해 보전하게 되어도 경상수지와 자본 및 투자수지 사이에 역관계가 성립하게 된다.

모든 자본 및 투자계정의 거래가 자율적(autonomous) 거래라고 한다면 경상수지와 자본 및 투자계정 수지 사이에 역관계가 존재한다는 사실은 환율 등의 기능에 의해 종합수지가 항상 자율적으로 균형을 유지하는 것의 반증이지만, 반대로 자본 및 투자계정의 거래가 모두 보정적 거래라고 한다면 경상수지와 자본 및 투자수지 사이에 존재하는 역

〈그림 3-16〉 미국과 일본의 경상수지와 자본 및 투자수지의 관계: 1970~1995년

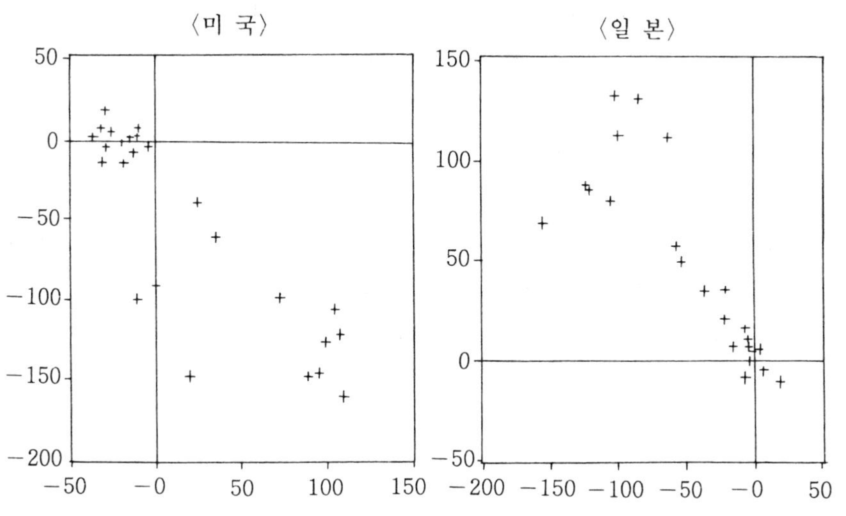

관계는 종합수지가 자율적인 균형을 유지하는 것의 반증이라고 하기보다는 회계적 관계를 반영하는 것일 뿐이다.

자본 및 투자계정거래가 자율적인 것인지 보정적인 것인지를 구별하는 것은 대단히 애매하고 어려운 일이며 또 한 나라의 투자거래에는 자율적인 것과 보정적인 거래가 혼재하여 있기 때문에 경상수지와 자본 및 투자거래수지 사이에 존재하는 역관계의 성격이 자율적인 것인지 아닌지를 구별할 수는 없다.

그렇지만 국제수지의 자본 및 투자거래 중에 자율적 성격이 가장 높다고 할 수 있는 직접투자거래의 경우에는 경상수지와의 역관계가 전혀 존재하지 않거나(미국 및 일본) 오히려 정(正)관계가 성립하는 경우(한국)도 있다. 반대로 국제수지의 자본 및 투자거래 중의 기타투자계정의 수지와 경상수지 사이의 역관계는 거의 모든 나라에 있어서 전체 자본 및 투자계정수지보다도 역관계의 정도가 더 심한 것을 알 수 있다.

따라서 경상수지와 자본 및 투자수지 사이의 역관계의 정도는 그 거래의 성격이나 혹은 특성에 따라 다르게 나타남을 알 수 있는데, 그 외에도 제도적으로 대외적 자본 및 투자거래에 대한 제약의 정도, 즉 자본시장의 개방정도와 통화당국의 통화 및 국제수지 정책에도 영향을 받을 것이다.

자본의 대외유출입이 엄격히 통제되어 있을수록, 그리고 종합수지의 변동을 엄격히 제한하면 할수록 경상수지와 자본 및 투자수지 사이의 역관계는 선명할 것이며 반대로 대외자본유출입이 개방되어 있을수록, 그리고 종합수지 변동에 대한 통화당국의 정책적 입장이 유연하면 할수록 양자 사이의 역관계는 보다 덜 선명해질 것이다.

제 5 절 투자수지 간의 관계[7)]

경상수지와 자본 및 투자수지 사이에 구조적인 상관관계가 있듯이 자본 및 투자수지(이하 투자수지라 함)의 항목들 사이에도 매우 분명한 상관관계가 존재하고 있다.

투자수지의 항목 사이의 상관관계는 서로 보완적인 관계, 즉 움직이는 방향이 서로 같은 관계를 보이는 항목들이 있는가 하면 서로 대체적인 관계, 즉 움직이는 방향이 서로 다른 대체관계를 보이는 항목들도 있다.

자본이나 투자거래에 공통적인 영향을 미치는 요인들, 예컨대 국내금리의 상승이나 혹은 자국통화가치의 예상변동 등과 같은 요인들의 변화는 모든 자본 및 투자거래의 항목들을 같은 방향으로 움직이게 하는데 반해 금융자산 간의 상대가격의 변화는 투자거래의 항목들 간에 서로 다른 방향의 영향을 미침으로써 대체관계를 나타내게 할 것이다.

투자수지를 구성하는 항목들 사이에 대체관계가 존재하는 또 다른 중요한 원인은 제도적인 혹은 정책적인 것이다. 예컨대 우리 나라의 외국환은행에 대한 포지션 관리제도와 같이 보유할 수 있는 외환의 규모를 엄격히 통제하게 되면 과다한 외화자산의 유입은 다른 경로를 통한 유출(해외자산의 증가나 대외부채의 감소)을 촉진시킴으로써 투자수지항목 간에 대체관계를 유발시키게 되는 것이다.

또 거의 모든 나라가 정도의 차이는 있을지라도 대외금융자산의 거래에 대하여 어느 정도의 규제는 가하고 있는데, 통화관리를 적절히 하기 위하여 한 부문의 급격한 투자수지 흑자를 다른 부문의 적자(유출)로 상쇄시켜 나가도 투자수지항목 사이의 대체관계가 발생할 수 있을 것이다.

7) 신세돈(1995), "자본시장개방과 자본수지의 구조변화," 한국은행, 금융경제연구 제79호 참조.

I. 직접투자와 포트폴리오투자 간의 상관관계

아래의 〈표 3-12〉에서 볼 수 있듯이 미국이나 일본과는 달리 우리 나라의 직접투자수지와 포트폴리오투자 사이에는 매우 뚜렷한 대체관계가 존재해 왔음을 알 수 있다. 1970년부터 1995년까지의 직접투자수지와 포트폴리오 투자수지의 상관계수가 우리 나라는 −0.81인데 미국

〈표 3-12〉 직접투자와 포트폴리오투자 간의 상관계수

기간 / 국가	1970~1988년	1989~1995년	1970~1995년
한 국	−0.28	−0.79	−0.81
미 국	0.62	0.03	0.28
일 본	0.73	−0.47	0.47

〈그림 3-17〉 한국의 직접투자와 포트폴리오 투자수지: 1980~1999년

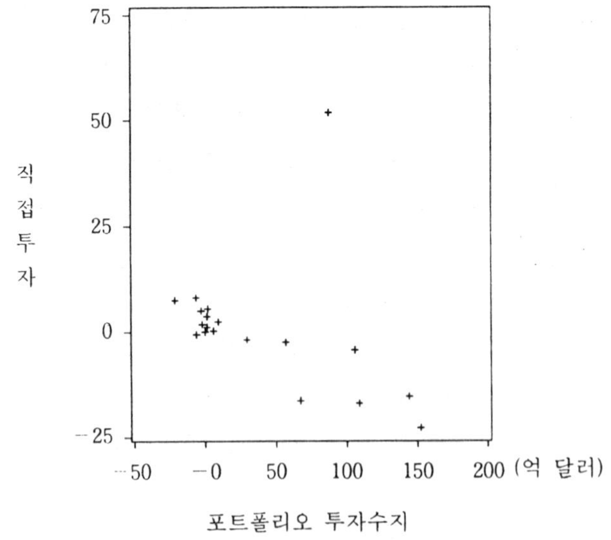

은 0.28이고 일본은 0.47로서 이들의 직접투자와 포트폴리오투자 사이에는 보완관계를 보여주고 있음에 반해 우리 나라는 매우 뚜렷한 대체관계가 있어 왔음을 알 수 있다.

미국의 경우에는 1990년대에 들어와 상관계수가 0에 가까워진 반면 일본의 경우에는 1990년대에 들어 대체관계가 매우 강해져(상관계수가 −0.47) 직접투자와 포트폴리오투자 사이의 보완관계가 약화되고 있기는 하지만 우리 나라의 경우와 같이 강한 대체관계를 보이지는 않고 있다.

우리 나라의 직접투자수지와 포트폴리오 투자수지 사이에 대체관계가 뚜렷하게 나타나는 이유는 경제적인 이유와 제도적이고 정책적인 이유가 혼합된 때문이다. 즉 1980년 후반 이후에 가속화된 국내증권시장의 개방으로 외국인의 막대한 포트폴리오투자 유입이 지속되었다는 제도적 변화 위에 국내 고임금 및 원화가치 상승으로 인한 국내기업의 여건변화로 대외진출이 불가피해진 경제적 이유가 내재해 있은 데다 해외부문의 통화증가를 억제해야 할 정책적 필요가 있었기 때문이다.

Ⅱ. 포트폴리오 투자수지와 투자수지의 항목간 상관관계

포트폴리오 투자수지와 대외부채 사이에도 매우 뚜렷한 대체관계가 있는데, 예컨대 공공차관의 경우 포트폴리오 투자수지와 공공차관상환 사이의 상관계수가 1988년부터 1991년까지는 0.06이었으나 1992년 이후에는 0.72로 높아졌고 상업차관의 상환과의 상관계수도 1991년 이전에는 −0.32였으나 1992년 이후에는 0.48로 크게 높아졌다.

장기무역신용 상환과 포트폴리오투자 사이에도 상관계수가 같은 기간 중 −0.12에서 0.41로 높아져 1992년의 자본시장개방 이후 포트폴리오 투자수지의 흑자규모가 확대됨과 아울러 모든 부채 항목에서의 상환이 크게 증가했음을 알 수 있다.

또한 상업차관의 도입이나 장기무역신용의 도입과 같이 대외부채를 증가시키는 항목과 포트폴리오투자 사이의 상관계수는 자본시장이 개방된 1992년 이후에는 0에 가까워 대외부채의 상환이 촉진됨과 동시에 대외부채가 새로이 증가되는 것을 엄격히 통제해 왔음을 알 수 있다.

대외자산의 변동을 초래하는 해외직접투자나 연불수출과 포트폴리오 투자수지 사이에도 뚜렷한 상관관계가 존재하는데, 예컨대 해외직접

〈표 3-13〉 포트폴리오투자와 주요 투자거래와의 상관계수

		월평균 규모(억 달러)		상 관 계 수	
		88.1~91.12	92.1~94.5	88.1~91.12	92.1~94.5
부채 항목	공 공 차 관	−0.76	−0.92	0.06	−0.72*
	도 입	0.46	0.35	−0.16	0.31
	상 환	−1.22	−0.27	0.11	0.72*
	상 업 차 관	−0.69	−0.59	0.06	−0.49*
	도 입	0.39	0.05	−0.40*	−0.08
	상 환	−1.08	−0.64	−0.32	0.48*
	외국인직접투자	0.72	0.46	−0.13	0.14
	도 입	0.85	0.63	−0.10	0.32
	회 수	−0.13	−0.17	0.02	0.25
	장기무역신용	0.38	−0.14	0.46	−0.40*
	도 입	0.57	0.68	0.43	−0.05
	상 환	−0.19	−0.82	−0.12	0.41*
자산 항목 (증: +)	해외직접투자	−0.52	0.97	0.39*	0.52*
	투 자	0.64	1.14	0.48*	0.09
	회 수	−0.12	−0.16	−0.27	−0.30
	해외증권투자	1.05	0.32	0.71*	0.31
	투 자	2.07	1.60	0.70*	0.51*
	회 수	−1.01	−1.28	−0.69*	−0.46*
	연 불 수 출	−0.30	−1.03	−0.03	0.13
	공 여	1.64	3.40	0.27	0.28
	회 수	−1.94	−4.43	−0.25	−0.20

주) *표는 95% 유의도를 만족하는 항목.
신세돈(1995).

투자와 포트폴리오투자 사이의 상관계수는 1992년 이후 0.52로서 포트폴리오 투자유입이 급격히 증가함과 동시에 국내기업의 해외진출이 매우 활발해졌으며, 연불수출의 공여와의 상관계수도 0.28로 다소 낮기는 하지만 포트폴리오 투자수지와의 관계가 없지는 않은 것으로 나타나고 있다.

〈표 3-13〉에서 보여주고 있는 투자수지항목 간의 상관계수는 실제로 존재하는 상관관계보다 낮게 나타난 것일 가능성이 높은데, 그 이유는 무엇보다도 대외거래주체의 투자거래와 정책당국의 정책의 결정에 상당한 시차가 존재할 것이기 때문이다.

예를 들어 포트폴리오 투자수지의 급격한 흑자로 인하여 외환공급이 크게 늘어나는 경우 대외부채, 특히 장기부채를 보유하고 있는 민간부문의 상환의사의 결정이나 혹은 정책당국의 신규 공공 및 상업차관의 도입을 억제하려는 정책의 결정에는 시간이 소요될 것이기 때문이다.

제 2 장

외채와 국제수지

외채(外債 : foreign debt)는 외국에 대한 채무로서 근원적으로는 경상수지의 적자로부터 발생한다. 재화나 서비스교역의 적자뿐만 아니라 국제금리의 상승으로 말미암아 기존 외채에 대한 이자부담이 늘어나도 경상수지의 적자요인이 되므로 외채의 증가요인이 되는 것이다.

1970년대에 있었던 두 번의 석유파동으로 인한 외채증가가 재화 및 서비스교역에 있어서의 적자확대에 기인한 것이었던 반면에 1980년대 초에 있었던 개도국 외채위기는 국제금리의 급격한 상승에 기인한 바 매우 컸다고 할 수 있다.

외국에 대한 채무, 즉 외채 자체는 결코 나쁘거나 바람직하지 않은 것이 아니다. 자본이라는 것도 수익률이 높은 곳으로 흐르는 것이 효율적인 것인 만큼 낮은 수익률의 국가로부터 높은 수익률이 보장되는 곳으로 자본이 배분되는 과정에서 어느 나라든 외채를 부담할 가능성이 없지 않은 것이다.

제 1 절 외채와 국제수지

국제수지의 기본 항등식은 한 나라의 외채규모의 변동과 각 국제수지와의 관계를 잘 보여주고 있다. 국제수지의 항등식, 즉 경상수지(CUB)와 자본 및 투자계정수지(KAB)의 합이 중앙은행의 대외준비자산의 변동(ΔR)과 같으므로

$$KAB+\Delta R=-CUB \qquad \cdots\cdots\cdots (3.26)$$

$-CUB$: 경상수지 적자

KAB : 자본 및 투자계정수지

ΔR : 중앙은행 대외준비자산 변동

자본 및 투자계정수지를 국내민간부문과 공공부문으로 나누면

$$KAB=KABP+KABG \qquad \cdots\cdots\cdots (3.27)$$

$KABP$: 민간부문의 자본 및 투자계정수지

$KABG$: 공공부문의 자본 및 투자계정수지

위의 식 (3.27)은 아래와 같이 표현할 수 있다.

$$[KABP+KABG]=-CUB+(-\Delta R) \qquad \cdots\cdots\cdots (3.28)$$

즉 한 나라의 민간부문 및 공공부문의 순대외부채의 증가는 경상수지 적자나 중앙은행의 대외준비자산의 증가로부터 유래한다는 것이다.

또 공공부문만의 순대외부채의 증가($KABG$)는 경상수지 적자와 중앙은행의 대외준비자산의 증가, 그리고 민간부문의 대외자산 증가(혹은 대외부채의 감소)의 합과도 같다.

만약 민간부문의 자본 및 투자계정수지($KABP$)를 직접투자와 같은 장기 비이자성 투자거래수지($KABP_L$)와 기타 이자부담을 갖는 투자거래수지($KABP_S$)로 구분한다면, 이자부담을 지는 한 나라의 대외부채는

〈그림 3-18〉 대외부채와 국제수지

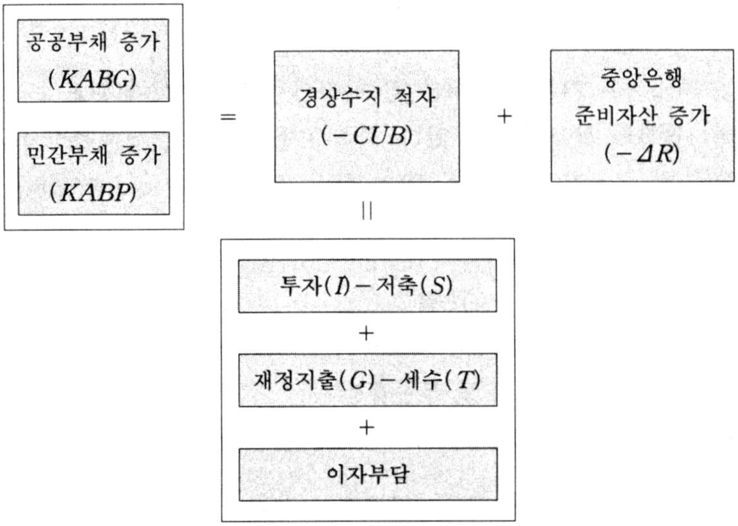

$$[KABG+KABP_S] = -CUB+(-\Delta R)+(KABP_L) \quad \cdots\cdots\cdots \ (3.29)$$

으로 표시할 수 있게 된다.

즉, 경상수지 적자, 중앙은행의 대외준비자산 증가 혹은 민간부문의 비이자성 투자계정거래에서의 해외순투자($-KABP_L$)가 증가할수록 이자성 대외부채가 증가하게 된다.

제 2 절 외채부담의 측정지표

대외채무국의 채무부담, 즉 외채부담(debt burden)을 측정하는 지표로는 크게 채무수출비율(debt export ratio), 채무소득비율(debt income ratio) 및 채무변제비율(debt service ratio)의 세 종류가 있으나 채무변제비율은 채무변제(debt service)를 무엇으로 정의하며 또 무엇으로 비교하는가에 따라 여러 개념으로 세분화되고 있다.

Ⅰ. 채무수출비율(Debt Export Ratio)

채무수출비율은 수출액에 대한 대외채무의 비율이다. 대외채무를 D라고 표시하고 수출액을 X라 하면, 채무수출비율(R_x)은 다음과 같다.

$$R_x = \frac{D}{\mathrm{X}} \qquad \cdots\cdots\cdots \ (3.30)$$

그런데, 대외채무의 변동(ΔD)은 경상수지 적자(−CUB)와 동일하며, 또 경상수지 적자는 기존채무(D)에 대한 이자지급분($i \times D$)과 기타 경상수지 적자(V)의 합과 같을 것이므로 위 식 (3.30)은 다음과 같은 증가율의 관계로 정리될 수 있다.

$$\begin{aligned}\hat{R_x} &= \frac{\Delta D}{D} - \frac{\Delta X}{X} = \frac{(-CUB)}{D} - \frac{\Delta X}{X} \\ &= \frac{i^* \cdot D}{D} - \frac{\Delta X}{X} + \frac{V}{D} \\ &= (i^* - x) + \frac{V}{D} \qquad \cdots\cdots\cdots \ (3.31)\end{aligned}$$

x: 수출증가율($\Delta X/X$),
i^*: 국제금리,
V: 이자를 제외한 경상수지 적자
$\hat{R_x}$: 채무수출비율(R_x)의 변동률

따라서 이자지급분을 제외한 경상수지(V)가 균형(=0)이라도 국제금리가 수출증가율보다 크면 채무수출비율(R_x)은 증가하게 된다. 결국 대외채무가 존재하는 국가에서는 이자를 제외한 경상수지가 흑자이거나 ($V<0$) 수출증가율이 국제금리보다 낮아야만 채무수출비율이 낮아진다.

Ⅱ. 채무소득비율(Debt Income Ratio)

채무소득비율(R_y)이란 대외채무의 *GNP*에 대한 비율이다.

$$R_y = \frac{D}{GNP} \qquad \cdots\cdots\cdots (3.32)$$

그러므로 채무소득비율(R_y)의 증가율은 다음과 같이 국제금리와 *GNP* 증가율(y)의 차이 등의 함수로 표시된다.

$$\widehat{R_y} = (i^* - y) + \frac{V}{D} \qquad \cdots\cdots\cdots (3.33)$$

따라서 국제금리가 높을수록, 혹은 경제성장률이 낮을수록, 그리고 경상수지 적자 중 이자지급(순)을 제외한 부분(V)의 전체 대외채무에 대한 비율이 높을수록 채무소득비율은 높아진다.

Ⅲ. 채무변제비율(Debt Service Ratios)

대외채무에 대한 원금상환 및 이자지급, 즉 대외채무 변제(debt service)가 어느 정도인가를 측정하는 지표로는 수출액이나 *GNP*에 대한 대외채무 원리금상환액의 비율이 사용되고 있다.

채무변제비율을 수출액에 대한 비율로 측정하는 경우〔$R_S(x)$〕, 수출액에 대한 채무변제비율〔$R_S(x)$〕은

$$R_S(x) = \frac{\theta \cdot D + i^* D}{X} = (\theta + i^*) \cdot \frac{D}{X} = (\theta + i^*) R_X \qquad \cdots\cdots\cdots (3.34)$$

θ: 채무에 대한 원금상환의 비율

i^* : 이자율

로 정의되므로 채무변제비율의 변동률은 원금상환율과 이자율(i^*)이 변하지 않는 한 채무수출비율의 변동률과 동일하다.

$$\hat{R}_S(x) = (\widehat{\theta + i^*}) + \hat{R}_x = \hat{R}_x \qquad \cdots\cdots\cdots \ (3.35)$$

채무변제비율을 GNP에 대한 원리금상환의 비율로 정의한다면, GNP에 대한 채무변제비율 $R_S(Y)$는

$$R_S(Y) = \frac{(\theta + i^*)D}{GNP} = (\theta + i^*) \cdot R_Y \qquad \cdots\cdots\cdots \ (3.36)$$

이므로 원금상환율과 이자율이 변동하지 않는 한 GNP에 대한 채무변제비율의 변동률〔$\hat{R}_S(Y)$〕은 채무소득비율(R_y)의 변동률과 같다.

한 나라의 대외채무나 이에 대한 변제능력을 측정하기 위한 앞의 여러 지표들이 지니고 있는 문제 중의 하나는 가까운 미래에 예정된 원리금 상환 및 이자부담에 대한 고려가 없다는 약점이다. 즉 기존채무에 대한 상환기간이나 상환구조 혹은 상환조건의 고려가 없이 오직 현재의 채무규모 및 현재의 원리금 상환실적만을 바탕으로 하고 있을 따름이다.

따라서 보다 바람직한 지표는, 모든 대외채무의 상환기간과 상환조건 등을 감안하여 앞으로 예상되는 원리금 상환부담을 현재가치로 환산한 대외부채 혹은 원리금 상환부담이 측정될 수 있어야 할 것이다.

제 3 절 외채의 발생원인

한 나라의 대외부채는 부채를 지고 있는 주체에 따라 민간부채 및 공공부채로 나눌 수 있는데, 부채의 발생원인도 부채의 주체에 따라 다르다고 할 수 있다. 그러나 민간부채든 공공부채든 근본적인 부채발생의 원인은 네 가지로 요약될 수 있다.

첫째는 국내저축에 비해 투자가 많아서 발생하는 경상수지 적자 때문에 발생하는 외채이다. 혹은 투자에 비해 저축이 적어서 발생하는 경

상수지 적자 때문에 발생하는 외채라고 할 수도 있을 것이다.

저축이 상대적으로 줄어드는 이유 또는 소비가 상대적으로 늘어나는 이유는 매우 다양하기 때문에 모든 경우를 다 바람직하지 않다고 할 수는 없다. 자국통화가 과다할 정도로 고평가됨에 따라 국외재화가 국내재화에 비해 저렴해지고 이로 인하여 저축이 줄어드는 것이라면 외채 발생의 근본원인은 자국통화의 고평가에 있는 것이지 과소비나 혹은 과소저축에 있다고 보기 어렵다.

자국통화의 고평가가 한편으로는 저축을 줄일 이유가 있는 반면에 다른 한편으로는 투자를 촉진시키는 역할을 하기도 한다. 국내투자재에 비해 외국투자재의 가격을 상대적으로 저렴하게 할 뿐만 아니라 현재의 고평가가 향후의 저평가로 반전될 것이 기대되는 경우에 그 투자재의 자본이득을 볼 수 있기 때문이다.

어떤 이유에서든지 저축에 비한 투자의 상대적 증대로 인하여 발생하는 경상수지 적자나 이로 인한 대외부채의 증가는 생산잠재력을 늘려 미래에 도래할 외채의 원리금 상환가능성을 높여 준다는 점에서 가장 긍정적인 외채라고 평가할 수 있을 것이다.

두 번째로는 정부의 재정적자로 인한 경상수지 적자 및 이로 인해 야기되는 직·간접 외채증가이다. 재정적자의 규모를 줄이는 데 중요한 정부의 지출감소나 세율의 인상은 정치적으로 매우 민감한 문제이기도 하고 또 구조적인 문제이기도 하므로 경제이론만으로 설명되거나 해석될 수 있는 성질의 것은 아니다.

특히 한시적인 기간 동안, 즉 임기에만 책임을 질 뿐인 한 정부의 무책임한 재정적자와 이로 인한 외채규모의 증가가 초래할 장기적 교란 및 부담을 제어할 수 있는 기능적 기구가 결여되어 있는 경제라면 정치적 구조의 개선 없이 외채문제의 해결을 기대할 수 없다. 그러나 재정적자와 외채는 경제적인 측면도 다분히 내포하고 있다. 특히 적자를 보전하는 방법에 따라 인플레나 금리에 미치는 영향이 다르고 또 재정적자에 대한 궁극적인 원리금 상환부담의 주체나 형태도 달라진다.

세 번째로는 국제금리의 상승으로 인한 경상수지 악화와 외채증가 요인이다. 1978년과 1982년 사이의 급격한 국제금리 상승으로 남미를 비롯한 전세계 주요 채무국의 경상수지가 급격하게 악화되었을 뿐 아니라 몇몇 나라에 있어서는 기존부채에 대한 이자상환마저 불가능한 상태가 발생하였고 이로 인해 국제금융질서가 크게 흔들린 바 있었는데 이러한 국제금리의 상승은 채무국의 가용자원을 크게 위축시킬 뿐 아니라 그 가용성 자체를 위협할 수 있다는 점에서 대단히 민감하고 또 중요한 문제라 할 수 있다.

외채에 대한 금리부담은 공공부채보다는 민간부채, 그리고 최빈국보다는 중하위 채무국에게 더 심각한 문제라 할 수 있는데, 그것은 공공부채의 비중이 큰 최빈국의 채무가 양허적 조건에 의해 비교적 금리가 낮을 뿐 아니라 고정금리 부채의 비중이 높은 데 반하여 중하위 채무국의 부채는 리보(LIBOR)금리에 가산금리가 더해지는 민간금융기관 부채의 비중이 월등히 높기 때문이다.

네 번째로는 자본유출(capital flight)로 인한 자본수지 적자 및 외채증가이다. 자본유출은 경제적인 요인, 즉 금리차나 혹은 예상환율 변동률의 변화에 따라 발생하기도 하지만, 더 심각하고 중대한 의미를 지니는 것은 정치적 혹은 제도적 불안정성(instability)으로 인한 자본유출이다.

평가절하에 대한 우려, 경제제도의 변화에 대한 우려 혹은 정치체제의 변화에 대한 우려 등으로 인한 자본유출은 자본수지를 악화시킴으로써 외채를 증가시킨다는 점에서 앞에서 지적한 세 가지 원인들이 경상수지를 악화시킴으로써 외채를 증가시켰던 것과 대조적이라고 할 수 있고, 또 자본유출은 민간부문의 대외자산을 증가시킨다는 점에서 그렇지 못한 경상수지 적자요인과는 성격이 다른다.

그렇지만, 자본유출로 증가한 민간부문의 대외자산은 역유입될 가능성이 희박하고 또 대부분이 한 나라의 실질적 통제권 바깥에 머무르게 된다는 점에서는 다른 외채문제와 본질적으로 크게 다를 바 없다.

제 3 장

국제수지결정이론의 검증

제 1 절 탄력성 접근방법의 검증

I. 일반적 모형

국제수지의 결정에 관한 탄력성 접근이론이 다른 이론들과 구별되는 가장 뚜렷한 차이는 수출과 수입의 수요 및 공급함수에 있어서의 가격탄력성을 중요시한다는 점이라고 할 수 있다.

따라서 무역수지를 수출액과 수입액의 차이라고 할 때, 수출액과 수입액을 결정하는 변수로 수출가격과 수입가격의 중요성이 다른 어떤 이론보다도 강조되는 것이 탄력성 접근방법이다.

$$TB = V_X - V_M \quad \cdots\cdots\cdots \ (3.37)$$

$$V_X = P_X \cdot Q_X \quad \cdots\cdots\cdots \ (3.38)$$

$$V_M = P_M \cdot Q_M \quad \cdots\cdots\cdots \ (3.39)$$

TB : 무역수지

P_X : 수출가격

P_M : 수입가격

Q_X : 수출량

Q_M : 수입물량

그런데 수출량이나 수입량은 각각이 수요함수와 공급함수를 가지고 있고, 그 수요함수나 공급함수가 가격의 함수이기도 하다.

$$Q_X^D = f[P_X,\ s \cdot P_X^*; \phi_1] \quad \cdots\cdots\cdots (3.40)$$

$$Q_X^S = g[P_X,\ \phi_2] \quad \cdots\cdots\cdots (3.41)$$

$$Q_M^D = h[P_M,\ s \cdot P_M^*; \phi_3] \quad \cdots\cdots\cdots (3.42)$$

$$Q_M^S = j[P_M,\ \phi_4] \quad \cdots\cdots\cdots (3.43)$$

Q_X^D, Q_X^S : 수출수요 및 공급함수

Q_M^D, Q_M^S : 수입수요 및 공급함수

P_X^* : 수출재의 국제가격

P_M^* : 수입재의 국제가격

s : 외국통화당 자국환율

ϕ_1 : 수출수요에 영향을 미치는 다른 외생변수들

ϕ_2 : 수출공급에 영향을 미치는 다른 외생변수들

ϕ_3 : 수입수요에 영향을 미치는 다른 외생변수들

ϕ_4 : 수입공급에 영향을 미치는 다른 외생변수들

식 (3.40)과 (3.41), 그리고 식 (3.42)와 (3.43)을 풀면 균형수출량 (Q_X) 및 균형수입량(Q_M), 그리고 균형수출가격(P_X) 및 균형수입가격(P_M)을 여러 외생변수들의 함수(축약식 함수)로 표시할 수 있게 된다.

$$Q_X = Q_X(s \cdot P_X^* : \phi_1,\ \phi_2) \quad \cdots\cdots\cdots (3.44)$$

$$P_X = P_X(s \cdot P_X^* : \phi_1,\ \phi_2) \quad \cdots\cdots\cdots (3.45)$$

$$Q_M = Q_M(s \cdot P_M^* : \phi_3,\ \phi_4) \quad \cdots\cdots\cdots (3.46)$$

$$P_M = P_M(s \cdot P_M^* : \phi_3,\ \phi_4) \quad \cdots\cdots\cdots (3.47)$$

최종적으로 이들 축약식을 무역수지 정의식에 대입하면

$$TB = P_X \cdot Q_X - P_M \cdot Q_M$$
$$= F(s \cdot P_X^*,\ sP_M^*,\ \phi_1 \phi_2 \phi_3 \phi_4) \quad \cdots\cdots\cdots (3.48)$$

경우에 따라서는 수출재 및 수입재의 공급함수의 공급탄력성이 무한대라고 가정하기도 하고, 또 가격변수(P_X나 P_M)를 국제가격에 대한 상대가격의 형태로 표시하기도 하지만 전체의 물가수준이 아닌 수출재 또는 수입재의 상대가격이 수요함수나 공급함수의 설명변수로 포함되고 있는 한 탄력성 접근방법의 범주에 포함된다고 볼 수 있다.

또 위 식 (3.44)부터 (3.47)까지의 체계를 수출입되는 재화별로, 또는 수출입국가별로 분별하여 분석할 수도 있고, 실제로 그러한 연구가 많이 진행되어 왔다.

Ⅱ. P. Gotur(1985)의 모형과 추정결과[8]

1. 모 형

Gotur는 환율의 변동성이 무역수지에 미치는 영향을 분석하기 위한 방법으로서 전형적인 탄력성 접근방법을 도입하였는데, 그의 모형은 Akhtar-Hilton(1984)의 것과 매우 유사한 아래의 네 식으로 구성되어 있다.

$$Q_X = f[Y^*,\ P_X/sP_X^*,\ v^*] \quad \cdots\cdots\cdots (3.49)$$
$$Q_M = g[Y,\ P_M/s \cdot P_M^*,\ v] \quad \cdots\cdots\cdots (3.50)$$
$$P_X = F[uc,\ v] \quad \cdots\cdots\cdots (3.51)$$
$$P_M = G[uc^*/s,\ v^*] \quad \cdots\cdots\cdots (3.52)$$

Q_X: 수출물량

Q_M: 수입물량

P_X: 수출가격(국내통화표시)

8) Padma Gotur, "Effects of Exchange Rate Volatility on Trade," *IMF Staff Papers*, Vol.32, No.3, September 1985에 수록되어 있다.

P_M: 수입가격(국내통화표시)
P_X^*: 수출재의 국제가격
P_M^*: 수입재의 국제가격
Y, Y^*: 자국 및 타국 *GDP*
s: 외국통화 한 단위당 국내통화 환율
v, v^*: 자국통화 및 국제환율의 변동성(위험도)지수
uc, uc^*: 자국 및 국제적 재화의 단위생산비용지수

수출 및 수입의 공급함수 F와 G에서는 가격탄력성이 무한대로 가정되고 있음을 알 수 있다.

위 식 (3.49)부터 (3.52)까지의 식들을 각각 설명변수에 대한 선형함수로 가정하여 회귀분석한 결과는 아래의 〈표 3-14〉에 요약되어 있다.

〈표 3-14〉 Gotur의 탄력성 추정결과: 1975~1983년

내생변수 \ 설명변수		$\frac{P_X}{sP_X^*}$	$\frac{sP_M^*}{P_M}$	DW	$\bar{R}^2$
Q_X	미 국	−0.82 (4.05)	−	1.90	0.88
	독 일	−1.14 (4.58)	−	1.60	0.96
	일 본	−1.96 (7.08)	−	1.84	0.99
	프랑스	−0.44 (1.03)	−	1.79	0.98
Q_M	미 국	−	−1.87 (8.56)	1.72	0.97
	독 일	−	−3.29 (3.76)	1.60	0.98
	일 본	−	−1.33 (2.73)	1.91	0.97
	프랑스	−	−0.59 (1.07)	1.82	0.98

주) ( )은 t-값. 1.96보다 클 때 95% 유의수준에서 0이라는 귀무가설이 기각됨.

2. 추정결과

Gotur의 탄력성 모형을 미국, 일본, 독일 및 프랑스 등 주요 선진국에 대해 적용한 결과는 일반적으로 수출재화의 상대가격이나 수입재화의 상대가격이 수출입에 대단히 중요한 결정요인으로 작용하였음을 보여주고 있다. 물론 프랑스의 경우에는 상대가격의 중요성이 다소 떨어지기는 하지만 다른 국가에서는 환율이나 수출입재화의 가격이 수출입을 결정하는 중요한 변수임이 입증되었으며, 마샬-러너조건도 충족되고 있음이 밝혀졌다.

제 2 절 통화적 국제수지이론의 검증

I. 일반적 모형

통화적 국제수지이론을 실증적으로 검증하고자 하는 여러 실증분석모형의 공통적인 특징은 탄력성 접근방법이 중요시하는 상대가격, 즉 국내 수출재가격과 국제 수출재가격의 상대가격이나 국내 수입재가격과 국제 수입재가격의 상대가격보다는 통화수요를 결정하는 여러 변수들, 특히 실질소득과 물가수준 혹은 금리가 중요시되고 있다는 점이다.

또, 탄력성 접근방법이 일반적으로 무역수지나 경상수지를 분석의 대상으로 삼고 있는 데 반해 통화적 국제수지이론의 실증분석은 종합수지를 분석대상으로 삼고 있다는 것도 중요한 특징 중의 하나라고 할 수 있다.

통화적 국제수지이론에서는 종합수지가 통화수요의 초과 또는 부족분을 조정하는 기능을 하는 것으로 간주하고 있는데, 실증분석모형의 골격은 통화수요함수식과 통화공급의 정의식으로 구성되어 있다고 할 수 있다.

즉, 통화수요함수(L^d)와 통화공급의 정의식(M^s)을 다음과 같이 설정한다고 하자.

$$L^d = P \cdot L(y, i) \quad \cdots\cdots\cdots (3.53)$$

$$M^s = a(NFA + NDC) \quad \cdots\cdots\cdots (3.54)$$

a: 통화승수

그러면 통화시장 균형조건($L^d = M^s$)에 의해서 다음의 관계가 성립되어야 한다.

$$logP + logL = log\,a + log(NFA + NDC) \quad \cdots\cdots\cdots (3.55)$$

이를 차분형태로 표시하면

$$\Delta logP + n_y \cdot \Delta log\,y + n_i \Delta log\,i = \Delta log\,a + \theta_1 \cdot \Delta log\,NFA + \theta_2 \Delta log\,NDC \quad \cdots\cdots\cdots (3.56)$$

$$\theta_1 = \frac{NFA}{NFA + NDC}$$

$$\theta_2 = 1 - \theta_1$$

n_y: 실질통화수요의 소득탄력성

n_i: 실질통화수요의 금리탄력성

가 된다.

따라서 식 (3.56)을 $\theta_1 \cdot \Delta logNFA$에 대해 정리하면 다음 식을 얻게 된다.

$$\theta_1\left(\frac{BOP}{NFA}\right) = \left[\Delta log\,P + n_y \Delta log\,y + n_i \Delta log\,i - \theta_2 \Delta log\,NDC\right] \quad \cdots\cdots\cdots (3.57)$$

혹은

$$BOP = \frac{M^s}{a}\left[\Delta log\,P + n_y \Delta log\,y + n_i \Delta log\,i - \theta_2 \Delta log\,NDC\right] \quad \cdots\cdots\cdots (3.58)$$

위 식 (3.57)에서 만약 중앙은행이 종합수지의 통화변동효과를 부분 혹은 전부 상쇄시키기 위해 중화정책을 쓴다고 하면 중앙은행의 순국내신용(*NDC*)의 변동이 종합수지의 함수이기도 할 것이므로 식 (3.58)을 추정함에 따른 연립방정식 편차(simultaneous equation bias)가 발생할 수 있다. 이러한 때에는 중앙은행의 통화공급 반응식을 따로 설정하여 연립방정식 체계를 구축하거나 식 (3.54)를 아래와 같이 축약식 형태로 변형시켜 추정해야 할 것이다.

$$\Delta NDC = H(BOP;\ \psi) \qquad \cdots\cdots\cdots \ (3.59)$$

ψ: 중앙은행의 통화정책에 영향을 미치는 다른 여러 변수들

Ⅱ. 통화적 국제수지이론의 검증: 일본(1959~1970년)

Dean(1985)은 1959년부터 1970년까지의 일본의 분기자료를 이용하여 아래 식 (3.60)를 추정하였는데,

〈표 3-15〉 식 (3.56)의 추정결과: 일본(1959~1970년)

추정계수값 \ 추정방법	$P=CPI$	$P=WPI$
b_1	1.31 (6.34)	1.36 (2.67)
b_2	0.56 (6.73)	0.58 (6.17)
b_3	−0.05 (−1.55)	−0.06 (−1.76)
b_4	−0.84 (−5.42)	−0.71 (−4.16)
b_5	−0.72 (−9.20)	−0.65 (−7.63)
$\bar{R}^2$	0.65	0.56
DW	2.03	1.48

$$\theta_1 \cdot \Delta log\,NFA = b_1 \cdot \Delta log\,P + b_2 \cdot \Delta log\,y + b_3 log\,i + b_4 \Delta log\,a + b_5 \Delta log\,NDC + e \quad \cdots\cdots\cdots (3.60)$$

통화적 국제수지이론이 옳다면 b_1 과 b_2의 추정값은 양이어야 하고, b_3, b_4 및 b_5의 추정값은 음의 값을 지녀야 할 것이다. 추정결과는 〈표 3-15〉에서 보는 바와 같이 설명력이 다소 낮기는 하지만 추정계수의 이론적 부호와 추정부호가 일치하고 있다.

Ⅲ. 통화적 국제수지이론의 검증: 스페인(1955~1971년)

앞의 식 (3.55)의 실증분석에서는 순국내신용(NDC)을 단순한 외생변수로 처리하고 있으나 순국내신용을 여러 종류로 구분하여 종합수지나 경상수지의 설명변수로 적용시켜 본 분석도 있다. GUITIAN (1976)은 중앙은행의 국내신용(NDC)을 포괄범위에 따라 총국내신용과 순국내신용, 그리고 대 민간, 은행금융기관 및 공공기관에 대한 신용과 기타 중앙은행의 국내자산변동 등으로 세분화시켜 종합수지의 결정식에 대입하여 추정하였다. 즉,

ΔNDC_1: 중앙은행의 민간, 은행금융기관 및 공공기관에 대한 순국내신용 변동

ΔNDC_2: 중앙은행의 순국내신용 변동

ΔNDC_3: 중앙은행의 민간, 은행금융기관 및 공공기관에 대한 총국내신용 변동

ΔNDC_4: 중앙은행의 총국내신용 변동

등으로 정의한 뒤 이를 아래 추정식의 ΔNDC_i에 대입하여 추정한 것이다.

$$BOP = a_0 + a_1 GDP + a_2 \cdot P + a_3 P^* + a_{4i} \Delta NDC_i + e \quad \cdots\cdots\cdots (3.61)$$

BOP: 종합수지 혹은 경상수지

GDP: 국내총생산
P, P^*: 국내물가 및 국제물가
e: 오차

통화적 국제수지이론이 옳다면 계수 a_1과 a_2의 추정값은 양이어야 하고 a_3와 a_4의 추정값은 음의 부호를 지녀야 하는데 식 (3.61)을 1955년부터 1971년 사이의 스페인 연간자료를 사용해 추정한 〈표 3-16〉의 결과는 앞의 일본에 대한 Gotur(1985)의 결과에 비하면 만족도가 떨어진다. 첫째로는 GDP의 설명력이 거의 없어 계수 a_1의 추정값도 0과 다를 바 없을 뿐 아니라 부호도 양이 아닌 음으로 나타나고 있고, 둘째로는 국내물가(P)에 대한 추정계수도 설명력이 아주 낮다.

통화적 국제수지이론의 핵심은 GDP와 물가의 증감이 통화수요의 증감을 결정하는 중추적 변수로서 국제수지의 결정에 없어서는 안 될 중요성을 지니고 있는데 이런 변수의 설명력이 실증적으로 입증이 되지 않고 있기 때문이다.

다만 여러 종류의 다른 국내신용의 변동변수(ΔNDC_i)들의 설명력

〈표 3-16〉 통화적 국제수지이론 검증의 예: 스페인(1955~1971년)

추정방법 / 추정계수	ΔNDC_1	ΔNDC_2	ΔNDC_3	ΔNDC_4
a_0	5.49	9.28	17.88	25.11
a_1	−0.08 (1.20)	−0.08 (1.05)	−	−
a_2	−	0.156 (0.40)	0.404 (1.39)	−0.507 (1.85)
a_3	−	0.215 (0.90)	−	−
a_{4i}	−0.86 (11.35)	−0.958 (9.65)	−0.879 (11.68)	−0.881 (12.16)
$\bar{R}^2$	0.97	0.95	0.97	0.97
DW	2.53	2.36	3.04	3.14

과 유의도가 매우 높게 나타나고 있어서 부분적으로 통화적 국제수지이론에 부합됨을 보여주고 있을 뿐이다.

제 3 절 환율과 무역수지의 시차구조[9)]

환율은 통화 간의 교환비율로서 경상수지, 특히 재화 및 서비스교역수지를 결정하는 가장 중요한 변수 중의 하나이다.

환율의 변화가 경상수지에 영향을 미치는 경로에 대해서는 국제수지를 이해하는 입장의 차이에 따라 다소 다른데, 탄력성 접근방법에서는 환율변화가 수출재화와 수입재화의 가격에 직접적인 영향을 미침으로써 무역수지 및 경상수지의 변동을 초래한다고 보고 있다.

예컨대 수출재화의 국내가격을 P_x라 하고 외국통화 한 단위당 자국통화의 환율을 s라고 한다면 자국통화가치의 하락, 즉 s의 상승은 외국통화로 표시된 수출재화의 공급가격(P_x/s)를 즉각적으로 하락시켜 같은 재화의 국제가격(P_x^*라 하자)에 비해 높은 가격경쟁력을 갖게 되고 이에 따라 수출이 증가한다는 것이다.

Ⅰ. 환율과 수출가격

자국통화의 가치가 떨어져 환율(s)이 상승하게 되면 수출공급곡선이 〈그림 3-19〉에서 아래쪽으로 이동하게 된다.

따라서 균형수출가격이 P_0*에서 P_1*으로 하락하게 되는데, 물론 이때의 가격하락폭은 앞에서 본 바와 같이 환율의 상승폭과 함께 수출재화에 대한 수요(D_x) 및 공급(S_x)의 가격탄력성에 의해 결정된다.

만약 수출수요의 가격탄력성이 무한대에 가까우면 수출가격은 하락하지 않게 되고 또 수출수요의 가격탄력성이 0이라면 수출가격은 환

9) 신세돈(1989), “환율과 무역수지의 시차구조,” 「국제경제연구」 제2권 제3호 참조.

〈그림 3-19〉 환율변동과 수출가격

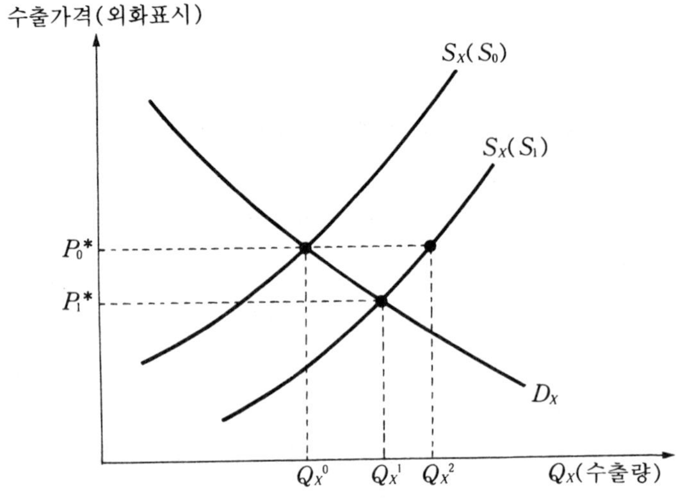

율상승률만큼 하락할 것이다.

그런데 환율의 상승이 일시적인 현상일 뿐 다시 원래 수준으로 되돌아갈 가능성이 높다면 환율상승에도 불구하고 수출공급곡선은 이동하지 않을 것이다. 환율의 상승이 영구적이라고 믿겨질 때에라야 수출재화의 공급곡선이 하향이동을 하여 수출가격이 하락하게 될 것이다.

이것은 환율의 변동시점과 수출가격의 변동시점 사이에 상당한 시간적 차이, 즉 시차(時差)가 있음을 의미한다.

고정환율제도하에 있다면 환율의 변경은 반영구적인 것으로 믿기에 충분하고 따라서 즉각적인 수출공급곡선의 하향이동이 일어나겠지만 변동환율제도 아래에서는 하루하루의 환율변동에 의해 수출재공급자의 가격정책이 결정된다고 하기보다는 환율변동 속에 내재된 영구적인 움직임에 따라 수출가격의 변동이 결정될 것이므로 환율변동과 수출재화의 공급가격의 조정 사이에 시간적 격차, 즉 시차가 고정환율제도일 때보다 길 것이다.

〈그림 3-20〉 환율상승과 수출가격의 움직임

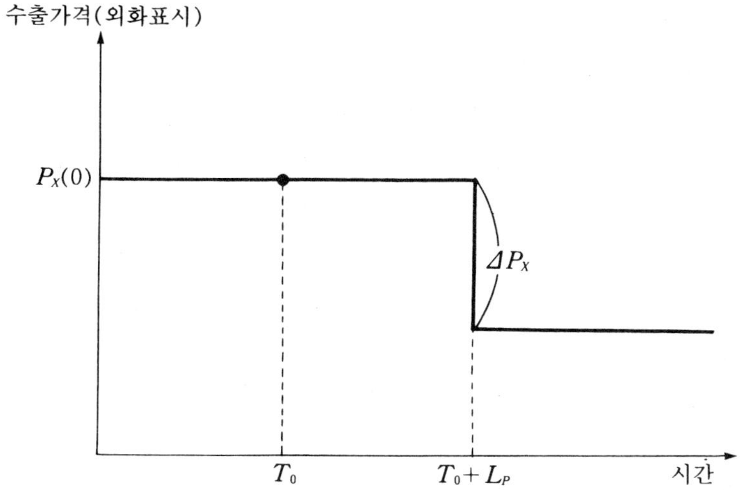

따라서 환율변동과 수출가격 변동 사이에 존재하는 시차를 L_P라고 표시한다면 환율의 변동시점(T_0) 이후 L_P기간이 경과하기 전까지는 수출가격의 변동이 일어나지 않고, L_P기간이 지난 뒤에야 수출가격의 조정이 이루어져 시간의 흐름에 따른 수출가격의 움직임은 〈그림 3-20〉과 같은 모양을 나타낼 것이다.

환율변동률을 $\hat{s}$라 하고 환율변동에 따른 수출가격의 변동계수를 θ라 하면 수출가격의 변동률($\hat{P_x}$)은 다음과 같은 식으로 표시될 수 있을 것이다.

$$\begin{aligned} \hat{P_x}(T_0+j) &= 0, \quad 0 \leq j < L_P \\ &= \theta \hat{s}(T_0) \quad L_P \leq j \end{aligned} \qquad \cdots\cdots\cdots (3.62)$$

T_0 : 환율변동시점

L_P : 수출가격의 반응시차

θ : 수출가격 변동계수, $\theta \leq 0$

Ⅱ. 수출가격 변동과 수출물량 변화

외화표시 수출가격이 환율의 상승(자국통화가치의 하락)으로 인하여 하락한다고 하더라도 수출물량이 즉각적으로 증가하지는 않을 것이다. 수입하는 쪽에서 수입하고자 하는 재화의 가격하락을 인지해야 하고, 수입계획 및 수입선을 변경하기로 결정해야 하며 수입계약을 맺고 생산하여 선적하기까지에는 시간을 필요로 하기 때문이다.

수출가격변화가 수출물량의 변화를 실제로 유발하기까지 소요되는 시차를 L_Q라고 한다면, 그 시차 L_Q는 재화나 그 생산공정상의 특징에 따라 길이가 다를 것이다. 즉 경공업제품일수록 그 시차는 짧을 것이며, 복잡한 우회생산과정을 거쳐야 하는 중화학공업제품일수록 시차 L_Q는 길 것이다.

따라서 수출가격변화율($\hat{P}_x$)에 대한 수출물량의 변화계수, 즉 수출공급의 가격탄력성을 ϕ라 하면 수출물량의 변동률($\hat{Q}_x$)은 아래와 같은 식으로 표시될 수 있을 것이다.

$$\begin{aligned} \hat{Q}_x(T_0+k) &= 0, \quad 0 \leq k < L_Q + L_P \\ &= \phi \cdot \theta \hat{s}(T_0), \quad 0 \leq L_P + L_Q \leq k \end{aligned} \qquad \cdots\cdots\cdots (3.63)$$

Ⅲ. 환율과 수출금액 : *J*-커브효과

수출금액은 수출가격과 수출물량을 곱한 값이므로 수출금액의 변동률($\hat{V}_x$)은 수출가격의 변동률($\hat{P}_x$)과 수출물량의 변동률($\hat{Q}_x$)의 합과 같다. 따라서 환율변동에 따른 수출금액의 동태적 변동과정은 위의 식 (3.62)과 (3.63)의 합에 의해 다음과 같이 표시될 수 있다.

$$\begin{aligned} \hat{V}_x(T_0+j) &= 0, \quad 0 \leq j \leq L_P \\ &= \theta \cdot \hat{s} < 0, \quad L_P \leq j \leq L_P + L_Q \\ &= \phi\theta \cdot \hat{s} > 0, \quad L_P + L_Q \leq j \end{aligned} \qquad \cdots\cdots\cdots (3.64)$$

〈그림 3-21〉 환율변동에 따른 수출금액의 변동과정

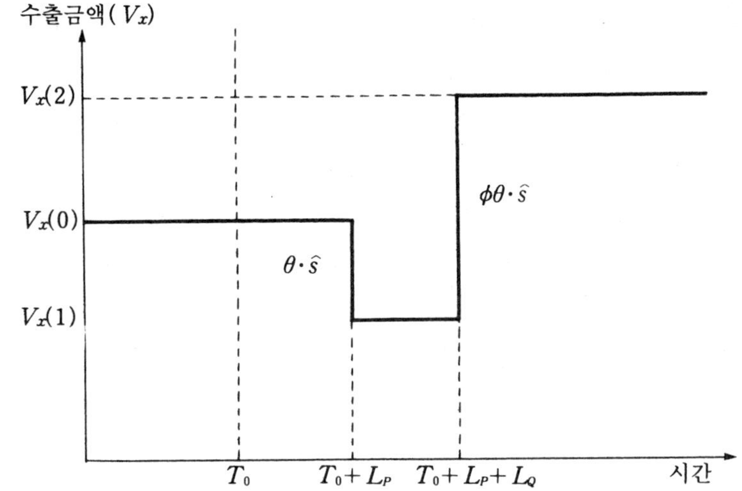

즉, 〈그림 3-21〉에 나타난 바와 같이 환율변동 후 일정기간(L_P)이 지나기까지에는 수출금액에 아무런 변화가 없으나 수출가격이 하락함에 따라 수출금액이 $V_x(0)$에서 $V_x(1)$으로 하락한 뒤 다시 일정한 기간(L_Q)이 흐른 뒤 수출물량이 증가함으로써 수출금액이 $V_x(1)$에서 $V_x(2)$로 증가하게 된다.

〈그림 3-21〉에서 환율상승에 따라 수출금액이 변동하는 모습이 영문에서의 *J*자와 비슷하다고 하여 이를 '환율상승에 따른 수출금액(혹은 무역수지)의 *J*-커브효과'라고 부르고 있다.

Ⅳ. 환율과 무역수지의 시차구조 분석

1. 분석방법

두 시계열 $x(t)$와 $y(t)$가 있을 경우 이 두 시계열자료의 시차적

상호관계를 실증적으로 검증하기 위해서는 $x(t)$와 $y(t)$의 시계열상관관계를 검색해 보는 것이 가장 간단하고도 근본적인 방법이다.

즉 $x(t)$와 $y(t\pm j)$ 사이의 상관계수나 $y(t)$와 $x(t\pm j)$ 사이의 상관계수를 구하여 그 값들이 j-값의 변화에 따라 어떻게 달라지는가를 파악해 봄으로써 $x(t)$와 $y(t)$ 사이의 시차적 관계를 분석하는 방법이다.

이 방법을 교차상관계수 분석방법(the cross-correlation analysis)이라고 하는데, 이 방법을 사용함에 있어서 가장 중요한 것은 $x(t)$와 $y(t)$ 시계열이 각각 자기상관이 없고, 이동평균적 부분도 없으며 또 추세를 갖지 않는 백색소음(white noise)과 같은 시계열이어야 한다는 점이다.

시계열자료 $x(t)$나 $y(t)$가 그런 백색소음 시계열자료가 아니라면 구조적인 부분을 내포하고 있다는 뜻이 되고 따라서 이런 구조적인 부분 때문에 시차관계가 없음에도 불구하고 시차관계가 있는 것같이 나타

〈표 3-17〉 환율과 무역수지의 교차상관계수함수: 1980.1～1988.12

시 차(k)	교차상관계수*2	시 차(k)	교차상관계수
0	−0.090	14	−0.040
1	−0.156	15	−0.015
2	−0.113	16	−0.095
3	0.040	17	−0.014
4	0.010	18	−0.044
5	0.165	19	0.109
6	−0.236*1	20	0.166
7	−0.168	21	0.091
8	−0.113	22	0.122
9	−0.114	23	0.010
10	−0.174	24	0.092
11	−0.082	25	−0.030
12	−0.080	평 균	−0.053
13	0.017		

주 1) 95% 유의수준: $\pm 1.96/\sqrt{105} \approx 0.19$

2) 환율 $\tilde{S}(t-R)$과 무역수지 $\widetilde{TB}(t)$ 사이의 교차상관계수임. 즉 k기 전 환율과 금기의 무역수지 사이의 교차상관계수임.

날 가능성이 높기 때문이다.

우리 나라의 무역수지와 환율 사이의 시차구조를 분석하기 위해서는 먼저 무역수지의 자료와 환율자료의 시계열구조를 분석하여 모든 자기상관적인 부분과 이동평균부분과 계절적 부분 혹은 추세적 변동부분을 제거시킨 무역수지자료와 환율자료를 구해야 한다.[10]

2. 교차상관계수(The Cross-Correlation)함수

백색소음화된 무역수지를 $\widetilde{TB}(t)$ 라 하고 백색소음화된 원화의 대미환율을 $\tilde{s}(t)$라고 하면 이 두 시계열 간의 교차상관계수는 다음과 같이 정의된다.

$$\gamma(k)=\frac{E[\widetilde{TB}(t)\cdot\tilde{s}(t+k)]}{\gamma_{\widetilde{TB}}\cdot\dot{\gamma}_{\tilde{s}}}\ ,\ k=0,\ \pm1,\ \pm2,\ \cdots\ \cdots\cdots\cdots\ (3.65)$$

만약 환율과 무역수지 사이에 아무런 시차적 관계가 없다면 교차상관계수 $\gamma(k)$는 모든 k-값에 대해 0이 될 것이다. 그러나 과거의 k^*기의 환율이 현재의 무역수지에 영향을 미친다면 교차상관계수 $\gamma(k)$은 k값이 k^*일 때 0이 아닐 것이다.

k-값이 변함에 따라 교차상관계수값이 어떻게 변하는지를 보여주는 함수가 교차상관계수함수인데 〈표 3-17〉은 1980년 1월 이후의 무역수지와 원화환율의 월별자료를 이용하여 백색소음화시킨 뒤의 교차상관계수 함수값을 보여주고 있다.

교차상관계수함수를 통해 나타나는 가장 두드러진 시차구조상의 특징은 k값이 18개월일 때까지는 환율과 현재의 무역수지 사이에 음의 관계가 있다는 사실이다. 다시 말하면 현재의 환율상승(원화가치의 절하)은 향후 18개월까지는 무역수지를 개선시키지 못하고 오히려 악화시킨다고 할 수도 있음을 의미한다. 즉, 환율상승으로 인한 수출가격 하락효과가 환율상승 후 18개월 정도까지 지속되고 있다는 뜻이다.

10) 이를 위해서는 통상 Box-Jenkins의 ARIMA모형의 추정방법이 사용된다.

〈그림 3-22〉 환율과 무역수지의 교차상관계수함수

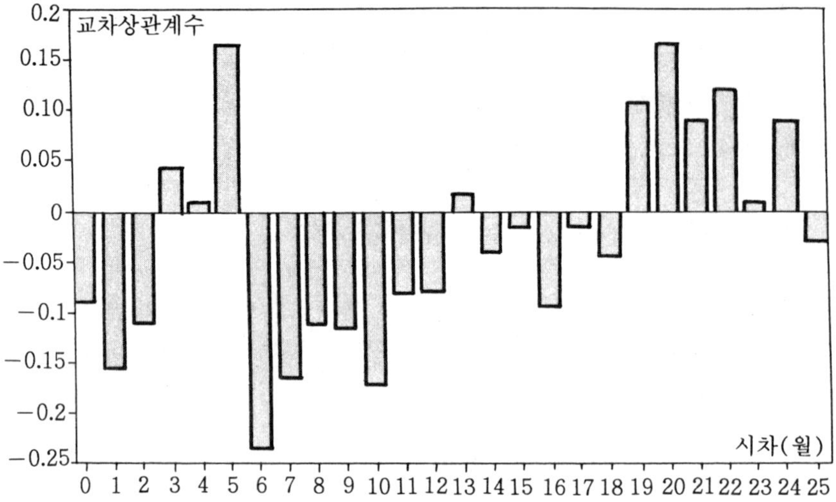

수출가격 하락으로 인한 환율상승의 초기 무역수지 악화효과는 시차길이(k값)가 6개월일 때 가장 두드러지게 나타나고 있는데, 이는 환율변화로 인해 수출가격이 조성되기까지의 시차가 6개월 전후임을 나타내는 증거라고 할 수도 있다. 즉 앞에서 지적한 L_P가 6개월 전후라고 해석할 수 있는 증거라고 볼 수 있을 것이다.

또, 물량효과는 환율변동에 따른 수출가격변화가 일어난 6개월 이후 꾸준히 나타나기 시작하여 환율변동 후 18개월을 전후해서는 가격효과를 압도하기 시작하며 환율변동 후 20개월(k=20)이 되면 무역수지 개선효과가 가장 두드러지게 나타나고 있다.

제 4 절 우리 나라의 직접투자

직접투자(直接投資: foreign direct investment)는 여타 부채성 외자

도입과는 달리 원리금상환부담을 주지 않을 뿐 아니라 경제성장과 고용기회를 창출하며 또 선진기술이나 경영기법의 도입을 촉진시켜 산업구조의 고도화에 기여한다는 점에서 개발전략상 매우 매력적인 방법으로 인식되어 왔다.

특히 경상수지가 만성적으로 적자인 개발도상국으로서는 외채를 증가시키지 않고도 경상수지의 적자를 보전할 수 있기 때문에 국제수지 적자문제의 해결과 성장촉진이라는 긍정적인 면을 동시에 지니고 있어서 이의 국내유치에 많은 관심과 제도적 혹은 정책적 배려가 주어지고 있다. 물론 유치 국내산업의 지배나 이로 인한 비효율적 경제지배의 가능성과 함께 투자국의 생산시설과 기반이 다른 나라로 옮아감으로써 발생하는 실업 또는 산업공동화와 같은 문제점이 없는 것은 아니다.

그러나 기업이 주어진 경영여건하에서 이윤을 극대화시키기 위해 필요한 합리적인 결정으로써 이루어지는 직접투자행위는 그 자체가 효율적인 것이며 그로 인해 발생하는 경제외부적 마찰을 피하기 위해 직접투자를 거부하거나 금지하는 것은 결코 바람직하지 않은 것이다.

우리 나라는 1962년에 「차관에 대한 지불보증에 관한 법률」과 1966년에 「외자도입법」을 제정하여 외국인의 국내직접투자에 대한 제도적 기반을 갖추긴 하였으나 정책당국이 매우 소극적인 입장에서 선별적으로 인가해 옴으로써 1980년대 중반까지도 외국인의 직접투자는 극히 미미한 수준에 머물렀다.

예컨대 1972년부터 1986년까지의 15년 동안 외국인의 국내 순직접투자액은 약 21억 달러로서 연평균 1.4억 달러에 불과하였으며 같은 기간 중의 건당 평균투자액도 130만 달러에 불과하였다.

외국인의 국내직접투자가 급증하기 시작한 것은 「외자도입법」과 그 시행령이 개정된 1984년을 전후해서인데 이 때의 개정으로 종래까지 외국인의 직접투자가 허용되는 업종을 열거해 오던 제도(positive list system)에서 제한되거나 금지되는 업종만을 열거하고 그 외의 모든 업종에서의 외국인 직접투자가 허용되는 제도(negative list system)로

〈그림 3-23〉 한국의 직접투자추이: 1980~1995년

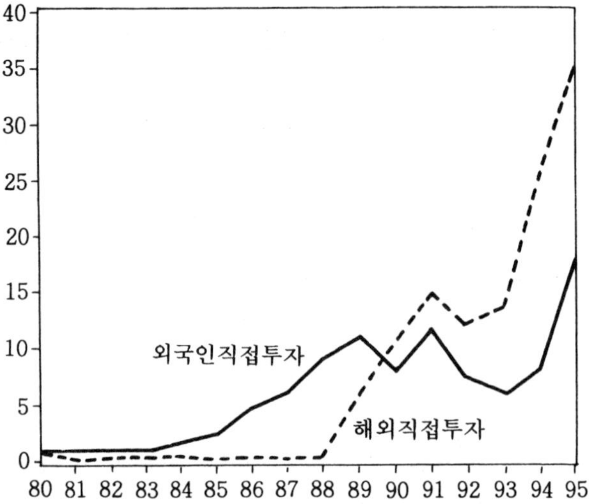

전환했을 뿐 아니라 외국인의 투자비율 제한이나 송금제한이 대폭 완화되었다.

그러나 이런 제도적 장치에도 불구하고 외국인의 국내직접투자는 1989년을 고비로 꾸준히 하락하고 있는데, 이는 노사분규, 임금의 급격한 상승, 지가 및 금융비용의 상승 등의 투자환경이 악화된데다 1988년 이후에 본격화된 원화가치의 상승이 큰 원인으로 작용하였던 때문인 것으로 판단된다.

이와는 반대로 국내기업의 해외직접투자는 1989년을 시점으로 하여 폭발적으로 증가하고 있는데 1988년 4800만 달러에 불과하던 해외직접투자가 1989년에는 6.1억 달러로 증가하여 1년 사이에 10배 이상 증가하였고 1990년에는 10.6억 달러 그리고 1994년에는 25.2억 달러로 확대되었다.

〈표 3-18〉 업종별 외국인 직접투자추이

(백만 달러)

연 도	인 가		도착액	총외자도입	$\frac{A}{C}$%
	건 수	금 액	(*A*)	(*C*)	
1962~71	389	266	142	2,928	4.8
1972~81	1,095	1,600	1,388	25,152	5.3
1982~86	565	1,768	1,157	26,258	4.4
1987	362	1,063	626	4,385	14.3
1988	343	1,284	894	2,892	30.9
1989	336	1,090	812	2,405	33.8
1990	295	803	896	3,358	26.7
1991	286	1,396	1,177	7,221	16.3
1992	233	895	803	5,582	14.4
1993	274	1,044	728	7,138	10.2
1962~1993	4,178	11,209	8,573	87,319	9.8

자료: 한국은행,「조사통계월보」 1994.3월호, p.7.

I. 직접투자의 결정이론

직접투자에 관한 이론은 크게 세 종류로 구분될 수 있다. 그 하나는 개별기업의 미시적 특성이나 행태에서 원인을 찾는 이론이고 생산비용이나 임금 혹은 시장규모와 같은 한 국가의 거시적 환경이나 특성에서 직접투자의 원인을 찾는 이론, 그리고 이 두 가지를 절충한 이론의 세 가지가 그것이다.

1. 산업조직론적 직접투자이론

개별기업의 미시적 특성이나 경영행태에서 직접투자의 원인을 모색하고자 하는 직접투자이론의 가장 대표적인 것이 산업조직론적 직접투자이론인데, 여기서는 기업의 독과점적 우위요인으로서 제품의 차별화능력이나 마케팅능력, 특허 및 독자적 기술능력 혹은 규모의 경제 등과 같은 요인이 직접투자를 결정하는 가장 중요한 원인으로 강조되고 있다.

2. 거시경제적 직접투자이론

산업조직론적 이론구조의 틀 안에서 미시적으로 직접투자의 원인을 모색하려고 하는 이론들이 지니고 있는 가장 큰 문제점 중의 하나는 직접투자가 유치되는 국가의 생산비용이나 시장구조 혹은 정책적 배려와 같은 기업외적 요소들이 무시되고 있다는 점이다. 따라서 거시경제적 직접투자이론에서는 임금이나 시장의 구조 혹은 노동의 생산성, 금융비용 등 거시경제적 요인들에 의해 직접투자를 설명하고자 한다는 점에서 미시적 또는 경영이론적 직접투자이론과 구별된다.

3. 절충이론[11)]

절충이론은 산업조직론적 직접투자이론이 강조하고 있는 개별기업의 경쟁우위적 요인과 직접투자 대상국이 지니고 있는 거시경제적 요인을 종합하여 기업의 직접투자행위를 설명하고자 하는데, 여기서는 직접투자의 근본원인을 경영우위적 요인과 지역우위적 요인으로 나누어 양자를 모두 강조하고 있다. 중요한 지역우위적 요인으로는 값싼 노동력, 에너지비용, 시장규모 혹은 시장의 성장가능성 등과 함께 세제상의 혜택여부 등이 지적되고 있는 한편 경영우위적 요인으로는 기업 특유의 기술과 능력, 규모의 경제 및 분산효과 등이 강조되고 있다.

Ⅱ. 외국인 직접투자의 결정요인 분석[12)]

우리 나라의 외국인 직접투자의 결정요인에 관한 대부분의 실증연

---

11) Dunning(1981)의 *International Production and the Multinational Enterprise*, George Allen & Unwin의 Chap. 2 참조.

12) 한국은행, "외국인직접투자의 효과와 부진요인," 「조사통계월보」 1994년 3월호 및 "우리 나라에 대한 외국인직접투자의 결정요인과 경제적 효과," 「조사통계월보」 1985년 1월호.

구는 위에서 설명한 절충적 이론에 입각하여 분석되고 있는데, 임금수준과 투자수익성과 같은 지역우위적 요인과 함께 경영우위적 요인으로서의 직접투자기업의 연구개발비, 숙련노동자의 비율 혹은 특허권 소유정도 등이 실증모형에 포함되고 있다.

그렇지만 실제에 있어서는 경영우위적 요인에 관한 자료의 미흡으로 인하여 지역우위적 요인들과 함께 세제상의 혜택여부나 외국인 직접투자제도의 변화와 같은 정책적 요인들만에 의해 실증모형이 구축되어 분석되고 있는 실정이다.

직접투자에 관한 이러한 국내연구들의 결과는 국내에 진출한 외국인 직접투자기업들이 진출한 업종에 따라서 결정요인이 매우 다르게 나타나고 있음을 보여주고 있는데, 특히 제조업 부문에 대한 외국인 직접투자의 결정요인과 기타 서비스부문에 대한 외국인 직접투자의 결정요인이 매우 다른 것으로 분석되고 있다.

예컨대, 임금이나 금융비용은 제조업에서는 외국인투자의 중요한 결정요인이 되고 있음에 반해 서비스업의 외국인투자 결정요인은 되지 못하고 있으며, 투자의 수익성은 반대로 서비스업에서는 중요한 외국인투자 결정요인이 되고 있음에 반하여 제조업에서는 그렇지 않은 것으로 나타나고 있다.

외국인 직접투자의 실증분석은 대체로 아래와 같은 단일방정식 회귀분석 모형의 추정을 통해 이루어지고 있다.

$$FDI(t) = a_0 + a_1 \cdot y(t) + a_2 \cdot w(t) + a_3 \cdot P_r(t) + a_4 \cdot i(t) + u(t) \quad \cdots\cdots\cdots \ (3.66)$$

$FDI(t)$: 직접투자규모

$y(t)$: 투자수익성

$w(t)$: 임금

$P_r(t)$: 노동생산성

$i(t)$: 금리

〈표 3-19〉 외국인 직접투자의 결정요인 분석결과

설명변수 \ 연구자	申世敦(85)		金潤喆(94)	
	제 조 업	전 체	제 조 업	서비스업
임 금(w)	4.70(2.00)	3.62(1.35)	−0.327(−3.74)	−0.030(−1.47)
투자수익성(y)	7.55(2.79)	13.20(3.13)	−0.148(−0.71)	0.143(1.80)
성장성 변수	−1.64(−2.35)	−3.67(−3.14)	−	−
시 장 규 모	−	−	0.415(4.59)	0.053(2.07)
$\bar{R}^2$	0.71	0.54	0.96	0.88
DW	2.30	2.17	2.36	1.76

주) 한국은행, 「조사통계월보」 1985년 1월호(申世敦)과 1994년 3월(金潤喆).

내생변수인 직접투자〔$FDI(t)$〕는 연구에 따라서 1인당 직접투자 규모를 사용하기도 하는데 이 경우 시장규모 변수는 생략되는 것이 보통이다. 상대적으로 저렴한 임금이 직접투자의 중요한 결정요인이라면 계수 a_2의 부호는 음의 값을 나타내어야 하고 투자수익성이 중요한 결정요인이라면 계수 a_1의 부호는 양의 값을 보여야 한다.

〈표 3-19〉에 요약된 연구결과는 외국인 직접투자에 관해 서로 다른 결과를 보여 주고 있는데, 한 연구에서는 투자의 수익성의 중요성이 입증된 반면 임금의 중요성이 입증되지 않고 있는 데 반해 다른 연구에서는 투자수익성의 유의도가 상당히 낮은 데 반해 시장규모나 임금의 유의도가 매우 높게 나타나고 있다. 두 연구가 이렇게 서로 다른 결과를 보이는 이유는 무엇보다도 연구대상기간에 차이가 있어서 그렇기도 하지만 직접투자의 결정에 관한 이론과 모형의 개발이 아직 미흡한 단계에 있고 또 연구의 대상기간의 상당 부분에 있어서 외국인 직접투자에 대한 제도가 사실상 정책당국의 엄격한 인허가 규제하에 있었다는 제도적 제약에 기인하는 것이기도 하다.

제 4 장

국제수지 위기와 구제금융

일정 기간 동안의 다른 나라들과의 상품 및 서비스의 교역과 자본거래의 결과로 나타나는 한 나라의 국제수지는 흑자가 되기도 하고 또 적자가 되기도 한다. 그러나 이러한 국제수지의 불균형 중에서도 특히 문제가 되는 것은 종합수지의 과다한 적자에 따른 적자보전의 문제라고 할 수 있다. 물론 종합수지의 과다한 흑자와 같은 불균형도 사소하게 넘겨 버릴 가벼운 문제는 아니지만 종합수지의 과다한 적자문제는 당장 그 적자를 보전해야 한다는 문제점과 아울러 그러한 상황에 직면해 있다는 사실 자체가 그 문제를 더욱 증폭해 버릴 가능성이 높다는 점에서 대단히 우려스러운 것이다. 즉, 한 나라의 종합수지적자가 그 나라의 지불능력을 초과할 정도로 증가하는 경우에는 당장의 적자 보전이 어려울 것이라는 전망이 형성되는 것은 물론 그것을 우려한 급격한 자본유출현상 혹은 유입의 중단현상이 일어나 결국에는 위기국면, 즉, 자력으로는 도저히 국제수지불균형을 보전할 수가 없는 위기상황으로 진전되는 것이다. 이러한 현상을 국제수지 위기 혹은 외환위기라고 하는데, 이 외환위기는 국제금융질서를 관장하는 국제통화기금(IMF)이나 기타 여러 국제금융기관, 그리고 밀접한 이해관계에 있는 주변 국가들의 지원을 불가피하게 요청하게 된다.

제 1 절 국제수지 위기와 금융지원

국가간의 경제거래에 따라 발생하는 국제수지의 불균형 문제에 대한 국제적인 차원에서의 일차적인 책임은 국제통화기금에 있다. 국제통화기금의 근본 설립목적 중의 하나가 각 가맹국가들의 국제수지의 불균형에 따른 결제자원의 부족문제를 해결하기 위한 공동의 기금축적이었다. 물론 고정환율제도를 채택한 설립(1947년 이후)초기와는 달리 지금은 대부분의 가맹국들이 변동환율을 채택하고 있으므로 국제수지 불균형은 원칙적으로는 환율변동이라는 가격기구에 의해 시정되어야 하며, 따라서 설립 초기의 고정환율제도에 비해 변동환율제도하에서는 국제수지의 불균형 문제가 덜 심각할 것이 기대되고 있다. 그렇지만 변동환율제도하에서도 국제수지 불균형에 따른 외환위기, 즉 국제수지 위기는 빈번하게 일어나 왔으며 그 해결에 대한 일차적인 국제적 책임은 여전히 국제통화기금에 있는 것이다.

Ⅰ. 국제통화기금(IMF)의 금융지원제도

국제통화기금의 금융지원제도는 기본적으로는 정규신용제도, 특별신용제도, 구조조정신용제도 및 긴급신용제도의 네 가지로 구분할 수 있다. 정규신용제도에는 리저브 트랜쉬(reserve tranche)와 신용 트랜쉬(credit tranche), 그리고 확대신용계정(Extended Fund Facilities: EFF)이 포함된다.

특별신용제도에는 확대보상금융(Extended Compensatory Facilities: ECF)과 완충재고금융이 있으며, 구조조정신용제도는 구조조정금융과 확대구조조정금융으로 구성된다. 그리고 긴급신용제도에는 긴급구제금융기구(Emergency Financing Mechanism: EFM)가 있다.

Ⅱ. 국제통화기금 금융지원의 종류, 인출요건 및 인출한도

(1) 리저브 트랜쉬(Reserve Tranche)

리저브 트랜쉬는 IMF에 대한 가맹국의 지분참여율(즉, 쿼터)의 25% 범위내에서 자유롭게 인출할 수 있는 자금이다. 다만 그 금액만큼을 자국통화로 불입하여야 하며 대기협정(혹은 스탠드-바이 협정, Stand-by Arrangement)과 같은 다른 제약은 없다.

(2) 신용 트랜쉬(Credit Tranche)

신용 트랜쉬는 자국의 IMF쿼터의 100% 범위안에서 IMF로부터 차입할 수 있으나 쿼터의 25%씩 4단계로 분할해서 인출하게 되는 자금이다. 통상적으로 IMF와의 대기협정을 체결하고 인출할 수 있으며 인출금액에 해당하는 자국통화를 예치한다. 국제수지상 문제가 있을 때에만 인출할 수 있으며 대기협정에는 국제수지불균형을 시정할 수 있는

〈표 3-20〉 국제통화기금의 금융지원제도

금융지원제도	내 용
정규신용제도	리저브 트랜쉬(Reserve Tranche) 신용 트랜쉬(Credit Tranche) 확대신용계정(Extended Fund Facilities)
특별신용제도	확대보상금융(Extended Compensatory Facilities) 완충재고금융(Buffer Stock Financing Facilities)
구조조정신용제도	구조조정금융(Structural Adjustment Arrangements) 확대구조조정금융(Extended Structural Adjustment Arrangement)
긴급신용제도	긴급구제금융기구 (Emergency Financing Mechanism)

정책적 약속과 조건이 명시되는 것이 일반적이다. 만기는 최장 5년 이내이며 인출후 3년 거치 2년내 상환되어야 하나 국제수지여건이 개선될 경우 조기상환도 가능하다.

(3) 확대신용계정(Extended Fund Facilities: EFF)

생산이나 교역상의 근본적인 비교열위 또는 취약성으로 인해 국제수지의 불균형이 심화된 경우나 대규모 장기자금이 필요한 경우에 자국통화를 대가로 인출할 수 있는 자금이다. 신용 트랜쉬와 합해서 쿼터의 300%가 총한도이며 연간 인출한도인 쿼터의 100% 이내에서 기간별로 분할해서 인출한다. 통상적으로 중기정책목표 및 정책목표를 달성하기 위한 정책계획을 제시해야 할 뿐만 아니라 정책적 조치사항을 점검받아야 한다. 상환만기는 최장 10년이며, 4년 거친 후 6년 이내에 분할 상환하지만 국제수지여건이 개선되는 경우 조기상환할 수 있다.

(4) 확대보상금융(Extended Compensatory Facilities: ECF)

예기치 못한 대외여건의 악화나 수출의 급격한 감소 혹은 수입의 급증으로 인해 발생하는 국제수지불균형에 당면하여 제공받을 수 있는 자금이다. 예기치 못한 상황이나 수출의 급격한 감소의 경우에는 IMF 쿼터의 30%, 그리고 수입의 급격한 증가로 인한 국제수지의 악화의 경우에는 쿼터의 15%내에서 인출이 가능하며 필요한 경우에는 쿼터의 20%를 추가하여 인출할 수 있다.

자국통화를 대가로 지불해야 하며 대기협정의 체결을 반드시 필요로 하지는 않지만 국제수지의 개선을 위한 정책과 조치에 관해 IMF와 협의해야 한다. 만기는 최장 5년이며 1~3년의 거치기간 이후에 분할 상환된다.

(5) 완충재고금융(The Buffer Stock Financing Facilities)

국제상품협정하에서의 완충재고를 유지하기 위해 금융지원이 필요한 경우에 인출하는 자금이다.

인출조건과 상환방법은 확대보상금융과 동일하며 다만 인출한도는 IMF쿼터의 35%이다.

(6) 구조조정금융과 확대구조조정금융

장기적인 국제수지불균형의 문제에 직면하고 있는 개발도상국에 대해 국제수지개선을 위한 근본적인 구조조정정책의 시행을 전제로 하여 지원하고 있는 양허(특혜)성 자금이다. 즉, IMF와 World Bank와의 협의 아래 구조조정계획을 작성하고 양 기구의 이사회의 심의를 받아야 하며 통상적으로 3년의 구조조정기간 중 매년단위의 부속협정에 따라 실행사항을 점검받는 조건으로 제공된다.

인출한도는 이사회에서 조정되며 3년동안의 총한도는 통상 쿼터의 50%이고, 1차년에 15%, 2차년에 20%, 그리고 3차년에 15%씩 분할되어 지급된다. 상환만기는 최장 10년이며 5년 거치기간 이후 5년간 분할 상환된다.

국제수지불균형의 정도가 심각한 경우 쿼터의 190% 내에서 추가적으로 제공되는 구조조정금융을 확대구조조정금융이라고 하는데 이사회가 구조조정에 적극적으로 노력하고 있다고 인정하는 경우에는 예외적으로 쿼터의 255%까지 인출이 가능하다.

(7) 긴급구제금융기구(Emergency Financing Mechanism: EFM)

한 나라의 국제수지의 불균형에 의해 국제금융의 질서가 위기국면으로 확대될 가능성이 있는 긴급한 상황에 대처하여 신속하게 대규모로 지원되는 자금이 긴급구제금융기구이다. 이러한 상황에 처한 IMF 가맹국은 IMF와의 대기협약을 체결한 뒤 쿼터의 300%에서 700%까지의 자금을 IMF로부터 공여받을 수 있고, 소요자금이 이를 초과할 때에는 여타 국제금융기관이나 주변국가들과의 협조융자 형태로 지원된다. IMF와의 가이드라인 충족 여부에 따라 연차적으로 분할 지급되는 것이 일반적이다.

Ⅲ. 기타 금융지원

국제통화기금 이외에도 여러 국제금융기관이 국제수지 위기에 따른 지원금융을 제공하고 있는데, 대표적인 기관으로는 세계은행(The World Bank), 국제결제은행(The Bank for International Settlements: BIS), 아시아개발은행(The Asian Development Bank: ADB) 혹은 남미개발은행(The South-American Development Bank)와 같은 지역개발은행이 있다. 이런 국제금융기관들이 한 나라의 국제수지 위기에 대하여 지원자금을 제공하는 이유는 한 나라의 국제수지 위기의 파급영향이 그 나라에만 국한되는 것이 아니라 손쉽게 여타 국가들로 번짐으로써 국제금융질서가 큰 혼란에 빠질 가능성이 매우 크기 때문이다.

한 나라의 국제수지 위기가 국제적 금융위기로 번지게 되는 가장 큰 이유는 국제자본이동의 세계화로 인해 국가간의 거래(특히 금융거래)가 매우 얽혀 있기 때문이다. 다시 말해서 다른 나라의 위기가 더 이상 그 나라만의 위기가 아니라 자국의 위기가 될 수 있다는 뜻이다. 예컨대 일본의 자금이 동남아에 많이 투자되어 있는 상황에서 동남아국가들의 위기는 곧 일본으로 번지게 되고, 그것은 즉시 여타 선진국가들에게 파급되는 구조를 지니고 있기 때문이다. 이런 현상, 즉 한 나라의 위기가 쉽사리 다른 국가들로 번지게 되는 현상을 '전염효과'(the contagion effect)라고 하며, 멕시코와 같은 남미국가들간의 전염효과는 '떼낄라 효과'(the tequila effect)라고도 한다.

바로 이런 이유로 국제금융기관이 아닌 주변의 개별국가들도 다른 이웃국가의 국제수지 위기에 구제금융을 제공하기도 하는데, 개별국가들의 자금지원도 그 자금의 효율적인 배분과 구조조정의 효율성 제고를 위해 통상적으로 국제통화기금과의 협조체계를 유지하면서 제공되는 것이 일반적이다.

제 2 절 구제금융의 실례

I. 한국의 1997년 외환위기

(1) 지원금융의 규모

1997년 12월의 소위 IMF위기를 맞이하여 IMF가 주도한 한국에 대한 지원금융규모는 총 550억 달러에 달하였으며, 이를 기관별로 보면 IMF의 지원금융 210억 달러, 세계은행지원자금 100억 달러, 아시아개발은행지원금 40억 달러, 일본과 미국이 각각 100억 달러와 50억 달러, 기타 50억 달러로 되어있다. IMF로부터의 지원자금 210억 달러는 2년에 걸쳐 9차례로 나누어 지원되었다. 1차분은 한국의 IMF쿼터(약 11억 달러)의 5배인 55억 달러가 한국정부와 IMF당국의 지원합의가 있은 1997년 12월 4일에 지급되었으며, 최종 9차지원금은 2000년 중에 10억 달러를 지급하는 것으로 책정되었다. 이러한 계획에 의거해 국제통화기금으로부터 자금을 지원받기 위해서 한국정부는 정기적으로 IMF와의 정책협의를 거쳐 승인을 받아야 하였다.

〈표 3-21〉 한국에 대한 IMF의 자금지원일정

일 정	지 원 금 액
1997.12. 4.	55억 달러
1997.12.18-23.	35억 달러
1997.12.30.	20억 달러
1998. 1. 8.	20억 달러
1998. 2.15.	20억 달러
1998. 5.15.	18억 달러
1998.12 이내	22억 달러
1999년 중	10억 달러
2000년 중	10억 달러
합 계	210억 달러

국제통화기금과의 당초 협정에는 IMF지원금융 210억 달러와 세계은행과 아시아개발은행의 지원자금(합계 140억 달러)으로도 부족할 경우에 한해서 제2선 자금으로 미국과 일본 등의 나라로부터 약 200억 달러를 지원받기로 하였으나 이를 변경하여 1998년 1월초에 약 80억 달러를 제2선 자금으로 지원받았다.

(2) IMF 양해각서의 지원조건(Conditionality)

IMF가 한국경제에 대해 자금지원을 하는 조건으로 제시된 양해각서의 내용은 한국경제에 대한 광범위한 내용을 포함하고 있다. 먼저 거시경제상으로는 긴축재정을 요구하여 1998년의 경제성장률을 3% 이내로 유지하고 물가상승률도 5% 이내로 억제할 것을 요구하였다. 그리고 경상수지의 적자를 GDP의 1% 이내인 50억 달러로 유지하도록 하고 있다.

통화정책에 있어서는 통화긴축기조를 유지하며, 그로 인한 단기적인 금리상승(18~20%)도 용인할 것을 권고하였으며, 금융구조의 전반적인 개혁을 권고하였다. 즉, 부실금융기관의 조기퇴출과 함께 금융기관의 건전성 제고를 위해 국제기준에 부합되는 회계기준에 따르며 또 대형금융기관의 회계를 보다 투명하게 하도록 권장하였다. 이와 함께 자본시장의 대외개방을 촉구하여 외국인 투자제한을 철폐하고 외국금융기관의 국내진출을 허용하며 차관도입에 대한 국가적 제한을 자유화하도록 요구하였다. 그리고 산업정책에 있어서도 기업의 경영투명성을 높일 수 있도록 회계감사제도를 강화함과 아울러 노동시장의 유연성을 제고시킬 수 있는 방안을 강구하도록 촉구하였다.

〈표 3-22〉 한국과 IMF의 자금지원에 관한 양해각서의 주요 내용

일 정	주요 내용
거시경제정책	1998년 경제성장률: 3% 이내 1998년 물가상승률: 5% 이내 1998년 경상수지적자: GDP의 1% 이내(50억 달러)
재정통화정책	재정긴축: 소폭의 흑자운용 －세출축소 －세수증대방안 강구 통화긴축 탄력적 환율 유지
금융구조정책	금융개혁법의 통과 부실금융기관의 조기퇴출 금융기관의 건전성제고 한국은행 독립성 보장 통합 감독기관의 설립
자본시장개방	외국인 주식투자한도 확대 －97년 중 50%, 1998년 중 55% 외국금융기관의 국내진출 허용 단기금융상품의 대외개방 외국인 직접투자의 제한 축소 상업차관도입의 자유화
산 업 정 책	기업의 회계투명성 제고 노동시장의 유연성 제고 WTO규정에 부응하는 무역관련 자유화/개방화
기 타	외환 및 금융관련정보의 정기공표 금융실명제 유지

Ⅱ. 멕시코의 1995년 외환위기

(1) 지원금융의 규모

1994년 중 약 300억 달러에 달하는 경상수지 적자 등의 문제로 동년 12월에 외환지급불능 상태에 빠진 멕시코에 대해 IMF와 미국 등 주변국가들은 총 516억 달러의 지원금융을 약속하였다. 이 중 IMF의

지원금은 177억 달러였으며 미국이 200억 달러, 국제결제은행(BIS)이 100억 달러, 세계은행 및 미주개발은행이 28억 달러, 그리고 캐나다 중앙은행이 11억 달러를 분담하기로 하였으나 이 중 실제로 지원된 자금은 IMF의 134억 달러와 미국정부의 120억 달러, 미국연방준비은행의 15억 달러, 그리고 캐나다 중앙은행의 4억 달러 등 총 273억 달러에 불과하였다.

(2) IMF의 지원조건

금융지원에 대한 조건으로 IMF는 정책적 권고사항으로 경제성장률의 하향조정과 함께 긴축재정의 강화와 물가안정을 요구하였다. 경제성장률의 경우 2%에서 −2%로 하향조정하고, GDP의 8%에 달하는 경상수지적자는 4% 이내로 감축하며, 물가상승률도 30%에서 9% 이하로 낮출 것을 제시하였다. 이를 위해 통화증가율은 17% 이내로 억제하며, 부가가치세는 10%에서 15%로 인상하고, 재정수지를 GDP의 4.4% 정도 흑자로 유지할 것을 권고하였다.

이와 함께 철도, 항만, 공항, 전력, 방송, 통신, 금융 등 경제 전반에 걸친 민영화와 대외매각을 통해 재정수지와 경상수지 적자를 개선하도록 촉구하였다.

Ⅲ. 태국과 인도네시아의 1997년 외환위기

(1) 태 국

1997년 7월을 전후하여 촉발된 태국의 외환위기에 대하여 IMF 지원자금 40억 달러를 포함하여 총 172억 달러가 지원되었다. 외환위기를 극복하기 위해 IMF가 제시한 정책방향은 경제성장률을 3% 내외로 하향조정하고, 10%에 달하는 물가상승률은 8% 내외로 유지하며, 8%를 초과하던 경상수지/GDP 비율은 1997년 중에 5%, 그리고 1998년 중에는 4%로 내리도록 하였다.

이를 위해 정부지출을 삭감하고 부가가치세율과 공공요금은 인상하며 강력한 금융구조개혁을 권고함과 아울러 국영기업의 과감한 민영화/대외매각을 통해 재정건전화 및 외자조달을 제시하였다.

특히 부실금융기관의 조기폐쇄와 함께 외국인의 금융기관지분한도를 25% 이상으로 확대할 것을 요구하였다.

(2) 인도네시아

태국에서 촉발된 외환위기는 같은 해 8월 이후 인도네시아로 번져 10월 8일에는 인도네시아도 IMF의 구제금융을 신청할 수밖에 없는 상황으로 진전되었다. 10월말에 체결된 협정에서 인도네시아는 총 342억 달러의 구제금융을 지원받기로 하였다. 이 중 IMF 지원자금은 100억 달러였으며 세계은행이 45억 달러, ADB가 35억 달러로써 제1선 자금의 총액은 180억 달러였다. 이외에도 일본과 싱가포르가 각각 50억 달러씩을 지원하기로 하였으며 미국은 30억 달러, 브루나이가 12억 달러, 그리고 말레이지아와 호주가 각각 10억 달러씩을 지원약속하였다.

이러한 자금지원에 대한 조건으로 제시된 IMF의 정책적 권고내용은 태국의 경우와 거의 같아서, 경제성장률의 하향조정, 물가안정, 경상수지적자 축소와 함께 재정수지의 흑자유지 및 교역에 대한 규제철폐 등은 물론 부실은행의 조기퇴출을 권고하였다.

참고문헌

1. 국내문헌

姜鎬相,「國際金融市場論」, 서울, 법문사, 1990.

金璟林,「國際金融 및 資金管理論」 증판, 서울, 법문사, 1989.

金信行,「國際經濟論」 개정판, 서울, 법문사, 1987.

金永生,「外換論」 서울, 무역경영사, 1986.

김인제-서경무,「국제거래법」, 홍익제, 1993.

金仁埈,「國際經濟論」, 서울, 다산출판사, 1985.

金仁哲,「國際金融經濟學」, 서울, 박영사, 1990.

金　哲,「國際外換金融論: *FX & Money Market*의 이론과 실제」 개정증보판, 서울, 법문사, 1989.

金漢秀,「國際金融」, 서울, 국제금융연구원, 1992.

閔相基,「國際財務管理」, 서울, 한국방송통신대학 출판부, 1984.

朴振根,「國際經濟論」 개정판, 서울, 박영사, 1984.

李康男,「國際金融論: 國際財務管理의 理論과 實際」 개정판, 서울, 법문사, 1990.

李章鎬,「外換論」 개정증보판, 서울, 법문사, 1988.

李儹九,「國際金融論」 전정증보판, 서울, 에코노미아, 1984.

李天杓,「국제수지와 국제금융」, 비봉출판사, 1995.

李弼商, 池清,「國際財務管理」, 서울, 박영사, 1989.

李孝求,「새外換論: 國際金融入門」, 서울, 박영사, 1985.

鄭雲燦,「巨視經濟論」 3판, 서울, 다산출판사, 1991.

주한광,「국제금융론」, 율곡출판사, 1993.

趙東成,「國際經營學」 재판, 서울, 경문사, 1986.

趙　淳,「貨幣金融論」, 서울, 비봉출판사, 1985.

車鐵豪,「現代國際經濟學: 理論과 政策」, 서울, 형설출판사, 1991.

韓國外換銀行,「國際投資金融: *International Investment Banking*」, 서울, 1990.

한국은행,「한국의 국제수지」, 1975.

________,「국제수지 편제요람」, 1979.

________,「국제수지 매뉴얼」, 1996.

2. 국내논문

김양우-이긍희-장동구(1997), “우리나라의 거시계량모형-BOK97,”「계간경제분석」, 5월호.

김윤철(1994), “외국인 직접투자의 효과와 부진요인,”「조사통계월보」 3월호, 한국은행.

______(1998), “한국의 대외거래모형,”「계간 경제분석」.

김인철(1983), “한국의 국제수지와 환율의 동시적 결정에 관한 통화론적 접근,”「한국개발연구」 5권 가을호.

박재진-조태형(1995), “우리나라 자본유출입의 변동요인 분석,”「조사통계월보」, 10월호, 한국은행.

박진근-신세돈(1990), “환율변동의 효과와 환율운용방안,” 한국은행.

성범용(1999), “한국개방거시경제의 동태모형,”「조사연구자료」 99-1, 한국은행조사부.

신세돈(1983), “우리 나라에 대한 외국인 직접투자의 결정요인과 경제적 효과,”「조사통계월보」 1월호, 한국은행.

______(1989), “환율과 무역수지의 시차구조,”「금융경제연구」 제 2 권 3호.

______(1990), “환율 및 수입국제가격과 국내가격에 관한 동태적 시차구조의 연구: 우리 나라의 품목별 실증분석,” 숙명여자대학교 경제연구소 논문집 제19집.

______(1993), “우리 나라의 수출부진과 수출구조의 변화원인,” 숙명여자대학교 경제연구소 논문집 제21집.

______(1995), “자본시장 개방과 자본수지의 구조변화,”「금융경제연구」 제79호, 한국은행 금융경제연구소.

申玄哲(1978), “우리 나라 國際資本移動의 通貨的 分析,”「조사월보」 3월호, 한국은행.

오재권(1991), “환율변동이 수출가격 및 생산에 미치는 영향,”「조사연구자료」, 91-7.

오호일(1997), “자본자유화의 진전과 자본수지 구조변화,”「조사통계월보」, 12월호, 한국은행.

李相憲(1985), “통화승수모형의 예측력 비교,”「조사통계월보」 9월호, 한국은행.

河成根(1985), “통화량과 國際收支와의 關係,”「한국의 통화정책」(박영사) 제 6 장.

한국은행(1987), “개도국 외채문제 해결을 위한 최근의 접근방안,”「조사자료」 87-11, 조사제1부.

________(1996), “우리 나라와 대만의 국제수지 비교,”「조사연구자료」 96-

8, 조사제1부.
________(1995), "일본과 대만의 대외 자본유출 비교,"「조사연구자료」95-21, 조사제 1부.
황상필(1997), "우리나라 수출산업의 가격설정행태분석,"「조사통계월보」, 6월호.

3. 외국문헌

Box-Jenkins, *Time Series Analysis: Forecasting and Control*, HoldenDay Inc, 1970.
Caves-Frankel-Jones, *World Trade and Payments: An Introduction*, Harper Collins, New York, 1990.
Dornbusch, R., *Open Economy Macroeconomics*, Basic Books, New York, 1980.
__________, *Dollars, Debts, and Deficits*, The MIT Press, Cambridge, Mass., 1987.
Dornbusch-Helmes, *The Open Economy*, EDI Series in Economic Development, Oxford, 1988.
Dunning, J., *International Production and The Multinational Enterprise*, George Allen & Unwin, 1981.
Frenkel-Johnson, *The Monetary Approach to the Balance of Payments*, University of Toronto Press.
Jones-Krueger, *The Political Economy of International Trade*, Blackwell, 1990.
Krueger, A., *Exchange Rate Determination*, Cambridge Surveys of Economic Literature, Cambridge University Press, 1983.
Krugman, P., *Geography and Trade*, The MIT Press, 1991.
Madalla, *Econometrics, 1977.*
Mundell, R., Internationl Economics, McMillan, 1968.
Meade, J., *The Balance of Payments*, Oxford Univ. Press, 1952.
Stern-francis-schumacher, *Price Elasticities in International Trade*, Trade Policy Research Centre, 1976.

Akaike(1969), "Fitting Autoregressive Models for Prediction," *Annals of the Institute of Statistical Mathematics* 22, no. 2.
Akhtar-Hilton(1984), "Exchange Rate Uncertainty and International Trade: Some Conceptual Issues and New Estimates for Germany and the U. S.," *Research Paper* No. 8403, Federal Reserve Bank of New York.
Alexander, S.(1952), "Effects of Devaluation on a Trade Balance," *IMF Staff*

Papers, April.

____________(1959), "Effects of a Devaluation: A Simplified Synthesis of Elasticities and Absorption Approaches," *American Economic Review*, March.

Bean, D.(1976), "International Reserve Flows and Money Market Equilibrium: The Japanese Case," Frenkel-Johson, *The Monetary Approach to the Balance of Payments*, Univ. Toronto Press.

Boyer, R.(1977), "Devaluation and Portfolio Balance," *American Economic Review*, March.

Dornbusch, R.(1975), "A Portfolio Balance Model of the Open Economy," *Journal of Monetary Economics*, vol. 1.

____________(1973), "Currency Depreciation, Hoarding and Relative Prices," *Journal of Political Economy*, July/August.

____________(1973), "Devaluation, Money and Non-Traded Goods," *American Economic Review*, December.

____________(1975), "Exchange Rates and Fiscal Policy in a Popular Model of International Trade," *American Economic Review*, December.

Frenkel-Gylfasson-Helliwell(1980), "A Synthesis of Monetary and Keynesian Approaches to Short-Run Balance of Payments Theory," *Economic Journal*, September.

Frenkel-Johnson(1976), "The Monetary Approach to the Balance of Payments: Essential Concepts and Historical Origins," Frenkel-Johnson, *The Monetary Approach to the Balance ot Payments*.

Frenkel-Rodriguez(1975), "Portfolio Equilibrium and the Balance of Payments: A Monetary Approach," *American Economic Review*, September.

Gotur, P.(1985), "Effects of Exchange Rate Volatility on Trade: Some Further Evidence," *Staff Papers* vol. 32, no. 3, International Monetary Fund.

Grager, C.W.J.(1969), "Investigating Causal Relations by Econometric Models and Cross-Spectral Methods," *Econometrica*, 37, no. 3 (July).

Hirschman, A. O.(1949), "Devaluation and the Trade Balance: A Note," *Review of Economics and Statistics*, February.

Haberler, G.(1949), "The Market for Foreign Exchange and the Stability of the Balance of Payments: A Theoretical Analysis," *Kyklos*, vol. 3.

Harberger, A. C.(1950), "Currency Depreciation, Income, and the Balance of Trade," *Journal of Political Economy*, February.

Hsiao(1978), "Autoregressive Modelling and Money-Income Causality Detection," Technical Report, No. 7812, Stanford University, Institute for Mathematical Studies in the Social Sciences, June.

Johnson, H. G.(1961), "Towards a General Theory of the Balance of Payments," *International Trade and Economic Growth: Studies in Pure Theory*, Harvard University Press.

__________(1972), "The Monetary Approach to the Balance of Payments Theory," in (H. G. Johnson) *Further Essays in Monetary Theory*.

__________(1977), "The Monetary Approach to Balance ot Payments Theory and Policy: Explanation and Policy Implications," *Economica*, August.

Jones, R. W.(1960), "Depreciation and the Dampening Effect of Income Changes," *Review of Economics and Statistics*, February.

Kawai M.(1984), "Exchange Rate-Price Causalityin the Recent Floating Period," in *Floating Exchange Rateand the State of World Trade Payments*, Bigman-Taya(eds.), Ballinger Publishing Co.

Kouri-Porter(1974), "International Capital Flows and Portfolio Equilibrium," *Journal of Political Economy*, May/June.

Machlup, F.(1955), "Relative Prices and Aggregate Spending in the Analysis of Devaluation," *American Economic Review*, June.

McKinnon, R. I.(1969), "Portfolio Balance and International Payments Adjustment," in Mundell-Swoboda(eds.), *Monetary Problems of the International Economy*.

Mundell, R.(1960), "The Monetary Dynamics of International Adjustment Under Fixed and Flexible Exchange Rates," *Quarterly Journal of Economics*, May(vol. 27).

Mussa, M.(1976), "Tariffs and the Balance of Payments: A Monetary Approach," Frenkel-Johnson(eds.), *The Monetary Approach to the Balance of Payments*.

Stern, R. M.(1973), "The Price and Income Approach to Balance of Payments Adjustment," Stern(ed.), *The Balance of Payments Theory and Economic Policy*, Aldine.

Tsiang, S. C.(1961), "The Role of Money in Trade-Balance Stability: Synthesis of the Elasticities and Absorption Approach," *American Economic Review*, December.

__________(1977), "The Monetary Theoretic Foundation of the Modern

Monetary Approach to the Balance of Payments," *Oxford Economic Papers*, December.

Whitman, M. von N.(1975), "Global Monetarism and the Monetary Approach to the Balance of Payments," *Brookings Papers on Economic Activity*, No. 3.

찾아보기

[ㅅ]

[ㅊ]

[ㅋ]

[ㅌ]

[저자 소개]
미국 UCLA대학 경제학과 우등졸업
미국 UCLA대학원 경제학과 졸업(경제학 석사 및 박사)
한국은행 조사제1부 전문연구원
삼성경제연구소 금융보험실장
서울시립대학교, 이화여자대학교, 한국외국어대학교 강사
현재 숙명여자대학교 경제학부 교수
著 書: 경제학원론
20억의 국난과 40억의 극복
論 文: 경상수지 변동과 통화정책 외 다수

개정판 국제수지론

1997년 2월 20일 초 판 발행
2009년 8월 25일 개정판 2쇄 발행

저 자 신 세 돈
발행인 이 방 원
발행처 세창출판사
서울 서대문구 냉천동 182 냉천빌딩 4층
전화: 723-8660 팩스: 720-4579
E-mail: sc1992@empal.com
Homepage: www.sechangpub.co.kr
신고번호: 제300-1998-3호

값 21,000원

ISBN 978-89-8411-050-7 93320